21 世纪全国高等院校艺术设计系列实用规划教材

当代广告学概论

主　编　余庆华　齐　华
副主编　李　虹　孙英莉　冯　娟
　　　　潘　君　陈洪友　张　莹

北京大学出版社
PEKING UNIVERSITY PRESS

内容简介

本书以广告的基本原理、广告策划和最新广告的设计与制作为主要内容，探讨和揭示广告活动在商品促销中的运动规律。全书分为三大部分：第一部分介绍当代广告业概况和广告学基础理论；第二部分介绍广告运作知识和技巧；第三部分具体讲解当代最流行的广告形式。本书内容立足中国广告行业实际，突出了广告学的前瞻性、综合性与操作性，在行文布局上力争做到提纲挈领、要言不烦。

本书可作为高等院校广告学专业、视觉传达设计专业、数字媒体艺术专业和网络与新媒体专业的教材，还可以作为相关领域专业人士以及广大广告爱好者的参考用书。

图书在版编目（CIP）数据

当代广告学概论/余庆华，齐华主编．—北京：北京大学出版社，2015.5
（21世纪全国高等院校艺术设计系列实用规划教材）
ISBN 978-7-301-25694-7

Ⅰ.①当… Ⅱ.①余…②齐… Ⅲ.①广告学—高等学校—教材 Ⅳ.①F713.80

中国版本图书馆CIP数据核字（2015）第084339号

书　　　名	当代广告学概论
著作责任者	余庆华　齐　华　主编
策划编辑	曹江平
责任编辑	李瑞芳
标准书号	ISBN 978-7-301-25694-7
出版发行	北京大学出版社
地　　　址	北京市海淀区成府路205号　100871
网　　　址	http://www.pup.cn　　新浪微博：@北京大学出版社
电子信箱	pup_6@163.com
电　　　话	邮购部 62752015　发行部 62750672　编辑部 62750667
印　刷　者	北京富生印刷厂
经　销　者	新华书店
	787毫米×1092毫米　16开本　18.5印张　435千字
	2015年5月第1版　2017年7月第2次印刷
定　　　价	39.00元

未经许可，不得以任何方式复制或抄袭本书之部分或全部内容。
版权所有，侵权必究
举报电话：010-62752024　电子信箱：fd@pup.pku.edu.cn
图书如有印装质量问题，请与出版部联系，电话：010-62756370

前　言

广告学是一门独立的学科，它是研究广告活动的历史、理论、策略、制作与经营管理的科学。中国广告业自 20 世纪 70 年代末恢复后，发展迅速。中国经济的持续、快速发展为中国广告业发展提供了强劲的动力，尤其是随着中国加入 WTO，中国广告业在 21 世纪将面临着前所未有的机遇和挑战。

随着商品经济的发展，市场经济由"卖方市场"向"买方市场"转化，市场竞争日趋激烈，争夺消费者和增加市场占有份额成为企业成败的关键。而且，随着科学技术的进步，广告手段日益科学化、现代化，运用广告来开拓市场和争取消费者，俨然成为企业开发市场、扩大商品销售的重要手段。广告学研究的中心问题是探讨和揭示广告活动在商品促销中的运动规律，它着重研究以下几项内容：

（1）广告的基本原理。包括广告的基本概念，广告在商品经济中产生和发展的必然性，广告在商品经济中的地位、作用以及广告的基本任务等。

（2）广告策划。包括广告调查、广告计划、广告预算、广告策略、广告实施及效果测定等。

（3）几种最新广告的设计与制作。

广告学的基本任务也就是围绕着以上几项研究内容而展开的。本书在吸取了广告学最新研究成果的基础上，根据我国广告实务与广告学高等教育的最新发展形势，在理论的层面，注重给广告学以营销学与传播学的双重关照。全书的构架基本上就是建立在这一理论认识基础上的，包含三大部分：第一部分介绍当代广告业概况和广告学基础理论；第二部分介绍广告运作知识和技巧；第三部分具体讲解当代最流行的广告形式。

"当代广告学概论"是高等院校广告学专业学生的必修课，属于基础理论课。通过本课程的系统学习，学生能对广告有清晰的认识，掌握广告学的基本概念、基本理论，了解整个广告活动的环节，具备市场调研能力和广告策划能力，养成科学的思维方法，并能够了解现实广告市场的最新进展和最新发展趋势，为今后从事广告行业工作打下基础。

全书共分 14 章。全书由余庆华、齐华担任主编；李虹、冯娟、潘君等担任副主编。第 1 章由冯娟、余庆华编写；第 2 章由傅强、李虹编写；第 3 章由孙英莉、唐泓林和张辉编写；第 4 章由张莹、钟芝和、万海访编写；第 5 章由南利君、钟芝和、万海访编写；第 6 章由张莹、余庆华编写；第 7 章由余庆华、李虹编写；第 8 章由冯娟、潘君和孙英莉编写；第 9 章由潘君、李虹编写；第 10 章由仝瑞丽、齐华和吴都保编写；第 11 章由孙英莉、齐华编写；第 12 章由李虹、陈洪友和余庆华编写；第 13 章由冯娟、秦巧珍和孙英莉编写；第 14 章由冯娟、陈洪友和吴都保编写。曾娟、沙晓羽、代文迪、宋文昌、蓝田、胡红俐、方思思和郭香莲等也参与部分章节的编写和校对工作。全书由余庆华、齐华审核并统稿。

本书在编写过程中，得到了黄冈师范学院、荆楚理工学院、华中师范大学、武汉华夏理工学院、汉口学院和鄂州职业大学的领导和同行的帮助，在此一并表示感谢！本书编写时参考了一些论著，在此对相关的作者表示感谢！

由于编者水平有限，编写时间仓促，书中疏漏、不当之处在所难免，恳请广大师生及读者指正赐教。

编　者
2014 年 10 月

目 录

第一部分

第 1 章　当代广告及其本质 ……… 1
　1.1　广告的含义 ……… 3
　1.2　广告的起源与发展 ……… 7
　1.3　广告的类别 ……… 15
　本章小结 ……… 19
　习题 ……… 19

第 2 章　广告的功能与作用 ……… 21
　2.1　广告的经济功能 ……… 22
　2.2　广告的社会功能 ……… 27
　2.3　广告的传播与传播功能 ……… 29
　2.4　广告对广告受众和广告主的作用 ……… 33
　本章小结 ……… 40
　习题 ……… 41

第 3 章　广告主体 ……… 43
　3.1　广告主体的内涵 ……… 45
　3.2　广告代理制 ……… 50
　3.3　广告公司 ……… 54
　3.4　广告媒介 ……… 59
　本章小结 ……… 65
　习题 ……… 66

第 4 章　广告客体 ……… 67
　4.1　广告客体概述 ……… 68
　4.2　作为社会人的广告客体 ……… 71
　4.3　作为消费者的广告客体 ……… 75
　4.4　作为媒介受众的广告客体 ……… 81
　本章小结 ……… 86
　习题 ……… 87

第二部分

第 5 章　广告运作的基本规律 ……… 89
　5.1　现代广告运作的基本模式 ……… 91
　5.2　广告公司的运作流程 ……… 93
　5.3　广告运作的环境 ……… 98
　本章小结 ……… 100
　习题 ……… 101

第 6 章　广告调查 ……… 103
　6.1　调查概述 ……… 104
　6.2　营销调查与广告调查 ……… 106
　6.3　广告调查的主要方法 ……… 109
　6.4　广告调查的主要内容 ……… 113
　6.5　广告调查报告的撰写 ……… 115
　本章小结 ……… 120
　习题 ……… 121

第 7 章　当代广告发展的趋势——整合营销传播 ……… 123
　7.1　整合营销传播兴起的背景 ……… 125
　7.2　整合营销传播的内涵 ……… 128
　7.3　整合营销传播的策划 ……… 131
　7.4　整合营销传播的策略思考 ……… 132
　本章小结 ……… 135
　习题 ……… 135

第 8 章　广告策划 ……… 139
　8.1　初识广告策划 ……… 141
　8.2　广告策划的内容与流程 ……… 145
　8.3　广告策划书的编制 ……… 149
　本章小结 ……… 163
　习题 ……… 164

CONTENTS

第三部分

第9章 报刊广告 ······ 165
9.1 报刊媒介概述 ······ 166
9.2 报刊广告概述 ······ 168
9.3 报刊广告创意 ······ 171
9.4 报刊广告的运作 ······ 178
本章小结 ······ 181
习题 ······ 182

第10章 广播广告 ······ 183
10.1 广播广告的产生与发展 ······ 184
10.2 广播广告的形式与特点 ······ 192
10.3 广播受众与媒介 ······ 197
本章小结 ······ 201
习题 ······ 202

第11章 电视广告 ······ 203
11.1 电视广告的产生与发展 ······ 204
11.2 电视广告的形式与特点 ······ 211
11.3 电视受众与媒介 ······ 215
本章小结 ······ 220
习题 ······ 220

第12章 户外广告 ······ 223
12.1 户外广告的含义 ······ 225
12.2 户外广告媒体 ······ 226
12.3 户外广告的策划与创意 ······ 229
本章小结 ······ 232
习题 ······ 233

第13章 网络广告 ······ 235
13.1 网络广告的诞生 ······ 237
13.2 网络广告的形式与特点 ······ 243
13.3 我国网络广告的现状和发展趋势 ······ 254
本章小结 ······ 259
习题 ······ 260

第14章 国际广告 ······ 261
14.1 国际广告代理制 ······ 262
14.2 国际广告公司 ······ 271
14.3 国际广告组织 ······ 275
本章小结 ······ 286
习题 ······ 286

参考文献 ······ 288

第一部分

第1章 当代广告及其本质

广告从何而来,广告带给了我们什么?我们为什么要做广告?大卫·奥格威说:"当我写一则广告时,我不希望你觉得它很有'创意',我倒希望你觉得它很有意义而去购买那产品。"大卫·奥格威(David Ogilvy)揭示了做广告的目的所在。

教学目标
1. 了解广告的内涵和定义。
2. 掌握广告的本质。
3. 了解广告的起源和发展。
4. 理解广告的分类方法。

教学要求

知识要点	能力要求	相关知识
广告的内涵	(1) 了解广告的内涵 (2) 理解广告的外延	逻辑学
广告的定义	(1) 了解广告的各种定义 (2) 掌握广告定义所包含的三层含义	广告定义
广告的本质	(1) 了解广告的特征 (2) 掌握广告的本质	
广告的起源和发展	(1) 了解广告的起源历史 (2) 理解广告的发展	广告史
广告的类型	(1) 了解广告的分类标准 (2) 了解广告的类型	

推荐阅读资料

1. [美]威廉·阿伦斯. 当代广告学[M]. 8版. 丁俊杰,科坪,钟静,康瑾,译. 北京:人民邮电出版社,2005.
2. [日]柏木重秋. 广告概论[M]. 王建玉,等译. 北京:中国经济出版社,1991.
3. [美]迈科尔·埃默里,埃德温·埃默里. 美国新闻史[M]. 北京:新华出版社,2001.
4. 陈倩. 微博广告发展现状与传播效果分析[J]. 产业与科技论坛,2012(2):33-34.
5. 舒咏平. 品牌传播:新媒体环境下广告内涵演进的取向[J]. 中国广告,2009(10):102-106.

基本概念

广告:由可确认的广告主,对其观念、商品或服务所进行的任何方式的付款的非人员性的陈述与推广。

引例

中央电视台《有爱就有责任》公益广告,如图1.1所示。

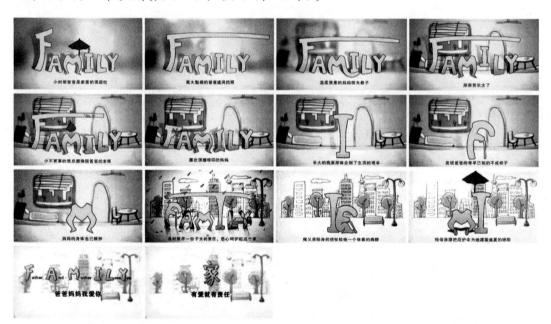

图 1.1 有爱就有责任广告

"小时候,爸爸是家里的顶梁柱,高大魁梧的他为我们遮风挡雨;妈妈是典型的贤妻良母,相夫教子。长大后,少不更事的我总想挣脱爸爸的束缚,屡次顶撞唠叨的妈妈。岁月荏苒,光阴似箭,有一天突然发现爸爸的背已经驼了,妈妈的身体已经臃肿塌陷。我想,是时候尽一份子女的责任了,悉心呵护起这个家:给父亲一个依靠的臂膀,做他贴身的拐杖;为母亲撑起一把庇护伞,遮蔽盛夏的骄阳。朋友,快对你的爸爸妈妈说一句吧:爸爸妈妈我爱你! Father And Mother I Love You! 家,有爱就有责任!"——这是中央电视台持续热播的一则公益广告的文案,这个关于"Family"的动漫广告温暖了千万个家庭,温暖了整个中国。

1.1 广告的含义

广告一直跟随着社会、经济的发展而不断变化与成长。广告传播内容千变万化，广告传播途径日新月异，但广告的本质始终是传播，而广告的灵魂是创意。到 17 世纪末，英国就开始进行大规模的商业活动，那时广告已不单指一则广告，而是指一系列的广告活动。在此，静止的物化概念名词 "advertise"，被赋予现代意义，转化为 "advertising"。而汉字的 "广告" 一词则源于日本，1872 年日本商业人士第一次将英语 "advertising" 翻译成 "广告"，1906 年清代出版的《政治宦报章程》中说："官方银行、钱局、工艺陈列各所，铁路矿务各公司及经农工商部注册的各实业，均准送报登广告，酌照东西各国宦报广告办理。"广告活动及其发展变迁与经济社会发展过程休戚相关。下面从广告的内涵和特征入手介绍广告的概念，深入探究广告的本质。

1.1.1 广告的内涵

什么叫广告？广告是什么？大家都知道广告，都能说得头头是道，很多人认为，"每一个广告必须讲述完整的营销故事，文案中的每一句话都要掷地有声"。的确，在电视或者网络上看到一则令人眼前一亮的视频时，独特的故事情节让受众着迷，这不是枯燥的电视剧或者电影，它就是广告；夜晚街道两旁炫目的五彩灯光让这个城市更加漂亮，它可能就是可口可乐的广告；新年倒计时的步行街广场万人空巷，大屏幕 LED 里面出现应景的画面，它也是广告；报纸一个整版只有两个字——降价，这也是广告；你的微博更新了一条即将上映的大片信息，这也是广告……广告与人类的生活形影不离，有时候想摆脱它，有时候需要它，你可以不爱它，也可以恨它，但是你却离不开它。"做广告是为了销售产品，否则就不是做广告。"这个观点是现代广告教父——大卫·奥格威对传统广告业的反叛和升华。不愁卖的茅台也怕巷子深，豪抛 4 亿问鼎 2012 年中央电视台广告 "标王"。虽然茅台这个品牌的附加值高，但保持这个品牌的附加值仍然需要不断地进行广告营销，这不仅能够彰显企业实力，传达企业拥有良好发展前景的市场信号，达到吸引投资者的目的，而且通过广告营销可以保持原有的品牌地位，同时不断提升其附加值，成为名副其实的高档产品。广告已经成为当代生活的重要内容，每个人都有对广告的泛泛或者深刻理解。台湾广告学者樊志育先生曾说："广告一语，尽人皆知，如果明确地下个定义，则因人而异。"

广告的定义有 "广义" 和 "狭义" 之分：广义的广告是指能够唤起人们注意，告诉人们某种事物、传播某种信息、说服人们接受某种观点和理念的广告，这几乎涵盖了所有的广告类型——商业广告和非商业广告；狭义的广告旨在向目标受众传播品牌、商品、服务等方面的信息，以便引起目标受众的兴趣，进而引发购买欲望的信息传播过程，主要指商业广告。

纵观广告的发展历程，其有很多种解释归纳如下。

（1）1894 年，美国现代广告之父 Albert Lasher 认为广告是印刷形态的推销手段。当时的广告媒介仅限于印刷品，这个定义含有在推销中劝服的意思。

（2）美国广告协会对广告的定义是：广告是付费的大众传播，其最终目的为传递情报，改变人们对广告商品的态度，诱发其行动而使广告主得到利益。

（3）1948年，美国营销协会的定义委员会形成了一个有较大影响的广告定义：广告是由可确认的广告主，对其观念、商品或服务所进行的任何方式付款的非人员性的陈述与推广。

（4）《韦伯斯特辞典》（1988版）中对广告的解释为：在现代，广告被认为是运用媒体而非口头形式传递的具有目的性信息的一种形式，它的目的在于唤起人们对商品的需求并对生产或销售这些商品的企业产生了解和好感，告之提供某种非营利目的的服务以及阐述某种观点等。

（5）《简明大不列颠百科全书》（第15版）对广告的定义是：广告是传播信息的一种方式，其目的在于推销商品、介绍劳务服务、取得政治支持、推进一种事业或引起刊登广告者所希望的其他的反映。广告通过各种宣传工具，传递给它所想要吸引的观众或听众。广告不同于其他传递信息的形式，它必须由登广告者付给传播的媒体以一定的报酬。

综上所述，可以把广义的广告看做是一种付费的宣传、公关活动。狭义的广告则具体为一种商品促销手段。无论广义或是狭义，当代广告在经历了漫长的发展和演变之后，其定义始终围绕"有一定目的的付费的传播活动"。

广告的发展依赖传播媒体，大众媒体将长期存在，不会退出历史舞台，新兴媒体不断推陈出新，但也不会取而代之，当代广告的发展趋势正走向多媒体融合下的协作传播。广告传播的目的是为了引导目标受众接受品牌、购买产品、促进销售、提升企业知名度，同时，当代广告在社会公益、理念传播、情感沟通等方面都发挥着不容忽视的作用。

广告是"广而告之"，其目的是为了招徕顾客、沟通生产与消费之间的关系，使供求渠道更为通畅。广告的目标在于劝说或告知民众，吸引民众购买、增加对某品牌的认可或增进产品的区别性。

这个定义有三层含义。

（1）广告是一种付费的信息传播活动，传播内容很广。

（2）广告传播对象是所有明显的和潜在的目标受众。

（3）广告的目的是为了影响受众的观念和行为，并尽力创造或产生未出现的思想或行为。

1.1.2 广告活动的特征与本质

1. 广告的特征

1）广告是付费的信息活动过程

首先，广告作为经济活动，具有一切经济活动所具有的投入产出特点。其次，广告作为信息传播活动，广告信息肯定是经过多次思考、总结、加工的，这一定会对传播的内容进行研究和制作，其研究和制作是要花费很多费用为代价的。最后，广告主和广告经营者都要通过盈利才能维持其公司的运作和公司的发展。

2）广告有明确的广告主（客户）

明确广告主：一是有利于把广告主的组织形象使广告信息接受者认知、熟悉、牢记，使广告信息带上较多的附加价值；二是可以通过告知广告信息接受者，谁是广告主，使广告主自我约束、自我提高，从而公开广告主自身的责任和应尽的义务，从法律角度保证信息接受者的合法权益。

3）广告是经过"艺术加工处理"的信息

广告要经过艺术加工处理才具有较强的影响力、冲击力和诱导力。现代广告追求艺术与技术于一身，融抽象和形象于一炉，其形象塑造、形式表现都为高度表现的信息符号。广告是一种艺术形式，但广告不等同于纯艺术，它是与产业化、社会化紧密结合的艺术形态。

4）广告通过各种传播媒介进行传播

广告是属于非个人的传播行为，即主要通过各种传播媒介来进行。这是广告与其他传播活动的本质区别之一。广告不同于面对面、个人对个人、小组对小组进行游说的促销。广告必须是借助于某种传播工具向非特定的受众广泛传达信息的活动形式。

5）广告是对被管理的信息定位并面向目标市场的传播活动

广告主以自己所拥有的经营管理目标而构成自己的信息系统，并且把这些特定信息通过整合而定位，向自己所针对的目标市场进行传播。广告主对于广告信息定位是以特定目标市场为标准。广告就是围绕目标市场而进行的信息定位传播。

6）广告传播信息的范围

广告传播的信息包括产品、服务或某项行动的意见和想法，即实在的物质产品和非实在的思想观念与倾向。

7）广告以说服方法以期达到改变或强化观念和行为

广告以说服社会公众接受自己的建议和观点为己任。广告突出自己的鲜明特征、表明自己的独特优点，显示自己的与众不同的功效，其目的就是影响目标受众，进而达到广告主的诉求目标。不同时期广告的定位、创意、媒体选择及策略运用，都是为了形成独具特色的说服力和影响力。

2. 广告的本质

1）广告是一种营销传播

传统意义上的广告经过许多年的发展，逐步和现代的营销学合二为一，可以这样说，"广告"即"营销"，"营销"即"广告"，广告的目的就是为了产品销售。自从广告诞生开始，它就与商品销售联系在一起。20世纪初，约翰·肯尼迪(John E. Kennedy)指出，广告是"印在纸上的推销术"，这是广告发展史上第一次对广告的营销功能在理论上加以确认。由此不难看出，广告的本质带有营销属性，广告是营销的一种重要的工具和手段，20世纪广告理论的重心也是一直关注广告的营销功能以及如何有效实现产品营销。到了20世纪70年代以后，西方广告界开始建立对广告的传播学认识。从目前广泛接受的有关广告的定义中可以看出端倪，广告有明确的传播者(出资的广告客户)，是有组织地运用各种媒体进行有偿的传播信息，是综合性的、说服性的传播，正是对广告所进行的有别于新闻、公关等其他传播方式的传播学的解释。20世纪80年代以后，传播学进入我国，"广告传播"的发展有了肥沃的土壤。

广告究竟是营销还是传播呢？中国广告教育研究会、教育部武汉大学媒体发展研究中心的诸多学者都认为，广告既是传播，又是营销，是一种营销传播。广告不是单纯的营销或者传播，广告为营销服务，是一种重要的营销工具和手段，其终极目标指向就在于促进商品的销售。但是，广告是通过商品信息的有效传播来服务于营销，来实现商品的有效销售的。因此，可以完整表述为，广告是一种营销传播手段。广告是营销的表述，忽略了广告营销手段和方法的特异性；而广告是传播的表述，则忽略了广告终极目标的指向性，也表述不全面。

营销传播是指利用公共关系的手段和技巧为一个组织的市场营销提供支持。它针对客户的产品或服务，利用调研、策划、传播等公共关系手段，为客户的营销目标实现提供咨询意见和执行服务，帮助组织保持或提升市场的竞争优势，取得更高的销售利润。它参与客户的营销战略，包括市场定位、研发、生产、上市、销售、渠道、售后等各个营销环节。

营销传播的特点是其着眼于将企业的品牌和产品发布纳入到战略传播方案的整体背景下，创造出有重点、一贯性的品牌和产品认知，从而实现高报道率、高影响力的最佳传播效果。同时，根据市场和利益相关方的特征和需求，营销传播尽力为客户打造特殊的角度，为所有的消费者包括未来的消费者留下独特的体会，达到瞬间的大力宣传冲击、可持续的传播效果和长期传播主题的平衡。营销传播的服务内容主要有新产品上市、产品品牌推广、巡展、经销商大会、用户体验大会、顾客忠诚计划等。广告这种信息传播活动，由企业出资，通过媒体向社会传播企业、产品或劳务信息，其本质属性是营销，因而广告是一种营销传播。

有效传播的基本要素是：谁说（信息源）；说什么（信息）；对谁说（接收者）；传播渠道（媒体）。广告的运作完全符合信息传播的过程。当代广告更多的是为营销服务，与销售促进、人员推销、公共关系等共同为当代商品销售服务。广告不是营销传播的全部，而是其中之一。另外，广告作为一种营销的工具和手段，不仅仅限于工商业范畴，它所营销的是商品和服务，也涵盖其理念和主张。因此，广告也有商业和非商业性广告之分。但总体来说，广告发展到今天，其本质特征也演变为一种商业活动意义上的营销传播工具。

2）广告是一种整体的运动形态

从古代到近代，广告一直以单一的形态存在着，它是以广告作品的形式，通过媒体的发布而活动于商业领域。20世纪20年代前以约翰·肯尼迪、阿尔伯特·拉斯克尔（A. Lasker）等为代表的"原因追究法派"，以西奥多·麦克玛拉斯（Theodore Mac Manus）、雷蒙·罗必凯（Raymond Rubicam）为代表的"情感氛围派"，20世纪40年代至50年代罗瑟·瑞夫斯（Rosser Reeves）的USP理论，以及20世纪50至60年代以大卫·奥格威、李奥·贝纳（Leo Burnett）和威廉·伯恩巴克（William Bembach）为代表的三大创意理论，其共同的关注点都在于：作为广告作品的广告所要探寻与解决的就是广告诉求与创意这一核心问题。

20世纪70年代以后，随着全球经济与传播环境的巨大变化，广告也与时俱进，不断丰富着自身的内涵，改变着生存方式和活动方式。尤其是策划理念的提出，广告与策划互动发展，使广告从单一的运作形态走向包括市场调研、广告目的的确立、广告诉求的定位、广告的创意与表现、广告的媒体调查、媒体的选择与组合、广告效果测定等一系列活动相结合的整体广告运动。广告理论也从一个狭窄的领域，走向一个更为开阔的空间，开始了其内涵更丰富的系统理论的建构，广告信息处理理论、广告媒体理论、广告受众理论、广告效果理论等都相继得到深入探讨，并不断有新的收获。

广告是一个动态的发展过程，这与人们对它的认识也相辅相成。当代社会经济发展如白驹过隙，瞬息万变，各种营销目标及新兴媒体形式层出不穷，从广告存在与当代广告生存环境来认识，所谓的当代广告，也应包含整体广告运动在内的、扩大了的广告活动概念。广告在当代经济社会发展中发挥越来越重要的作用，作为助推商品营销的有力引擎，以一种一系列整合协作的传播过程肩负着营销作用。

1.2 广告的起源与发展

人类使用广告的历史非常悠久，广告在人类的生活中也起到越来越重要的作用。要研究广告，了解广告的本质和特征，就不能不回顾广告的起源和发展历史。下面从广告的今生来世透视其起源和发展，以期对广告活动有进一步的认识。从中国广告和世界广告的发展历程来看，以英国为中心的近代广告业的发展和以美国为中心现代广告的形成和发展构成了广告发展演变的大方向。广告的发展与经济发展和传播技术的进步密不可分。

"广告是商品生产和商品交换的产物"的传统观点，揭示的是"商品广告"起源问题；"广告是人类信息交流的必然产物"的观点，揭示的则是"社会广告"的起源问题。以史为鉴，可以知得失，对于中外广告发展史的了解和研究可以使人们获得有益于当代广告事业发展的知识和经验。

1.2.1 广告的起源与演变

1. 古代中国的广告

在中国原始社会，已经有了原始的社会广告。在《尚书·尧典》中记载了尧、舜禅让的故事：尧在帝位时，"咨询"四岳，四岳推举虞舜为继承人。此后各朝代的"制""策书""檄文""露布"等，都是社会广告的形式。经济广告是随着商品交换的产生而产生的。据历史学家吴晗考证，周朝时候"周民中一部分会做买卖的商人，即殷遗民"，就是当时专门从事商品交换的商人。有了商品交换，就有了市场的形成，社会上就形成了一些交易中心。早在奴隶社会以前，中国就已经出现了市场交易，于是广告也就作为商品交换中必不可少的宣传工具而发展起来了。

口头广告是最早出现的广告之一。《楚辞·离骚》中记载："吕望之鼓刀兮，遭周文而得举。"吕望是指姜太公，他在被文王起用之前，曾在朝歌做买卖，鼓刀扬声，高声叫卖，以招徕生意。这种叫卖的广告形式，一直流传下来。叫卖是最久远、最经济的广告，或清脆洪亮，或凄凉惨淡，人们称为"胡同交响曲"。叫卖广告以多姿多彩的叫卖声来引起顾客的注意，进而购买成交，如图1.2所示。

实物广告也是原始广告的形式之一。实物广告与口头广告同时出现，互为表里，密切相关。《诗经·氓》中记载："氓之蚩蚩，抱布贸丝。"《晏子春秋》中记载："君使服之于内，犹悬牛首于门，而卖马肉于内也。"这种广告形式在古代文明中，都是比较普遍使用的。交换、推销商品是最原始的广告形式之一。

标记广告是另一种古老的广告形式之一。春秋出土的文物中，发现有不少民间手工业者制作的陶器、漆器等产品的上面，刻有"某记造"的字样。如果这些物品的一小部分拿到市场上交换，那么这些文字就兼有实物广告和文字商标的职能。

图1.2 冰糖葫芦叫卖广告

图1.3 刘家上色沉檀楝香铺广告

随着封建经济的发展，广告的形式和技术都有了很大的发展。战国末年的韩非子在《外储说右上》有一段记载："宋人有沽酒者，升概甚平，遇客甚谨，为酒甚美，悬帜甚高。"汉代的悬物广告比较流行，它是在店铺门前悬挂与经营范围有关的物品或习惯性标志，起到招牌的作用。到了唐宋时代，出现了灯笼广告、旗帜广告、招牌广告、音响广告等，有"千里莺啼绿映红，水村山郭酒旗风"的诗句为证。宋代张择端的《清明上河图》展现了当时汴京的繁华，"刘家上色沉檀楝香铺"招牌的广告，如图1.3所示，展现了众多商店使用招牌、悬物和悬帜为幌子的情景。

随着印刷技术的发展，在宋朝庆历年间，还出现了世界上最早的广告印刷实物——北宋时期济南刘家针铺的广告铜版，现在保存于中国历史博物馆，上面雕刻着"济南刘家功夫针铺"的标题（图1.4），中间是白兔捣药的图案，图案左右标注"认门前白兔儿为记"，下方则刻有说明商品质地和销售办法的广告文字："收买上等钢条，造功夫细针，不误宅院使用，转卖，别有加饶，请记白。"这块广告铜版比公认的世界上最早的印刷广告，比1472年英国首位出版商威廉·卡克斯顿（William Caxton）为宣传宗教内容的书籍而印刷的广告还早三四百年。

元明清时代，广告的发展越来越讲究形式美，还出现了政治名人和文化名人书写招牌和对联广告的美谈，店铺的名目和招牌的书写都很讲究。例如，出现了"全聚德""六

图 1.4 济南刘家功夫针铺广告

必居""都一处"等老字号的店铺,也出现了很多名人写的广告对联。

总之,原始社会进入封建社会以后,随着社会对信息传播的需求和商品经济的产生,我国的广告开始萌芽。在以自给自足的自然经济为主要经济形式的封建经济条件下,我国广告的发展是非常缓慢的,这是与当时的经济发展相适应的。

2. 古代巴比伦、埃及的广告

据历史研究证明,世界上最早的文字广告是现存于英国博物馆中写在沙草纸上的,埃及尼罗河畔的古城底比斯的文物。公元前 1550—1080 年的遗物,距今已有三千年的历史。文物记载了一名奴隶主悬赏缉拿逃跑的奴隶的广告,同时奴隶主也为自己作了广告。内容为:"奴仆谢姆从织布店主人处逃走,坦诚善良的市民们,请协助按布告所说的将其带回。他身高 5 英尺 2 寸,面红目褐。有告知其下落者,奉送金环一只;将其带回店者,愿奉送金环一副。——能按您的愿望织出最好布料的织布师哈布。"这则广告是手抄的"广告传单"。

古代希腊、古罗马时期,一向沿海的商业比较发达,广告已有叫卖、陈列、音响、诗歌和招牌等多种形式。在内容上,广告既有推销商品的广告,又有文艺演出、寻人启事等社会服务广告,甚至还有政治竞选广告。

1.2.2 近现代广告的发展

1. 以英国为中心的欧洲近现代广告

近现代广告的发展是以英美为中心的。1472 年,英国一位出版商威廉·卡克斯顿印制了推销宗教书籍的广告(图 1.5),张贴在伦敦街头,这标志着西方印刷品广告的开端。

在印刷广告之外,十三四世纪的欧洲出现了最早的报纸雏形"新闻信",其内容是报道市场行情和商品信息,这实际上就是一种商业广告。到了十五六世纪,在地中海沿岸的威尼斯出现了最早的手抄报纸广告,提供了一些商业与交通信息。

16 世纪以后,资本主义经济得到了进一步发展,德、英、美、法等经济发达国家陆续出现了定期印刷报刊，报刊逐渐成为最佳广告媒介。

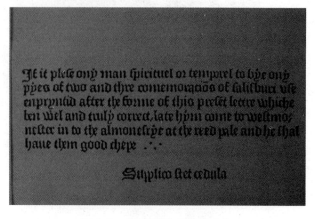

图 1.5　推销宗教书籍的广告

1731 年，英国书商凯夫在伦敦创办了《绅士杂志》，内容从文学到政治无所不包，并第一次采用 "Magazine" 作为刊名，这是世界上最早的杂志。1645 年 1 月 15 日，《The Weekly Account》杂志第一次开辟了广告专栏，刊登广告。该杂志首次使用了 "advertisement" 来表述 "广告" 这个意思。

除了报纸、杂志广告以外，还出现了类似广告代理的机构，是 1610 年詹姆斯一世让两个骑士建立的。1612 年，在法国 J·雷纳德创立了名为 "高格德尔" 广告代理店。

在印刷术使用的初期，世界广告兴起的中心在英国。18 世纪中期，英国及欧洲其他国家已经出现一批广告画家，周刊报纸上不断出现插图广告，如 1703 年日报中最早的插图广告是一则巧克力制造机广告（图 1.6）。

图 1.6　巧克力制造机广告

广告代理商也是 17 世纪在英国首先出现的。1729 年富兰克林在美国创办了《宾夕法尼亚时报》，并兼出版商、编辑、广告作家和广告经纪人于一身。到了 19 世纪，由于美国的崛起，广告中心便逐步转移到了美国，广告也向现代广告转化。

2. 近代广告向现代广告的过渡

随着媒介的成熟和壮大，专业广告公司开始兴起，标志着广告向现代的过渡。

1）专业广告公司的产生

1841年，伏尔尼·帕尔默在美国费城开办了第一家广告代理公司，并自称是"报纸广告代理人"，从而宣告了广告代理业的诞生。他们为客户购买报纸广告版面，广告文字、设计工作仍由报刊承担，并从中抽取25%的酬金。由于这项工作有助于增加报纸的收入和提高报纸本身的效率，广告代理工作受到报业的欢迎。

1869年，美国的Ayer & Son广告公司在费城成立，它具有现代广告公司的基本特征，是一家专业广告公司，其经营重点从单纯为报纸推销版面转到为客户服务。它们站在客户的立场上，向报社讨价还价，帮助客户制定广告策略与计划，撰写广告文字，设计广告版面，测定广告效果，受到客户的欢迎，推动了广告公司的发展。如图1.7所示为可口可乐在1892年年初出版的一份印刷物广告。

图1.7 可口可乐印刷物广告

2）广告新技术的应用

近代广告在发展中的另一个重要表现是新技术在广告领域的应用，使广告的形式多样化起来。

1853年，在摄影技术发明不到几年的时间里，纽约的《每日论坛报》第一次采用照片为一家帽子店做广告。从此，摄影图片成了广告的重要表现手段。

1910年夏末，在巴黎举行了一次国际汽车展览会，展览会的正门是用荧光灯管装饰起来的，美丽的彩色灯光大放异彩，令人眩目。霓虹灯广告从此风行世界。

3. 世界现代广告的发展

1) 以美国为中心的现代广告

美国是世界上广告业最发达的国家，也是现代广告的发源地。1922年美国电台开播广告业务。20世纪50年代以后美国首创彩色电视，使电视广告成为影响面最大的广告手段，从而突破了印刷媒介一统天下的格局。随着广播、电视、电影、计算机等电信设备的发明创造以及光导纤维技术的运用，广告传播实现现代化。而广告公司的广告经营活动向着全面智能型、能向广告客户提供全面服务的现代广告代理业过渡，推动了一些大型广告公司不断产生。1923年，美国最大的广告公司——杨·罗比肯广告公司创办。该公司利用一切可能得到的媒介，为消费品制造业和消费服务业提供全面的服务。

在20世纪最初的20年里，伴随广告业的繁荣，出现了种种欺骗和虚假的广告宣传，引起了公众对广告的指责，这使美国的广告业进入了一个反省的阶段。20世纪30年代经济大萧条时期的美国，保护消费者利益的组织纷纷兴起，对工商业的不法买卖行为和欺骗性的广告进行了监督和揭露，向消费者提供公正的情报，这对于提高广告的真实性和准确性起到了积极的作用。但在第二次世界大战时期，当时的广告主要是为战争服务。

美国广告在发展中，不断地在广告观念、广告手法和经营方式上进行革新，促使广告经营向现代化方向迈进。20世纪20—30年代兴起市场调查研究热潮，帮助广告客户劝诱、购买施展推销术；20世纪40—50年代，则在广告主题上大做文章，USP策略被广泛推广；到了20世纪60—70年代进入为产品定位、为企业树立形象的"形象广告时代"；20世纪80年代以后，随着电子媒介的飞速发展与普及，电子计算机设计广告、广告策划、广告战略的运用，广告活动普遍走向整体化，进入20世纪90年代，整合营销传播成为一种新的趋势。

2) 日本现代广告的发展

日本是目前世界上仅次于美国的第二大广告大国。日本东京列于世界十大广告城市，排名于美国纽约之后，英国伦敦之前，居第二位。

1867年，《万国新闻纸》上刊登了日本最早的报纸广告。该报的半木版半纸版的纸装月刊，发行量约200册，发行人是英国牧师贝利。日本人嘉兵卫刊登了如下的广告："本店出售面包、饼干、瓶酒；无论您需要多少，本店竭诚恭候。"全球著名的"博报堂"成立于1895年10月，它最先是从杂志广告业务开始，然后才向报纸广告发展，迄今已有一百多年的历史。另一个著名的广告公司——"电通"广告公司是在1901年7月1日开业的，后来发展为世界最著名的广告公司之一。

20世纪50年代，日本广告经历的是"商品信息期"；20世纪60年代则是"生活信息期"；20世纪70年代则是"人性的复归"，广告的特点是起用众多的明星来代言；20世纪80年代广告界的特点是广告撰稿人暂露头角，并出现了动物形象与卡通形象。

据日本广告主协会做的调查显示，在日本，报纸是最值得信赖的广告媒体。因为据日本电视网一项调查表明，人们把电视更多地看做是娱乐机构。

3) 中国近现代广告的发展

1815年8月，英国传教士米怜在马来西亚创办了《察世俗每月统计传》，这是最早刊登广告的定期中文刊物。1915年意大利贝美在上海设立了贝美广告公司；广告公司的兴起是我国广告发展史上的一个里程碑。1917年10月20日开业的上海先施百货公司制作了我国最早的橱窗广告，如图1.8所示。

图1.8 橱窗广告

1923年1月23日，美国人奥斯邦在中国第一座广播电台节目中插播了中国最早的广播广告。1927年，上海开始出现了霓虹灯广告。这一时期，车身广告、月份牌广告、日历广告等都已经出现了。1936年，上海《新闻报》把写着"新闻报发行量最多，欢迎客选"的广告条幅用气球放入空中。这是我国首次出现的户外广告。

1953年，中国开始实行计划经济，广告业因而退出了当时的经济活动。1978年12月，我国开始施行"对外开放和对内搞活经济"政策，广告也开始恢复。1979年，被称为中国广告"元年"。

1979年1月4日，《天津日报》刊登天津牙膏厂广告。

1979年1月28日，上海电视台播出了我国第一条电视广告——"参桂补酒"广告。

1979年3月15日，上海电视台播出我国第一条外商电视广告——"瑞士雷达表"广告。

1979年8月，北京广告公司成立。

1979年11月，中宣部下发文件《关于报刊、广播、电视刊登和播放外国商品广告的通知》。

1980年1月1日，中央人民广播电台播出建台以来第一条商业广告。

……

中国广告业的发展大致可以划分为4个时期：1979—1982年是中国现代广告业的恢复期；1983—1994年是中国广告业的发展期；1995—2000年是中国广告业的成熟期，2000年以后是中国广告的飞跃期。

从企业的角度看，中国广告业在成熟期就是企业的"黄金时期"。只要做广告，企业就一定有钱赚，"大媒体，大投入，大产出"是广告主的主要思路。广告价格上涨，大制作、高密度投放、地毯式轰炸盛行，这一时期的广告基本上是有效的。飞跃期内各种新媒体层出不穷，在受众市场细分的情况下，广告市场发展出现了超常的速度和形式。

中国现代广告业经历了几十年的发展，广告业的发展也从"低起点，高速度"向精准投放发展过渡，广告公司的力量开始集中，强势媒体的地位也开始弱化。大型广告公司逐渐出现，广告公司之间的联合趋势也初露端倪，市场集中的指数在平稳上升。跨国广告公司通过整合媒介资源正在谋求广告市场的主导权，一些大型的外国广告公司已经进入，国际知名的广告公司，如奥美、智威汤逊、李奥贝纳、DDB等已经深耕细作着中国市场。

1.2.3　当代广告的发展（广告在社会经济体系中的地位）

在科技引领消费潮流的今天，广告的发展也当仁不让地依赖它而生存。广播、电视、电影、网络、手机、LED显示屏、光媒体等设备的发展和创新，使当代广告以史上最强姿态绽放着璀璨光芒，并使当代广告展现出高度大众化、职业化、整合化的特点。

1．传统说教介绍式的广告效果将继续缩水

消费者早已习惯了传统广告的集体轰炸，不管什么尊贵豪华、顶级品质，只要跟消费者本人没有关系，他们就自动过滤掉那些貌似如花的平面、影像。消费者的免疫能力越来越强，传统广告的思维已经被大多数的消费者所熟悉并且试图抵抗，广告效果大大稀释，要求广告人必须有所创新，无论是形式还是内容，都要突破传统，试图突出个性，建立区分度。

2．传统大众媒体的广告投放比例继续缩减

当下网络广告已经超过广播广告。显而易见，传统媒体的受众年龄正在逐年增大，它们已经是"老年一代的媒体"。中国改革开放之后出生的年轻人对电视、报纸这个传统媒体的概念已经渐渐模糊，因为伴随他们更多时间的是网络，他们的媒体接触习惯已经跟他们的父辈有了根本性的区别，他们都有QQ，无论工作需要还是闲着无聊，都会经常挂在上面；常在新浪浏览新闻；基本都在百度查找资料；乐于在优酷、土豆看电视上没有的视频；会在猫扑、人人网攫取一些八卦消息；会在微博上抱怨发泄……他们的媒体接触习惯已经跟网络息息相关，传统媒体显得笨拙而无奈，只能默默地等待，再也没有缝隙插足。随着这一代人的逐步成长，传统媒体也只能作为一个"候补媒体"来对待，在传统大众媒体投放广告的比例将缩减、广告效果作用也将继续缩减。

3．事件营销唱响主角

传统广告效果大大缩水、传统大众媒体影响日益下降，这必将引起人们的思考，如何把这有限的资源合理整合，放大营销效果？蒙牛就是靠"神六"和"超女"在全国一炮而红；而2008年的奥运会，众多品牌借势营销。广告内容结合事件炒作和传播越来越能产生出更佳的广告效果。在这方面娱乐业是执行的最好的一个行业，各种大片都会在媒体和观众间大喊大叫、兴风作浪，借各种事件进行营销。在娱乐业炒作、作秀已经不是一个什么新鲜的概念，但是相对于其他的行业，娱乐业往往让事件营销唱主角，但是进一步发展的空间还很大。

4．屏幕时代来临

上海最新的媒体景象是从外滩望去可以看到的一条长达70米的大型LED船，加上浦东震旦大厦旁Citigroup大楼外墙宏伟的广告形象，写字楼里、公交车上、超市里也都已经被液晶屏取而代之，甚至出租车的座椅后背安上了触摸屏，整个上海似乎在一夜之间屏幕遍地开花。上海都这样了，其他城市估计也就相距不远了。伴随着越来越多的3G、4G手机类个人媒体，如iPhone、iPAD等不可或缺的掌心工具的出现，大大小小的屏幕将会充斥中国各大城市的各个角落。

5. 网络互动继续走俏

网络作为新一代的媒体代言人，就目前看来，必然势不可挡。网络广告利用网站上的广告横幅、文本链接、多媒体，在互联网刊登或发布广告，通过网络传递给互联网用户。与传统的四大传播媒体(报纸、杂志、电视、广播)广告及近来备受垂青的户外广告相比，网络广告具有得天独厚的优势，是实施现代营销媒体战略的重要部分。Internet是一个全新的广告媒体，速度最快，效果很理想，是中小企业扩展壮大的很好途径，对于广泛开展国际业务的公司更是如此。微博广告(营销)是随着微博的火热，催生出的与之相关的一种营销传播方式，也是一种网络营销方式。微博广告营销以微博作为营销平台，每一个听众(粉丝)都是潜在营销传播对象，每个企业都可以在新浪、腾讯等网站注册一个微博，然后通过更新自己的微型博客向网友传播企业、产品的信息，树立良好的企业形象和产品形象。每天更新的内容就可以跟大家交流，或者有大家所感兴趣的话题，这样就可以达到营销的目的，就像每个网民几乎至少有一个QQ号一样，每人拥有的微博账号以及互相关注的粉丝数量将产生几何数级的效应，因此，微博这种个人媒体的个性传播的广告效果不可小觑。

6. 广告代理制将日渐成熟

整合营销传播(Integrated Marketing Communication，IMC)理念渗透到广告整体运作中后，当代广告成为高度职业化、整合化的传播活动。1875年，佛兰西斯·艾尔(Francis Ayer)的艾尔父子广告公司，确立了广告代理制的基本形态。广告代理制就是广告公司在广告经营中处于主体和核心地位，为广告主全面代理广告业务，向广告主提供以市场调查为基础、广告策划为主导、创意为中心、媒体发布为手段，同时辅以其他促销手段的全面性服务。实行广告代理制，可以使广告业内部形成良性运行秩序，最大限度地发挥广告主、广告公司与媒体的长处。在广告主、广告公司和广告媒介中，广告公司占据中间位置，是广告主与广告媒介连接的桥梁：一方面是需要做广告的客户；另一方面是能提供广告手段的媒介单位。广告公司实质上实行双重代理：一是代理广告主开展广告宣传工作，即从事市场调研、拟定广告计划、设计制作广告、选择媒体安排刊播、提供信息反馈或效果测定；二是代理广告媒介，寻求客户，销出版面或时间，扩展广告业务量，增加媒介单位的广告收入。IMC概念的提出，预示着将广告、公关、直销、促销等营销传播手段结合在一起，产生一种整体协同效应。IMC的理念和实务在当代广告行业得到了消化和吸收，进一步增强了广告的整合化运作。

1.3 广告的类别

宏观上按照广告的含义分类，可将广告分为商业广告和非商业广告。从微观上对广告分类比较烦琐和杂乱，可根据不同的需求和标准，将广告划分为不同的类别：如根据广告产品的生命周期划分，可以将广告分为产品导入期广告、产品成长期广告、产品成熟期广告、产品衰退期广告；按照广告内容所涉及的领域划分，可将广告划分为经济广告、文化广告、社会广告等类别。不同的标准和角度有不同的分类方法，对广告类别的划分并没有绝对的界限，主要是为了提供一个切入的角度，以便更好地发挥广告的功效，更有效地制定广告策略，从而正确地选择和使用广告媒介。

1.3.1 按照广告的诉求方式分类

广告的诉求方式就是广告的表现策略，即解决广告的表达方式——"怎么说"的问题。它是广告所要传达的重点，包含着"对谁说"和"说什么"两个方面的内容。通过借用适当的广告表达方式来激发消费者的潜在需要，促使其产生相应的行为，以取得广告者所预期的效果。按照这种分类方式，可以将广告分为理性诉求广告和感性诉求广告两大类。

1) 理性诉求广告

广告通常采用摆事实、讲道理的方式，通过向广告受众提供信息，展示或介绍有关的广告物，有理有据地进行论证接受该广告信息能带给他们的好处，使受众理性思考、权衡利弊后能被说服而最终采取行动。如家庭耐用品广告、房地产广告等较多采用理性诉求方式。

2) 感性诉求广告

广告采用感性的表现形式，以人们的喜怒哀乐、亲情、友情、爱情以及道德感、群体感等情感为基础，对受众动之以情，激发人们对真善美的向往并使之移情于广告物，从而在受众的心智中占有一席之地，使受众对广告物产生好感，最终发生相应的行为变化。如日用品广告、食品广告、公益广告等常采用这种感性诉求的方式。

1.3.2 按照广告媒介的使用分类

按广告媒介的物理性质进行分类是比较常用的一种广告分类方法。使用不同的媒介，广告就具有不同的特点。在实践中，选用何种媒介作为广告载体是制定广告媒介策略所要考虑的一个核心内容。传统的媒介划分是将传播性质、传播方式较接近的广告媒介归为一类。

（1）印刷媒介广告：也称为平面媒体广告，即刊登于报纸、杂志、招贴、海报、宣传单、包装等媒介上的广告。

（2）电子媒介广告：是以电子媒介如广播、电视、电影等为传播载体的广告。

（3）户外媒介广告：是利用路牌、交通工具、霓虹灯等户外媒介所做的广告；还有利用热气球、飞艇甚至云层等作为媒介的空中广告。

（4）直邮广告：通过邮寄途径将传单、商品目录、订购单、产品信息等形式的广告直接传递给特定的组织或个人。

（5）销售现场广告：又称为售点广告或POP(Point of Purchase)广告，就是在商场或展销会等场所，通过实物展示、演示等方式进行广告信息的传播，有橱窗展示、商品陈列、模特表演、彩旗、条幅、展板等形式。

（6）网络媒介广告：是利用互联网作为传播载体的新兴广告形式之一，如通过手机3G、4G网络、微博、微信等新兴个人媒体传播的广告，具有针对性、互动性强，传播范围广，反馈迅捷等特点，发展前景广阔。

（7）其他媒介广告：是指利用新闻发布会、体育活动、年历、各种文娱活动等形式而开展的广告。

以上这几种根据媒介来划分广告的方法较为传统。在当今整合营销传播时代，以整合营销传播的观点，针对目标受众的活动区域和范围，可将广告分为：家中媒介广告，如报纸、电视、杂志等媒介形式的广告；途中媒介广告，如路牌、交通、霓虹灯等媒介形式的广告；购买地点媒介广告；等等。

随着科学技术水平的不断提高与发展，媒介的开发和使用也是日新月异地变化着，新兴媒介不断进入人们的视野，成为广告形式日益丰富的催化剂。

1.3.3 按照广告的目的分类

制定广告计划的前提是必须先明确广告目的，才能做到有的放矢。根据广告的目的确定广告的内容和广告投放时机、广告所要采用的形式和媒介，可以将广告分为产品广告、企业广告、品牌广告、观念广告等类别。

（1）产品广告：又称商品广告，是以促进产品的销售为目的，通过向目标受众介绍有关商品信息，突出商品的特性，以引起目标受众和潜在消费者的关注的广告。这类广告力求产生直接和即时的广告效果，在目标受众的心目中留下美好的产品形象，从而为提高产品的市场占有率，最终实现企业的目标埋下伏笔。

（2）企业广告：又称企业形象广告，是以树立企业形象，宣传企业理念，提高企业知名度为直接目的的广告。虽然企业广告的最终目的是为了实现利润，但它一般着眼于长远的营销目标和效果，侧重于传播企业的信念、宗旨或是企业的历史、发展状况、经营情况等信息，以改善和促进企业与公众的关系，增进企业的知名度和美誉度。它对产品的销售可能不会有立竿见影的效果。由于企业声望的提高，使企业在公众心目中留下了较美好的印象，这类广告对加速企业的发展具有其他类别的广告所不可具备的优势，是一种战略意义上的广告。企业广告还可以分为企业声誉广告、售后服务广告等类别。

（3）品牌广告：是以树立产品的品牌形象，提高品牌的市场占有率为直接目的，突出传播品牌的个性以塑造品牌的良好形象的广告。品牌广告不直接介绍产品，而是以品牌作为传播的重心，从而为铺设经销渠道、促进该品牌下的产品的销售起到很好的配合作用。

（4）观念广告：即企业对影响到自身生存与发展的，并且也与公众的根本利益息息相关的问题发表看法，以引起公众和舆论的关注，最终达到影响政府立法或制定有利于本行业发展的政策与法规，或者是指以建立、改变某种消费观念和消费习惯的广告。观念广告有助于企业获得长远利益。

1.3.4 按照广告传播的区域分类

根据营销目标和市场区域的不同，广告传播的范围也就有很大的不同。按照广告媒介的信息传播区域，可以将广告分为国际性广告、全国性广告和地区性广告等类别。

（1）国际性广告：又称为全球性广告，是广告主为实现国际营销目标，通过国际跨国传播媒介或者国外目标市场的传播媒介策划实施的广告活动。它在媒介选择和广告的制作技巧上都较能针对目标市场的受众心理特点和需求，是争取国外消费者，使产品迅速进入国际市场和开拓国际市场必不可少的手段。

（2）全国性广告：即面向全国受众而选择全国性的大众传播媒介的广告。这种广告的覆盖区域广，受众人数多，影响范围大，广告媒介费用高，较适用于地区差异小、通用性强、销量大的产品。因全国性广告的受众地域跨度大，广告应注意不同地区受众的接受特点。

（3）地区性广告：是为配合企业的市场营销策略而限定在某一地区传播的广告，可分为地方性广告和区域性广告。地方性广告又称零售广告，为了配合密集型市场营销策略的实施，广告多采用地方报纸、电台、电视台、路牌等地方性的传播媒介，来促使受众使用或购买其产品。地方性广告常见于生活消费品的广告，以联合广告的形式，由企业和零售商店共同分担广告费用，其广告主一般为零售业、地产物业、服装业、地方工业等地方性企业。区域性广告是限定在国内一定区域如华南区、华北区或是在某个省份开展的广告活动。开展区域性广告的产品往往是地区选择性或是区域性需求较强的产品如加湿器、防滑用具、游泳器材等。它是差异性市场营销策略的一个组成部分。

1.3.5 按照广告传播的对象划分

各个不同的主体对象在商品的流通消费过程中所处的地位和发挥的作用是不同的，为配合企业的市场营销策略，广告信息的传播也就要针对不同的受众采用不同的策略。依据广告所指向的传播对象，可以将广告划分为工业企业广告、经销商广告、消费者广告、专业广告等类别。

（1）工业企业广告：又称为生产资料广告，主要是向工业企业传播有关原材料、机械器材、零配件等生产资料的信息，常在专业杂志或专用媒体上发布广告。

（2）经销商广告：是以经销商为传播对象的广告。它以获取大宗交易的订单为目的，向相关的进出口商、批发商、零售商、经销商提供样本、商品目录等商品信息，比较注重在专业贸易杂志上刊登广告。

（3）消费者广告：其传播对象直接指向商品的最终消费者，是由商品生产者或是经销商向消费者传播其商品的广告。

（4）专业广告：是针对职业团体或专业人士的广告。职业团体或专业人士由于专业身份、社会地位的特殊性和权威性，具有对社会消费行为的一定影响力，是购买决策的倡议者、影响者和鼓动者，如医生、美容师、建筑设计人员等。此类广告多介绍专业产品，选择专业媒介发布。

总之，不同的广告分类方法具有不同的目的和出发点，但它们都最终取决于广告主的需要或是企业营销传播策略的需要。特别是对于企业而言，广告是其市场营销的有力配合手段和工具，而且广告实践的发展也会使广告的分类不断地发展变化。广告分类是人们认识广告、充分发挥广告作用的一种方法。

本 章 小 结

广告一直跟随着社会、经济的发展而不断变化与成长，广告传播内容千变万化，广告传播途径日新月异，但广告的本质始终是传播，而广告的灵魂是创意。可以把广义的广告看作是一种付费的宣传、公关活动，把狭义的广告看作是一种商品促销手段。当代广告的发展趋势正走向多媒体融合下协作传播。广告传播的目的是为了引导目标受众接受品牌，购买产品，促进销售提升企业知名度。同时，当代广告在社会公益、理念传播、情感沟通等方面都发挥着不容忽视的作用。因此，对广告做出定义：广告是由可确认的广告主，对其观念、商品或服务所做的任何方式的付款的非人员性的陈述与推广。

"广告是商品生产和商品交换产物"的传统观点，揭示的是"商品广告"起源问题；古代希腊、古罗马时期，一向沿海的商业比较发达，广告已有叫卖、陈列、音响、诗歌和招牌等多种形式；在内容上既有推销商品的广告，又有文艺演出、寻人启事等社会服务广告，甚至还有政治竞选广告。随着媒介的成熟和壮大，专业广告公司开始兴起，标志着广告向现代的过渡。

中国现代广告业经历了几十年的发展，广告业的发展也从"低起点，高速度"向精准投放发展过渡，广告公司的力量开始集中，强势媒体的地位也开始弱化。大型广告公司逐渐出现，广告公司之间的联合趋势也初露端倪，市场集中的指数在平稳上升。跨国广告公司通过整合媒介资源正在谋求广告市场的主导权，一些大型的外国广告公司已经进入。

宏观上来讲，可将广告分为商业广告和非商业广告。微观上来讲，根据不同的需求和标准，可将广告划分为不同的类别：如根据广告产品的生命周期划分，可以将其分为产品导入期广告、产品成长期广告、产品成熟期广告、产品衰退期广告；按照广告内容所涉及的领域，可将其划分为经济广告、文化广告、社会广告等类别。不同的标准和角度有不同的分类方法，对广告类别的划分并没有绝对的界限，主要是为了提供一个切入的角度，以便更好地发挥广告的功效，更有效地制订广告策略，从而正确地选择和使用广告媒介。

习　　题

一、填空题

1. 广告是由可确认的_____，对_____或_____所进行的任何方式付款的非人员性的_____。

2. 广告的定义有_____和_____之分。

3. 随着_____的成熟和壮大，_____开始兴起，标志着广告向现代的过渡。

二、选择题

1. 按照广告目的分类，可以将广告分为（　　）。
A. 产品广告　　　B. 企业广告　　　C. 品牌广告　　　D. 观念广告

2. 按照广告的传播对象划分，可以将广告划分为（　　）等类别。
A. 工业企业广告　　　　　　　　　B. 经销商广告
C. 消费者广告　　　　　　　　　　D. 国际广告

三、思考题

1. 如何理解广告的丰富内涵？
2. 广告还有哪些定义？
3. 广告未来应该如何发展？
4. 如何对广告进行分类？

四、案例分析题

根据广告的分类标准对当天接触到的所有广告进行分类。

第 2 章　广告的功能与作用

广告作为营销的工具究竟具有何种营销功能?其营销作用究竟有多大?其营销功能与作用该如何正当发挥?现代广告之父阿伯特·莱斯克(Albert Lasker)曾将广告称为"印在纸上的推销术",阿伯特·莱斯克阐述了广告的最本质的目的——销售商品,追求利润。在本章,将介绍广告的经济功能、社会功能、传播功能以及作用。

教学目标

1. 了解广告对经济增长的影响机制。
2. 了解广告对社会文化和社会政治的影响。
3. 了解广告对信息传播的影响。
4. 了解广告对广告主、广告媒介和广告受众的作用。

教学要求

知识要点	能力要求	相关知识
广告经济功能	(1) 了解广告对经济的影响 (2) 理解广告对经济增长的影响机制	市场营销学
广告的社会功能	(1) 理解广告对社会文化的影响 (2) 理解广告对社会政治的影响	
广告的本质功能	(1) 了解广告的基本功能 (2) 掌握广告对市场营销信息传播的影响	信息传播
广告传播	(1) 了解广告传播 (2) 理解广告传播的含义、方式	传播学
广告的作用	(1) 了解广告对广告主、广告受众的作用 (2) 了解广告对广告主、广告受众的负面影响	广告的作用

推荐阅读资料

1. [日] 小林太三郎. 新型广告[M]. 谭珂, 译. 北京: 中国电影出版社, 1996.
2. [美] 乔治·路易斯. 广告的艺术[M]. 高志宏, 等译. 海口: 海南出版社, 1999.
3. 陈培爱. 国家经济发展战略与中国广告产业创新发展研究[M]. 厦门: 厦门大学出版社, 2011.
4. 孙信茹. 广告与民族文化产业[M]. 北京: 人民出版社, 2011.
5. 王壮辉, 吴晓东, 樊丽. 记述中国当代电视广告的传播历史[M]. 长春: 吉林大学出版社, 2011.

基本概念

广告传播：受众进行信息接收的选择性定律。

耐克的广告比较简洁, 如图2.1所示。

图2.1 耐克广告

　　耐克的成长神话：20世纪60年代创建之初, 规模小, 面临随时倒闭的危险; 1985年, 盈利1300万美元; 1994年达到48亿美元; 2005年, 全球品牌运动鞋市场达到242亿美元, 耐克占36.6%。而它的前辈和竞争对手——阿迪达斯, 当初在市场上的占有率高达70%, 现如今只能占22.2%, 其他厂商不超过5%。许多在20世纪80年代之前一直不看好耐克的投资商和分析家面对耐克所创造的成就自我解嘲道: "上帝喜欢创造神话, 所以他选择了我们意想不到的耐克。"耐克神话真的是因为"上帝所赐"吗？耐克公司总裁耐特对此的回答是: "是的, 是'消费者上帝'。我们拥有与'上帝'对话的神奇工具——耐克广告。"耐克的广告与营销预算, 高达年收入的10%, 可见耐克对广告的重视。在长时间的摸索与对消费者的探究中, 耐克广告经历过成功也面对过失败, 但是广告对其无论是销售产品还是品牌忠诚度的塑造上, 都发挥了不可忽视的重要作用。广告不仅是竞争利器, 重要的信息载体, 而且也是消费的好参谋, 同时还是企业的宣传者。

2.1　广告的经济功能

　　功能是指一个事物的功用和效能, 是某一事物价值属性的一种实际体现。事物具有什么样的功能, 是由事物本身潜在的属性所决定的, 决定着人们对事物是否需要。广告的功能即广告对社会产生的影响和对人的精神世界发挥的作用。随着社会的进步和发展,广告已经成为人们日常生活不可或缺的重要组成部分，它对于促进社会发展，特别是在信息传递、文化交流和经济繁荣等方面发挥着重要作用。

广告的经济功能，即广告对经济和商业或者说市场所带来的效益。广告经济功能的作用不可忽视，同时这也是人们承认并肯定广告的重要原因之一。广告可以形成消费舆论，并且能够引导消费舆论，对此，每个人都会有不同程度的切身体会。值得注意的是，在经济全球化和经济文化一体化的进程中，广告的经济功能与文化功能结合得越来越紧密。广告主在世界性的品牌之战中更加重视消费者的心理、情感和精神方面的需求，更加重视从文化的角度形成消费舆论，力求在沟通中与消费者建立长期的良好关系，以达到加强和提升品牌美誉度和忠诚度的舆论目的。广告舆论的经济功能特征，在经济文化一体化的新形势下，必将发挥出更为重大的作用。

在我国，人们逐渐认识到了广告在经济活动中所产生的效益。在西方发达国家，人们从经济功能的角度对广告给予了很高的评价，正是因为广告才使得美国资本主义经济超过了欧洲，也正像迈克尔·波特（Michael E. Porter）说的那样，通过报纸、杂志、广播和电视等媒介传播的大量信息，满足了人们对各种商品购买的需求。生产水平的提高扩大了就业的投资，其结果也就使国民收入有所增长，从而使整个经济和再生产得到了扩大。为此，应该承认广告对经济发展起的间接促进作用。广告在宏观上对经济的影响，建立在其具体的功能之上，主要表现在以下几个方面。

1. 广告具有沟通产销、刺激需求的功能

广告为社会和公众提供商品的全方面信息，有助于沟通产销，促进社会再生产过程的循环。经济学家们认为，广告扩大了社会整体的需求，不仅提高了个人收入，而且增加了就业机会。美国经济学家保罗·巴兰和保罗·斯威齐在《垄断资本》一书中曾做过这样的论述："广告创造了消费者对某产品的需求，有了这种需求也就扩大了工厂及设备的投资。只是在旧产品上贴上新商标将成为一种'资源浪费'。但在可能失业的情况下，如果不这么做，有些设施将会被废弃。广告可以说是增加投资和收入所得的有效手段……在美国，大批耐用性商品被装上卡车运到垃圾处理工厂，对这样一个社会来说，广告是陷入了慢性销售不良状态的垄断资本主义倾向的强性解毒剂。"

生产者的产品与消费者的购买和消费在时间上、空间上都存在着一定的距离。广告作为一种信息传播手段，能缩短这种距离，也就是沟通产销。在沟通的基础上，广告可以对消费者的消费兴趣与需求进行不断刺激，引发消费者的购买行为。某洗发水具有去头屑、滋润、柔顺的功能，吸引消费者购买，如图2.2所示。

广告刺激需求，包括初级需求与选择性需求。初级需求是指消费者对某类商品的需求。一般对进入市场初期商品，多数运用广告来刺激初级需求。选择性需求是指对某种品牌的选择需求，这是在初级需求形成后的一种需求形式。

2. 广告能够加速流通，扩大销售

促进流通的方式有很多，如人员、陈列方式等，但从效率上讲，广告是最好的方式之一。我国幅员辽阔，人口众多，市场广大，假如只以人员销售为推广手段的话，要开拓好全国市场几乎是不可能的，更不要说开拓国际市场。

图 2.2 某洗发水广告

3. 广告利于竞争，能促进企业的生产与经营

竞争涉及面极广，这里的竞争主要指同类产品或企业在同一市场销售或活动过程存在的依存与威胁的关系。在现代市场活动中，除了一些特殊行业，总会有大大小小的竞争存在。同一行业如果存在几家企业，那么这几家企业之间的敌对关系是不可避免的，如果在价格竞争上有所限制，这种竞争就将以其他形式表现出来。这些其他形式便包括竞争日益激烈的广告。为了获得相对于其他企业的市场优势和有利的市场地位，竞争企业采取各种各样的手段，而利用广告影响消费者是非常重要的。如果没有广告，产品判别的竞争就无法展开；如果产品特性不能铭刻在人们心中，有效的竞争将无法进行。因此，广告是企业竞争的手段之一。

关于广告有利于竞争的功能，需要特别指出的是比较性广告的问题。人们在谈论广告促进竞争时，往往提到了这个问题。这里所谓的"比较"，是指将广告的产品与同品类中的其他产品作个别属性或整体产品的比较，如图 2.3 所示。

图 2.3 比较性广告

随着社会的繁荣，商品的类别日益增加，这就使消费者对产品信息的需求日益增加，于是广告所具有的信息功能也就更加重要，而比较性广告（Comparative Advertising）恰恰具有提供消费者更多更有用的信息、给予消费者更多的评判、比较、选择权，并降低消费者搜集信息所需付出的成本，使购买风险降低及提高购买决策的品质等功效。因此，从全球范围看，比较性广告的运用有逐渐增加的趋势。

就广告主的利益来说，当广告预算少而目标消费群与竞争者的消费群大体相同，或是新近进入市场的小规模的广告主，往往可以透过比较性广告，来获得某些潜在优势，这种潜在优势主要是指新品牌可透过与领导品牌做有力的比较，来达到迅速占领市场的目的，因为恰当的比较可以让消费者快速认知本产品与其他产品的相似性或相异性。

关于比较性广告沟通效果的有效性的争议一直存在，在我国也是如此。由于我国市场经济体系刚刚建立，市场活动还不规范，民族工业面对国外企业的强势进入显得底气不足等原因，政府管理部门对比较广告有所限制。《中华人民共和国广告法》第十二条规定："广告不得贬低其他生产经营者的商品或者服务。"我国有关部门制订的《广告审查标准（试行）》第四章，专门谈了比较广告的问题，认为：比较广告应符合公平、正当竞争原则；广告中的比较性内容，不得涉及具体的产品或服务，或采取其他直接的比较方式，对一般性同类产品或服务进行间接比较的广告，必须有科学的依据和证明；比较广告的内容，应当是相同的产品或可类比的产品，比较之处应当具有可比性；比较广告使用的语言、文字的描述，应当准确，并且能使消费者理解，不得以直接或影射的方式中伤、诽谤其他产品；比较广告不得以联想方式误导消费者，不得造成不使用该产品将会造成严重损失或不良后果的感觉（安全或劳保用品除外）。就目前的状况看，我国大多数产品经不起与外国名牌的比较。

对于不居市场领导地位的广告主而言，使用比较性广告可以产生潜在优势，尤其是针对领导品牌已征服了或影响了的消费者，或者是在广告预算低于竞争者的情况之下。20世纪70年代末期国外有些研究成果已经证明：一方面，规模较小的广告主可以通过比较性广告，从竞争者已建立的品牌及庞大的广告支出费用中获利；另一方面，市场领导者在支出额外费用来对较小品牌进行比较性广告竞争时，则会面临比较性广告风险，甚至会产生"劣势者效果"，造成替小品牌打知名度的结果。

比较广告的功能之一，就是借着新品牌与领导品牌做有利的比较而进入一个已建立的市场，并获得市场中消费者的接受与购买，特别是想进入领导品牌已经占据的市场，比较广告是比较有效的方法。不论挑战品牌的诉求是否优于领导品牌，比较广告透过比较策略的运用能减少两种品牌在消费者心目中的心理距离，从而使得消费者在做购买决策时将挑战品牌与领导品牌同时列入其考虑的范畴之中。这种品牌关联，可以使挑战品牌产生与领导品牌相同的品牌形象，甚至使消费者觉得它们之间具有相当程度的可代替性。

从策略的层面讲，比较广告主要强调的是广告品牌与竞争品牌之间的相异性与相似性；从比较强度的层面讲，比较广告可以分为直接比较和间接比较两种类型。直接比较指在广告中指明竞争品牌及名称等；间接比较一般不指名竞争品牌，只以"其他品牌"或"一般品牌"来淡化比较目的，如中国移动的广告语："关键时刻，值得信赖"（图2.4）。

比较性广告并非是广告促进竞争功能的全部含义。从总体来讲，广告在促进企业间开展竞争；保护竞争等方面都发挥着作用。竞争是一种较量，通过竞争可以区别好与坏，体现优胜劣汰。没有广告，竞争难以形成优势；没有广告，竞争条件难以公之于众；没有广告，消费者对竞争商品难以选择、比较。这一切表明，竞争需要广告，广告促进竞争。

图2.4　中国移动广告

4. 广告可以促进社会经济财富的增长

经济增长是指后期的国民经济产出量在规模上比前期增加，以价值衡量，就是后期的国民生产总值（GNP），或者国民收入在数量上比前期增加。美国经济学家西蒙·库兹涅茨给经济增长做了一个经典性的定义："一个国家的经济增长，可以定义为给居民提供种类繁多的经济产品的能力长期上升。"

广告虽然不是物质生产部门，但通过整合市场、促进销售、引导消费、扩大产量等，的确能为居民提供种类繁多的经济产品的能力。当然，这只是一种辅助性的能力。

从增长的内容上看，经济增长方式主要有两种：一种是以大规模的物质财富的增长为主；另一种是以大规模的信息和服务经济的增长为主。前者增长的内容为水泥、钢铁、木材、化肥，进而是工厂、铁路、港口、城市建筑、机械、车辆、耐用消费品等财富的大规模增加；而后者则是通信、广告、新闻、音乐、电视、咨询、技术、专利、饮食、商业、金融、保险、房地产、旅游等信息和服务的大规模增长。

经济增长方式无论是以物质增长为主，还是以信息和服务增长为主，主要取决于经济发展的阶段，而不是取决于人们的主观愿望。在经济发展的初级阶段，首先要建立自己的工业体系、交通体系、城市体系等，这时需要发展大规模的物质经济，经济增长是由大规模的物质经济推动的。而经济增长到一定阶段后，国民财富的内容开始向信息时代转变，人们的生活向非物质的服务和享受转变，这时的增长方式已经转变，增长内容从物质经济向信息和服务经济转变。

正是基于以上理由，可以肯定地推断，经济生活越繁荣，广告业就越发达，在国民生产总值中广告所占的比例也就越大。

1993年7月10日，国家工商行政管理局、国家计划委员联合发布《关于加快广告业发展的规划纲要》，明确了广告业的客观性质及在国民经济发展中的重要作用："在市场经济运行中，广告作为沟通生产与消费的中介，具有辅佐企业开拓市场和引导消费的特殊功能，是国内国际市场信息交换的有效渠道，也是参与国际经济循环的重要条件。发达的广告业可以促进经济资源的合理配置,取得更加丰富的物质产品和精神产品。广告业属于知识密集、技术密集、人员密集的高新技术产品,其发展水平,是一个国家或地区市场经济发展程度、科技进步水平、综合经济实力和社会文化质量的重要反映。"

2.2 广告的社会功能

广告的社会功能,又可分为文化性功能和政治性功能两大类。

20世纪初期,西方大工业生产和现代化进程的加速是现代广告蓬勃发展的社会原因。有人将大众广告的影响力与学校和教会相提并论。在产品日益丰富和广告舆论的引导下,20世纪人类社会被称为消费者社会:"当品牌成为家庭词汇的时候,当包装、加工的食品广泛出现的时候,当汽车占据了美国文化中心位置的时候,消费者社会就在20世纪的美国产生了。"根据美国和日本的民意测验显示,人们正以他们的消费数量来衡量成功,并且这种状况是呈增长趋势。广告以多种形式刺激人的物质欲望,鼓吹个体的物质利益和物质享受,掀起一波又一波的消费舆论,成为"消费文化"(Culture of Consumption)的关键性角色。

如果说广告在20世纪前期的舆论功能主要是正面引导,对社会发展是利大于弊,那么,到20世纪中后期,广告舆论的负面社会影响则越来越多地被正视和受到严厉批评。人类精神文明与物质文明严重失衡,全球性无限制地追求物质享乐而精神文明却日渐陷入危机,我国从传统走向现代过程中出现的"道德真空""贪污腐化""环境污染"等社会问题,固然是由多种复杂因素造成,而广告舆论倡导的"消费文化"正是其中的一个重要因素,如图2.5所示的中兴百货广告,反映了强烈直白的消费主义倾向。

图2.5 中兴百货广告

汤因比针对广告负面舆论曾发出警世之言："我们西方文明的命运将取决于我们和麦迪逊大道所代表的一切做斗争的结果。"以马尔库塞等为代表的法兰克福学派在批判西方发达工业社会的弊病时，指出"产品起着思想灌输和操纵的作用"，"消费控制"是严重的社会弊病，而广告借大众传媒及其他形式无孔不入地侵入人们的闲暇时间，造成持久、强大的消费舆论，应对所谓的"虚假需求"的产生负主要的责任。基于广告舆论的社会影响力，西方国家自20世纪中后期对公益广告越来越重视，国家投入公益广告的资金越来越多，著名企业出资于公益广告的现象也很常见。我国近几年对公益广告的重视程度也大大增强，如企业出资百万元征求公益广告；中央电视台于2001年年初以10万元奖金征求公益广告创意等。公益广告内容涉及方方面面，如宣扬保护生态环境，珍惜森林、海洋、河流等自然资源等，再如弘扬社会公德与正气，批判邪教，反对吸毒，嘲笑违章开车，讽刺乱扔垃圾等。公益广告造成的社会正向舆论，在我国必将得到壮大与发展。

归纳总结，广告的社会功能主要有以下几点。

1. 加速社会的发展

18世纪中叶，英国人瓦特改良蒸汽机之后，由一系列技术革命引发了从手工劳动向动力机器生产转变的重大飞跃。由于机器的使用提高了社会各类商品的产量，为了快速销售商品，拉动人们的消费需求就显得至关重要，这就为现代广告的发展打下了基础。

广告在当今社会中扮演着不可替代的角色。广告在创造需求、推动消费方面发挥了巨大的作用。美国历史学家D. M. 波特说："广告对社会有着强烈的影响，在这点上可以与具有悠久历史传统的学校和教会制度的影响相提并论。它有力量控制媒介，促使人们形成爱好的标准，现代广告已经成为能够控制社会各种制度中的一个。"

2. 广告与科技的发展相互促进

科技的发展和进步给人们的生活带来了巨大的变化。广告与科技的出现有着密切的关系。由于广告媒介的发展，广告的效果越来越显著，特别是电视机的发明，给广告带来了划时代的变革。科技发展带来的不仅是媒体形式的创新，更包括媒体使用方式和地点的创新，如楼宇广告、公交移动广告等。广告在给广告主带来巨大利润的同时，又刺激着广告主不断开拓新的广告媒介，在一定程度上也促进了科技的发展。

目前，电视机、电话、计算机的使用非常普遍，广告发布媒介多样化并且质量效果大幅度提高。新媒介不断出现的同时，老媒介因为电子技术的发展和设备的更新，也在发生变化，收音机数量增多，可以满足每个人单独的在不同场合使用；电视机小型化，更加便于人们携带。电视机与计算机的结合，使人们的沟通变为互动的双向沟通，促进了科技进步和社会发展。

3. 促进精神文明建设

广告展现了人类的文化艺术成果，文明、健康、科学的生活方式陶冶了情操，使人们得到艺术的享受；同时也提高了人们的艺术修养，激发了积极向上的奋进精神。广告不单单传播商品信息，同时还给社会带来了大量的科学、文化、教育、艺术、卫生、体育方面的知识，它既丰富了人们的文化生活，又使人们得到德、智、体、美等方面的教育。一些积极向上的广告不仅给社会带来了有价值的信息，而且可以宣扬社会主义道德风尚，弘扬中华民族传统美德，加强人与人之间的联系，增强互助互爱的精神。正是由于发现了广告促进精神文明建设方面的巨大作用，我国从1996年开始由广告监督管理机关组织发起了"公益广告月"活动。

4. 美化生活环境

一件优秀的广告作品往往给人美的享受。广告与现代科技相结合，往往使一个城市更具现代感。在公共娱乐场所、公园、旅游风景区等适当的位置投放精心设计的广告，结合具体地点和季节介绍适当的商品和服务，这样不仅能起到推销的作用，而且可以为顾客提供指导和享受。在电视、广播、杂志中根据节目具体内容，适当刊播精致的广告节目，将广告有机地与周围的环境巧妙地结合起来，既让人们接受了广告所提供的信息，又可以使人们赏心悦目地徜徉其中。

5. 传播高尚观念，培养人们正确的生活方式和美好情操

广告所宣传的有助于社会发展的观念和行为方式，对社会产生有益的影响。尤其是公益广告，鞭挞社会的丑恶行为，弘扬高尚的人格情操。可以说，融思想性、科学性和艺术性为一体的高质量广告，对推动精神文明建设，培养人们正确的生活方式和道德观念起着独到的作用。

6. 传播政策信息，协助政府工作

广告在政府工作中起着独特的作用。它用简明生动的语言向大众解释政府的某项具体政策，使这项决策更加迅速地家喻户晓、深入人心。应该说，在进行这种政策性的宣传方面，广告具有许多形式所不能代替的特殊优势。它来得快，覆盖面广，又能反复不断强化，从而发挥了强大的政治宣传作用。在西方的政治生活中，广告还是其政治选举活动中无可替代的有力武器。

7. 推动大众传播事业发展

大众传播事业是现代社会的眼耳喉舌，作为现代社会的五官，人们通过它感受整个世界的变化发展，也通过它使整个世界联系在一起。大众传播事业的发展是社会文明进步的标志之一。广告通过大众传播媒体获得利益，极大地推动了大众传播事业的发展。

总之，广告并不只是为经济服务的，它还具有相应的社会功能，如英国《卫报》2分钟创意广告《三只小猪》中三只小猪因为杀害大灰狼被警方逮捕，但英国《卫报》却将它变成一个社会事件进行报道。通过对小猪审讯，发现大灰狼并没有吹倒它们的房子，而深层次的原因则来自于银行的房贷压力。此事引发激烈的争议。随着更多人的加入，民众舆论也在引导着整个新闻事件的发展走向。

广告通过传播新的生活观念，提倡新的生活方式和消费方式，形成一种适合国情和与一定生活水准相协调的社会消费结构，推动社会经济的发展，促进社会公共事业的发展。

2.3　广告的传播与传播功能

传播信息是广告最基本的功能。广告是为广告主和消费者服务的。伴随着市场经济的发展，人与人之间的联系也越来越紧密。自1964年日本的梅棹忠夫第一次使用了"信

息社会"后，这一概念已被越来越多的人接受。信息是当今社会竞争市场中胜负成败的关键因素，也是现代组织机体运动存续的新鲜血液。在宏观上，信息已成为国家的经济建设和决策者进行决策的基础；在微观上，信息已成为企业决策与计划、生产与经营的重要依据，谁掌握了流通领域的信息，谁就赢得了市场的主动权。广告作为一种公开的信息传播活动，其重要功能之一就是把商品和劳务等方面的信息传递到消费领域，并使之深深扎根于消费者心中，由此就可以加快市场商品流通的速度，促进生产和消费。现在许多企业都是"广告做到哪里，产品就销到哪里，产品未到，广告先行"。企业通过广告向消费者提供信息，从而使信息在一定时期内让更多的消费者所了解，继而产生需求，消费者根据信息找到自己需要的商品和服务。综上所述，广告的信息传播功能将日趋凸显。

广告与生俱来的本质功能就是传播市场营销，这应该成为人们对广告的一种基本的认识。正是因为广告传播市场营销信息的功能和作用的发挥，才能够使生产、供应、销售和消费四个环节有机地联系起来，才能够有效地进行社会再生产。基于对广告的初步认识，人们认为广告的基本功能就是市场营销的工具和手段，是广告主体针对特定目标市场中的广告受众（消费者）传递特定的具有个性化的信息（产品、服务、观念），以达到促进产品销售的目的。换句话说，广告就是一种市场营销行为，它的功能和作用就是传达有关企业的产品、服务、观念的信息，目的就是销售，所用的手段或多或少会给社会、企业和消费者带来正面和负面的影响。由于人们普遍对广告的基本功能和作用缺乏科学理性的认识与把握，在社会上出现了把广告功能异化或扩大化的现象，如某些城市的管理者为了所谓的美化城市而自主地把广告集中在某个街区，又如为了不惜牺牲企业、产品个性而盲目追求广告经营者或创造者个人个性风格等，本末倒置，显然这都是对广告基本功能和作用的错误利用。

广告的基本功能就是传播市场营销信息，广告在传播过程中，必须遵循真实、科学、艺术、计划、有效、健康、民族的原则，才能够真正实现广告信息传播的目标。广告信息传播的主要目标如下：一是广告必须能够传达产品和服务的功能、品质等优点的信息，帮助企业开展产品和服务的市场竞争，占有和维持市场；二是广告能够传达个人化的品牌形象信息，帮助企业树立品牌形象，巩固和扩大市场；三是广告能够传达个人化的企业形象信息，帮助企业树立良好的个人化的企业形象，使得企业产品和企业自身被广告受众认知、认可，巩固和扩大市场；四是广告能够传达企业社会保护方面的信息，帮助广告受众认识到企业对社会的贡献，提高企业的美誉度，巩固和扩大市场。

1. 广告传播的方式

受众进行信息接收遵从选择性定律。受众在接收信息是必然会根据个人需要有所选择，有所侧重，甚至有所曲解，以便使接收的信息与自己固有的价值体系和既定的思维方式尽量协调一致。

（1）选择性接触：又称选择性注意，指人们尽量地接触与自己观点相吻合的信息，同时竭力避开相抵触的信息的一种本能倾向。选择性接触既包括对某类信息的接触，又包括对另一类信息的不接触。

（2）选择性理解：受众要依据自己的价值观念及思维方式对接触到的信息做出独特的个人解释，使之同受众固有的认识相互协调而不是相互冲突。

(3) 选择性记忆。即受众根据自己的需求，在以被接受和理解的信息中选择出对自己有用、有利、有价值的信息并储存在大脑中。选择性接触和选择性理解都是有意识的行为，而选择性记忆则是无意识的行为。

2. 广告传播方式的演变

新媒体的不断出现，促进了广告传播方式的不断演变。这种演变越来越小众化，越来越具有针对性，正因为针对性的增强也使企业广告预算的浪费在逐渐减少。下面介绍广告传播方式演变的过程。

1) 选择传统的大众媒体进行广告投放

大众媒体具有广泛的覆盖率和强大的影响力，企业选择这样的方式能够产生强大的品牌效应，但这种方式也有其固有的缺点，正因为这些缺点使企业不知道自己的广告浪费在哪。

(1) 企业不知道自己投放的广告被谁看到了，是小孩看到了，还是老人看到了？是穷人看到了，还是富人看到了？企业无法得知。可以说，这种投放针对性太差。

(2) 很多数据的东西都有水分的。比如收视率调查都有很多问题，发行量任意虚报等，真正的数据企业是得不到的，在一定程度上也加剧了广告费的浪费。

(3) 互动性差。尽管现在很多报纸、电视、杂志利用短信、开设网站来加强与受众的互动，但绝大部分的传统媒体还没做到这点或者说做得还远远不到位，受众的黏度太低。

(4) 广告受众接触媒体的目的是获取信息，广告对他们获取信息形成了一定干扰，所以受众是反感广告的，他们接触广告时就会换台或者翻页。这也就很好地说明了为什么广告的收视率不等于栏目的收视率，广告的收视率不等于新闻的收视率。

(5) 大众媒体的价格太高，绝大部分的中小企业无法承受。

2) 网络的竞选排名

百度坐上中国搜索引擎的头把交椅，并引发了投资者对其的追捧。百度公司的赚钱工具就是竞价排名和点击收费模式。

这种方式可以节省广告费，对某项东西感兴趣的人才会去搜索，才会去点击，针对性提高了。但同样存在问题：恶意点击现象。百度公司或者代理公司的业务员为了提高自己的提成，竞争对手为了消耗你的广告预算，都会进行恶意点击，这样就不好控制了，存在预算支出过快的现象。

3) "来电付费"

最近一种新的网络营销方式"来电付费"受到了欢迎，这种方式最早出现于国外，将消费者、中小企业商户、中间网站平台联系在一起，消费者可以同商户发起通话，商户则在得到客户信息的同时，向网站平台付费。这种付费方式是根据通话次数和时间计算的，由于通话记录都是有案可查的，可以说是一种比较精准的营销模式。

(1) 企业可以直接与潜在消费者通话，可以知道他是男是女，是年轻人还是老年人，南方人还是北方人。通过交流了解他的想法和实际情况，了解他对产品的看法，可谓是"一对一"的营销。

(2) 对于传统媒体的高预算、高浪费、竞价排名的恶意点击，"来电付费"可以尽可能减少广告预算的浪费,投资回报率更大化,更适合那些没有实力、没有网站的中小企业。

在现代社会中,广告作为一种传播手段,是一种典型的文化载体。广告作为大众文化的形式,它在促进商品、服务消费的同时,还提供着较高的文化消费。广告之所以拥有着文化传播的功能,主要在于广告在信息传播的过程中,体现着明确的价值观念和社会文化的互动。因此,广告不仅是传播商品、服务信息的手段,也是传播文化的一个重要的渠道,它是连接物质与精神消费、商品与文化消费之间的桥梁。事实证明,制作优良、格调高雅、富有艺术感染力的广告,对传承传统文化、支持健康文化、发展先进文化,起着至关重要的作用。同时,广告可以把其他领域的文化观念和生活方式带入所传播的地区,从而促进不同地区的文化交流沟通。随着市场经济的全球化,东西方文化不断交流、沟通,甚至碰撞,其中广告所承担的文化传播功能发挥了独特的作用,而且这种作用还不断得到加强。不仅仅是在文化的传承和交流方面,广告在社会体育文化事业的促进作用也是有目共睹的。形式多样的广告,为各种体育、文化等社会公益性活动的开展提供了强大的资金支持,广告在我国社会体育文化事业的发展中,也发挥着越来越大的作用。

3. 市场营销信息的传播

现代广告服务于市场营销的过程,就是为产品和服务销售向消费者提供有关的信息传播的服务,与物流、商流等一起共同承担完成商品使用价值的运动和价值交换的全过程。现代广告把有关生产方面的信息传递给消费者,向消费者提供商品或劳务信息。与此同时,广告与物流、商流相配合,对消费者产生一定的引导作用。这就是广告的市场营销信息传播功能和作用。

伴随国际经济一体化进程的加快和国内市场经济的不断发展,现在广告运作是以市场调研为切入点而展开的整体性的广告策划,所传递的信息不仅具有极其强烈的告知和劝告,而且将人们的态度引向其所设定目标。也就是说,广告主体是市场的营销者,介绍其产品、服务品质、特性、形态、商标、包装、产品或服务的创新与改进、使用保养与维修方法等;介绍企业的经营宗旨、开业情况、产品或服务的结构与特点、市场地位与发展、主要品牌与产品声誉、售前服务、售中服务和售后服务等;还可以将与产品有关的新的生活价值观或新的生活偏好、兴趣等向目标市场传递。正是这种市场营销信息的传播功能的作用,才能够将有关产品、服务和观念的信息在生产者、经营者和消费者之间迅速传播,使得产销得以沟通,渠道得以通畅。传递市场营销信息的媒体主要有两大类:一类是大众传播媒体,如报纸、杂志、电视、无线电广播、网络等;另一类是自筹式的传播媒体,如广告牌、邮寄广告、产品目录册、海报等。但无论采用哪类媒体,广告传递信息的过程都具有如下显著的特点。

(1) 广告传递的市场营销信息准确度高,干扰性小。由于不同地区的目标市场,在同一时间或不同时间接触到的都是同一信息含量的广告,不会出现朝令夕改的现象。如果失真,绝大部分原因是媒体质量问题引起的,或者是广告发布者有意制造的。

(2) 广告传递信息迅速及时,覆盖面广,有利于目标市场迅速作出反应。这一特点是由现代媒体的性质所决定的。

（3）广告传递市场营销信息的预期值高。广告与其他信息传播方式相比较，其所传播信息的产出结果明显大。广告就是通过这样强有力的形式将信息真实地传递给目标市场上的消费者，其劝诱力越大，产生的预期效果也就越显著。

2.4 广告对广告受众和广告主的作用

1. 对广告受众——消费者所产生的作用

美国的大众文化研究者伊丽莎白·威廉逊明确指出："看一眼一个国家的广告，基本上就看到了这个国家生活各个方面的大部分了，广告反映了一国人民的情况。""广告也许是影响面最广泛的通俗文化形式。"这具体体现在对消费者的消费观念、消费心理、消费结构、消费行为等方面都有着十分重要的影响。

1）现代广告是消费者获取商品、服务等方面最重要的信息源

在市场经济不发达的过去，消费者获取商品、服务等方面信息主要取决于自己看到的和别人说的。随着市场经济发展和市场空间的不断扩大，特别是经济全球化进程的加快，使得消费者在商品、服务等方面信息的获取越来越多地依赖于广告。事实上，消费者在生活中获得商品、服务等方面信息的渠道有很多，但是归纳起来只有如下两个途径：一是内部信息来源，主要依赖于消费者自身的知识与经验。但在市场经济发达的今天，消费者已经不能单纯地依赖内部信息源作为评判、选择商品的依据，而是必须借助大量的外部信息的获得，才能够完成评判、选择商品的过程；二是外部信息来源，主要是指消费者从自身以外获取的知识与经验。消费者获取的外部信息主要来源于广告向消费者传递商品等方面的信息。当然还有口传信息和中立信息。有关方面的实验研究结果表明：不同来源的信息对消费者的影响是不同的。

在上述三种外部信息来源中，口传信息用于亲密的人际交往的传播，因此能够成为消费者最信任、最有效的信息源，但其受传播的形式——人际间的口传的局限性的影响，使得它无法在更大的范围、以更快的速度把信息传递给消费者，以满足更多的消费者对商品、服务等方面的认知、识别、选择性购买的要求。因此，口传信息难以成为消费者获取商品、服务等方面信息的最主要的信息源。中立信息源的信息发表的数量是极其有限的，不能够成为消费者对商品等方面的认知、识别、选择性购买的信息的主要来源。在市场经济发达的社会现实生活中无处不在的广告，通过对商品和服务的品牌、性能、质量、用途等方面的市场营销信息的有效传播，能够拓展和提升消费者对有关商品、服务等方面的认识，指导消费者进行有效购买和使用，可以给消费者的日常生活带来极大的方便。因此，广告成为对消费者最具有影响力的信息来源。

2）广告正在悄悄地改变人们的消费观念、消费行为和生活方式

以人为镜，认识自己。也就是说，现代社会生活中的个人是在别人的比较中认识自己的。因此，现代社会生活中人的消费观念、消费方式、消费行为和生活方式都是相互学习的结果，而如同阳光和空气的广告，像春雨润物一般悄悄地改变人们的消费观念、消费方式、消费行为和生活方式。从这个角度去理解广告的作用，比用恩格尔系数解释需求与消费行为更具有操作性和实用性。因此，在广告活动的运作过程中必须注重发挥如下广告作用。

（1）满足需求，引导消费。根据马斯洛的需求理论，人不仅是有需求的，而且需求是分层次的。市场销售学原理告诉我们，人的需要、欲望和需求是导致人们购买行为产生的原因。广告正是通过不断地传递有关市场营销的信息，向消费者提供丰富的有关商品和服务等方面的信息，引导、刺激和满足消费者的需要、欲望和需求。特别是在现代社会，科技的突飞猛进，新产品的日新月异，面对如潮水般而至的商品，往往使消费者眼花缭乱，无所适从。事实上，广告通过向消费者传播商品信息，就是在向其介绍商品的品牌、商标、性能、用途、特点、价格以及如何使用、保养等，就是在帮助其提高对商品的认知程度，知道消费者如何购买商品和使用商品，从而刺激其潜在的购买欲望。广告对消费者购买行为的影响，不仅是让消费者认识商品的作用，更重要的是广告在指导消费的同时，还有刺激需求的作用。广告的连续出现，就是对消费者的消费兴趣与欲望的不断刺激的过程。也就是说，可以让消费者以极低的成本了解市场，跟踪时尚，指导消费，方便生活，提升生活品质。因此，广告发挥着满足需求引导消费的作用。

（2）劝说与诱导，影响和改变消费观念、消费行为。人们的消费观念和消费行为实际上就是人们不断学习的结果，这种学习促进人们消费观念与行为的变化与发展。面对众多的商品和品牌，消费者挑选的内在心理机制是由广告的刺激而形成的。而广告恰恰是一门劝说的艺术，通过不断地诱导和示范，不断地向消费者提供有关商品和品牌等方面的资料，并加以强化。图2.6所示为某调味品广告，投放前后，产品销量呈现天壤之别。因此，广告对人们的消费观念和消费行为的影响和改变就产生了潜移默化的作用，也就是说广告的因素已经超过质量、价格等主体因素而成为消费的依据。这种定向选择背后表现的是对广告所渲染的消费观念和消费行为的认同和选择，这也是广告说服效果形成的原因之一。

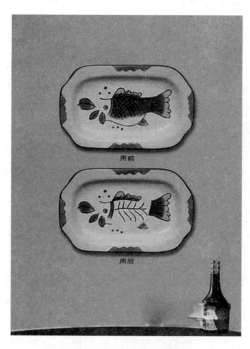

图2.6　某调味品广告

（3）改变价值观念，影响购买决策。众所周知，价值既是文化的核心，又是人们最难以改变的东西。广告对人们价值观念的影响,一般不是指某个具体广告一朝一夕的作用,而是指作为整体的广告文化在一个比较长的时期内对社会文化所产生的潜移默化的改变。在市场经济高度发达的今天,随着人们消费水平的提高及其个性的张扬和自我意识的提升,现代社会的消费不仅仅是生活所必需的,更是地位和品位的一种体现的需要。在这样的时代背景下,广告提供的不仅仅是商品的信息,而是一种社会角色和社会价值的信息,某图2.7所示为某减肥饮品广告,轻松享"瘦",猫钻鼠洞。通过广告,消费者在炫耀性消费中获得了人生价值的肯定,而广告主也因此从中获得了丰富的回报——利润。与此同时,广告所传播的信息,是消费者进行消费决策的重要依据。消费者在作出消费决策时,还需要从其他途径了解商品的性能、质量、价格等,进而完成购买决策。由此可见,广告不仅为人们提供了丰富的商品信息,而且使人们能够及时地购买到自己所需要的商品或服务,为广大消费者的生活提供了方便;广告不仅丰富了人们的物质文化生活,而且还节约了购买时间,使人们有更多的时间从事工作、学习和娱乐。因此,这就要求广告创意和制作人员在进行广告运作时,必须能够真正了解消费者进行消费决策时最关注的问题,进而确定广告主题、创意和诉求,以帮助消费者作出正确的消费决策。

图 2.7 某减肥饮品广告

(4) 引领时尚,引导生活方式。广告在传播过程中还传播观念。在传播理论中,如何说(即传播方式)是一门艺术。把一个新的观念、概念通过广告的形式,可以通俗易懂地传播给消费者,往往能够引导消费者形成某种消费流行,造就一种时尚的文化,并以时尚文化力量的形式对有关社会成员产生深刻的影响,特别是在广大青少年的时装发型、举止言谈、兴趣偏好、情感方式等方面影响巨大。因此,广告能够倡导和推动新的社会观念,引导新的生活方式。

3) 广告对消费者的负面作用

现代社会中过多的广告,引起了人们的抱怨。因此,人们应该用理性的眼光去看待。但是不得不承认,广告确实会对人们造成了许多负面影响。有时,为了强调商品的作用,在广告表现中采取了戏剧化的或"一面说理"的表现方式,通过一些离奇的情节设计,渲染一种时尚生活离不开的商品观念,不仅使人们对广告的真实性产生疑问,而且容易造成商品"万能"的现象。好像人们的生活价值主要取决于其拥有什么样的商品,而不在于其创造了什么,容易助长享乐主义的发展。广告对少年儿童的影响是不容忽视的。

如图2.8所示为娃哈哈儿童饮料广告，给人的感觉是喝娃哈哈饮料就都能长结实。

图2.8　娃哈哈儿童饮料广告

少年儿童由于大量接受广告，从小就生活在一个"品牌"世界里，所以对商品的追求远远超过其实际需要和家庭承受力，这也是困扰所有家长的一个重要问题。尤其是广告所展示的豪华的生活、奢侈的用品，使儿童在不知不觉中，误以为广告里描绘的世界就是真实的世界，并去追求，这对其健康成长是很不利的。新闻传媒过多的广告发布，不仅干扰了人们正常的信息接收和解读，而且浪费了宝贵时间；户外广告有时会影响到交通安全，对人们的生命、财产造成威胁；广告的诱惑性还可以使人们长期处于消费的饥渴状态，甚至购买没有什么实际价值的产品等。人们还可以在百无聊赖之际，把广告当作有趣的节目来欣赏可以起到娱乐补偿的作用。

2. 对广告主——企业所产生的作用

在市场经济环境下的企业实际运作过程中，广告在其存在和发展中的作用日益凸现。

1）广而告之，沟通桥梁

广告的"广而告之"的基本属性，使得广告传递的信息不同于一般的商品和服务信息，它带有一定的诱导性，诱导消费者的态度向其所设定的目标接近。因为商品和服务是购买的前提，只有加深了对商品和服务的认识，才有可能激发消费者的购买兴趣和欲望。特别是在当今市场经济中，新产品日新月异，商品和服务的种类繁多，消费者在购买过程中迫切需要了解商品和服务的性能。广告的基本功能是通过对商品和服务信息的有效传播，向消费者介绍商品的品牌、性能、规格、用途、特点、价格，以及如何使用、保养和各种服务措施，这实际上在帮助消费者提高对商品和服务的认识程度，指导消费者如何购买商品和服务。特别是新上市的产品和服务，通过广告的广而告之，对企业和消费者双方而言都是极其重要的。

广告架构了企业与市场相互沟通的桥梁。在现代化的社会化大生产中，生产和流通是统一的生产过程中的两个相辅相成的要素。市场经济的发展，科学技术和经济全球化的发展，已经打破了地域界线，整个市场变得更加开放和便捷，流通渠道增多而流通环节相对变少，地不分南北，人无论东西，都融入在市场经济中。企业生产出来的产品，只有通过流通领域才能够进入消费，实现其使用价值。广告在沟通产销渠道方面起着不可替代的作用：广告能够快速便捷地将有关产品和服务的信息传递给广大消费者，使产品和服务的大量销售成为可能。这不仅可以为企业带来巨额的销售利润，推动企业的规模升级和技术、产品、服务的创新，而且能够使单位产品的销售成本降低，从而使企业在激烈的市场经济竞争中处于更有利的地位。因此，正如马克思所言："在商品生产中，流通和生产一样重要，从而流通当事人和生产当事人一样必要。""广而告之"使得广告成为"运用先进媒体的超级推销巨人"。

2）搜索信息，促进销售

广告的目的性十分明确，就是促进企业的产品和服务的销售增长，扩大市场占有率，提高企业的竞争力。广告的本质功能在于加速商业流通和扩大商品、服务的销售。因此，广告被喻为"促进商品销售的重要工具""运用先进媒体推销术"。广告的这种促销作用首先是从引起消费者的注意开始的，然后诱发其对商品的兴趣，激起其购买的欲望，进而促成其购买行动的产生。持续不断的广告运行结果，不仅能够促进和增加产品和服务的销售，而且还能够扩大企业的知名度，不断提高企业的经济效益和社会效益。

（1）广告在维持和扩大企业市场占有率方面起着极其关键的作用。在人们温饱问题已经解决和产品同质化日趋严重的今天，消费者都是愿意以比较高的价格购买著名品牌的商品，而不会轻易购买从未在广告上出现过的商品。一般的消费者通常会有这样的认识：认为广告主必须为其传播的商品和服务好坏负责任，同时，能够进行广告传播的企业，都是具有经济实力和自信的企业。有关实证研究成果表明：在经济不景气的时期继续做广告或增加广告投放量的企业，都能够在2～3年后增加82％的销售量，而减少和不再做广告的企业平均只增加45％的销售量。

（2）广告能够对企业的人员促销进行强有力的支持。因为广告不仅可以弥补由于人员推销而产生的个人信誉与威信有限的弊端，而且可以借助媒体的威信来提高自身的威信，进而产生一种"光环效应"。例如，当今中国的大众传播媒体都是党和政府的喉舌，具有权威性，在这些媒体上做广告，企业的商品和服务的品位及可信性都得到相应的确认与提升。因此，自1995年以来，众多的企业不惜代价以几千万元，甚至几亿元的天价，购买中央电视台的黄金时段，除了中央电视台的传播功能外，其中重要的一点就是中央电视台在中国人民心中无可比拟的权威性。同时，由于广告传播的速度和范围远远超出了人员推销，它不仅可以成为人员推销的"先行官"，而且还可以作为人员推销中的说明与说服的材料加以运用。

（3）广告对推小企业的积压产品具有一定的作用。通常产品的积压情况如下："死积压"就是一种商品到了"绝对"没人要购买的地步，这种情况下，空间与时间往往是导致相对积压产生的原因，往往可以通过广告的传播活动来缓解和解除这种积压，因而就会出现"一个广告救活一个企业"的神话。因此，广告就是通过传播详细的产品、服务等方面的信息，有效地刺激消费者，直接促进产品和服务的销售。

3）鼓励竞争，促进创新

现代的广告已经成为企业搜索市场信息和竞争对手情报的重要来源之一。通过有目的的广告搜索、积累和分析，可以对同行的生产经营与发展状况、市场情况、竞争对手的多种信息和相关的市场资料情况等有一个清晰的了解，为企业的科学决策奠定基础。当然企业的商品和服务能否获得长期、稳定的销售效果和利润，不仅取决于广告，而且取决于商品和服务本身的质量与信誉。因此，在市场经济中的企业，如果不在商品质量和服务质量上下功夫，而将广告的作用无限夸大，最终只能是自取灭亡。只要有高质量的产品与服务，再加上必要的广告运作，企业才能够取得竞争优势。

广告诉求具有明确的针对性是劝服消费者。因此，在广告运行过程中，企业必须旗帜鲜明地宣传自己的产品、品牌和商标等，充分强调左右广告的产品、服务特点和优点，可持续地激发消费者的注意和兴趣，促成消费者购买行为的产生。这样，广告活动就成了企业之间开展产品和服务竞争、争夺市场的手段，同时，也刺激和促进了生产厂家或服务性企业不断进行创新。

4）塑造品牌、企业形象和企业文化，提升综合竞争力

大卫·奥格威指出："广告是神奇的魔术师。它拥有一种神奇的力量，经过它不只是能卖出产品，而且能化腐朽为神奇，使被宣传的普通产品蒙上神圣的光环。"大卫·奥格威所说的"蒙上神圣的光环"实际上就是指广告在塑造品牌、企业形象和企业文化方面的重要作用。

在市场经济条件下，广告已经成为企业创立品牌的充分必要条件。首先，产品不仅是企业生产的成果，也为企业供应市场、满足消费需求奠定物质基础。也可以说，产品形象是企业最重要的实体形象。企业只有创造出优质、适用、新颖、美观、价格合理以及品种繁多的产品，才能满足广大消费者日益增长的物质需求。其次，广告是对品牌的长期投资。在当今世界，不进行广告的商品是绝不可能成长为著名的品牌的。从某种意义上来说，著名的品牌都是由广告长期积累而成的。因为广告通过别具匠心的策划和创意表现，不仅可以直接刺激消费者的心理，使其产生不拥有某种品牌产品便无法平静地生活、无法提升生活品位、无法达到内心的平衡而影响自我发展和自我实现等方面的感受，而且能够进一步地诱发消费欲望，催生购买行为，促进商品销售，引导和拉动消费。同时，由于通过广告对企业及其产品特性的准确表现和持续不断地发布，不仅可以塑造、培育和维护一个独具个性的，深受消费者信赖的品牌形象，而且可以使社会公众特别是目标消费者对著名的品牌有迅速、有趣、正确的了解。这样不仅仅能够建立双方熟悉的信息传受关系，更重要的是使产品进入消费者的选购"清单"。由此可见，品牌形象的确定，不仅可以使企业拥有巨大的无形资产，而且对产品的促销、企业的整体发展和长远利益都会产生广泛而持久的积极作用。总之，品牌不仅是一种承诺，而且是一种说服力，更是一种保证。图2.9所示为海尔空调广告，海尔通过大量广告向消费者推荐其空调产品。

在产品同质化的今天，营销早已进入品牌营销的阶段，消费者更多地指名购买著名的品牌商品，指名购买几乎成了一种时尚而又社会性的消费观念与消费方式。

在品牌的塑造过程中，广告以其大规模、多频次和持久性的传播方式、选择性的信息发布及其说服力和感染力的传播手法等，扮演着主导性的角色。广告是塑造现代形象和企业文化的重要手段。现代企业竞争的主要形式之一就是企业形象的竞争，而广告则是建立企业形象最直接、最有效的方法。它既是企业素质的综合体现，又是企业文化的外在反映，更是社会公众对企业的总体评价。企业通过有的放矢的广告运作，可以塑造良好的企业形象。因此，良好的企业形象不仅能够创造消费者信心，而且能够树立消费者的精神信仰，进而为企业营造良好的外部经营环境。由此可见，广告可以为企业在消费者心目中提升知名度和美誉度。与此同时，通过广告宣传企业独特的经营观念、经营宗旨、经营风格和企业的象征物，可以告知消费者，有利于企业形成自我独特的企业文化。

图 2.9 海尔空调广告

5) 促进国际贸易交往，加速经济全球化的进程

毋庸置疑，经济全球化的发展需要竞争，竞争需要广告。众所周知，广告不仅是社会生产，社会竞争发展到一定阶段的产物，而且又反过来促进和影响市场竞争，不断迫使企业持续进行管理和技术的创新，不断提升社会生产力。国际贸易同样是社会生产力发展到一定阶段的产物。特别是在国际经济日趋繁荣的今天，由于世界经济发展的区域性和不平衡性，广告在促进国际贸易中显得尤为重要。梅瑞狄斯甚至认为，广告为每件商品插上翅膀。现代国际广告是艺术与科学高度糅合的产物，能够敏锐而精确地引导现代世界经济、生活新潮流，不断促进世界经济的发展和繁荣。特别是在经济全球化进程加快的过程中，广告在促进国际贸易中的作用越来越重要。广告不仅可以向世界各国介绍自己国家的名优产品，促进出口贸易的发展，而且可以促使企业从其他国家的企业广告中了解和把握国际市场的新动态：新产品和新技术涌现，促使企业不断地进行技术等方面的创新，使企业能够在国际市场竞争中立于不败之地。必须指出的是，特别是在经济全球化加快的进程中，对全球化广告的传播的实现需求不断增加，整合营销传播、网络传播等新的理论、媒体和技术手段的不断出现，使得市场营销环境日趋复杂，广告作为市场营销组合之一，其单一的运用则是很难实现有效的营销目的。因此，整合营销理论提出只有实现市场营销从内到外的系统整合，才能够适应现代营销的发展。换句话说，就是在营销传播领域里，由于营销环境和传播环境的复杂化，单纯依赖广告来实现有效的市场营销的时代已经宣布结束，只有进行营销传播要素的系统整合，才能够有效地服务于全球市场营销。

6）吸引和积聚人才

良好的企业广告不仅可以吸引人才，而且能够稳定人才。一个知名度高、形象好的企业，会吸引更多的人才，同样能使现有人才有自豪感，可以安心工作。

7）广告对企业也有负面作用

不可否认，企业的商品能否获得长期、稳定的营销效果和利润，不仅取决于商品本身的质量与信誉，而且取决于广告活动。但是在现代社会中，一个企业如果不在商品质量、服务质量上下功夫，而将广告的作用无限夸大，最终只能是自取灭亡。

广告对企业也有负面影响，比如：加大了经营成本；带来社会压力；产品更新换代的加快，一定程度上会造成企业某些资源的浪费；加大了市场竞争的激烈程度，使产品单位利润降低；对广告的促进作用的过度依赖，所谓"广告一广，黄金万两"的"广告万能论"，一旦操作失误，企业将面临灭顶之灾。

本 章 小 结

广告的功能是指广告对社会产生的影响和对人的精神世界发挥的作用。随着社会的发展，广告已经成为人们日常生活的重要组成部分，它对于促进社会发展，特别是在经济繁荣、文化交流、信息传递等方面发挥着不可低估的作用。

广告在宏观上对经济的影响，建立在其经济功能之上：广告具有沟通产销、刺激需求的功能；为社会和公众提供商品和劳务信息，有助于沟通产销，促进社会再生产过程的循环；能够加速流通，扩大销售。促进流通的方式有很多，但从效率上讲，广告是最好的方式之一。广告利于竞争，能促进企业的生产与经营；为了获得相对于其他企业的市场优势和有利的市场地位，竞争企业采取各种各样的手段，而利用广告影响消费者是非常重要的。广告可以促进社会经济财富的增长。

广告的社会功能主要有以下几点：加速社会的发展，广告与科技的发展相互促进，促进精神文明建设，美化生活环境，传播高尚观念，培养人们正确的生活方式和美好情操；传播政策信息，协助政府工作，推动大众传播事业发展。

传播信息是广告的最基本的功能。广告是为广告主和消费者服务的。伴随着市场经济的发展，人与人之间的联系也越来越紧密。在市场经济环境下的企业实际运作过程中，广告在企业存在和发展中的作用举足轻重：广而告之，沟通桥梁；搜索信息，促进销售；广告在维持和扩大企业市场占有率方面也起着极其关键的作用。广告塑造品牌、企业形象和企业文化，提升综合竞争力。通过广告宣传企业独特的经营观念、经营宗旨、经营风格和企业的象征物，既可以告知消费者，又教育了职工，有利于企业形成自己独特的企业文化。促进国际贸易交往，加速经济全球化的进程；只有进行营销传播要素的系统整合，才能够有效地服务于全球市场营销。吸引和积聚人才，良好的企业广告不仅可以吸引人才，而且能够稳定人才。一个知名度高、企业形象好的企业，会吸引更多的人才，同样能使现有人才有自豪感，安心工作。

习 题

一、填空题

1. 生产者的产品与消费者的购买与消费在时间上、空间上都存在着距离。广告作为一种信息传播手段，能缩短这种距离，即_____。
2. 广告的社会功能，可分为_____和_____两大类。
3. _____和_____都是有意识的行为，而_____则是无意识的行为。

二、选择题

1. 广告的基本功能是（　　）。
   A. 经济功能　　　　　　　　　　B. 社会文化功能
   C. 社会政治功能　　　　　　　　D. 传播功能
2. 下列不属于广告对市场经济的影响机制的一项是（　　）。
   A. 沟通产销，刺激需求　　　　　B. 刺激消费，引领时尚
   C. 利于竞争，促进企业发展　　　D. 加速流通，扩大销售

三、思考题

1. 广告如何促进经济的增长？
2. 广告的社会功能有哪些负面影响？
3. 如何理解广告的传播功能？

四、案例分析题

1. 你是如何评价脑白金广告的？
2. 谈谈脑白金广告对产品销售作用的认识。

第3章 广告主体

"广告主发号施令,广告公司提建议,媒体请求下达托刊(播)单,而市场调查人员则冷眼旁观,这就是广告世界的缩影"。一条广告信息,在传递给消费者之前,会经过广告主、广告代理公司和广告媒介三个元素之间的互动运作。广告主可以利用广告公司的服务。而广告公司可以自行完成或借助不同的下游公司提供某些方面的专门服务,最终通过不同媒介,将广告传递给目标受众。

教学目标

1. 掌握广告主的内涵。
2. 认识广告业的构成。
3. 了解企业广告运作流程。
4. 了解广告代理制定义、要点及现状。
5. 熟悉广告公司内部的建构方式。
6. 了解广告媒介的分类。
7. 熟悉不同广告媒介的特点。

教学要求

知识要点	能力要求	相关知识
广告主	(1) 理解广告主的内涵 (2) 了解广告主的宏观意义	广告主
企业广告运作流程	(1) 了解企业广告决策阶段 (2) 了解企业广告计划阶段 (3) 了解企业广告执行阶段	广告活动
广告代理制	(1) 理解广告代理制的含义 (2) 了解广告代理制的分类及现状	广告代理制
广告公司	(1) 理解广告公司内部的构建方式 (2) 了解广告公司的功能及现状	广告公司
广告媒介	(1) 了解广告媒介的分类 (2) 掌握不同广告媒介的特点	传播媒介

推荐阅读资料

1. [日]柏木重秋. 新版广告概论[M]. 王建玉，等译. 北京：中国经济出版社，1991.
2. [美]克劳德·霍普金斯. 科学的广告+我的广告生涯[M]. 邱凯生，译. 北京：华文出版社，2010.
3. 夏琼，张金海. 广告媒体[M]. 武汉：武汉大学出版社，2002.
4. 黄升民，段晶晶. 广告策划[M]. 北京：中国传媒大学出版社，2006.
5. 鲁彦娟. 广告公司工作流程与管理[M]. 北京：清华大学出版社，2011.
6. 陈雨，谷虹. 报纸分类广告经营管理[M]. 广州：南方日报出版社，2006.

 基本概念

广告主：为推销商品或者提供服务，自行或者委托他人设计、制作、发布广告的法人、其他经济组织或者个人。

广告代理制：广告代理方（广告经营者）在广告被代理方（广告客户）所授予的权限范围内来开展一系列的广告活动，就是在广告客户、广告公司与广告媒介三者之间，确立广告公司为核心和中介的广告运作机制。

广告公司：专门经营广告业务活动的企业。

广告媒介：用于向公众发布广告的传播载体，是指传播商品或劳务信息所运用的物质与技术手段，是能够借以实现广告主与广告受众之间信息传播的物质工具。

引例

奥美广告公司（Ogilvy & Mather）为大卫·奥格威和Mr. Mather所创办，公司的名称便是取其两位的姓氏而来。香港奥美于1989年便成为WPP集团的一分子，而该集团也同时拥有伟达公共关系顾问有限公司（Hill and Knowlton）及智威汤逊广告公司（J. Walter Thompson）等。发展至今，奥美是全球第六大广告及市场推广机构，在120个国家设有450多所办公机构，专门从事广告宣传、直销广告、公共关系及促销推广等工作。

奥美广告为什么能够取得如此卓越的成绩呢？

（1）各部门互相紧扣。奥美的架构可分为三个主要部门：客户服务部、创作部及媒介部；另外还有两个支援部门：创作服务部和广告片制作。在职责方面，各部门均有所不同，但又需要紧密地联系，不能独立抽离，故合作性非常高。

（2）着重品牌的形象。奥美广告对每一种品牌，均要构思一套完整的计划，以确保每项相关的活动，都能反映和建立品牌的价值、形象。奥美是多个名牌的"保姆"，在其经营或管理上，独树一帜，与品牌交相辉映。他们推行的是一套独有的经营理念：成为客户"品牌管家"。

（3）大卫·奥格威的广告哲学是：人是广告公司的最大资产，所以对员工培训非常重视，常鼓励公司培养员工的归属感及士气。此外，公司建立了一个奥美俱乐部，用以维护员工情绪。

总括而言，奥美广告有其自己的一套文化和精神。这种文化和精神也为其员工津津乐道，讲求效率、架构及层次，在行业内被视为名牌。奥美广告有完善的培训计划、完备的工作程序。至今很多曾在奥美广告部工作过的人，也引以用"奥美人"之称为荣。

3.1 广告主体的内涵

广告主体(Advertisement Subject)是指广告信息传播活动中的传送者,即广告活动的提议者、策划者、创意者和实施者。就市场功能而言,广告主体是广告需要的产生者,而广告经营者和发布者是满足这种需要的服务提供者。因此,在很多地方,把广告经营者和发布者统称为广告商。人们探讨广告活动的主体,主要目的是了解广告行为中各个元素的功能、角色以及对于传递广告信息的影响。而一条广告信息,在传播给消费者之前,会经过广告主、广告公司、广告媒体三个元素之间的互动运作。根据美国著名传播学者拉斯威尔提出的"5W"传播要素(谁、对谁、说什么、通过什么渠道、产生何种效果),可以把构成一则广告的基本要素划分为:广告主、广告代理公司、广告媒体、广告信息、广告受众和广告效果等,这些要素构成了广告的主体,如图3.1所示。这种划分,主要基于专业化要求和分工化需求的双重考虑。

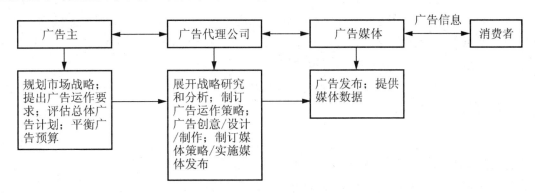

图 3.1 广告主体的构成

广告主体构成广告活动中的组织结构,简称为广告组织,它是从事广告活动的各种类型的企业和组织的统称。没有广告组织,广告活动也就失去了生存与发展的依托。

(1) 广告主是指为推销商品或服务,自行或者委托他人设计、制作、发布广告的法人、其他经济组织或者个人。

由于广告主销售或服务类型不同,或由于他们自身在分销渠道中所处的位置不同,基本上可以把广告主分为三类。

① 生产商和服务企业。一些消费品和服务生产企业通常是最大的广告主,他们每年的广告费支出可达亿元人民币以上。这类企业使用广告为自己的品牌创造知名度,促使消费有偏爱选择自己的品牌。人们通过电视广告熟悉的一些医药企业、酒类企业等,这些是最普遍意义上的广告主。

② 中间商。中间商包括零售商、批发商或经销商,是指在分销渠道中购买了产品再转卖给消费者的所有机构,如百货店、超市、某种专营产品供应公司。为了销售需要,它们也要对消费者或目标客户做大量的广告。通常,这类广告主不需要借助电视这类大众媒介,往往会选择印刷广告形式,如海报、画册等。

③ 政府机构和社会团体。政府机构和社会团体也是广告投入不小的一类广告主，这类广告主做广告的目的通常是为了维护公众利益，引导或改变人们行为。比如人们在城市街头常常看到的工商部门宣传维护市场秩序的广告牌，全国艾滋病防治中心在电视上播放的公益广告片等。从本质上讲，政府社团广告与企业广告的目的没有区别，都是为了向目标受众传播信息、劝服行为。

（2）广告代理公司。负责整个广告活动的策划与执行，并扮演广告主与广告媒体之间沟通桥梁的角色。

（3）广告媒体。负责广告的刊播工作并提供媒体数据。

除了以上三类以外，广告主还可以理解为：广告主即是广告代理公司；广告媒介即广告代理；广告媒介即广告主。

广告主也称广告客户，指为推销商品或者提供服务，自行或者委托他人设计、制作、发布广告的法人、其他经济组织或者个人，是市场经济及广告活动的重要参与者，可以是法人，也可以是自然人。广告主是广告活动的发布者，是销售或宣传自己产品和服务的商家，是广告的具体发起者和提供者，同时也是广告市场活动运作的起点。任何推广、销售其产品或服务的商家都可以作为广告主。广告主发布广告活动，并按照广告活动中规定的营销效果向广告公司和媒体支付费用。

下面进一步介绍广告主以及企业的广告运作过程。企业广告运作的基本程序一般包括广告决策阶段、广告计划阶段以及广告执行阶段。

1. 广告决策阶段

广告决策是指根据市场调查和分析所提供的市场价格资料、产品组合情况与发展情况、销售条件、销售人员及销售渠道情况、市场发展趋势以及市场竞争等详细资料，结合对市场环境的分析，做出适当的广告决策。

广告决策过程包括广告目标确定、广告预算决策、广告信息决策、广告媒体决策和广告效果评价五项决策。

1）广告目标确定

制定广告决策的首要步骤就是确定广告目标。广告目标是否明确与一致，将直接影响到广告效果。

广告目标是企业借助广告活动所要达到的目的。广告的最终目标是增加销售量和利润，但企业利润的实现是企业营销组合战略综合作用的结果，广告只能在其中发挥应有的作用。可以供企业选择的广告目标概括为以下几种。

（1）以提高产品知名度为目标。这种目标主要是向目标市场介绍企业产品，唤起初步需求。以提高产品知名度为目标的广告，称为通知性广告。通知性广告主要用于一种产品的开拓阶段，其目的在于激发产品的初步需求。

（2）以建立需求偏好为目标。这种目标旨在建立选择性需求，致使目标购买者从选择竞争对手的品牌转向选择本企业的品牌。以此为目标的广告被称为诱导性广告或竞争性广告。近几年，在西方国家，有些诱导性广告或竞争性广告发展为比较性广告，即通过与一种或几种同类产品的其他品牌的比较来建立自己品牌的优越性。当然，由于企业或产品在消费者心目中的形象并非单纯由广告形成的,所以比较性广告应当把企业整体营销组合战略传达给潜在购买者。如果企业或产品缺乏良好的声誉,广告在这方面所承担的任务就更为重要了。

(3) 以提示、提醒为目标。这种目标是为了保持消费者、用户和社会公众对产品的记忆。提示性广告在产品生命周期的成熟期十分重要,与此相关的一种广告形式是强化广告,目的在于使产品现有的消费者或用户相信他们所做出的选择是正确的。

广告目标是企业目标的一部分,企业在确定广告目标时,要与企业目标相吻合。为达到这个目的,客观上要求从整体营销观念出发,寻求与企业营销组合战略、促销组合策略有效结合的企业广告目标。

2) 广告预算决策

广告预算决策是企业广告决策的一项重要内容。在确定广告目标后,企业可以着手为每一产品制定广告预算。广告预算是企业为从事广告活动而投入的预算。由于广告预算收益只能在市场占有率的增长或者利润率的提高上最终反映出来,所以一般意义上的广告预算,是企业从事广告活动而支出的费用。

3) 广告信息决策

广告信息决策的核心问题是制定一个有效的广告信息。最理想的广告信息应能引起受众的注意,提起受众的兴趣,唤起受众的欲望,导致受众采取行动。有效的信息是实现企业广告活动目标,获取广告成功的关键。

4) 广告媒体决策

广告媒体是广告主为推销商品,以特定的广告表现,将自己的意图传达给消费者的工具或手段。不同的广告媒体具有不同的特点,它限制着广告主意图的表达和目的的实现。不同的广告媒体,它的传播范围、时间,所能采用的表现形式,接受的对象都是不同的。广告主在通过广告媒体表达自己的意图在他们所希望的时间、地区传递给目标对象时,需要根据媒介所能传播的信息量的多少,根据对媒体占用时间与空间的多少,支付不同的费用。因此,广告媒体选择的核心在于寻求最佳的传送路线,在广告目标市场影响范围内,达到期望的曝光数量,并拥有最佳的成本效益。

5) 广告效果评价

良好的广告计划和控制在很大程度上取决于对广告效果的测定。测定和评价广告效果,是完整的广告活动过程中不可缺少的重要内容,是企业上期广告活动结束和下期广告活动开始的标志。

广告效果是通过广告媒体传播之后所产生的影响。这种影响可以分为:对消费者的影响是广告沟通效果;对企业经营的影响是广告销售效果。

(1) 广告沟通效果。广告本身效果的研究目的,在于分析广告活动是否达到了预期的沟通效果。测定广告本身效果的方法,主要有广告事前测定与广告事后测定。

广告事前测定是指在广告作品尚未正式制作完成之前进行各种测验,或邀请有关专家、消费者小组进行现场观摩,或在实验室采用专门仪器来测定人们的心理活动反应,从而对广告可能获得的成效进行评价。广告事前测定是指根据测定当中产生的问题,可以及时调整已定的广告策略,改进广告制作,提高广告的成功率,其具体方法主要有消费者评定法、组合测试法和实验室测试法，主要用来评估广告出现于媒体后所产生的实际效果。

（2）广告销售效果。广告销售效果的测定，就是测定广告传播之后是否能够扩大销售量，有时纯粹是为保持销售额、阻止销售的利润急剧下降这个目的而投放广告；在销售增加额中，只对增加销售额的广告力量作单独测定，严格地讲是不可能的。

2. 广告计划阶段

广告计划是企业对于即将进行的广告活动的规划，它是指从企业的营销计划中分离出来，并根据企业组织的生产与经营目标、营销策略和促销手段而制定的广告目标体系。广告计划可以划分为广义广告计划和狭义广告计划两种。广义的广告计划具体包括广告市场调查、广告目标计划、广告时间计划、广告对象、广告地区、广告媒介策略、广告预算、广告实施、广告效果测定与评估的全部广告活动的内容。狭义的广告计划具体包括广告目标、广告地区、广告时间和广告对象。

广告计划是一个动态的过程，企业应当根据当前的市场竞争状况以及消费者需求的变化趋势进行随时修订，以保障整个广告活动的顺利进行和广告目标的实现。

3. 广告执行阶段

广告活动的具体实施和开展过程就是广告计划的执行阶段。广告执行一般有三种模式：企业执行、全部代理执行、部分代理执行。

企业执行即企业自身执行广告活动，通常是企业对广告代理心存疑虑，对广告公司不够信任或广告预算存在问题。但是，广告是非常复杂的专业运作过程，任何一家企业想要独立完成广告运动都非常困难，即使有能力独立完成，广告效果也难以保证，且企业将要付出大量的人力、物力、财力投入到非专业的领域当中，必然损耗企业的正常发展。

对于全部代理执行和部分代理执行模式，企业需要同广告公司、媒体等通力合作，协作应对。企业作为广告主，也是广告运作的真正决策者，必须明确自身在广告运作中的职责和任务，以保证企业广告组织的广告目标得以顺利实现。对企业而言，只有与广告公司之间建立并保持密切的业务合作关系，才能配合广告公司来完成广告的具体运作，达成广告目标。可以通过图3.2所示的流程图来了解广告的执行流程。

总之，广告主就是发布广告的各种企业、组织或个人。而在社会经济发展中，各类企业当仁不让成为了最大类别的广告主。近年来，全球广告投放前十大广告主基本变化不大，且都为世界500强。其中，日用消费品因其产品销量巨大，常常占据着投放前几位，汽车行业的强劲需求也导致此行业广告投放居高不下。由于中国内地市场的巨大和复杂，且内地品牌基本都处于成长期，中国内地广告投放前十大广告主经常会出现异位，比如争夺央视的广告标王，某些品牌或企业可能是某一年的广告投放冠军，但之后就销声匿迹，说明有些广告主缺乏长远的战略发展眼光。

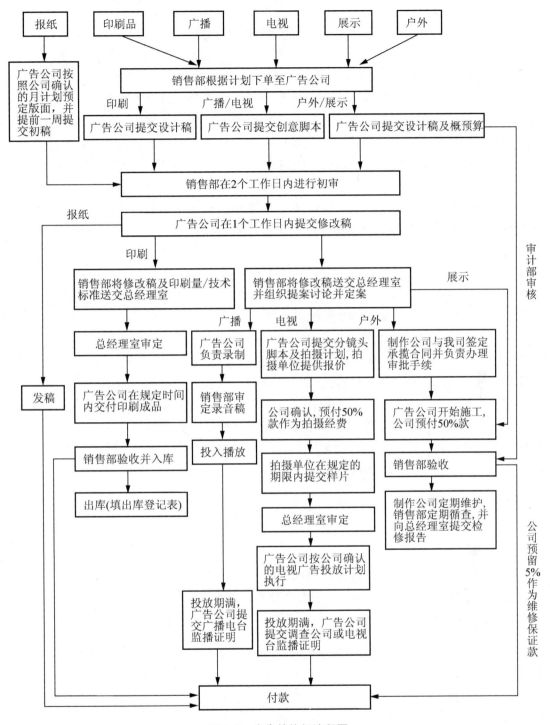

图 3.2 广告的执行流程图

3.2 广告代理制

广告代理(Advertising Agency)制指的是广告代理方(广告经营者)在广告被代理方(广告客户)所授予的权限范围内来开展一系列的广告活动,就是在广告客户、广告公司与广告媒介三者之间,确立广告公司为核心和中介的广告运作机制。它是国际通行的广告经营与运作机制。广告业现代化的主要标志之一就是在整个产业结构中,广告代理公司处于中心地位。而对于相对滞后的中国内地的广告业而言,媒介处于中心和强势地位,有"强媒介弱公司"的说法。广告代理制的最终确立与实施仍是广告业今后发展的努力方向和基本趋势。1875年,美国的佛兰西斯·艾尔成立了艾尔父子广告公司,确立了代理商与客户的关系,广告主同意通过艾尔公司投放其所有的广告。这成为现代广告代理制的起源。

广告代理制就是广告公司在广告经营中处于主体和核心地位,为广告主全面代理广告业务,向广告主提供以市场调查为基础、广告策划为主导、创意为中心、媒体发布为手段、同时辅以其他促销手段的全面性服务。

实行广告代理制,可以使广告业内部形成良性运行秩序,最大限度地发挥广告主、广告公司与媒体的长处。广告代理的特点是在广告业的三位一体(广告主、广告公司和广告媒介)中,广告公司占据中间位置,是广告主与广告媒介连接的桥梁,一边是需要做广告的客户,另一边是能提供广告手段的媒介单位。广告公司实质上实行双重代理:一是代理广告主开展广告宣传工作,即从事市场调研、拟定广告计划、设计制作广告、选择媒体安排刊播,提供信息反馈或效果测定;二是代理广告媒介,寻求客户,销出版面或时间,扩展广告业务量,增加媒介单位的广告收入。

3.2.1 广告代理制运行的基本要点

1. 广告经营中承揽与发布分开

广告公司承揽广告业务,将设计制作好的广告投放在媒介上;而媒介单位只发布广告,提高信息的传播和接受质量。双方分工协作,优势互补。

2. 代理认可制

"代理"首先要被工商行政管理机关核准,但这并不意味着该广告公司有特别好的质量和大量的业务。按国际惯例,广告代理的认可,是由媒介或其团体根据广告公司所实际具有的财务状况、业务能力、信用、声誉,承认其代理资格,允许按照购买版面时间的数量,提取佣金,并可赊买媒介的版面时间。

3. 代理充当业务委托人

广告代理代表客户与媒介交易时,在法律地位上即为委托人,负责支付因客户广告所发生的债务。如果客户破产或违约,广告代理需负担支付账单的责任。

广告代理是专门从事广告服务具有法人地位的、自主经营的经济组织。它一般不依附于某个广告主或广告媒介，它是广告交易的中间者，具有客观公正的立场。

4. 实行佣金制

广告公司主要收入来自媒介用广告版面时间的售出而给予的佣金。按国际惯例，大众传播媒体的佣金比率是广告费的15%，户外广告为16.67%；我国现行的标准为15%。

5. 广告代理制的类别

广告代理业的类型一般是以其所经办的业务类型或提供的服务范围来划分的，在我国，是以所有制性质来划分。广告代理业类型发展的趋势是越来越细，越来越专业化。按照其功能和业务内容，广告代理制主要类型如下。

（1）全面服务型代理业，也称营销导向型代理业。它从市场调查开始，协助广告主制订营销计划和广告计划，并付诸实施，在传播和推广的各个方面都能为客户服务，主要内容包括研究产品或服务、研究现有的和潜在的市场、了解客户的销售因素、熟悉媒介的特点和影响力、制订广告计划、实施广告计划、从事其他营销组合工作。全面服务型代理是广告代理业的主体，其发展程度如何，是一个国家或地区广告事业发展程度的标志，如日本前10名广告公司的营业额占全国总额的50%以上。这种广告业务的集中性，说明了全面服务型代理的实力强大。

（2）有限服务型代理业。这种代理业是创作导向型的，以设计制作广告为主要业务。它将事先制订好的营销计划发展为广告计划，并进行创作。这种代理业不负责媒介购买，不需要媒介认可，直接向客户收费，但它也可受客户委托向媒介代理购买媒介的时间或版面。这种代理业，人才是高水准的，往往召集兼职的或自由职业的撰稿人、设计师、电视制作人员来完成订单，除了制作广告外，也承担电视灌溉和展览制作、包装和CI策划。

（3）专业性广告代理业。这种代理业经营特定的广告领域的代理，擅长某类商品广告或某种媒体的广告业务，包括工业品（生产资料）广告代理业、金融广告代理业、新产品开发广告代理业、直销广告代理业、主办活动的广告代理业、户外工程广告代理业、交通广告代理业、礼品广告代理业、分类广告代理业、影视广告代理业和专属广告代理业等。

3.2.2 实行广告代理制的优点

实行广告代理制，要求广告公司处于广告经营的主体地位，具有以下优点。

（1）有利于实行广告专业化、社会化，可提高广告策划、创意水平，提高广告的社会经济效益。

（2）有利于加强对广告业的宏观调控。政府有关部门可以采取措施，扶持各种类型的广告公司，促进完善其经营机制与提高从业人员素质，还可提高广告业全面服务水平。并且可以集中力量，抓住广告管理重点，防止虚假违法广告的发生。

（3）有利于制止广告业中不正当竞争，可以促进广告行业内分工明确：广告主的投资决策，委托广告公司策划、实施，媒介单位负责广告的编排发布。各司其职，互相协作，有利于消除争拉广告的混乱现象。

(4) 有利于广告客户广告计划的保证实施。广告公司能提供一批有熟练技能的广告人员，为客户服务。对多数客户来讲，聘用广告专职人才是不合算的。而且，广告公司人员有广泛的市场营销经验，一般比本单位雇员有较大的客观性、创造性。因此，客户可以依靠广告公司，全面实施自己的广告计划。

(5) 有利于向广告媒体提供节省时间的经济方法。因为媒介无需与成千上万个广告主洽谈生意，只需与少量的经认可的广告代理商打交道，从而减少了信用的风险，并且广告制作的形式和内容，也将会更加符合要求和规范。

3.2.3 实行广告代理制尴尬局面的原因

中国广告代理制引进的初衷是积极的，但为什么在广告代理制的执行和推进的过程中，出现了尴尬的局面，原因主要有以下三个方面。

1. 直接搬用欧美模式的广告代理制模式，超前于中国广告业的发展水平

广告代理制是一个不断发展的过程。在不同的阶段有不同的代理制模式。欧美的广告代理制也是从早期的媒介代理模式逐渐过渡到广告业成熟阶段的第三方独立代理的阶段的。在中国广告业不成熟的时期，直接搬用欧美成熟阶段的模式，其后果实际上是拔苗助长，目前存在的很多问题都是由此产生的。因为对广告综合服务的要求还不是很强烈，所以无论是客户还是媒介忽视了广告公司的价值。在这样的阶段，把广告公司剥离出来，要求广告公司依靠自身的专业服务能力，收取代理费，当然是失败的。从这个角度看，认为在中国广告业的发展过程中出现的一些问题是由于强媒体、弱代理制约了广告代理制的发展的观点是不正确的。反过来说，中国推广的广告代理制模式不能适应广告业在早期的强势媒体时代的特点，所以导致了广告业出现了种种问题。

2. 中国的广告代理制在引进的过程中，缺乏结合自己国情的创新

研究一些广告业发展较为成功的国家和地区的经验，可以发现，这些国家和地区在引进广告代理制时，都结合具体的国情，根据当时传播环境和市场环境的特点，并从未来发展战略的层面考量，对广告代理制进行了创新和发展，逐渐形成具有自己特色的广告代理制模式。比如日本和韩国并没有直接照搬美国的第三方代理的模式，而是分别形成了以媒介代理为主的模式和以客户代理为主的模式。衡量广告代理制模式是否先进的标准，主要看这种模式是否适合本土的特点。中国的广告代理制目前出现的种种问题，根本原因在于在广告代理制引进的过程中，始终缺乏一个真正进行深入研究评估并根据中国的国情对广告代理制模式进行修改、完善和发展的过程。也就是说，直接搬用当时认为世界上最先进的模式，而没有进行创新和发展，所以导致了广告代理制模式与中国国情的不适应性。中国的广告代理制必须创新和发展，这个工作需要专家学者和政府有关部门共同来推动。这是影响未来中国广告业发展的大事。

3. 相关政策、法规不健全，无法保障广告代理制的实施

对后发展国家，政府在社会经济文化以及各个产业的发展扮演着至关重要的作用。广告代理制的贯彻实施，必须有一个逐渐健全和完善的政策、法规体系来保障。而这一

工作，只能依靠政府部门来引导和完成。广告代理制在中国的种种尴尬与困境，与不健全的政策、法规环境直接相关，纵览十余年来中国关于代理制的法律、法规，可以发现如下几方面问题。

（1）除试点之外，始终没有明文确定以广告代理制作为主要的广告收费制度。简而言之，政府部门并未做出强制性推行代理制的要求，反而在《中华人民共和国广告法》《广告服务明码标价规定》等相关法律、法规中肯定了多种收费方式同时并存的合法性，使广告代理制的推行失去了合法基础。

（2）缺乏对广告代理制的定义描述以及明确细致的可操作的规范。制度设置应当具有可操作性，然而，纵观中国所有与广告有关的法律、法规，除了一份文件性质的《关于加快广告业发展的规划纲要》（1993年）对代理制有过描述和分两步予以推进之外，没有更明确的关于代理制的定义与阐释，更没有具体应当如何实施的规范，即使在《关于在温州市试行广告代理制的通知》和《关于在部分城市进行广告代理制和广告发布前审查试点工作的意见》中也找不到系统的说明。

（3）没有确立必要的监管部门与监管方法、程序。一项制度要得到执行，必要的监管是不可少的，代理制也不例外。我国法律仅规定工商行政管理部门为广告管理部门，并未明确在代理制实行上由哪个部门具体负责，当然，也就没有如何负责监管、监管程序以及救济办法等规定了。

（4）制约机制与违规罚则缺失。与监管相配套的是惩罚机制。立法的基本原则之一是"行为模式＋后果模式"，实行某种行为时必须同时规定该行为产生的后果，才能保证这项规定能够得到贯彻执行，禁止性规定尤其如此。因此，我国法律、法规中几乎没有对不实行代理制的处罚措施。

（5）在关于代理制的规定中，针对广告公司的多，针对广告主、媒介单位的少，在多种主体参与的市场中，仅仅限制其中一方显然是不够的。这也许与部门分割有关，尤其是媒体单位，各有其主管部门，工商行政管理局对其约束力不够。

（6）始终缺少真正意义上的行业自律。在其他国家和地区，广告代理制的实施主要依托行业协会和行业自律规范，而在中国广告业中，广告协会以及行业规范在广告代理制的推广中并没有发挥应有的作用。难以想象，一项没有相关规定、无人监管、缺乏制裁的制度可以得到认同与执行。中国的广告代理制不幸正是这样一项制度。广告行业的健康发展，必须有相应的游戏规则。目前在中国的广告业中这一规则还不成熟，这对未来广告业的发展是一个巨大的挑战。中国的广告业需要符合中国国情和适应当代传播与市场环境的广告代理制，但目前推广执行的广告代理制并不能满足这一要求。专家学者、政府部门和行业组织应该达成共识，借鉴海外经验，深入研究中国的特色，共同推动中国广告代理制的创新、完善和发展。

3.2.4 广告主和广告代理公司关系的发展趋势

亚洲最大的独立营销顾问公司R3(胜三)2010年的调研显示，跨国和本土公司正与更多的广告代理商合作，涉及更多的专业领域；客户使用的代理商数量增多，专业化需求增强；数码营销理解度较低，客户总体评价相对较差；"一站式服务"风光不再，创意代理商正迷失于多元化服务中；可口可乐和宝洁被证明是中国市场上最值得尊敬的广告主。

与往年相比，中国广告主当前合作的广告代理商数量显著增加。相关调研显示，中国广告主正在改变他们与代理商的关系结构——从"一站式服务"到与多种不同专业领域的代理商合作。"过去十多年里，中国内地媒介代理商的成长已经不言而喻，但是此调研进一步显示出广告主与互动代理商以及营销服务公司的关系也正在变得更具战略性，更加普遍。平均来讲，广告主与创意和媒介代理商的合作关系数量比两年前增加了7％，而与营销服务公司的合作关系数量增加了20％。"该调研历经5个月，与中国内地234位高级营销决策者进行了面对面访问，参与公司包括顶级跨国企业，如可口可乐、麦当劳和帝亚吉欧等以及大型本土企业如，中国移动、伊利、联想和光明乳业等。

如今，越来越多的广告主都会与专业领域代理商合作(除了正在合作的核心创意/媒介代理商)，从事件营销/路演(与2008年相比增长了11％)到数码营销(增长11％)，再到公关(增长8％)；相反，传统创意代理商的职责范畴在缩小，这些领域包括数码营销(下降9％)、直效行销(下降15％)、事件营销(下降56％)以及实地营销、赞助和产品陈列。

3.3 广告公司

广告公司是指专门经营广告业务活动的企业，是广告代理的俗称。中国广告公司作为广告业的主体之一，在社会经济中起到重大作用。广告运作过程中，广告公司是连接广告主、广告媒介和广告受众的桥梁。广告公司为客户提供专业化、全方位的广告服务，广告公司的发展水平也标志着广告产业发展的水准。近似现代意义的广告代理公司，应该首推1869年在美国费城出现的艾尔父子广告。当时年仅20岁的艾尔向他父亲借了250美元，开办广告公司，由于害怕别人认为他年轻不可信，便打出了他父亲的名义，即艾尔父子广告公司。起初，艾尔也只是做中介生意，在1890年左右，他设计了一份公开的广告费率，告诉客户自己购买版面的底线和包括自己佣金在内的转变价。他为客户提供设计、撰写文案、建议和安排适当媒介等多种服务。因此，艾尔广告公司被广告历史学家称为"现代广告公司的先驱"。我国广告公司的真正发展是从20世纪80年代初期开始的。

当今世界有三大城市被称为世界广告中心，即纽约、东京和伦敦，每年拥有几百亿美元的广告出自这三大城市。纽约是广告业的摇篮和首府，拥有许多广告公司。长驻多家世界级著名广告公司的"麦迪逊大道"早已成为世界广告业最高水准的代名词。世界广告行业组织——国际广告协会总部就设在纽约。

3.3.1 广告公司的类型

广告活动是通过广告主、广告代理公司、广告媒介、广告受众四者之间的互动而展开的。广告主是广告信息的发布者，广告受众是信息的接受者，广告媒介是广告信息的传播载体，而广告公司则是这三者的连接体。从广告主的角度看，广告公司是广告活动的承办者，广告主通过广告公司来完成他的整体广告运作；从媒介的角度来看，广告公司是媒介的销售公司，它可以帮助媒介公司的销售媒介的版面、时段，从中获取较高的媒介佣金；从广告受众的角度来看，正是有了广告公司的工作，广告活动才得以顺利地进行，受众才可以接受各种各样的广告信息，提高自己的消费质量。广告公司可以分为以下几大类。

1. 综合型广告公司

综合型广告公司，即一般人所谈及的广告公司。综合型广告公司一般是在总经理或总裁以下至少设有四个大部，分别由数位副总经理负责，同时在各部门设立总监，可以是另择人员担任，也可以由副总经理担任。

1）创作部

创作部是从事广告文案的撰写、广告图案的设计和广告构思与创意的职能部门。创作部下设撰稿员、文案人员、主创人员和美工所组成的创作组。

大型广告公司的创作部，在人员职位上划分为创意文稿、美工、摄影和制作合成等。其中，创意人员搞创作构思，文案人员负责广告内容的撰写，美工人员负责广告绘画和版式设计，摄影人员负责广告摄影，制作合成人员则专门负责广告的总体表现。

2）业务部

业务部又常被称为客户服务部或客户部。该部门的任务主要是向外拓展客户并与之保持联络，与公司的其他部门保持密切的联系。业务部在总监下面设数个业务经理和业务员。

3）营销部

营销部具有媒介计划与购买、调研和促销三方面的服务职能，相应由三类人员构成。营销部中的营销是指广告公司的广告计划和方案的实施。

在营销部中，媒介、调研和促销都是相对具有较大专业性、独立性的工作领域。因此，可以把三者归于营销部，也可以把三者独立分解为媒介部、市场调研部、促销部。

4）行政、财务部

行政、财务部是广告公司行政管理和资金管理部门，负责广告公司的资金、财会、人事和科室的管理及协调工作。

在广告公司中，也有的将行政部和财务部分而设立的情况。考虑到行政部协调内外关系、沟通信息交流的作用，有的广告公司直接将行政部定为公共关系部。

综合型专业广告公司具有七大服务标准内容：①产品研究；②市场调查与预测；③产品销售分析；④媒介分析；⑤拟定广告计划；⑥执行广告计划；⑦配合客户的其他市场活动，以使广告活动发挥最大的效益。

综合型专业广告公司具体服务内容为：①帮助广告主制定广告规划，在市场调查的基础上，提出广告目标、广告战略、广告预算的建议，供广告主选择、确认；②根据广告代理合同实施广告战略，运用专业知识、技能和手法，将广告主的意愿表达出来，即创意、设计、制作广告；③根据代理合同约定，与广告媒体签订广告发布合同，保证广告在特定的媒体、特定的时间或版面发布；④提供市场调查服务；⑤监督广告发布是否符合发布合同的约定，测定广告效果，向广告主反馈市场信息；⑥为广告主的产品设计、包装装潢、营销、企业形象等提供服务。

2. 有限服务广告公司

有限服务广告公司只承担广告活动中的部分工作，这类广告公司一般只承担单项的广告工作，或者某些具有特殊性要求的广告，如巨型广告、飞艇广告、空中烟雾广告等。如有的广告公司只负责承担广告的创作、制作和发布，不承担或只承担简单的广告策划与广告调查，这类公司只能帮助企业广告部门解决某些特别需要：一种是只提供某一特定产业广告代理的专项服务；另一种是提供特定媒介形式的广告服务，如交通广告、路牌广告、灯箱广告、霓虹灯广告、气球广告等；还有一种是只提供广告活动中某一环节业务的服务，如提供广告创意、广告调查等服务项目的广告创意公司、广告调查公司。

3. 广告主自设的广告代理公司

广告主自设的广告代理公司又称专属广告公司，由特定的某一个广告主经营、支配的广告公司，经营上从属于该广告主。广告主通过它自己制作广告（全部或部分），代理发布业务等。广告主自己设立广告代理公司，通常会基于这样几个因素：企业的广告量很大，有足够的获利来支持独立经营代理公司所必须支付的成本；广告主为高度专业化的行业，外界广告代理公司不易掌握状况；广告主对经营广告代理有浓厚的兴趣。

此类作法的优点是：①节省费用；②便于保密；③易于沟通；④能够协调与控制；⑤对本企业的公司与产品情况熟悉；⑥尽力；⑦营利。

此类作法的缺点是：①难以客观；②影响服务质量；③缺乏专业人员；④工作关系存在障碍；⑤竞争力薄弱；⑥资料不足；⑦成本增加。

4. 媒介广告组织

媒介广告组织即指媒介自己设立专门从事媒介广告经营的广告组织。媒介广告组织主要有如下几项工作任务：①及时、正确发布广告；②向客户提供有关服务信息；③监督修正广告的内容和形式；④进行临时性广告设计制作和修正补充的工作；⑤开发业务渠道，拓展新型广告阵地，发挥媒介自身优势；⑥协作媒介的编辑部门和其他经营部门，当好参谋；⑦综合、协调、财务工作。

5. 企业广告部门

1) 广告部门的成立

企业的广告组织是企业统一负责广告活动的职能部门，它与其他职能部门共同构成企业组织系统。

一般地讲，广告主会把监督的责任交付给本公司的广告组织，而把策划、创意、制作等业务委托给外界的专业公司，主要是广告代理公司，原因是：①广告活动的策划是一件繁复的工作，需要各方面专业知识的配合；②广告主常常可借广告代理公司的服务获得市场资料、业界动态等；③广告主自行策划制作广告，势必要增加人事管理、硬件设备等成本支出，不经济。

2) 企业广告部门的主要职责

(1) 参与制订企业的战略决策。

(2) 参与制订广告活动计划。

(3) 制订广告目标。

(4) 从事广告及与广告有关的活动。

(5) 有效地选择和使用广告代理公司、广告调查公司、促销公司、制作公司等。

（6）制订广告预算方案并取得上级对广告预算方案的认可。
（7）及时与广告公司沟通，选择最能使广告信息有效渗透到目标市场的媒体。
（8）注意协调、调动广告部门及广告工作人员的能力开发和人才补充。
（9）评估广告效果及广告公司、市调公司、公关公司等方面的工作。
（10）与有关广告团体保持良好关系。
（11）及时将本部门与外围委托单位的情况通报给主管。

企业内部自设的广告部因其地位及其隶属关系不同，主要有以下六种模式。

第一种模式是总经理直辖制，如图3.3所示。

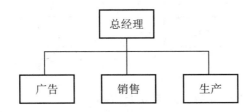

图3.3 总经理直辖制

第二种模式是销售主管直辖型，如图3.4所示。

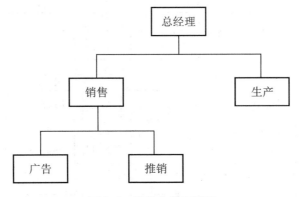

图3.4 销售主管直辖型

第三种模式是市场营销辅助型，如图3.5所示。

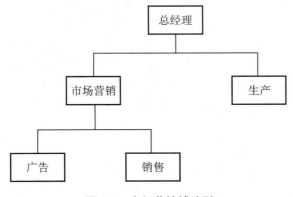

图3.5 市场营销辅助型

第四种模式是集权型，如图3.6所示。

第五种模式是广告部门分权型，如图3.7所示。

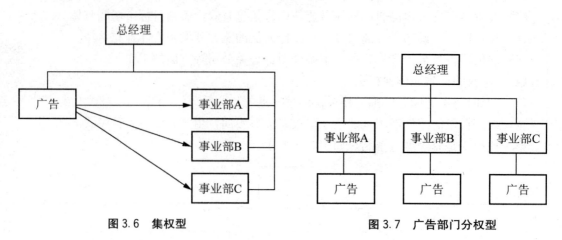

图3.6 集权型　　　　　　　　图3.7 广告部门分权型

第六种模式是集权分权混合型，如图3.8所示。

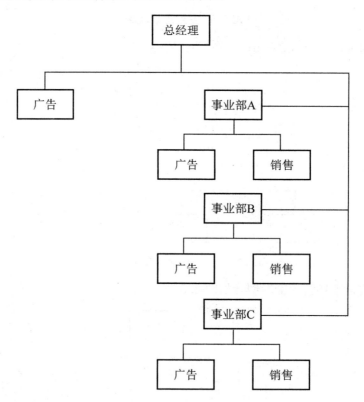

图3.8 集权分权混合型

3）成为一个好客户
（1）策划层重视广告。
（2）企业和产品自身在市场上有潜力。
（3）有健全的财务制度和良好的信用。
（4）有健全、合理的审查制度。
（5）尊重广告公司的合作，尊重广告人的劳动。

(6) 有明确的产品营销策略。

(7) 有选用广告公司的标准。

3.3.2 广告公司的收费制度

1. 固定佣金制

佣金制起源于19世纪20年代的美国，始于艾尔父子广告公司。到20世纪50—60年代，美国、加拿大、日本、西欧等国家和地区开始接受15％的佣金，使15％的佣金成为国际惯例，如图3.9所示。

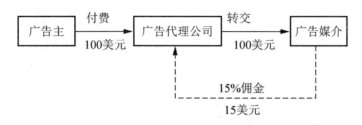

图3.9 佣金的产生过程

我国国家工商行政管理局在1993年7月颁布的《关于进行广告代理制试点工作的若干规定(试行)》中，对于中国广告代理制中的代理费的收费标准明确规定为广告费的15％。

2. 实费制

实费制是广告公司根据广告主提出的要求，开展业务，确定整个广告活动中使用各类广告人员从事工作的时间和精力，广告公司把这些换算成以工时为单位的工作量，并且拟定每个员工的工时单价，从而以实际工时与单价计算出应收取费用的制度。

据相关资料显示，在目前美国大型广告公司中的高级撰稿员的工时单价约为150美元，中级撰稿员的工时单价约为100美元，初级撰稿员的工时单价约为50美元。为了记录所花费在广告活动上的时间，要求每个员工必须每天记录自己在各项业务上所花费的时间。部分广告公司甚至要求每个人必须以一刻钟为计时单位，记下每天32个甚至更多的每刻钟的工作内容。

3. 全担制

全担制又称为全担式经营，是指广告公司在向广告主收取业务代理费用时，以广告主利润获取为基数，根据双方协议，给广告公司分得利润的方式。这种收费方式是指广告费与广告效益挂钩，广告公司参与广告主经营的全过程，实行利润均沾，风险共担。

3.4 广 告 媒 介

媒介又称媒体。广告媒介是用于向公众发布广告的传播载体，是指传播商品或劳务信息所运用的物质与技术手段，是能够借以实现广告主与广告受众之间信息传播的物质工具。传统的"四大广告媒体"为电视、广播、报纸、杂志。随着信息技术的发展，网络和手机日益传播越来越多的广告信息,成为第五媒体。

3.4.1 广告媒介的分类

1. 按表现形式分类

按表现形式,广告媒介可分为印刷媒体、电子媒体等。印刷媒体包括报纸、杂志、说明书、挂历等。电子媒体包括电视、广播、电动广告牌、电话等。

2. 按功能分类

按功能,广告媒介可分为视觉媒体、听觉媒体和视听两用媒体。视觉媒体包括报纸、杂志、邮递、海报、传单、招贴、日历、户外广告、橱窗布置、实物和交通等媒体形式。听觉媒体包括无线电广播、有线广播、宣传车、录音和电话等媒体形式。视听两用媒体主要包括电视、电影、戏剧、小品及其他表演形式。

3. 按影响范围分类

按影响范围的大小是,广告媒介可分为国际性广告媒体、全国性广告媒体和地方性广告媒体。国际性广告媒体包括卫星电路传播、面向全球的刊物等。全国性广告媒体包括国家电视台、全国性报刊等。地方性广告媒体包括省市电视台、报刊,少数民族语言、文字的电台、电视台、报纸、杂志等。

4. 按接受类型分类

按所接触的视、听、读者的不同,广告媒介分为大众化媒体和专业性媒体。大众化媒体包括报纸、杂志、广播、电视。专业性媒体包括专业报纸、杂志、专业性说明书等。

5. 按时间分类

按传播信息的长短,广告媒介可分瞬时性媒体、短期性媒体和长期性媒体。瞬时性媒体包括广播、电视、幻灯、电影等。短期性媒体包括海报、橱窗、广告牌、报纸等。长期性媒体包括产品说明书、产品包装、厂牌、商标、挂历等。

6. 按传播内容分类

按其传播内容可分为综合性媒体和单一性媒体。综合性媒体指能够同时传播多种广告信息内容的媒体,如报纸、杂志、广播、电视等。单一性媒体是指只能传播某一种或某一方面的广告信息内容的媒体,如包装、橱窗、霓虹灯等。

3.4.2 各类广告媒介的优、劣势

1. 报纸与杂志传播信息的优、劣势

报纸、杂志通过印刷文字将大量的信息和意见传递给公众,属于印刷类大众传播媒介。

广告传播工作是离不开报纸、杂志的。报纸作为一种印刷媒介、是以刊登新闻为主的面向公众发行的定期出版物。杂志也是一种印刷媒介,它是定期或不定期成册连续出

版的印刷品。

1) 报纸传播信息的优、劣势

(1) 报纸的优势。①传播面广：报纸发行量大，触及面广，遍及城市、乡村、机关、厂矿、企业、家庭，有些报纸甚至发行至海外。②传播迅速：报纸一般都有自己的发行网和发行对象，因而投递迅速准确。③具有新闻性，阅读率较高：报纸能较充分地处理信息资料，使报道的内容更为深入细致。④文字表现力强：报纸版面由文字构成，文字表现多种多样，可大可小，可繁可简，图文并茂，又可套色，引人注目。⑤便于保存和查找：报纸信息便于保存和查找，基本上无阅读时间限制。⑥传播费用较低。

(2) 报纸的劣势。①时效性短：报纸的新闻性极强，因而隔日的报纸容易被人弃置一旁，传播效果会大打折扣。②传播信息易被读者忽略：报纸的幅面大、版面多、内容杂，读者经常随意浏览所感兴趣的内容，因此报纸对读者阅读的强制性小。③理解能力受限：受读者文化水平的限制，更无法对文盲产生传播效果。④色泽较差，缺乏动感：报纸媒体因纸质和印刷关系，大都颜色单调，插图和摄影不如杂志精美，更不能与视听结合的电视相比了。

2) 杂志传播信息的优、劣势

(1) 杂志的优势。①时效性强：杂志的阅读有效时间较长，可重复阅读，它在相当一段时间内具有保留价值，因而在某种程度上扩大和深化了广告的传播效果。②针对性强：每种杂志都有自己的特定读者群，传播者可以面对明确的目标公众制定传播策略，做到"对症下药"。③印刷精美，表现力强：图 3.10 所示是万科地产的杂志广告，这则作品通过中式建筑的局部与汉字兼备之间形似关系，形象地表现出"骨子里的中国"的建筑理念，通过对"心有灵犀一点通""开门见山"两个传统词汇的演绎来表达主题，画面构图简练、明了、大气、文化感强。

(2) 杂志的劣势。①出版周期长：杂志的出版周期一般在一个月以上，因而时效性强的广告信息不宜在杂志媒体上刊登。②声势小：杂志媒体无法像报纸和电视那样造成铺天盖地般的宣传效果。③理解能力受限：像报纸一样，杂志不如广播电视

图 3.10 万科地产的杂志广告

那么形象、生动、直观和口语化，特别是在文化水平低的读者群中，传播的效果受到制约。

2. 广播传播信息的优、劣势

广播与电视同属于电子媒介。广告经常要运用广播、电视来播发新闻，可以及时、有效地影响公众，是非常重要的广告传播手段。

广播这里指通过无线电电波或导线传送声音节目、供大众收听的传播工具。广播分无线广播和有线广播。通过无线电波传送声音符号称无线广播，通过导线传送声音符号称有线广播。

(1) 广播的优势。①传播面广：广播使用语言做工具，用声音传播内容，听众对象不受年龄、性别、职业、文化、空间、地点、条件的限制。②传播迅速：广播传播速度快，能把刚刚发生和正在发生的事情告诉听众。③感染力强：广播依靠声音传播内容，声音的优势在于具有传真感，听其声能如临其境、如见其人，能唤起听众的视觉形象，有很强的吸引力。④多种功能：广播是一种多功能的传播工具，可以用来传播信息、普及知识、开展教育、提供娱乐的服务，能满足不同阶层、不同年龄、不同文化程度、不同职业分工的听众多方面的需要。

案例

TOTO 感应水龙头的广播广告

孩子：(高兴)搬新家咯——
妈妈：看你那小脏手，快去洗洗。
(跑步声)
孩子：(慢念)T—O—T—O。
妈妈：念 TOTO。
(水声起)
孩子：妈妈，这个水龙头真好玩。手一伸水就出来了。
(水声停)
呀，怎么没了？
妈妈：这是 TOTO 感应水龙头，能节约用水。
孩子：TOTO，名字好听。
画外音：TOTO 感应水龙头，您的节水专家。
唱：TOTO。

(2) 广播的劣势。①传播效果稍纵即逝，信息的储存性差，难以查询和记录。②线性的传播方式，即广播内容按时间顺序依次排列，听众受节目顺序限制，只能被动接受既定的内容，选择性差。③广播只有声音，没有文字和图像，听众对广播信息的注意力容易分散。

3. 电视传播信息的优、劣势

电视是用电子技术传送活动图像的通信方式。它应用电子技术将静止或活动景物的影像进行光电转换，然后将电信号传送出去使远方能即时重现影像。

(1) 电视的优势。①视听结合传达效果好：它用形象和声音表达思想，比报纸只靠文字符号和广播只靠声音来表达要直观很多。②纪实性强，有现场感：电视能让观众直接看到事物的情境，能使观众产生亲临其境的现场感和参与感，时间上的同时性、空间上的同位性。③传播迅速，影响面大：它与广播一样用电波传送信号，向四面八方发射，把信号直接送到观众家里，传播速度快，收视观众多，影响面大。④多种功能，娱乐性强：由于直接用图像和声音来传播信息，因此观众完全不受文化程度的限制，适应面最广泛。

> **案例**
>
> ### 贝尔电话公司的电视广告
>
> （傍晚，一对老夫妇正在进餐，电话铃响，老妇人去另一间房接电话，然后回到餐桌边。）
> 老先生：谁的电话？
> 老妇人：是女儿打来的。
> 老先生：有什么事？
> 老妇人：没有。
> 老先生：没事？几千里地打来电话？
> 老妇人：她说她爱我们。
> （老夫妇相对无言，激动不已。）
> 旁白：用电话传递你的爱吧！

（2）电视传播的劣势。①和广播一样，传播效果稍纵即逝，信息的储存性差，记录不便也难以查询。②电视广告同样受时间顺序的限制，加上受场地、设备条件的限制，使信息的传送和接收都不如报刊、广播那样具有灵活性。③电视广告的制作、传送、接收和保存的成本较高。

4. 国际互联网传播信息的优、劣势

Internet 拥有全球最大的、开放的、由众多网络互联而成的主要采用 TCP/IP 协议的计算机网络以及这个网络所包含的巨大的国际性信息资源。

Internet 是现代计算机技术、通信技术的硬件和软件一体化的产物，代表了现代传播科技的最高水平。Internet 这种全新的媒介科技，具有与传统的大众媒介和其他电子媒体不同的传播特征，主要表现在下述几个方面。

（1）范围广泛。Internet 实际上是一个由无数的局域网（如政府网、企业网、学校网、公众网等）连接起来的世界性的信息传输网络，因此，它又被称为"无边界的媒介"。

（2）超越时空。Internet 的传播沟通是在电子空间进行的，能够突破现实时空的许多客观的限制和障碍，真正全天候地开放和运转，实现超越时空的异步通信。

（3）高度开放。Internet 是一个高度开放的系统，在这个电子空间中，没有红灯，不设障碍；不分制度，不分国界，不分种族。任何人都可以利用这个网络平等地获取信息和传递信息。

（4）双向互动。Internet 成功地融合了大众传播和人际传播的优势，实现了大范围和远距离的双向互动。

（5）个性化。在 Internet 上，无论信息内容的制作、媒体的运用和控制，还是传播和接收信息的方式、信息的消费行为，都具有鲜明的个性，非常符合信息消费个性化的时代潮流，使人际传播在高科技的基础上重放光彩。

（6）多媒体，超文本。Internet 以超文本的形式，使文字、数据、声音、图像等信息均转化为计算机语言进行传递，不同形式的信息可以在同一个网上同时传送，使 Internet 综合了各种传播媒介（报纸、杂志、书籍、广播、电视、电话、传真等）的特征和优势。

（7）低成本。相对其巨大的功能来说，Internet 的使用是比较便宜的。

图 3.11 所示为伊利的网络广告，一支吸管插入页面里，吸管里不断往上冒出的水柱及周围的气泡已经可以让人想象到背后可口的饮料，答案随即揭晓，页面突然撕开，伊利优酸乳就势而出。由于产品的目标受众为年轻人，具有很强的猎奇心理，此创意充分调动了受众的好奇心，并通过广告创意需要把青春、健康、动感时尚的产品品牌特性传达给目标消费者。

图 3.11　伊利的网络广告

由于 Internet 具有以上与传统的大众媒介和其他电子媒体不同的传播特征，如今，"网上公关""网上广告"对大多数组织与公众来讲，已经不再是一个陌生的词语。作为广告策划人员，如果不懂得如何运用 Internet 的强大功能来从事广告活动的话，他就可能成为一个信息化社会的落伍者。

3.4.3　广告媒介在广告活动中的作用

1. 广告媒介策略是企业行销策略能否成功的关键因素之一

广告媒介策略是现代广告的主要策略之一，它与定位分析策略、创意策略、文案策略一起，构成了广告活动的主体。

2. 广告媒介的择用直接决定广告目标能否实现

企业广告目标是塑造企业与商品形象，促进并扩大商品销售。在广告媒介的选择和组合上，版面大小、时段长短、刊播的次数、媒介传播时机等，都对广告有一定的影响。

延长广告时间，包括广告时间的绝对延长和相对延长。一般而言，时间长比时间短更易引人注意，但是绝对延长时间即时间长而内容枯燥乏味，反而会降低注意力。相对延长时间即广告反复重现，增加广告的频率也易引人注意。但是，反复出现广告也有一定界限，过分频繁地反复，会使受众感到厌烦甚至产生对抗心理。因此，在广告媒介的择用上，采用媒介空间大小和时间的长短，会直接影响到广告目标的实现。

3. 广告媒介决定广告是否能够有的放矢

任何一则广告其目标对象只能是一定数量或一定范围内的社会公众。广告目标对象是广告信息传播的"终端",也是信息的"接收端",社会公众或消费者又称为"受者""受众"。撇开"受者"也就无所谓传播,广告也就无效。如果在广告活动中对广告目标对象把握住了,但是媒介运用不当,那么整个广告活动也就前功尽弃。

4. 广播媒介决定广告内容与采用的形式

在任何广告中都包含有"说什么"的问题,在不同的传播媒介上,"说的内容"和"说的形式"就有着很大不同,这是由于不同的广告媒介的特点所决定的。对于某些广告活动,在其广告内容上要注意分析和把握其不同传媒的价值功效,以相适应的传播媒介去完成特定广告信息传播。

5. 广告媒介决定广告效果

任何一个企业做广告都希望以尽可能少的广告费用取得较好的效果,或者以同样的广告费用取得最好的效果。由于广告费用中的绝大部分用于媒介,从这个角度来分析,与其说是广告效果的大小,倒不如说媒介费用决定广告效果的大小。按照国际惯例,在一种正常的经济运行状态中,用于广告媒介的费用占企业广告费用的80%以上。

本 章 小 结

广告主也称广告客户,指为推销商品或者提供服务,自行或者委托他人设计、制作、发布广告的法人、其他经济组织或者个人,它是市场经济及广告活动的重要参与者,可以是法人,也可以是自然人。广告主是广告活动的发布者,是销售或宣传自己产品和服务的商家,是广告的具体发起者和提供者,同时也是广告市场活动运作的起点。企业广告运作的基本程序一般包括广告决策阶段、广告计划阶段以及广告执行阶段。

广告代理制指的是广告代理方(广告经营者)在广告被代理方(广告客户)所授予的权限范围内来开展一系列的广告活动,就是在广告客户、广告公司与广告媒介三者之间,确立广告公司为核心和中介的广告运作机制。它是国际通行的广告经营与运作机制。广告业现代化的主要标志之一就是在整个产业结构中,广告代理公司处于中心地位。广告代理制就是广告公司在广告经营中处于主体和核心地位,为广告主全面代理广告业务,向广告主提供以市场调查为基础、广告策划为主导、创意为中心、媒体发布为手段、同时辅以其他促销手段的全面性服务。实行广告代理制,可以使广告业内部形成良性运行秩序,最大限度地发挥广告主、广告公司与媒体的长处。

广告公司是指专门经营广告业务活动的企业,是广告代理的俗称。我国广告公司作为广告业的主体之一,在社会经济中起到重大作用。广告运作过程中,广告公司是连接广告主、广告媒介和广告受众的桥梁。广告媒介是用于向公众发布广告的传播载体,是指传播商品或劳务信息所运用的物质与技术手段,是能够借以实现广告主与广告受众之间信息传播的物质工具。传统的"四大广告媒体"为电视、广播、报纸、杂志;但随着信息技术的发展,网络或手机日益传播越来越多的广告信息而成为第五媒体。

习　题

一、填空题

1. 广告主也称_____，是指为推销商品或者提供服务，自行或者委托他人设计、制作、发布广告的法人、_____或者个人。它是市场经济及广告活动的重要参与者。它可以是法人，也可以是_____。

2. 广告决策过程包括广告目标确定、_____、广告信息决策、_____和_____五项决策。

3. 广告代理制指的是_____在广告被代理方（广告客户）所授予的权限范围内来开展一系列的广告活动，就是在广告客户、_____与广告媒介三者之间，确立_____为核心和中介的广告运作机制。

二、选择题

1. 下列（　　）不属于广告执行的模式。
　A. 企业执行　　　　　　　　　　B. 全部代理执行
　C. 整体代理执行　　　　　　　　D. 部分代理执行

2. 按照其功能和业务内容，广告代理制可以分为（　　）。
　A. 有限服务型广告代理业　　　　B. 全面服务型广告代理业
　C. 业余性广告代理业　　　　　　D. 专业性广告代理业

三、思考题

1. 广告媒介在广告活动中的作用有哪些？
2. 如何理解广告主体之间的关系？
3. 什么是广告公司的主要职责？

四、案例分析题

分析当天中央电视台的某一个广告，与大家讨论一下这个广告的决策过程。

第4章 广告客体

广告作为一种信息传播活动,是以广告主和广告公司作为传者,通过特定的媒介将广告信息发送给作为受者的广告受众的传播过程。因此,受众作为广告传播活动的重要组成部分,需要学习和了解。如果广告真能产生什么奇迹的话,奇迹通常也是出现在漫不经心的公众身上。

教学目标

1. 了解广告诉求对象的客体的类别和特征。
2. 掌握消费者行为的概念和特点。
3. 了解消费者购买行为以及影响消费者心理、行为的社会、个体和心理等因素。
4. 了解作为媒介受众的广告客体。

教学要求

知识要点	能力要求	相关知识
广告客体内涵	(1) 了解广告客体的三重角色 (2) 掌握广告与广告客体互动的规律	
作为社会人的广告客体	(1) 了解人的自我需求 (2) 了解人的自我实现	社会性 心理学
作为消费者的广告客体	(1) 了解影响消费者行为的因素 (2) 掌握消费者决策过程	社会性 心理学
作为媒介受众的广告客体	(1) 了解受众进行信息接收的选择性定律 (2) 理解制约传播者和受众理解信息的要素 (3) 掌握两级传播论和创新扩散论 (4) 了解大众传播对受众的影响的几种理论	传播学

推荐阅读资料

1. 丁俊杰. 广告学(二)[M]. 武汉：武汉大学出版社，2001.
2. 姚曦. 广告概论[M]. 武汉：武汉大学出版社，2002.
3. 崔晓林. 现代广告理论与实务[M]. 青岛：青岛出版社，2001.
4. 张金海，姚曦. 广告学教程[M]. 上海：上海人民出版社，2003.
5. 丁俊杰. 现代广告通论——对广告运作原理的重新审视[M]. 北京：中国物价出版社，1997.

 基本概念

消费者决策：就是指消费者谨慎地评价产品、品牌或服务的属性，并进行理性选择，想用最少的付出获得能满足某一特定需要的产品或服务的过程。

选择性定律：是针对受众接受、理解和储存信息而言的，它包括选择性注意、选择性理解和选择性记忆三层含义。

"使用与满足"理论：指受众使用媒介以满足自己的需求。

 引例

可口可乐创意包装——昵称的乐趣，如图4.1所示。

图4.1 可口可乐广告

2013年6月以来，可口可乐在中国市场好像换了一个状态，过去虽然不断地有特别设计的"纪念罐"出现在货架上，但总的来说品牌仍然算是相当低调，相对于竞争对手百事可乐不断砸下明星来参演广告，可口可乐几乎给人"不做营销、深耕渠道"的印象。不过2013年，一切都因"昵称瓶"而改变，"昵称瓶"把可口可乐的包装替换成个性化的昵称，像是"老兄"和"你的甜心"，以独具匠心的方式让美好时光更加深刻。可口可乐抓住了社交平台上各种关键词和社群标签，而这又恰恰是当下"80""90""00"后集中的话题，尤其在网络用语和生活用语之间的界限日渐模糊的当下，这样的"昵称瓶"有了肥沃的生存土壤，并且它具备自己发芽生长、枝叶茂盛的能力。这实质上不是对瓶身的简单设计，而是对整个营销、品牌定位与消费者体验过程的重新设计。

4.1 广告客体概述

4.1.1 广告客体的构成

广告客体这一概念是相对于广告主体而言的，指广告作用的对象，即接收广告信息的受众。从表面上看，广告通过大众媒介和非大众媒介传播，能够对所有通过媒体接触到广告的媒介受众产生作用，媒介的所有受众都能够成为广告的客体。按照科学的广告观念，广告的目的是针对特定的目标消费者进行诉求，并对他们发生作用，并不是针对所有的人进行的。因此，一般可以把广告的客体分为实际客体和目标客体。广告的实际客体就是所有通过一种或者几种媒体接触到广告的媒介受众，一般称他们为"广告受众"；广告的目标客体就是广告诉求所针对的特定的目标消费群体，一般称他们为"广告诉求对象"。

4.1.2 广告客体的三重角色

从广告运作的角度来看，广告客体是广告作用的对象，是广告运作中一个独立的角色。但是广告客体的实际内涵并非这么简单，它实际上是一个多重角色的综合体，如图4.2所示。

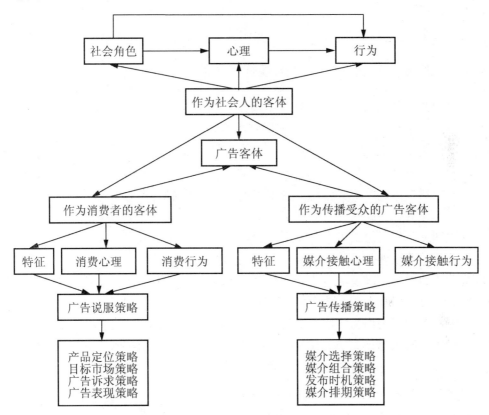

图 4.2　广告客体的三重角色及其影响

首先，广告的客体是作为社会生活中的人而存在，"社会的人"是广告客体最为基本的角色。其次，广告客体是企业进行市场营销的对象，是产品和服务的消费者，而广告为作为营销组合的要素而存在，因此，"消费者"是广告客体的核心角色。再次，广告是一种传播活动，广告客体是广告传播的对象，同时也是大众传播的对象，"传播的受众"是广告客体的又一角色，因为这一角色是因广告的"传播"本质而进入广告客体的角色群之中的，所以一般称它为"广告客体的延伸角色"。

广告客体的三重角色都对如何接受广告信息，如何受到广告影响产生重要的作用，因而只有把握广告客体三重角色各自的内涵，才能完整地理解广告客体。

（1）广告受众是消费者，是市场活动的核心。作为消费者的客体，有其特定的消费需求，消费心理和消费行为，他们直接对产品的销售和广告的作用产生影响。他们有什么样的需求，是决定广告传播什么样的信息即广告的诉求策略最为重要的依据，而他们的消费心理和消费行为则是制定广告其他策略的重要依据。

（2）作为社会人的广告客体，生活在特定的社会环境中，与周围的人和事发生着各种各样的联系，有其自身的社会角色和与此联系的心理和行为。而他们的心理和行为又从根本上决定着他们有什么样的需求，通过什么样的方式寻求满足，因此，对作为消费者的客体和作为媒介受众的客体的心理和行为起着根本性的决定作用。

（3）作为媒介受众的客体，广告信息是在接触媒介的过程中接收到的，对媒介有特定的需求，有特定的媒介接触心理、接触行为和接触习惯。他们需要通过媒介获取信息，取决于大众传播和广告所传播的信息，而他们通过什么样的媒介获取信息，则影响着广告媒介的选择策略，他们接触媒介的时机决定着广告的发布时机策略。

4.1.3　广告与广告客体互动的规律

广告是企业与其市场营销的目标消费者进行沟通的一种手段，在企业的市场营销组合中，与公共关系活动，促销等同属于促销组合系统，目的是传达关于企业、产品或服务的信息，以树立企业或产品的形象，直接促进产品的销售，解决企业在市场营销活动中面临的某些实际问题。因此，从本质上讲，广告对于客体的作用主要在于改变客体的消费观念和消费行为，即主要作用于客体角色的"消费者"的层面。

广告信息作为社会文化的一部分，不仅改变着广告受众的消费观念，使他们发生趋向于企业预期的广告目标的变化，而且也潜移默化地影响着他们的价值观念、道德观念和社会行为，甚至是他们的媒介接触心理和接触行为。一方面，广告受众消费需求的扩展，消费欲望的增加，以及消费心理和行为的改变，会促进企业进行生产和销售的革新、广告策略的调整，以及广告信息传播质量的改进。但是，广告对于作为消费者的社会人的非消费的观念和行为作为传播受众的媒介接触心理与行为也有一定的作用。另一方面，广告既然要传达能满足消费者需求的信息，就必然要以客体在消费、社会、媒介方面的需求为依据来决定自己的说服策略和传播策略。因此，广告和广告客体之间又有充分的互动，如图4.3所示。

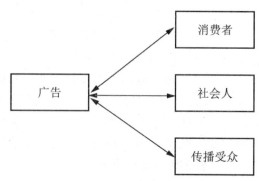

图4.3　广告与客体的互动

广告与其客体的互动，主要有以下几个规律。

（1）在消费者层面，广告改变消费者的消费观念和消费行为，使其朝着企业预期的广告目标的方向变化；同时，消费者的消费需求、消费心理、消费行为又是制定广告说服策略的根本依据；又由于消费者的需求、心理和行为不会一成不变，广告也要根据所针对的消费群体的不同和不同时期消费者观念和行为的变化而调整其说服策略。

（2）在社会人层面，作为社会文化的一个组成部分的广告，对消费者的价值观念，道德观念和非消费的社会行为都有一定的影响，而且这种影响正随着现代广告的日渐无孔不入而逐渐加强。同时，由于社会人是广告客体的基本角色，社会角色的观念和行为决定着消费观念和消费行为，决定着传播受众的媒介接触心理和媒介接触行为。因此，在决定广告说服策略和传播策略时，必须准确地把握客体的社会角色及与之相联系的观念和行为，并随着它们在不同社会角色之间的横向区别和纵向的历史发展及时地调适广告策略。

（3）在传播受众层面，广告对于改变传播受众的媒介接触心理和接触行为的作用主要体现在，随着广告的发展和媒介刊播广告量的增加，广告以其所传达的对媒介受众有益的企业和产品信息，使传播受众发生了从反感广告、认同广告到依赖广告的变化。广告要有效地传播信息，就必须依据传播受众的媒介接触心理和接触行为来制订自己的传播策略。不仅如此，还必须根据不同受众群体在媒介接触行为方面的区别和传播受众的发展变化而对自己的传播策略进行适当的调整。

4.1.4 广告客体的个体与群体

在实际的消费活动中，要真正了解和把握消费者的行为是比较困难的。因为消费者采取购买行动时，往往带有很大的盲目性。虽然企业市场营销的目标消费者主要是由单个的消费者个体组成的，但是单个消费者的消费行为在很大程度上具有偶然性，企业不可能根据单个消费者的心理与行为制定直接针对他们的营销策略，广告也不可能根据单个消费者的消费观念、消费行为、媒介接触心理、媒介接触行为制定广告的说服与传播策略。因此，将广告客体视为单个的个体对企业进行市场营销和广告策略决策并没有实质性的帮助。

只有当个体消费者达到一定数量，形成一个具有相同或者相近的需求和购买行为，能够为企业带来巨大利润的消费者群体时，才能成为对企业市场营销具有意义的消费者。因此，本书中所说的广告客体，不是单个的社会人、单个的消费者、单个的媒介受众，而是一个具有相同或者相近的观念和行为的群体。对广告客体的研究，也并不是对客体个体的观念和行为的特殊性研究，而是对整个群体具有的普遍特征的研究，广告策略的制订也要依据在这个群体中具有普遍性的特征进行。

4.2 作为社会人的广告客体

4.2.1 人的角色和地位

作为消费者、媒介受众和广告诉求对象的人，总是处于一定的社会背景中，遵从社会所规定的角色,采取角色所规定的行为。他们如何消费、如何接触媒介、如何接受广告诉求,在很大程度上取决于他们的社会角色以及与他们的社会角色相联系的各种因素决定的。因此,对消费者和受众进行研究,首先应该研究他们的角色。

每一个人都在一定社会中结成多种社会关系,都可能获得多种社会地位。根据不同的标准,可以把人们的社会地位划分为不同的等级序列,如阶级地位、政治地位、经济地位、职业地位、权力声望地位等。这些社会地位之间互相交错,在很大程度上是一致的,大致上可以归纳为先赋地位与自获地位两类。前者指先天固定的地位,如世袭贵族、世袭奴隶、父与子等;后者指靠后天努力获取的地位,如教授、工程师、厂长等。这里的社会地位,并不是我们在日常生活当中所说的衡量人在社会中位置高低的地位,而是指个人在社会系统中的位置,如母亲、学生都是社会地位。一个人常常有多种不同的社会地位,如在家庭中是父亲、在职业上是专业人员、在爱好上是球迷等。在这些地位中,他们会认为某种地位是最为重要的,那么这种地位就是他们的突出地位。有些人将职业视为突出地位,有些人则将在家庭中的地位视为突出地位。一旦了解了一个人的地位,就可以大体了解该地位所适用的社会环境中人们对于个人行为的期待,也可以基本把握他们为这种地位所限定的行为。

社会角色是指与人们的某种社会地位、身份相一致的一整套权利、义务的规范与行为模式,它是人们对具有特定身份的人的行为期望,构成社会群体或组织的基础。具体说来,它包括以下四个方面含义:角色是社会地位的外在表现;角色是人们的一整套权利、义务的规范和行为模式;角色是人们对于处在特定地位上的人们行为的期待;角色是社会群体或社会组织的基础。社会角色就是与一种社会地位相联系的行为。角色和地位是相互联系的,是地位的动态层面,如母亲的角色就包括照顾家人、整理房间等,而学生的角色则包括完成作业、参加考试等。角色包括三个层面:理想角色是表明他人或者社会对个人的期望;知觉角色是指人们自身或者与其发生联系的人对其自身的期待;扮演角色是指一个人怎样担任自己的角色。人扮演其角色的行为不但取决于社会的期望和自身的理解,而且总是随着特定的社会情绪所给予的压力和机会而发生变化。

明确社会地位和社会角色的概念,可以帮助广告人在进行消费者分析和诉求对象选择时,对其身份的判断更为理性、更加准确,而不仅仅是根据个人的认识和理解做出经验性的、感性的判断。

4.2.2 人的需要

根据美国心理学家马斯洛的"需要层次论"(图4.4)。将人的需要分为五个层次,即生理需要、安全需要、归属与爱的需要、自尊需要、自我实现需要,每个层次依次从低级到高级发展。

所谓需要,就是有机体缺乏某种物质时产生的一种主观意识,它是有机体对客观事物需求的反映。简单地说,需要就是人对某种目标的渴求或欲望。人为了自身和社会的生存与发展,必然会对客观世界中的某些东西产生需求。例如,衣、食、住、行、婚配、安全等,这种需求反映在个人的头脑中就形成了需要。需要能够推动人以一定的方式进行积极的活动。需要被人体会得越强烈,所引起的活动就越有力、有效。

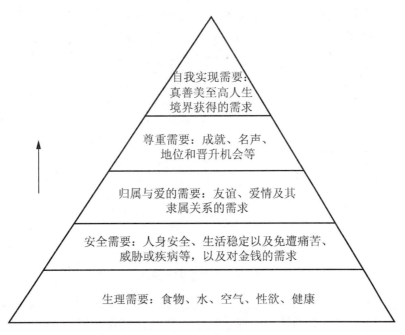

图 4.4 马斯洛的"需要层次论"示意图

对于这些需要的满足,马斯洛认为:"人类动机生活组织的主要原理是基本需要按优势或者力量的强弱排列等级。给这个组织以生命的主要动力原则是健康人的优势需要一经满足,相对强势的需要就会出现。生理需要在尚未得到满足时会主宰机体,同时迫使所有能力为其服务,并组织他们,以使服务达到最高效率。相对的满足平息了这些需要,使下一个层次的需要得以实现。后者继而主宰、组织这个人……这个原理同样适用于等级集团中其他层次的需要,即爱、自尊和自我实现。"

把握人的需要的五个层次及需要的基本原理,可以给广告人有效地把握作为消费者的人对产品的需要、作为传播受众的人对媒介的使用和满足需要提供基本的思路:即人们消费产品、提供服务、接受媒介,都是处于一定的需要。有些产品和有些媒介接触行为虽然看似为了满足较低层次的需要,实际上却包含着更高层次的需要,如归属与爱的需要、自尊需要、自我实现需要等。因此,在广告中不仅要传达满足低层次需要的信息,还应时常包含满足更高层次需要的内容。广告中对高雅产品或企业形象的塑造、对美好生活的描述、对个人使用产品后所获得的羡慕和尊重的描述,都是出于这一目的,而往往只传达满足基本需要的信息的广告能收到更好的说服效果。

4.2.3 人的自我

人的自我可以分为许多层次,可以进行非常复杂的理解。关于人的自我,有许多比较复杂的论述,在这里采用一种比较简单而又能够说明问题的理解。代表人物罗杰斯认为,所谓自己,就是一个人的过去所有的生命体验的总和。假如这些生命体验"我们"是被动参与的,或者说是别人的意志的结果,那么"我们"会感觉,"我们"没有在做自己;相反,假若这些生命体验"我们"是主动参与的,是"我们"自己选择的结果,那么不管生命体验是快乐或忧伤,"我们"都会感觉是在做自己。

按照人的个人化和社会化、理想化和真实化两个维度，人的自我可以分为真实自我、理想自我、社会自我、理想社会自我四个层次，如图4.5所示。

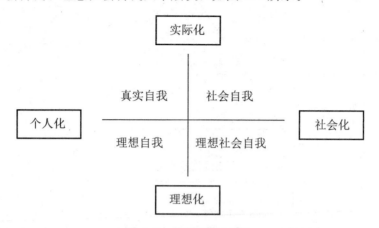

图 4.5　自我的四个层次

真实自我代表一个人内心深处对自己的认知；理想自我代表一个人对自己的期许；社会自我代表别人对"我"的认识；理想社会自我则代表我希望别人怎么看待我。人们购买某种产品或者接触某种媒介，不但处于内心深处对于自己的认识，而且也关心它能否使自己达到心目中对自己的期许，能否使自己获得他人对于自己的有利认识，能否接近自己希望别人怎样看待的理想。因此，自我的这四个层次都会对人的消费行为和媒介接触行为产生重要的影响。

4.2.4　人及其群体

"群体"一词具有非常广泛的含义，即可以是高度有组织的和稳定的群体，也可能是易变和短暂存在的群体。例如，收入相近或者职业、年龄等方面具有相似性的人往往会形成一个社会群体，这样的群体被称为统计上的集合或者社会类别。

在研究消费者时，常常提到"消费群体"这个概念，它是根据消费者之间具有的某种共同需求和消费行为来划分的，并不是社会意义上的群体，而是"社会类型"。因为同属一个社会类型的社会成员之间彼此并没有直接的联系，所以消费群体只能描述出消费者的大致范围，但却很难接近他们情感和需求的本质。因此，在进行广告策划时，不但要分析消费者与诉求对象所处的社会类型，更应该深入了解他们所参与的群体和群体赋予他们的特征。

一个人在社会生活中必然与其他社会成员发生联系，他们的行为自然受到他人的影响。根据个人与他人联系的不同，个人与他人构成不同的群体。家庭是一个特殊的群体，同学、朋友、同事都是与个人密切相关的群体，而由不同群体组成的社区、由不同社区组成的社会又是一些巨大的群体。

人是以不同方式、不同程度参与到社会生活中的人，人的社会参与可以分为核心参与和局部参与两个层面。核心参与以个人的主要生活经历和核心身份为基础，个人与核心参与的群体最为密切，并且也最容易受到群体其他成员的影响。一般说来，人们对于家庭的参与是核心参与，有些人对职业的参与也是核心参与，因为在工作中他们能够获得所期待的自尊、尊重与自我表现机会。局部参与仅涉及个人生活的一部分、一个阶段或人格的一部分，通常只需要很少的精力。个人在局部参与中的角色不是个人的突出角色，如个人对于校友会、俱乐部的参与都是局部参与。

对个人行为影响最大的群体是初级群体。人类对感情支持的需要主要表现为初级结合或者初级关系以及为个人提供安慰与满足其情感需要的持续的关系。初级结合的形式包括父母与子女的关系、友谊、爱情、与个人关系密切的社会群体或者社会成员之间的关系等。初级群体的群体成员之间有充分的互动和深入的交流，个人的个性在这种互动中可以得到完整的反应，初级群体有利于成员的个人发展、幸福和满足。

根据上面的阐述可以看出，在初级群体中，成员之间有很深的信任感和较大的影响力。因此，广告人员在规划广告活动和进行广告诉求时，应充分利用初级群体成员之间的影响力，利用受众最为信任的初级群体的成员对他们施加影响，从而使广告收到更大的效果。

4.2.5　社会阶层

社会阶层是又一个影响个人行为的重要因素。日本社会学者富永健一认为："所谓社会阶层，指社会资源分配的不平等状态。这里的社会资源，是对物资资源(财富)、关系资源(权利和声望)和文化资源(知识和教养)的统称"。社会阶层可以以个人为单位来定义，也可以以群体为单位来定义，而最为通行的划分标准是以家庭为单位。因为家庭是"'共用一个钱包'的消费社会"。测定个人所属社会阶层的一般标准是：个人现在的阶层地位，以其现在的职业来测定；个人未成年时的阶层地位，以其父亲当时的职业来测定；妻子的阶层地位，以丈夫的职业来测定（在现代社会中，妇女的独立性越来越强，因此对职业妇女阶层地位的测定标准应该是她自己的职业）；收入地位，用家庭的收入来测定。此外，还有另外一些更为具体的标准。按照不同的标准，全体社会成员可以分为不同的层次。这里不再阐述具体的阶层，但需要提示的是，在对广告客体进行分析时，要有基本的阶层概念，并对客体所处的阶层有一定的经验性把握。

社会阶层具有以下几个特征：同一社会阶层人员的行为比不同阶层的成员更为相似；人们根据所处社会阶层的不同而占有不同的优劣地位；一个人的社会阶层不是由某一个单独的变量决定的，而是由其财产、职业、教育、价值观等变量综合决定的；个人所处的社会阶层是可变的，有可能升入更高的阶层，也有可能降入较低的阶层，而人们一般的心理是希望自己属于更高的社会阶层。

了解广告客体的社会阶层的意义在于：一定的社会阶层决定了客体的观念和行为，根据客体的社会阶层，就可以更接近实质地把握广告客体的消费观念、消费行为、媒介接触心理和媒介接触行为。

4.3　作为消费者的广告客体

如果广告真能产生什么奇迹的话，奇迹通常也是出现在漫不经心的公众身上。

——米切尔·舒德森

4.3.1 消费者与消费行为

消费者与消费行为主要从消费者、消费者的分类、消费行为的一般特征、关于消费者行为的基本问题和消费者的购买角色五个方面进行阐述。

1. 消费者

对消费者的理解有狭义和广义之分：狭义的消费者是指购买、使用各种消费品或服务的个人与用户；广义的消费者包括产品或服务的需求者、购买者和使用者。相应的，消费活动也应该包括需求过程、购买过程和使用过程。

2. 消费者的分类

按照对某一产品的消费状态，消费者可以分为显现消费者和潜在消费者：显现消费者指对某一产品的需要，并且已经有实际消费行为的消费者；潜在消费者指对某一产品有需要，虽然尚未有实际的购买行为，但在未来的一个时期内有可能产生消费行为的消费者。

按照消费的目标，消费者可以分为终端消费者和生产资料消费者：终端消费者指为了个人或者家庭得到满足而消费某种产品的消费者，因而又称"个体消费者"或"家庭消费者"；生产资料消费者指为了转让或者作为生产其他产品、进行经营活动的工具而购买的产品的消费者。

3. 消费行为的一般特征

(1) 自主性——消费者在购买时一般是自主决策的。
(2) 有因性——消费者产生某种消费行为有其特征的原因。
(3) 目的性——消费行为产生特定的目的。
(4) 持续性——消费者的行为是持续的活动过程。
(5) 可变性——消费者的行为是可变的。

4. 关于消费者行为的基本问题

(1) 谁构成某产品的市场——购买者。
(2) 他们购买什么产品——购买对象。
(3) 他们为什么购买——购买目的。
(4) 谁参加购买——购买组织。
(5) 如何购买——购买行为。
(6) 在什么时间购买——购买时间。
(7) 在什么地方购买——购买地点。

5. 消费者的购买角色

不同的消费者在购买行为中可能担任不同的角色，消费者在购买行为中的角色主要有以下几种。

(1) 建议者——即第一个建议或者想要购买某种产品或者接受某种服务的人。

(2) 影响者——其看法会影响最终购买决策的人。
(3) 决定者——即最后部分或全部地做出购买决定的人。
(4) 购买者——实施实际购买行为的人。
(5) 使用者——消费使用该产品和服务的人。

4.3.2 影响消费者行为的因素

1. 文化因素

文化是人类知识、信仰、艺术、道德、法律、美学、习俗、语言文字以及人作为社会成员所获得的其他能力和习惯的总称。文化是人们在社会实践中形成的，是一种历史现象的沉淀；同时，文化又是动态的，处于不断地发生变化之中。文化对消费者的行为产生最广泛的影响，而影响消费者行为的文化因素，又包含了文化、亚文化和社会阶层等层次。

1) 文化

广义的文化指人类在社会历史实践过程中所创造的物质财富和精神财富的总和；狭义的文化指社会的意识形态及之间相适应的制度和组织机构。在这里所说的文化指狭义的文化。任何社会都有其特定的文化，它是处于社会中的人的欲求与行为的最基本的决定因素。

2) 亚文化

每种文化之间有巨大的差异，在同一种文化的内部，也会因民族、宗教等诸多因素的影响，使人们的价值观念风俗习惯和审美标准表现出不同的特征。亚文化通常按民族、宗教、种族、地理、职业、性别、年龄、语言、文化与教育水平等标准进行划分。在同一个亚文化群中人们必然有某些相似的特点，以区别其他的亚文化群。熟悉目标市场的亚文化特点，有助于企业制定相应的营销策略。亚文化包括民族亚文化、宗教亚文化、种族亚文化、地理亚文化四种类型。消费者因民族、宗教信仰、种族文化和地域差异具有不同的生活习惯、价值取向、文化偏好和禁忌，这些因素都会对他们的购买行为产生影响。

3) 社会阶层

社会阶层指社会中按层次排列的较同质且持久不变的群体，每一阶层成员具有类似的价值观、兴趣爱好和行为。同一社会阶层内的人，其行为要比来自不同社会阶层的人行为更加相似，人们以自己所处的社会阶层，以其行为来判断各自在社会中占有的地位高低。个人所处的社会阶层并非有一个变量产生决定而是受到职业、收入、财富、教育和价值观等多种变量的制约。个人能够在一生中改变自己所处的阶层，既可以向高阶层迈进，也可以跌倒至低阶层，但是，这种变化的程度会因社会的程度不同而不同。不同的社会阶层在衣着、家具、业余活动、家用电器等方面表现出的产品和品牌偏好。

2. 社会因素

消费者行为也受到社会因素的影响，包括消费者的家庭、参考群体（Reference Groups）和社会阶层（Social Class）等社会的影响。

（1）家庭是消费者个人所归属的最基本团体。一个人从父母亲那学习到许多日常的消费行为，即使在长大离家后，父母亲的教导仍然有明显的影响。消费者行为深受家庭生命周期的影响，每一个生命周期阶段都有不同的购买或行为形态，销售者有时以生命周期阶段来界定其目标市场，并针对不同的生命周期阶段发展不同的行销策略。

（2）一个人的消费行为受到许多参考群体的影响。直接影响的群体称为会员群体（Membership Group），包括家庭、朋友、邻居、同事等主要群体（Primary Groups）和宗教组织、专业组织和同业工会等次级群体（Secondary Groups）。崇拜群体（Aspirational Groups）是另一种参考群体。有些产品和品牌深受参考群体的影响，有些产品和品牌则鲜少受到参考群体的影响。对那些深受参考群体影响的产品和品牌，消费者必须设法去接触相关参考的意见领袖（Opinion Leaders），设法把相关的信息传递给他们。

（3）社会阶层是指按照一定的社会标准，如收入、受教育程度、职业、社会地位及名望等，将社会成员划分成若干社会等级。同一社会阶层的人往往有着共同的价值观、生活方式、思维方式和生活目标，并影响着他们的购买行为，美国市场营销学家和社会学家华纳（W. L. Warner）从商品营销的角度，曾将美国社会分成6个阶层，既然每个社会都有不同的阶层，其需求也应具有相应的层次。即使收入水平相同的人，其所属阶层不同，生活习惯、思维方式、购买动机和消费行为也有着明显的差别。因此，企业和营销人员可以根据社会阶层进行市场细分，进而选择自己的目标市场。

每个人在不同的群体中都有不同的身份与地位，不同身份和地位具有不同的被认同与尊重的标志，所以常常会影响消费者对产品和品牌的选择。

3. 个人因素

影响消费者行为的个人因素包括年龄、职业、经济状况、生活方式、性格与自我观念等。处于不同年龄段的消费者对产品有不同的需求，不同职业的消费者对不同类型的产品有明显偏好。经济状况决定着消费者的购买欲望和购买能力，而生活方式、个性和自我观念则决定消费者的活动、兴趣和思想见解。

4. 心理因素

众所周知，人的行为是受其心理活动支配和控制的。在市场营销活动中，尽管消费者的需求千变万化、购买行为千差万别，但都建立在心理活动过程的基础上。消费者心理活动过程，是指消费者在消费决策中支配购买行为的心理活动的整个过程。影响消费者心理活动过程的主要因素有需要、认知、学习、态度等。消费者的行为还受到动机、感觉、后天经验、信念与态度等心理因素的影响。但是具体的行动如何则取决于他们对情景的感觉，具体包括广告、人员促销和产品本身的感觉。比如，两个人有同一样的动机由于经验而引起的个人行为的改变，他对于营销者的重要性在于他将产品与由于经验而造成的内驱力联系了起来，利用积极的强化方式，造成消费者对产品的需求。通过行动与后天的经验，人们树立起对企业的和产品的信念和态度，这些信念与态度有影响其购买行为。

4.3.3 消费者决策

消费者决策就是指消费者谨慎地评价产品、品牌或服务的属性，并进行理性选择，想用最少的付出获得能满足某一特定需要的产品或服务的过程。

1. 消费者决策过程

在今天的市场经济中，消费者到处都会遇到各种决策问题，他们在购买过程中一般经过五个阶段，如图4.6所示。

而在"决定购买"阶段一般需要决定如下五个方面：买什么、买多少、在哪里买、何时买和如何买，即"5W"。

1）买什么（What to Buy）

决定买什么是消费者最基本的任务之一。它是决策的核心和首要问题。不定买什么，当然就谈不上有任何购买活动的产生。决定购买目标不只停留在一般的类别上，而且要明确具体的对象。比如，夏季到了，为了防暑降温，不能仅仅从买空调还是买电扇中作出抉择。如果决定前者，还必须明确空调是买分体的还是买立式的？是买"春兰"牌，还是"海尔"牌的？买什么颜色的？等等。

2）买多少（How Much to Buy）

买多少是决定购买的数量。购买数量取决于消费者的实际需要、支付能力及市场的供求情况等因素。如果某种产品在市场上供不应求，消费者即使目前并不急需或支付

图4.6 购买商品的五个阶段

能力不强，也可能借钱购买；反之，如果市场供给充裕或供过于求，消费者既不会急于购买，也不会购买太多。

3）在哪里买（Where to Buy）

在哪里买即确定购买地点。购买地点的决定受多种因素的影响，诸如路途的远近、可挑选的商品品种、数量、价格以及商店的服务态度等。一般说来，各个商店都可能会有不同的吸引力。比如说，这个商店可供选择的货物品种不多，但离家却很近；而那个商店的价格略高，可是服务周到。消费者决定在哪里购买与买什么关系十分密切。例如，有研究发现，购买衣服最常见的决定顺序是商店类型、商店、品牌、地点选择，而购买照相机的决定顺序是品牌、商店类型、商店、地点选择。

4）何时买（When to Buy）

何时买即确定购买时间。决定何时购买依下述因素而定：消费者对某商品需要的急迫性、市场的供应情况、营业时间、交通情况和消费者自己的空闲时间等。此外，商品本身的季节性、时令性也影响购买时间。

5）如何买（How to Buy）

如何买涉及的是购买方式的确定。比如，是直接到商店选购，还是函购、邮购、预购或托人代购；是付现金、开支票，还是分期付款；等等。

2. 消费者购买类型

尽管消费者的决策一般都经过了上述五个阶段，但是买一部汽车的过程和买一包饼干的过程显然是不一样的。按照消费者的感知风险的大小以及品牌差异的大小，可以把消费者的购买行为划分成四种类型。

1) 复杂型购买行为

复杂型购买行为是指消费者面对不常购买的贵重物品，由于产品品牌差异大，购买风险大，消费者需要有一个学习过程，广泛了解产品的性能、特点，从而对产品产生某种看法，最后决定购买的消费者购买行为类型。当消费者专门仔细地购买并注意现有每个品牌间的差异，他们会采用的购买行为。消费者对产品所知有限，需要了解许多关于产品信息，而且由于购买的产品相对比较昂贵，所以对品牌的要求比较强烈，购买者经过认真执行的学习过程，建立对产品的信念，再转变成对产品的态度，最后做出慎重的购买决定。

消费者一般对花钱多的产品、偶尔购买的产品、风险产品以及炫耀性产品的购买都是非常专心仔细的，例如购买汽车、结婚钻戒等。

2) 协调型购买行为

协调型购买行为是指那些对品牌差异不大的产品，消费者不经常购买，而购买时又有一定的购买风险。因此，消费者一般要比较、看货，只要价格公道、购买方便、机会合适，消费者就会决定购买；购买之后，消费者也许会感到某些不协调或不够满意，在使用过程中，会了解更多情况，并寻求种种理由来减轻、化解这种不协调，以证明自己的购买决定是正确的消费者购买行为类型。

3) 习惯性购买行为

习惯性购买行为指对于价格低廉、经常购买、品牌差异小的产品，消费者不需要花时间选择，也不需要经过收集信息、评价产品特点等复杂过程的最简单的消费行为类型。由于商品的价值低，品牌差异对消费者的意义较小，所以消费者在购买时并不经过信念、态度、行为的决策过程。许多产品的购买是在消费者态度明确的情况下完成的，消费者对大多数价格廉价、经常购买的产品介入程度较低。由于产品的价值较低，他们并没有对产品广泛研究，对决定购买什么产品也没有那么重视；相反，他们在看到广告是被动地接受的信息。在这种情况下，广告的重复往往可以形成品牌熟悉感，但不会包装的时候，很多消费者在柜台前大多不会不假思索地要求购买自己能够脱口而出的品牌。

4) 变换型购买行为

变换型购买行为是指对于品牌差异明显的产品，消费者不愿花长时间来选择和评估，而是不断变换所购买的产品的品牌的消费者购买行为类型。由于商品的价值低、品牌多样，消费者在购买时往往追求多样化，所以常常会转换品牌。例如，消费者在购买饼干时一般不先评价，只是挑选某一种品牌的小甜饼，待到入口时，再对它进行评价；但在下一次购买时，消费者也许想尝新鲜，或者体验一下另一种品牌。在这样的情况下，消费者品牌选择的变化不是因为过去购买的产品不满意，而是因为这样类型的产品在市场中有非常多的品牌可供选择，品牌的多样性促成了消费者的品牌转换。

3. *消费者与广告的互动*

为了达到配合企业市场营销的目的，广告就必须准确地把握消费者的需求、消费者的心理、消费者的购买行为。因此，消费行为学的基本原理就成了广告策划人员进行消费者分析的根本依据。消费行为原理对广告策划的作用体现在：消费者自身的特性为广告策划的目标市场和诉求对象策略提供依据；消费者具体的购买行为为广告策划抓住消费者行为中的机会点,从而进行有助于销售的广告活动提供依据。

虽然广告策略的制定要以消费者的行为为重要依据,但是广告活动对消费者购买行为的作用也是显而易见的。在影响消费者购买行为的诸种因素中,广告是一个相当重要的因素,它对消费者的购买行为具有一定的影响乃至引导作用。主要表现在:广告向消费者传达的产品观念,可以潜移默化地改变消费者的消费观念;广告通过有针对性地诉求,可以唤起消费者尚未意识到的需求或者新的需求;广告通过有说服力的诉求,可以促使消费者改变购买行为;广告对利益和附加价值的承诺,可以加深消费者购买后的满足感,从而使之持续购买乃至成为品牌的忠诚消费者。

4.4 作为媒介受众的广告客体

4.4.1 广告是一种传播行为

广告传播是广告本质属性的一面,任何广告表现都必须遵循广告传播的本质规律,广告是不独立于广告传播而存在的。从传播学的角度看,广告传播是有明确传播主体的、有组织并有偿的大众媒介传播,是一种综合的、劝服性的传播,即广告是一种传播行为。从广告服务于企业的市场营销的角度看,广告是企业整个市场营销行为的一部分;从广告公司和广告媒介以广告为主要服务形式,通过提供广告服务获得经营利润的角度看,广告是一种企业经营行为;从广告对客体发生作用的方式和过程来看,广告从本质上又是一种非常典型的传播行为。

广告主和代替广告主进行广告策略决策、创作、制作广告作品并向广告媒介提供广告的广告公司是广告的传播者,广告信息是广告传播的主要信息。刊播广告的各种媒介是广告传播的媒介,而通过接触媒介传播的广告的媒介受众则是广告传播的受众。广告信息通过各种媒介传播给受众,并对他们产生不同程度作用的过程就是一个完整的传播过程。因此,要使广告信息得到有效的传播,就离不开对作为传播受众的广告客体的研究。

4.4.2 广告的受众与大众传播的受众

从传统广告迈向现在广告的那一天起,大众传播媒介就成了广告最为重要的媒介,广告成了大众传播媒介传播内容的重要组成部分,而大众传媒的受众就与广告的受众紧紧交融在了一起。一般来说,广告传播需要运用大众传媒,大众传播的受传者必然是广告信息的受众,但是,并不是所有的受众都是广告受众,广告受众还包括其他非人际方式接收到广告信息传播的群体。因此,广告受众与大众传播的受众有这样的关系:

(1) 数量和特性完全等同。这只是理想状态,现实很难达到,需要精心选择适用的媒体并进行有机结合,以最大限度接近广告受众。

(2) 两者在特性上相同,但广告受众在数量上小于受众。这种情况下要进一步做好媒体组合,尽量避免购买媒体上的资金浪费。

(3) 两者在特性上相同,但广告受众在数量上大于受众。这说明媒体选择和组合上没有达到理想的覆盖面。

（4）广告受众与受众出现交叉。受众中有部分不是广告受众，特别不是目标受众。

（5）广告受众和受众没有联系，一旦出现这种情况，就说明广告策略严重失误，需要调整，在广告受众中有一个千人广告效应的判断标准。

"在大众报刊发展的早期年代，就已经奠定了社会关系的一种重要的体制化方式的基础，这种方式把广告商、媒介经营人和受众联系起来形成一种功能系统，生产特定类型的大众传播内容。"这种体制在今天的报纸媒介中仍旧在继续，而且发展得更加完善。在报纸媒介之后，出现了作为大众传播媒介的广播。在广播媒介出现之初，广告就作为一种可靠的收入来源进入广播媒介。后来的电视也自然地延续了这种体制。传播学者们认为，不能说公众欢迎广告，但是他们确实欢迎大众媒介因广告收入而带来的结果，为了能够收听节目，人们愿意听到赞助者的叫卖声。造成这种态度的一个原因是，节目的设计很快变得具有巨大的普遍吸引力，广告带来的收入可以雇用能干的人才。

4.4.3 制约传播者和受众理解信息的要素

在传播过程中，传播者要对信息进行编码后传播给受众，首要的步骤就是对信息的理解和选择，而受众接收传播者传播的信息，也要经过选择和理解的过程。在对信息进行选择和理解的过程中，传播者和受众都会受到某些因素的影响，从而使他们对同样的信息产生不同的理解，其主要的因素有以下几种。

1. 心理预设

人们在理解活动开始之前，都会不同程度地根据自己的生活经验而预先理解对象的已有面貌。这种预先设定事物格局的心理定式非常顽固，常常把理解导向理解者本人所期待的方向，结果导致对实际情况理解的扭曲和变形。也就是说，人们看到的东西往往都是自己想看到的东西。

2. 文化背景

每个人都生活在一定的文化背景中，因此，人的行为、观念、习惯、性情都会不断地受到某种文化模式的塑造和熏陶，人们对事物的理解也就不可避免地会受到自身文化背景的影响，从而带来鲜明的文化烙印。

3. 动机

许多研究表明，动机与理解有着密切的关联，尽管在有些理解活动中动机隐藏得很深，甚至理解者本人都未必能察觉，但他们确实对形成某种理解具有重要的影响和制约作用。

4. 情绪

在进行理解时，理解者总是处于某种特定的情绪中，而不同的情绪会导致对同一事物产生不同的理解。如一个人在愉快的情绪中，可能会将别人称自己的绰号当做友好的表示；而当他处于愤怒的情绪中时，则可能将其视为一种挑战。

5. 态度

尽管制约理解的因素很多，但是人们对事物的认识归根到底还是由理解时所持的态度决定的。尽管人们的心理期待、文化背景、动机、情绪有太多的不同，在态度一致的前提下，都会对含义确定的事物产生相同或相似的理解。

因此，广告人在确定广告传播的内容时，应该对自身和诉求对象的心理预设、文化背景、动机、情绪、态度进行分析，以保证广告传播者自身和诉求对象对同样的诉求重点有相同的理解。

4.4.4 受众进行信息接收的选择性定律

选择性定律是针对受众接受、理解和储存信息而言的，它包括选择性注意、选择性理解和选择性记忆三层含义。其基本内容是：受众在接收信息时必然会根据个人的需要有所选择、有所侧重，甚至有所曲解，以便使接受的信息同自己固有的价值体系和既定的思维方式尽量吻合。一些传播学者认为，选择性注意、选择性理解、选择性记忆就像是保护着受众的三个防伪圈，它们从外到内依次环绕着受众，使得他们能够抵御反面的信息。

（1）选择性注意（Selective Attention）。又称为选择性暴露，即受传者是否注意到媒介及其信息。这是受众心理选择过程的第一个环节。受众对媒介的接触具有很强的选择性，他们往往从自己原有的意见、观点和兴趣出发，将自己"暴露"在经过选择的传媒及其内容的面前。受众更倾向于接触与原有态度较为一致的信息，而尽量回避那些与己见不合的信息。因此，要使广告的诉求重点能够顺利地为受众所接受，就必须首先突破他们选择性注意的防御，引起他们的注意。这一定律对于广告诉求策略具有重要的意义，它决定了广告必须根据受众的要求，传达受众感兴趣的信息。

（2）选择性理解（Selective Perception）。是指受众在注意到部分传播内容后还会根据自己的认识对内容进行解释。它包括两层含义：①受众在所接受的信息中，只对其中的一部分信息进行深层次的认识、思考、处理和运用，对其他的信息则停留在曾经注意的阶段，不再投入过多的时间和精力去处理它们；②受众"由于兴趣、信念、原有的知识、态度、需要和价值观等这些认识因素上的差异，具有不同认识结构的人们实际上对任何复杂的刺激都会产生不同的认识（即赋予意义）。"

明白这一定律可以帮助广告策划人员在选择广告信息时主动接近受众的理解方式，使受众对广告信息的理解与广告主一致。如图4.7所示的迪奥毒药香水广告中，除了镜里、镜外的美女外，还能看到什么？如果离远点，能否看到图上的骷髅图像？通过这个广告可以体会一下"选择性注意"和"选择性理解"。

（3）选择性记忆（Selective Retention）。是指受众对信息的记忆也是有所选择的，常常是只记忆那些有意义的、符合需要的、对己有利的和自己愿意记住的信息，同时忽略或抑制那些无意义的、附加的、不利的和不愿意记住的信息。这是受众心理过程的最末环节。

掌握这一规律，广告策划人员可以更好地选择容易引起受众兴趣的信息，以加深受众对广告信息的记忆。

图 4.7 迪奥毒药香水广告

4.4.5 两级传播论和创新扩散论

两级传播论是传播学经典理论之一,由传播学四大先驱之一的社会学家拉扎斯菲尔德于 1940 年主持的一项研究发现,在总统选举中选民们政治倾向的改变很少直接受大众传媒的影响,人们之间直接面对面交流似乎对其政治态度的形成和转变更为关键。通常有关的信息和想法都是首先从某一个信息源(如某一个候选人)那里通过大众媒介达到所谓的"意见领袖"那里;然后再通过意见领袖把信息传播到普通民众那里。前者作为第一个阶段,主要是信息传达的过程;后者作为第二阶段,则主要是人际影响的扩散。

舆论领袖又称意见领袖,指在信息传播过程中表现活跃的一小部分人,他们对某一事态的发展比较关心、比较理解,因此能向他们身边的广大受众提供这方面的信息,并进行理解。他们人数不多,通常是某一方面的专家(这里的专家并不是特指专业领域的专家,而是对某一方面的信息知道更多的人),上通媒介,下通受众。

在广告传播过程中,两级传播的现象也广泛地存在。如在某一群体中,总有一些人经常接触媒介所发布的广告,对广告信息有深刻印象,容易受广告的影响,乐于向群体的其他成员传达广告信息,从而影响他们对广告的态度。广告策划人员在确定了广告的诉求对象后,虽然不能找出谁是广告传播中的舆论领袖,但是可以相信舆论领袖乐于传播的是比较新颖、有趣、有价值的信息,因此在进行广告诉求重点的决策时要重点突出这方面的信息。

创新扩散论是受两级传播理论的影响而发展出来的传播理论,指的是一种新事物,如新观念、新发明、新风尚等,在社会系统中推广或者扩散的过程,与人际传播和大众传播密不可分,扩散的过程实际上就是传播的过程。

4.4.6 受大众传播影响的受众

1. 中弹即倒的受众

在这一理论看来,媒介传播的内容就像射出的子弹,而受众则像靶场上的靶子,任由媒介扫射,毫无抵抗能力,只要被子弹击中,就会应声而倒。也就是说,媒介传播的信息只要被受众接收到，就会对他们产生媒介所预期的效果。

在大众传播中，媒介的受众不会无条件地相信大众媒介传播的所有讯息并且毫无反抗地受他们的影响；而在广告传播中，受众也不会无条件地相信广告传播的信息。受众是否会受到广告信息的影响，在很大程度上取决于信息本身的可信程度、传播媒介的可信程度以及广告诉求的技巧。因此，在广告策划的过程中，不但要选择真实可信、能够引起受众兴趣的信息还要受众信任度最高、最容易受其影响的媒介和最有说服力的诉求策略。

2. 联合御敌的受众

这一理论认为，"媒介与受众之间有一些'东西'、一些'缓冲体'或'过滤器'，把媒介的信息加以理解、扭曲或压制，信息一旦传达到受众身上，已经和原面目不同了"。

在大众传播和广告传播的过程中，受众对媒介传播的信息确实有某种防御甚至逆反的心理，但是受众对媒介的抵御并不是绝对的。受众对媒介和媒介所传播的信息了解越少，对媒介的抵御心理就越弱，反之则越强；媒介传播信息的方式越有说服力，受众对媒介的抵御心理越弱，反之则越强；媒介传播的信息越符合受众的要求，越能引起受众的兴趣，受众的抵御心理越弱，反之则越强。这些方面，在广告策划中尤其需要注意。

3. "使用与满足"的受众

所谓"使用与满足"，是指受众使用媒介以满足自己的需求。传播学创始人施拉姆曾经做过这样一个比喻：受众接触媒介好像在自助餐厅中用餐，每个人根据自己的口味和当天的食欲来挑选其中的某些品种、某些数量的食物；而自助餐厅则供应大量的、五花八门的饭菜，相当于媒介提供的林林总总的信息。这个比喻说明，在传播活动中，受众是主角，他们使用媒介来满足自己特定的需要，媒介则为受众提供多种选择，至于受众接受哪些信息，接受多少，媒介则无能为力。

这是最符合媒介对受众的作用实态的认识。因此，在广告传播的过程中，传播者就需要对受众的需求有充分的理解，以便选择受众最乐于接受的信息，按照受众最喜闻乐见的方式加工，使广告诉求收到应有的效果。

4.4.7 媒介的说服效果

媒介对受众的说服效果受传播来源的可信度、传播方式和传播对象自身特性的影响。

（1）传播来源对说服力的影响包括传播来源的可信度、传播来源的知名度、传播来源的动机三个因素。传播来源在受众看来越可信，传播来源的知名度越高，传播来源的动机在受众看来越没有威胁，传播的说服力就越强；反之，则越弱。因此，广告策划人员在进行媒介策略的决策时，应该充分考虑这些因素对诉求效果的影响。

（2）传播方式对说服力的影响涉及媒介传播的是一面之词还是多面之词，涉及信息传播的顺序、给出的结论方式以及是采取理性诉求还是感性诉求等因素。

一般说来，在受众看来，只传达一方面事实或意见的诉求方式较难令人相信，因为受众会认为传播者有意隐瞒了某些不利的事实；在信息传达的顺序上，先得出结论、后进行解释的传播方式，比先传达充分的事实和前提性原因再得出结论的传播方式更缺乏说服力；只传达事实而受众自己得出结论，比既传播事实、又传达传播者结论的方式更缺乏说服力；一般在受众更容易接受感情诉求，而对于理性诉求则有比较强的抵触心理。因此，广告策划人员在进行广告诉求策略的决策时，要对这些因素给予充分的重视。但并不是所有的广告诉求都要绝对地按照这些原则来进行，具体采用什么样的方式，要在对受众的需求和媒介接触习惯进行充分了解的基础上决定。

（3）传播对象对说服效果的影响包括传播对象的听从性、对利益遭受损害的恐惧程度、立场的稳定程度、群体影响耐受度等影响。

受众对媒介本身和传播信息的了解越少，越具有听从性。趋利避害是受众具有的普遍心理，因此，恐惧性诉求会引起受众的特别关注。但是在进行恐惧诉求时，所传达的恐惧信息要适度，轻微的恐惧诉求比强烈的恐惧诉求效果更好。

如果受众所处的群体与传播媒介传播的信息意见一致，那么受众很可能因为压力的作用和从众心理而接受媒介传播的信息并且受到他们的影响。

本 章 小 结

本章介绍了广告客体的含义，广告客体的三重角色，通过本章的学习后，可以使学生对广告客体有一个初步的认识。

广告客体是相对于广告主体而言，就是指广告作用的对象，即接收广告信息的受众。首先，广告的客体是作为社会生活中的人而存在，"社会的人"是广告客体最为基本的角色；其次，广告客体是企业进行市场营销的对象，是产品和服务的消费者，而广告为作为营销组合的要素而存在，因此"消费者"是广告客体的核心角色。再次，广告是一种传播活动，广告客体是广告传播的对象，同时也是大众传播的对象。"传播的受众"是广告客体的又一角色，因为这一角色是因广告的"传播"本质而进入广告客体的角色群之中的，所以一般称它为"广告客体的延伸角色"。

广告对于客体的作用主要在于改变客体的消费观念和消费行为，即主要作用于客体角色的"消费者"的层面。广告信息作为社会文化的一部分，不仅改变着广告受众的消费观念，使他们发生趋向于企业预期的广告目标的变化，而且也潜移默化地影响着他们的价值观念、道德观念和社会行为，甚至是他们的媒介接触心理和接触行为。

对广告客体的研究，也并不是对客体个体的观念和行为的特殊性研究，而是对整个群体具有的普遍特征的研究，可以更接近实质地把握广告客体的消费观念、消费行为、媒介接触心理和媒介接触行为。舆论领袖又称意见领袖指在讯息传播过程中表现活跃的一小部分人，他们对某一事态的发展比较关心、比较理解，因此能向他们身边的广大受众提供这方面的信息，并进行理解。他们人数不多，通常是某一方面的专家，上通媒介，下通受众。创新扩散论是受两级传播理论的影响而发展出来的传播理论，指的是一种新事物，如新观念、新发明、新风尚等，在社会系统中推广或者扩散的过程，与人际传播和大众传播密不可分，扩散的过程实际上就是传播的过程。

受大众传播影响的受众有三种类型：中弹即倒的受众、联合御敌的受众和"使用与满足"的受众。媒介对受众的说服效果受传播来源的可信度、传播方式和传播对象自身特性的影响。

习 题

一、填空题

1. 制约传播者和受众理解信息的要素包括_____、_____和_____。
2. 在接受信息过程中，受众具有几个特点_____、_____和_____。
3. 广告受众不仅具有受众的一般特性，在传播活动中，还有几个特性_____、_____、_____和_____。
4. 分析消费者的购买行为，需要了解消费者是如何进行购买决策的，包括_____和_____。

二、名词解释

1. 亚文化
2. 自我需要
3. 协调型购买行为
4. 选择型记忆

三、思考题

1. 马斯洛需要层次分为哪几个？
2. 社会地位与社会角色存在怎样的联系？
3. 消费者的购买类型可以分成几类？各自的特征是什么？
4. 简述广告客体的三重角色。

四、操作题

将自己印象比较深、同时又比较典型的一次购买行动详细记录下来，思考一下影响自己购物的因素有哪些。

第二部分

第 5 章　广告运作的基本规律

自开创大众传播时代以来,现代广告历经了一个世纪的发展,或崎岖,或平坦。伴随着市场的竞争变化,全世界各大小广告公司在摸索中寻找自己的广告梦想。经过这一百年的发展,现代广告逐步形成了自身的运作规律,尤其是广告代理制的引进,开创了广告运作的科学性大门,使得广告市场的竞争变得规范有序。随着整合营销传播的兴起和媒介环境的转变,也使得广告运作的规律更趋于现代和合理。

教学目标

1. 了解广告活动的基本知识和最新发展。
2. 掌握广告活动的一般规律。
3. 了解广告代理公司的组织结构和运作流程。
4. 熟知广告策划的主要内容和一般程序。

教学要求

知识要点	能力要求	相关知识
现代广告运作的基本模式	(1) 了解广告运作的概念 (2) 理解现代广告运作的基本模式	
广告公司运作流程	了解广告公司的组织机构与职能划分	管理学
广告运作的环境	(1) 了解广告运作的外部环境 (2) 掌握广告运作的内部环境	

推荐阅读资料

1. ［美］威廉·阿伦斯. 当代广告学［M］. 丁俊杰，等译. 北京：人民邮电出版社，2005.
2. 何修猛. 现代广告学［M］. 6 版. 上海：复旦大学出版社，2005.
3. 宋秩铭，等. 奥美的观点［M］. 北京：企业管理出版社，2000.
4. ［美］大卫·奥格威. 一个广告人的自白［M］. 林桦，译. 北京：中国物价出版社，2003.

 基本概念

1. 广告运作：指在现代广告中，广告发起、规划和执行的全过程，它是广告主体的主要行为。
2. 广告主：广告的发起者，依据自身的营销需要发起广告，并且承担广告目标、广告进程、广告费用的总体计划的确定、管理任务。
3. 广告代理：实质是广告公司对广告媒介和广告的双向代理，最大特点是强调广告业内部合理分工，各司其职，互相合作，共同发展。
4. 广告公司：站在广告主的立场制定广告方案、购买媒介、实施广告活动的机构。

引例

4A 广告公司一般都分为创意部(Creative)、客户部(Account Servicing)和媒介部(Media)。奥美创意部负责构思及执行广告创意。重点人物是执行创意总监(ECD)，其下会视人手而分为若干组，每组由一到两位创意总监(CD)或副创意总监(ACD)带领，其中一位是文案出身，另外一位是美术出身，但也有不少人身兼两职。其工作除构思广告外，也负责指导及培训下属。创意总监下会有不同的小组，每个小组由一位文案(CW)及一位美术指导(AD)组成，基本上两人会共同构思广告。由于美术指导的工作一般都较繁复，所以一般都有一位助理美术指导(AAD)协助。有经验的文案和美术指导将会晋升为高级文案(SCW)及高级美术指导(SAD)，但工作与以前大同小异。在具体工作中，文案主要负责电视广告(TVC)脚本的撰写、品牌口号(Slogan)、广告标题(Headline)以及折页内容的撰写等。而美术则主要负责平面创意的视觉表现和版式设计，有时候也会有电视广告(TVC)分镜的任务。

一般 4A 广告公司的创意部还有电视制作(TV Production)、平面制作(Print Production)、完稿(Studio)及流程(Traffic)四个辅助工作的小部门。其中，电视制作部设有监制(Producer)又叫制片人，负责电视广告的统筹工作，但实际上广告拍摄由广告制作公司负责，一般是外包导演，根据客户的期望投入会雇佣不同水平和风格的导演。

平面制作部设有平面制作经理，主要负责跟进平面广告的印制工作。由于红坊承担了奥美广告的完稿任务，所以奥美广告就没有单独的完稿部门。奥美红坊的完稿设有绘图员(Visualizer)(一般就是俗称的插画师)、计算机绘图员(Computer Visualizer)(一般俗称修图师)、正稿员(Artist)等职位。平面制作统筹(Traffic Coordinator)则负责统筹平面制作事宜。

4A 广告公司的客户服务部门主要工作是与客户联络及制订策略指导。重点人物是执行总经理(MD)，执行总经理下与创意总监相对应的是事业总监(BD)或客户群总监(GAD)，因为其手头一般都不只有一个客户，而在事业总监和客户群总监旗下会按不同客户划分为不同的客户总监(AD)、副客户总监(AAD)、客户经理(AM)、客户执行(AE)。

一般 4A 广告公司的媒介部主要为客户建议合适的广告媒体(如电视、报纸、杂志、海报、直销等)，并为客户与媒体争取最合理的费用优化。重点人物是媒介主管(Media Director)，下设媒介主任(Media Supervisor)及媒介策划(Media Planner)等。奥美的媒介部和智威汤逊媒介部在 1997 年合并，2002 年以 180 亿美元的承揽额成了全球第二大的媒介公司，即传立媒体(Mind Share)。现在传立也隶属于 WPP 这个欧洲最大的传播集团，所以这一块的工作流程已经不属于奥美广告的范畴。

5.1 现代广告运作的基本模式

5.1.1 广告运作的概念

广告运作(Advertisement Operation)的概念有广义和狭义之分。广义的广告运作称为广告活动,视为整个广告过程的概括,是指在现代广告中广告从发起、规划、到执行的全过程,是广告主体的主要行为。它是一种动态的过程,是一种按一定顺序接续的行为,由各种必要的环节构成,各个环节都包含丰富的内容。广告运作是广告主、广告公司、广告媒体三者密切合作、明确分工,按照一定的顺序共同参与的过程。狭义的广告运作则可视为广告公司的一次完整的广告策划活动,在本书第8章,将对广告策划活动进行专门介绍。

5.1.2 现代广告运作的基本模式

在现代广告中,广告主、广告公司、广告媒介、广告受众这一基本运作模式早已经固定下来,形成了现代广告市场运作的基本运营机制,即广告主委托广告代理公司负责广告业务,广告代理公司又委托媒介实施广告发布,广告主支付媒介广告费用,广告代理公司从媒介处获得佣金。在现代广告的发展进程中,这一基本模式没有发生根本性的变化,但是出现了两次内容上的丰富和规模上的拓展。

随着整合营销传播的盛行,广告活动的精确性和科学性以及广告业中专业化程度的提高,即使全面代理广告公司也无法出色地完成每一项广告活动。于是,在广告行业内部出现了日渐细致的专业化分工,一些原来由广告代理公司负责但不属于纯粹广告业务范畴的任务如公共关系、促销活动等转给了更加专业的机构(如公关公司、促销活动公司)承担。由此,外援成为广告活动的第五个参与者。广告主是广告信息的发布者,广告受众是信息的接受者,广告媒介是广告信息的传播载体,而广告公司和外援则是这三者的连接体。

并且,随着整合传播概念的提出,原来广告运作、专业分工基础上彼此隔离的松散合作的状态开始发生变化,整合传播要求广告主传播的所有信息在统一的战略指导下以同一个声音传达给广告客体,因此必然要求广告代理公司与其并列的公司之间加强沟通和合作,于是这些机构出现了组织和运作上的整合,成为同一整合传播公司或整合传播集团的分支机构。

这样整个广告运作活动演变成:广告主发起广告活动,付出一定代价,与广告公司之间产生交换;广告公司承揽业务,制作广告作品,通过代理行为,与广告媒介交易;外援接受广告公司的要求,提供专门性的服务;广告媒介出卖时间和版面,发布广告信息,传达给消费者,从而完成广告交易过程。这就是构成了广告运作的基本模式,如图5.1所示。

1. 广告主

广告主主要是指商品生产者、服务机构和转卖商(包括零售商、批发商和经销商以及

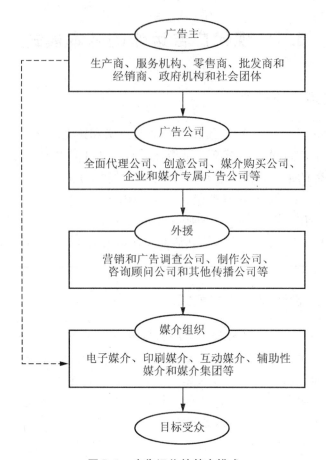

图5.1 广告运作的基本模式

政府机构和社会团体)。同时,广告主是整个广告活动的起点,也是广告活动的发起者,它们依据自身营销发展的需要发起广告,寻找代理商,通过与广告代理商的交换与合作,达成自身的广告目标,满足经济利益,获得更多的效益。在这个过程中,广告主承担着制定广告目标、广告进程和广告费用的总体计划并实施管理的任务。

2. 广告公司

广告公司是广告市场的经营主体之一。在广告市场的整体活动中,广告公司居于核心的地位。他们接受广告主的委托,依据公司的要求,负责制定广告战略,制定广告战役和广告活动的具体计划,与广告主形成合作关系,通过自身的专业化广告运作,完成整个广告的策划活动;通过媒介代理,广告代理公司向广告媒体购买广告版面和时段,将广告信息向最广大人群投放,争取目标受众,以达成广告目标。通过自身的服务代理行为,广告公司以佣金的形式获取经济效益。

3. 外援

随着广告行业的进一步发展,外援在广告活动中担负越来越重要的角色。虽然广告公司可以给广告主提供许多服务,并且正在增设更多的服务项目,但广告主往往要依靠专门的外援进行广告的策划、准备和发布。由此,可以认识到外援就是指向广告主和广告公司提供专门服务的组织或者个人。这些外援通常包括营销和广告调查公司(为广告主调查产品潜在市场或消费者对产品和服务的看法，以及提供效果测定)、制作公司(在广告的制作过程中和过程后提供一些必不可少的服务)、咨询顾问公司(就广告活动的相关领域提供专业的咨询服务)以及其他传播公司(主要包括公共关系公司、直销营销公司和销售推广专业公司)。

4. 媒介组织

在规范化的广告市场运行中，广告媒介担当的角色主要是广告信息的发布者。媒介是广告媒体资源的供应者，通过出卖版面和时段来获取经济效益。媒介组织主要包括电子媒介、印刷媒介、互动媒介以及一些辅助性媒介和媒介集团。在广告信息的传播过程中，广告媒介起到了重要的渠道作用。对于广告市场而言，它往往形成渠道提供和制约。借助媒介渠道，广告公司向广告目标受众传播广告信息；不同媒介发送的广告信息，会到达不同的受众。

5. 目标受众

广告活动的目的是通过改变或强化广告受众的观念来达成广告目标。受众是整个广告活动的终点，也是广告全过程的重要评价者。在广告活动中，受众是无须付出任何物质代价的直接受益者。同时，广大受众通过广告了解商品或服务信息，依据自身需求产生广告媒介购买行为，使广告目标得以实现。这是推动广告市场发展的重要条件。

5.2 广告公司的运作流程

广告公司是广告业的核心组织。广告公司一般可分为广告代理公司、广告制作公司、广告主或媒介自办广告公司。从国际广告公司发展过程以及广告自身运作的发展前景来看，广告代理公司将是大势所趋。随着广告市场的竞争和发展，广告代理公司可区分为全面服务型广告代理公司和专门型广告代理公司。由于整合传播的要求以及广告主需要对整个广告活动的策划和监控，未来全面服务型广告公司将占主体地位。

5.2.1 广告公司的组织机构与职能划分

广告公司的经营管理涉及广告公司的正常业务活动各环节的管理工作，其主要内容包括广告公司的机构设置与职能划分。具有一定规模的广告公司，除了应该设置客户部、创作部、媒介部和调查部之外，还应该设置行政管理、人事管理制度、财务管理和广告业务管理等部门。这些管理工作的内容一般都关系到广告公司的机构是否健全、运转是否良好、业务水平是否稳定发展、企业信誉是否优良可靠、企业是否具有整体竞争力等问题。全面代理公司的典型组织结构如图5.2所示。

在组织机构设置健全的基础上，还必须对各有关部门进行明确的职能划分，把责、权、利落实到具体部门。只有这样，才可能在分工明确的基础上实现各负其责、协调运行、相互制约和相互促进。

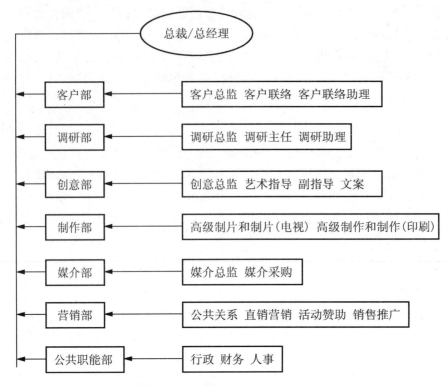

图 5.2　全面代理公司的典型组织结构

1. 客户部

客户部的主要任务是对外开拓客户并保持联络，对内与公司内其他各部门保持密切的联系。客户部是直接与客户发生接触的专职部门，负责接洽客户，协调广告客户与广告公司间的关系。在广告公司接触到一位客户时，首先由客户部作初步接洽，向广告客户提取有关的必需资料，如产品知识、市场情况、广告费预算及市场计划等。该部门由客户联络、客户总监或客户经理带领，统筹整个广告活动。客户部经理还与客户一起，通过广告公司的创意部将文化价值观和消费者价值观转化成广告信息。最后，他们还要与媒介部一道制定出有效的媒介战略，以便以最佳的方式发布广告，到达目标受众。客户部的一项重要任务就是使公司内的不同部门（创作部、制作部、媒介）在预算内按计划完成广告任务。

2. 市场调查和研究部

市场调查部的任务是按照广告活动的要求，对广告实施前的有关产品、消费者目标市场开展调查，为广告主和广告公司制订广告计划，提供有关市场潜力和市场环境的背景材料，并就有关问题向广告主和广告公司提供咨询意见和建议，为广告决策以至广告主的市场决策提供客观依据。同时，对广告计划、营销计划和广告作品的事中测验，并对广告实施后的效果进行调研和总结。因而它的工作是贯穿于整个广告活动的始终的。调查总监领导调研小组制订调查的方案和执行计划，在规定的时间和预算内决定收集的资料来源以及需要调查的内容，然后由调研小组执行实施细则，包括调查的时间、地点、方式以及人员安排等。最后将调研所得数据编入电脑进行统计分析，形成调查报告并且以书面的形式交于其他部门，作为进行当前或今后广告决策的依据。

3. 创意部和制作部

广告创意部门的任务是负责广告的创作、设计和制作。他们对广告客户部和市场调查部提供的有关资料和意见加以分析，依照广告计划的要求，配合消费者的心态，完成创意方案，然后会同客户部门和调研部门，制订出整套广告方案，供客户审核，并在客户审核同意后进行制作，包括拍片、配音、印刷或摄影、绘画等。广告公司的创意小组一般由创意指导、艺术指导和文案人员组成。制作部包括制作人(有时为导演)，由其将创意转换成具体的广播、电视和印刷广告。制作人员负责物色场地、招聘导演、寻找合适的演员以及与制作公司和后期制作公司签订合同。另外，制作人通常要对广告的制作进行管理和监督。创意部和制作部人员为客户提供的市场价值带来活力，并通过对广告讯息进行加工和润色表现此种价值。有些广告公司还拥有专门的辅助性媒介，这些辅助性媒介包括路牌、招贴、交通广告和礼品广告(如带有企业标志的赠品)等。

4. 媒介策划与采购部

媒介策划与采购部的任务是根据广告计划，制订广告活动的媒介策略，负责媒介的选择和组合，并负责与有关媒介单位接洽和联络。为了使广告作品最有效地到达目标受众，媒介策划人和媒介采购员首先要审查大量的媒介，然后在客户预算允许的范围内制定出一个有效的媒介组合计划。然而，媒介的策划与购买并不是单纯地指向媒介购买广告空间。为了加强广告信息的作用，媒介部必须制定出各种媒介战略。目前，广告公司正协助客户在互动媒介、网络以及一大堆的新媒介中进行选择。不少广告公司都已经应客户的要求在网上设计了网站。媒介部的三种职位一般是媒介策划、媒介采购人员和媒介调查员。在广告实施过程中，媒介部不仅负责对广告的实施进行监督，而且还负责检查印刷质量或播放质量。在广告实施后，代理媒介单位向客户部要求收取广告费。

5. 营销服务部

随着广告公司对整合营销传播的重视和应用，有些全面广告公司在机构设置上专门设置了营销服务部，通常包括销售推广、活动赞助、直销营销和公共关系。广告公司提供的销售推广和活动赞助营销服务包括为客户设计竞赛、抽奖、奖金或特别赠送活动以及为商业开发预备资料等。这些营销专家协助客户确定是否应该赞助活动、如何赞助活动。有些广告公司设了专属营销部进行直接营销活动的策划，并将这些活动与企业的主要广告活动整合起来。在当今这个整合营销传播盛行的时代，广告公司发现所有的传播形式与广告努力整合为一体。有些全面服务广告公司正在自己的营销业务范围中增加公共项目，希望能够更多地控制客户的营销传播，确保整合营销传播的真正实现。

6. 公共职能部

和其他行业一样，广告公司也必须管理自己的商务活动。因此，广告公司也设有行政部、财务部、人事部以及向客户推销本公司服务的销售人员。行政部主要为公司的运作提供协调功能；财务部主要负责对公司的财务金融实施全面的管理，监督广告预算的执行，收取广告费用，交纳各种税收，核发人员工资，核算企业盈亏，并对广告活动费用和公司行政性开支实施控制等；人事部主要负责对公司内部员工的激励和奖惩，还要随时为公司注入新鲜"血液"，保证公司人员的正常流动，制订积极的人力资源考核方法激励公司员工发挥出自身的最大价值。

一家广告公司的运作流程并不是直线式的。一般而言，广告项目并非始于某个单一的部门再直线式地传递下去的，而是涉及各个关键点上。在这个流程中以上多个部门间的高度协作，有时看上去似乎有些混乱，但这个流程能推动集思广益、促进健康的讨论也能产生出有价值的思路，最终将带来最优秀的创意。

5.2.2 广告公司的运作步骤

从接受广告主的委托开始，到最后将广告作品传达给目标受众，广告效果调查数据反馈给广告主，任何两个广告项目的操作方式决不会一模一样，但是整个广告代理公司的运作流程大致需要经过以下基本步骤，如图 5.3 所示。

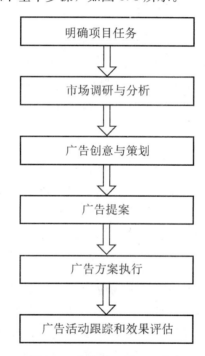

图 5.3 广告公司的运作步骤

1. 明确项目任务

广告公司首先通过客户经理与客户进行接触与沟通，了解客户委托代理的意图和愿望，委托代理的业务内容及其欲达到的业务目标，并与其一起决定广告的预期效果。广告往往只是营销计划中的一环，营销计划中还包括很多项信息传递任务、公共关系、促销活动、直接邮寄等。客户经理将为此收集尽可能多的信息，并向核心部门战略规划、创意和媒体作有关介绍。

2. 市场调研与分析

广告公司在明确项目任务之后,就要确定具体的工作计划,为紧接着的广告策划做好充分的准备。这个阶段的工作主要是召开业务工作会议,对客户委托代理的业务项目进行具体的讨论和分析,确认这项业务推广的重心和难点,检查相关资料的收集是否齐全。如资料不够详细,还需开展市场调查、搜集信息和相关材料,并对该种资料进行研究及结论分析。资料收集详细后,为开展此次业务制订具体工作计划,包括确定该项目的客户联系人与业务负责人,以及具体工作内容与工作进度的安排。

在这一阶段,广告公司做市场调研和分析的内容包括:哪些类型的消费者会使用该产品?他们为什么使用?怎样促使人们购买该产品?其目标是找出一个引人入胜的产品题材(称为定位),以及用于广告创意的独特信息(概略创意);目标消费者的年龄有多大?他们的收入是多少?他们生活在什么地方?他们有什么习惯?其目标是根据目标群体的媒体消费习惯,方便制订出与之相适应的媒体计划。

3. 广告创意与策划

首先,集中并总结归纳前期调查分析的成果,对调查研究结果做出决定性选择;其次,以策划创意人员为中心,结合相关人员对广告战略目标加以分析,根据广告战略选择确定广告的定位策略、诉求策略,进而发展出广告的创意和表现策略,根据产品、市场及广告特征提出合理的媒介组合策略、其他传播策略等;最后,这个阶段还包括广告时机的把握、广告地域的选择,广告活动的预算安排,与其他整合传播活动的配合以及广告活动的评估标准等。这一阶段的最终目的是要在最适当的市场时机,通过最适当的传播途径,送达到最适当的广告受众,最有效地实现预定的广告目的。这一阶段的工作作为广告公司业务运作的重点,是广告公司代理水平与服务能力的集中体现。

4. 广告提案

创意小组先制作出广告的早期版本,然后对广告进行提案。进行广告提案包括两个内容:首先是广告公司对提案的自我审核与确认,这一阶段的工作方式为公司的提案审核会议,创意总监对创意小组制作出的广告策划方案进行审核,提出意见后,再交给客户经理和战略设计师审阅,并根据他们的意见作进一步的细微调整;其次是对提案的科学性与可执行性进行审核通过之后,再让客户对该提案进行审准与确认。这一阶段的工作方式为对客户的提案报告会。由公司向客户具体报告已形成的广告方案,并接受客户对该方案的审核和质询,最终获得客户对该方案的认可,如能通过,还将在消费者当中进行测试。只有做到吸引消费者的注意并促使他们试用这个产品,才能算是成功的广告。广告提案在这个阶段中可能会时有修改。

5. 广告方案执行

这阶段的工作内容为具体执行获得客户认可的广告策划方案或广告计划书。一方面,依据方案所确认的广告创意表现策略,进行广告制作。这个广告制作可由本公司制作部门执行,也可委托专门的外援执行,并对已制作完成的广告作品进行发布前的效果测试和刊播试验。另一方面,依据方案所确定的市场时机、媒体策略和媒体计划,进行媒介购买、媒介投放与发布监测。此外，还需执行属于广告公司代理范围内的其他整合营销传播的内容。例如人员促销，就需要事先物色促销地点和促销人员，进行活动洽谈和人员培训，安排时间进度和经费预算，同时考虑是否要配合媒介广告等。

这个过程可能非常复杂，因为各类广告必须在推出前的不同时间完成，杂志广告一般在刊出前一个月到位，电视与广播广告只是在播出前数天才要求送达。

6. 广告活动跟踪和效果评估

广告方案执行之后，对广告活动进行跟踪是非常必要的，它能让客户与广告公司判断他们工作的成效，也能确认需要变更之处。跟踪可以通过多种途径进行，具体取决于客户的业务目标。同时，广告公司还应以报告会的形式，对客户进行活动事后评估和业务总结，主要包括评估产品销售情况及消费者的意见，并对媒体购买情况加以检查。至此，广告公司的一次完整运作才算结束。当然，随着广告公司在市场中的竞争和发展，广告公司的业务运作都是反复循环进行，并且根据特定情况做出相应的修改和经验总结。

5.3 广告运作的环境

广告运作环境是指影响和制约广告活动策略、计划的诸种因素，包括两个层面：一个层面是指影响广告活动产生、发展的宏观环境，如人口环境、经济环境、法规环境、科学技术环境和社会文化环境等；另一个层面是指影响广告传播活动实施的微观环境，如竞争环境、人才环境等。而宏观环境则是与广告主企业的经营、市场营销联系在一起的；广告的微观环境与广告行业自身经营有关。仔细考察广告所处的环境，分析企业所面临的市场机会，掌握市场的需求状况，并慎重评价其质量，从而做出正确的估量和判断，抓住机遇，制订出相应的战略和策略，这是广告策划取得成功的前提。

5.3.1 广告运作的宏观环境

1. 人口环境

现代广告运作强调以消费者为中心，而所谓人口环境就是最基本的消费者。根据人口地理分布、人口流向和流量等人口流动的情况，广告主可以为自己的产品或服务寻找准确的目标市场。

2. 经济环境

经济环境决定着广告运作的有无和兴衰。经济的景气与否决定了广告运作的兴衰。经济发展影响人们的生活方式、消费行为和消费观念。经济的内在需求决定着广告的存亡，经济的发展进程决定着广告的发展程度，经济的景气与否决定着广告的兴衰，企业经营观念和市场竞争态势的变化推动着广告策略、广告环境的演进。经济发展是影响广告对受众作用的重要因素。

近代工业革命带来的人口增长为工业大生产的结果就是大量的产品，提供了足够的消费者。面对不断增加的产品，人们越来越依赖广告来获得关于产品和消费的信息，经济的发展带来了人们生活方式、消费行为和消费观念的变化。不断有新的产品进入人们的生活,也不断有旧的产品被淘汰。这些变化一方面来自于广告的影响,另一方面也对现代广告提出了新的要求。

由于经济的发展,以大众媒介为主体的各种传播媒介也获得了迅速的发展,消费者接触媒介的途径和机会不断增加,广告对处于各种媒介的大量信息包围之中的消费者发生预期作用的难度越来越大。经济的多元化使社会生活多元化的态势愈加鲜明,从而在同一时间、同一地域造就了不同需求的多种消费群体的存在,使广告受众的构成变得愈加复杂。

3. 法规环境

法规环境又称控制环境,是指为了保证广告运作的正常、有序进行而制订的法律、法规以及设立的相关治理机构。广告的法律控制广泛地应用于整个社会的全部广告主体,凡是在某个国家或者地区进行广告活动和广告经营的广告主、广告公司、广告媒介,凡是在某个国家或地区发布的广告都必须接受法律的约束。随着现代广告的发展,各个国家的广告法律逐渐趋于完善和复杂,形成了比较完整的广告法律环境。

4. 科学技术环境

整个社会的科学技术环境的发展促使广告从自发走向自觉,从简单无序走向复杂与成熟;科学技术的发展,促进了广告教育和广告研究的发展,进而提高了广告从业人员的素质,直接影响了广告服务水平,为广告创作人员提供了更加广阔的创作空间。先进技术的广泛性,使广告效果的可控性增强;先进的技术大大提高了广告运作的效率。

5. 社会文化环境

社会文化环境对广告运作的主要影响表现在对广告公司影响上,也间接地影响了广告运作。社会文化环境对广告的主体、客体、本体都有一定的作用,而受其影响最大的是广告的主体,包括广告运作的策略、广告运作的内容和方式、广告诉求重点和方法、广告创意、广告主题、广告画面、广告文案、广告风格等。因为在广告的这些因素中,都直接包含着生活习俗、民族心理、道德观念、价值观念、宗教信仰、消费观念等文化内涵,而且反映一定的生活方式,所以必然会受到特定的文化环境的制约和促进,并随着社会文化环境的变化而及时调适。

5.3.2 广告运作的微观环境

1. 竞争环境

广告行业内竞争的主要内容为营业额的竞争。营业额是广告行业内的一个重要的业务指标,广告公司和广告媒介的排序常以这一指标为依据,因此,对营业额的追求成为行业内竞争的主要内容,其本质也就是业务机会的竞争,即对广告主的争夺。对于广告公司和多数没有其他经济来源的广告媒介而言,广告业务收入是其唯一收入,因此,经常以营业额的提高为量化的发展目标,广告公司以正当的竞争手段和非正当的竞争手段吸引广告主的业务委托,而广告媒介则通过提高自己的阅读率、收听或者收视率、代理费或者给予多刊播多优惠的政策吸引广告公司和广告主将其列入媒介计划的行列。

目前，我国内地广告行业内竞争主要呈现的特点：广告公司与广告主的规模对等带来广告公司在同层次的竞争；行业内竞争随着分工的细化也向广告环境细化发展；从资金规模、策略灵活度、媒介关系的竞争向技术和人才的竞争发展；合资广告公司和本土公司的竞争成为竞争的一个焦点；媒介之间的竞争日趋激烈。

2. 人才环境

广告人才环境的构成由人才条件、人才培养、人才选择、人才流动四个要素构成。人才条件包括广告从业人员的数量、各种人才构成比例、人员的基本素质等方面的因素；人才培养包括人才培养的观念、人才培养的机制等方面的内容；人才选择指人才评估、选择的标准和手段；在人才流动上，广告公司有自己的特殊性，很多广告公司认为员工流动频繁对广告公司来说是正常现象，并不一定是一件坏事，一方面能够使广告公司不断进入新鲜的血液、提供新想法；另一方面如果一直由固定的人服务客户容易模式化，无法突破，公司与客户双方都会有疲倦感，因此也需要一定的人员更替。

目前中国广告人才环境呈现以下特点。

(1) 对人才密集产业的定性。

(2) 从业人员数量巨大而素质普遍偏低，数量增加迅速，素质提高缓慢。

(3) 在从业人员构成上向经营人员倾斜。

(4) 人才培养刚刚开始，基础教育发展迅速，业内培训明显不足。

(5) 人才评估标准不完善，在实际选择中重实际操作能力而轻专业知识水平，导致人员后劲不足。

(6) 人才交流混乱无序。

(7) 人员知识结构明显不足。

总之，无论是广告的宏观环境还是微观环境，都对广告起着促进、调整、制约的作用。促进作用是为广告主体、广告本体、广告对客体的作用的发展变化提供有利条件；调整作用促使广告主体、广告本体、广告对客体的作用发生趋向于适应环境的变化；制约作用会导致广告主体、广告本体、广告对客体的作用以及发展条件受到一定的限制或者削减其有利条件，使它们在限定的空间中生存和发展。同时，广告的宏观环境和微观环境对综合作用的广告主体、广告本体、广告对客体的作用的影响又发生在不同层面的，产生不同的效果。

本 章 小 结

广义的广告运作称为广告活动，视为整个广告过程的概括，是指在现代广告中广告从发起、规划、到执行的全过程，是广告主体的主要行为。它是一种动态的过程，是一种按一定顺序接续的行为，它由各种必要的环节构成，各个环节都包含丰富的内容。广告运作是广告主、广告公司、广告媒体三者密切合作，明确分工，按照一定的顺序共同参与的过程。狭义的广告运作则可视为广告公司的一次完整的广告策划活动。

在现代广告中，"广告主—广告公司—广告媒介—广告受众"这一基本运作模式早已经固定下来，形成了现代广告市场运作的基本运营机制，即广告主委托广告代理公司负责广告业务，广告代理公司又委托媒介实施广告发布，广告主支付媒介广告费用，广告代理公司从媒介处获得佣金。广告活动的目的是通过改变或强化广告受众的观念来达成广告目标，受众是整个广告活动的终点，也是广告全过程的重要评价者。在广告活动中，受众是不需要付出任何物质代价的直接受益者。同时，广大受众通过广告了解商品或服务信息，依据自身需求产生广告媒介购买行为，使广告目标得以实现。这是推动广告市场发展的重要条件。

广告公司的经营管理涉及广告公司的正常业务活动各环节的管理工作，其主要内容包括广告公司的机构设置与职能划分。从接受广告主的委托开始，到最后将广告作品传达给目标受众，广告效果调查数据反馈给广告主，任何两个广告项目的操作方式绝不会一模一样，但是整个广告代理公司的运作流程大致需要经过以下基本步骤：明确项目任务、市场调研与分析、广告创意与策划、广告提案、广告方案执行、广告活动跟踪和效果评估。

广告运作环境是指影响和制约广告活动策略、计划的诸种因素，包括两个层面：一个层面是指影响广告活动产生、发展的宏观环境，如人口环境、经济环境、法规环境、科学技术和社会文化环境等；一个层面是指影响广告传播活动实施的微观环境，如竞争环境、人才环境等。而宏观环境则是与广告主企业的经营、市场营销联系在一起的，广告的微观环境与广告行业自身经营有关。

习　　题

一、选择题

1. 广告主、广告公司和_____构成了广告活动中的三大主体。
2. 广告代理制的实质是_____。

二、选择题

1. 广告代理制的实质是(　　)。
   A. 广告主将广告业务委托给广告公司
   B. 广告公司承接广告业务
   C. 对广告发起、计划、控制的全过程
   D. 广告公司对广告媒介和广告主的双向代理
2. 现代广告代理制最大的特点是(　　)。
   A. 广告业内部的分工与合作　　　　B. 广告业务的专业化
   C. 广告业务的分包　　　　　　　　D. 广告业务的独立化
3. 广告公司一般分为(　　)。
   A. 市调公司、综合性公司、广告设计公司和公关公司
   B. 市调公司、广告媒介公司、广告设计公司和综合性公司
   C. 市调公司、平面广告设计公司、广告制作公司和媒介购买公司
   D. 综合性公司、专业性公司、广告主自设广告公司和广告媒介自设的广告公司

4. 广告公司最基本的业务部门有四个：客户服务部、创作部、媒介部和（　　）。
   A. 财务部　　　　　B. 市场调查部　　　　C. 制作部　　　　D. 客户拓展部
5. 依据营销需要发起广告，并且承担广告目标、广告进程、广告费用的总体计划的确定、管理任务的是（　　）。
   A. 广告媒介　　　　B. 广告公司　　　　　C. 广告主　　　　D. 广告运作
6. 广告的目的是（　　）。
   A. 促进销售　　　　　　　　　　　　　　B. 树立品牌形象
   C. 引起消费者关注　　　　　　　　　　　D. 影响和改变消费者的态度和行为

三、思考题
1. 就现代广告运作的模式，谈谈你的看法。
2. 广告公司岗位设置一般包括哪些？
3. 一个完整的广告策划必须包含哪些方面的内容？

四、案例分析题
广告业的进一步发展导致专业分工越来越细致，试举一个身边的例子来分析这一现象的利与弊，并阐述自己的观点。

第6章 广告调查

一次成功的广告策划首先要做的是什么?对于受众、对于市场,你想要了解的数据和信息从何而来?在我们进行一次广告活动的时候,常常会遇到这样的疑问。美国著名广告大师威廉·伯恩巴克曾说:"开始工作之前,要彻底了解你所要做广告的商品。你的聪明才智、你的煽动力、你的想象力及创造力都要从对商品的了解中产生",这句话足以说明成功的广告活动依赖于科学而有效的广告调查。

教学目标
1. 了解广告调查的内涵。
2. 了解广告调查的步骤。
3. 熟悉广告调查的方法、内容。
4. 掌握广告调查报告的撰写。

教学要求

知识要点	能力要求	相关知识
广告调查的内涵	(1) 为什么要调查? (2) 调查的历史源流与著名的调查公司介绍	广告学、营销学
广告调查的步骤	(1) 了解营销调查的定义 (2) 掌握广告调查的定义与营销调查的关系 (3) 了解广告调查的一般步骤	营销学、传播学
广告调查的方法与内容	(1) 了解广告调查方法的定义、分类 (2) 掌握最常用的广告调查方法 (3) 广告市场调查、广告媒介调查与广告效果调查	广告学
广告调查报告的撰写	(1) 了解广告调查报告的主要内容 (2) 广告调查报告范本	广告学

推荐阅读资料

1. 王玉华. 市场调查与预测[M]. 北京：机械工业出版社，2011.
2. 刘德寰，沈浩. 现代市场研究[M]. 北京：高等教育出版社，2005.
3. 李惊雷. 广告调查[M]. 郑州：郑州大学出版社，2008.
4. [美] 阿尔文. C. 伯恩斯，罗纳德. F. 布什. Marketing Research[M]. 北京：人民大学出版社，2007.

基本概念

广告调查：利用有关市场调查的方式和方法，对影响广告活动有关因素的状况及其发展进行调查研究的活动。

引例

"红色王老吉——调查出真知"，如图 6.1 所示。

图 6.1 红色王老吉

凉茶是广东、广西地区的一种由中草药熬制、具有清热祛湿等功效的"药茶"。红色王老吉凉茶发明于清道光年间，是公认的凉茶始祖。20 世纪末，广东王老吉饮料有限公司成功取得"红色王老吉"品牌经营权，但其销售业绩连续六七年都处于不温不火状态。直到 2003 年，红色王老吉销量突然激增，年销售额增长近 400%，究竟是什么原因带来这一显著变化呢？谜底就在 2002 年。

2002 年，王老吉委托专业调查公司调查其销售情况不理想的原因，调查结果显示：第一，因传统凉茶降火功效显著，广东地区消费者普遍将其当成"药"服用，而非"饮料"；第二，该区域以外消费者一般选择牛黄解毒片之类的药物降火，没有"凉茶"的概念；第三，王老吉公司对消费者的认知、购买动机等了解甚少，无法开展有效的营销手段。因此，王老吉公司得出一个结论：消费者对红色王老吉并无"治疗"要求，只是作为功能饮料来购买，目的是"预防上火"。因此，在饮料行业中，其直接竞争对手为菊花茶、清凉茶等，次要竞争对手为可乐、茶饮料、果汁饮料等，前者缺乏品牌引领，后者不具备降火功能。所以，红色王老吉应暂时搁置"凉茶始祖"身份，转而定位"预防上火饮料"的第一品牌，并围绕这一定位进行周密策划，把红色王老吉和"传统凉茶"区分开，以轻松、欢乐、健康的形象出现。经过这一变化，"怕上火，喝王老吉"这句广告语便开始在大众间广为流传。

红色王老吉品牌推广的成功，正是通过广告调查找到了阻碍其发展的症结，通过品牌的重新定位，一度成为享誉全球的凉茶品牌。

6.1 调查概述

关于"广告是科学还是艺术"的争论已经横贯了几个世纪，因此也有人形容广告是"戴着镣铐在跳舞"。美国史上著名的广告文案撰稿人克劳德·霍普金斯坚持"科学的广告观"，他认为广告要以固定的原则为基础，每一环节都应该是经过仔细研究后得到的答案；而DDB广告公司创始人威廉·伯恩巴克具有"反调查情结",他认为广告创作更重要的是直觉和灵感。那么,关于广告是"科学"还是"艺术"的问题,你会怎样选择呢?

6.1.1 为什么要调查

19世纪的美国费城商人约翰·华纳梅克曾说过:"我只知道我的广告费有一半被浪费了,但我不知道到底是哪一半被浪费了。"不管是这句话还是中外广告史上的众多案例,都向我们昭示着广告调查的重要性。虽然人们对广告是科学还是艺术还有争议,但对于广告调查的科学性是明确的。

"科学"一词来源于拉丁文Scio,它的本来意思是"To Know",即了解、认识。我们可以有很多办法了解我们周围的事物,包括探索、描述和解释,而调查可以帮助我们探析广告世界的点点滴滴,描述营销过程中的疑难问题,解释消费者的购买行为。

6.1.2 调查的历史源流

"调查"起源于18世纪中叶的欧美国家,直到20世纪40年代才逐步完善,具备现代的科学形式。我们大致可以分两大阶段来了解调查的历史。

1. 早期的欧洲,主要有三种调查类型

(1) 社会统计调查。主要服务于政府和政治目的。在欧美国家一直有着全民公决的习俗,每一届大选来临之际,候选人都会通过社会调查的方式来了解自己在民众心中的位置,从而在大选演讲和拉票阶段达到更好的效果。

(2) 解决某些社会问题的调查。这一类调查广泛存在于社会之中,如针对贫民生存、童工问题等展开的调查,不仅可以让我们了解到问题的轻重,而且可以唤起人们对弱势群体的关爱和帮助。

(3) 学术研究方面的调查。具有专业性的调查类型,常常运用于论文撰写、科学研究等领域,是专家、科学家推动世界进步的手段之一。

2. 美国的社会调查

历史中的很多事情都发端于欧洲,而兴盛于美国,调查就是其中一种。19世纪西方市场竞争非常激烈,广告主为了打败竞争对手,使自己处于有利地位,亟须了解市场和消费者的详细情报(包含消费者购买力、购买动机、消费意愿等),从而有效地拓展产品销路。美国的营销调查就是这样应运而生的,其中,应用性调查和受众调查行业比较发达。现代调查则是在沿袭这个时期美国调查的基础之上,进行发展和革新的。

6.1.3 著名调查公司

1. AC尼尔森市场研究公司

AC尼尔森公司是领导全球的市场研究公司。1923年,由现代市场研究行业的奠基人之一"阿瑟·查尔斯"先生在美国创建。其主要服务对象是消费产品和服务行业以及政府和社会机构,目前已经为全球100多个国家提供市场动态、消费者行为、媒体监测及分析。通过 AC 尼尔森，客户能更好地了解竞争环境，诊断"营销症状"，发掘新的商业机会，创建新的市场利润点。

AC 尼尔森公司于 1984 年开始在中国开展零售研究。为满足不断增长的客户需求，AC 尼尔森公司加速拓展零售研究开展地域。中国的 220 多家零售商中，有 160 多家都是它的客户。每一次"尼尔森全球消费者信心指数"的发布，都能引起业内人士的高度关注。

2. 盖洛普咨询公司

盖洛普公司(Gallup Organization)是世界上最大的民意调查和管理咨询组织，1930 年由美国著名社会科学家乔治·盖洛普博士创立。目前，它已经在全球 25 个国家设有 50 余个分部，它从 2005 年开始进行民生研究项目调查，处于全球领先地位，通过测量和分析选民、消费者和员工的意见、态度和行为，从而为客户提供营销和管理咨询，在学术和商业中都取得了卓越的成果。世界知名的"全美民众票选大奖"就是由盖洛普调查公司通过在全美范围内的电话抽样调查评选出来的。美国富有特色的"金酸莓"也是由该公司的协助调查产生最终"获奖名单"的。

3. 央视索福瑞媒介研究

央视索福瑞媒介研究(CSM)是中国本土最大的市场研究机构。从名字我们就可以看出，公司致力于专业的电视收视市场研究，不间断地为中国内地及香港地区的传媒行业提供真实可信的电视观众调查服务。它的调查地区超过 225 个市（县）、调查网络覆盖 3.6 万余个家庭，全国超过 23 个省的 124 座城市的 1000 多家主要电视频道的收视情况全部有央视索福瑞提供全天候监测数据。全国 34 家卫视中几乎全部通过 CSM 来了解自己及竞争对手的收视情况。

6.2 营销调查与广告调查

6.2.1 营销调查

企业每年在广告和其他促销活动上花费巨大，因此对包括广告在内的营销活动，现代企业都会采取审慎的态度，所以科学决策已经成为共识，而调查是科学决策中最重要的一环。广告是营销活动的核心手段，因此，我们的学习从营销调查开始。

1. 什么是营销调查

美国市场营销协会的定义：营销者通过信息与消费者、顾客、公众联系的一种职能。这些信息用于识别和定义营销问题与机遇，制订、完善和评估营销活动，监测营销绩效，改进对营销过程的理解。营销调查决定解决问题所需要的信息，设计信息收集方法，管理和实施数据收集过程，分析结果，就研究结论及其意义进行沟通①。

---

① 来源于：王玉华. 市场调查与预测[M]. 北京：机械工业出版社. 2010.

简单地说，营销调查就是系统而客观地收集、整理和分析市场营销活动的各种资料或数据，用以帮助营销管理人员制订有效的市场营销决策。营销调查是企业开展营销工作的重要基础和关键环节。

2. 营销调查的类型

1) 问题识别型

为了识别企业营销活动中存在的问题而进行的调查，如市场潜力调查、企业/品牌形象调查等。美国著名的吉列公司在1974年成功地把"刮胡刀"推销给了女人，这个看起来不可思议的营销就是建立在一次坚实可靠的市场调查基础之上的。进入20世纪70年代，吉列公司发展状况良好，销售额一路看涨。公司领导人没有满足现状，而是希望开拓新的市场，争取更多的用户，此时，他们想到了女性。可是以刮胡刀为主打产品的吉列如何打入女性市场呢？通过一年的精密调查，吉列公司发现：美国30岁以上的妇女中，有65%的人会定期刮除腿毛和腋毛以保持美好形象，这一数据让吉列看到了希望。于是公司产品设计部门专门针对女性用户设计了颜色鲜艳、使用舒适的新型女士刮毛刀，并打出了"不伤玉腿""完全适合女士需求"等广告语，一经推出，马上受到好评并畅销全球。

2) 问题对策型

一旦发现问题或机遇，就要进行问题对策调查，其结果主要用于营销决策。主要包括市场细分、产品、定价、促销和分销调查等。最经典的案例就是可口可乐公司在20世纪80年代市场占有率一直下滑，可乐行业老大地位几乎要拱手让给百事公司的情况下展开的一次超大规模新口味调查。当时，可口可乐公司的全新口味开发工作被誉为"堪萨斯项目"，他们花了400万美元，开展了19万次品尝实验，被调查者都是来自美国不同地区的不同年龄阶段的人们。调查结果令可口可乐公司相当欣慰，大多数人都对新口味表示了认同和赞赏。然而，当可口可乐公司将新口味可乐投入市场之后，美国人民却没有像"可乐口味调查"中显示的数据比例那样购买可乐。在"新可乐"全面上市的初期，市场的反应相当好，但很快情况就有了变化。"新可乐"上市后的一个月，销量开始急速下降，可口可乐公司每天接到5000多个抗议电话，更有无数封抗议信件从全国各地寄来，其中不乏一些"不把老可乐还回来，就要控告可口可乐公司"的言论。经过再一次的调查，可口可乐公司才知道，问题并不是出在"新口味"上；而是砍掉了"老可乐"的生产线，因为可口可乐的经典口味在美国人民心中就是浓浓的美国情怀。

6.2.2 广告调查

1. 什么是广告调查

广告调查是营销调查的一个分支，广告运作中的市场调查又称广告调查，它指的是系统的信息收集和分析活动，为广告主或广告公司提供广告决策所需要的相关信息，帮助其制订或评估广告战略，并对广告效果做出评价。具体而言，广告调查包括广告战略调查、广告创意概念调查、媒介调查和广告效果调查。

1879年，N.W艾耶父子广告公司进行了全球最早的广告调查，针对广告主的要求进行了具体的调查。该公司经营重点从单纯为报纸推销广告版面，转向为客户提供专业化的服务。它不仅提出了"广告代理佣金制"，更实施了"公开合同制"，是全球广告公司的先驱。

2. 广告调查的基本任务

广告调查的目的是解决企业营销活动中宣传推广环节的困难及疑问，因此，广告调查的基本任务一般包含四个方面。

1）广告战略调查："对谁说"＋"说什么"

这是广告调查过程中最基础的部分，它是以广告目标的确定为基础，以产品概念、目标、受众分析、传播媒介策略和广告信息策略所构成，也是在我们接到调查任务之初就应当解决的问题。"对谁说"即找出广告调查的对象，从而针对正确的人去展开有效的调查；"说什么"指调查的主旨和思路，即为了找出企业营销问题的关键点，必须通过哪些层面及方式的调查。广告战略调查从整体出发，确定中心思想后，广告活动的其他环节就行之有据了。

2）广告创意概念调查："如何说"

一次成功的广告活动既要有好的战略思想，又要有好的表现形式，也就是我们常说的"内外兼修"。广告创意概念是指导广告表现的指南针，当我们有了一个具体而统一的概念时，广告创意的实施就顺理成章了，因此，对广告创意概念的调查十分必要。"如何说"就是要将这一概念细化，从而让创意按照框架一步步表现。

3）广告媒介调查："在哪里说"

媒介在当今社会扮演的角色越来越重要，尤其是新媒体的迅猛发展，让人们不得不重视它。广告的作用是宣传推广，而媒介是广告向受众传播的必经平台，也是一次广告活动中花费最多的地方。所以，广告媒介调查中的"在哪里说"通过调查研究出最适合的媒体组合，这样，我们的广告就能在有限的资金投入下发挥最佳的效果，而这是企业主最希望看到的。

4）广告效果调查："结果如何"

现代人每天接触到的广告成百上千，所以要想让自己的广告给受众留下深刻的印象，继而促动受众的购买，广告效果是最重要的环节。广告效果调查包括事前调查和事后调查两大类，主要是通过各类调查方法的实施，帮助企业主检测其广告的实际效果，找出问题，改善改良，以达到更好的广告效果。

3. 广告调查的一般步骤

广告调查的步骤可以描述为客户根据企业广告活动的情况向专业调查公司发出调查邀请，然后与调查公司工作人员共同研究企业广告活动中存在的问题，接着调查人员根据自己的专业知识和实战经验，将这些共同确定的问题作为本次广告调查的主要内容，最后，根据客户的广告调查目标和要求设计出最优的广告调查方案，提交客户批准。我们可以从四个方面来进行理解。

1）调查问题界定

"调查问题界定"是广告调查的实施者在接收到企业主的委托之后，要完成的第一件工作。调查实施者必须清楚了解企业到底想通过广告调查了解或解决什么问题，这样才能有的放矢，正确地设计和实施调查。

2）调查方案设计

"调查方案设计"是开展广告调查项目时必须遵循的框架或计划，包括调查目的、调查对象、调查方法、抽样方案及调查实施步骤等多项内容。它让广告调查有章可循、有据可依，当调查出现偏差时，也可快速找出问题所在。

3）调查全面实施

"调查全面实施"是面对调查对象所展开的具体的信息收集过程，它分为"试调查"和"正式调查"两个阶段。因为一次完整的广告调查所涉及的范围和所花费的资金、时间都是相当巨大的，所以大多数企业都会选择先进行小范围调查，确定调查对象和思路无误后，再进行大规模的正式调查，从而避免资金、时间等的浪费。

4）调查报告撰写

"调查报告撰写"是广告调查全部完成之后，调查人员根据调查活动所获的信息编写的报告，通过口头报告和书面确认后，最终要提交给调查委托者。一般的广告调查报告内容应该包括调查目标、调查对象、调查思路、数据收集与分析方法、调查内容、调查结果与主要结论等。

6.3 广告调查的主要方法

6.3.1 广告调查方法的定义

广告调查是利用有关市场调查的方式和方法，对影响广告活动有关因素的状况及其发展进行调查研究的活动。因此，广告调查方法指的就是为了完成广告活动的目标，收集各种相关资料的方法。

6.3.2 广告调查方法的分类

广告调查是市场调查的一个分支，因此，广告调查方法基本继承了一般市场调查的方法，如图6.2所示。从图中我们可以了解到，信息的收集来源于二手数据和原始数据，其中，原始数据是调查的核心部分，它又包含定性调查和定量调查两大类别。

那么我们首先来看看，什么是二手数据调查？

二手数据调查是利用已经公布的信息来进行调查的方法。这种调查方法直接、快捷且便宜，适用于广告调查实施初期对信息初步的收集及行业环境的判断。但二手数据存在信息过时、针对性不强、可信度低等问题，因此，它往往不能单独使用，而是必须进行进一步确认方可采信。

不管怎样，二手数据都能对广告调查起到一定的基础作用。因此，我们有必要关心一下二手数据的来源：国家统计局及地方各级统计机构定期发布的统计公报和年鉴；各种行业协会，如中国互联网信息中心（CNNIC）定期发布的中国互联网络发展状况调查统计报告；各类媒体，特别是各行业杂志、报纸提供的新闻报道及权威网站、行业微博等；各

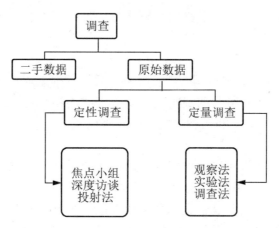

图 6.2 广告调查方法

类大学研究机构提供的报告;向专业机构购买的标准化报告,如央视索福瑞(CSM)的每月发行一期的《收视中国》等;企业的内部资料,如过去的订单、销售情况和财务报告等。

调查人员若能善用这些可靠的二手信息,不仅能为调查工作省时省力,也能有效地提高调查效率。

接下来,我们来看看,什么是原始数据调查?

原始数据调查是为了解决所面临的问题而专门、直接地从市场上收集目标信息的方法。这种调查方法花费时间较长,费用较高,但它能够有针对性地解决问题,适用于整个调查过程,尤其是需要科学信息的调查。

原始数据调查是市场调查中最重要的调查类别,它又可以分成定性调查与定量调查两大类,见表6-1。定性调查通常用非数字的方法提供关于问题背景的看法与解释,一般用于一次调查过程的初期和末期,是分析问题和总结问题的好帮手;而定量调查则是对调查过程中观察到的现象进行数字化的描述与解释,是建立在数字与实践基础之上的,有着较高的可行度。

表6-1 定性调查和定量调查对比表

	定 性 调 查	定 量 调 查
目标	提供关于潜在原因与动机的定性理解	从有代表性的样本中获得量化数据,从而评估总体
样本	少量	大量
方法	小组访谈、深度访谈	抽样调查
数据收集	非结构化	结构化
数据分析	非统计分析	统计分析
结果	提供最初的理解	建议最终的行动方案

在现实生活中,我们如何运用定性调查和定量调查?

在广告调查中,定性调查和定量调查都会被采用,经验丰富的广告主或者广告公司会在这两种方法之间保持平衡,充分发挥它们各自的优势。常见的情况是从定性调查入手，获得一些关键问题的基本认识之后，再进一步从大规模的定量调查中寻找答案。

6.3.3 最常用的广告调查方法

1. 定性调查方法

1）小组访谈法

指由6~8位被调查者组成一个小组，在专业的调查场所，由调查员（也叫主持人）进行引导和提问，在良好的气氛下，针对调查员给出的中心问题，被调查者自由地发表意见。如图6.3所示为小组访谈的访谈室，一般要拥有写字板、访谈提纲、会议桌、录音笔/摄像机、观察室等基本配备。小组访谈是在室内进行，因此，为了让被调查者达到放松状态，根据不同的调查对象，往往会把访谈室装饰成不同的感觉，调查员的主持风格也需要随之改变。

图6.3 小组访谈的访谈室

2）深度访谈法

深度访谈法是指调查者和被调查者一对一地进行面谈。在自由交谈的过程中，调查员要从被调查者的反应、态度、意见中探求深层的东西，访问不需要面面俱到，但是要对主题进行深入的探讨。深度访谈同样需要访谈提纲，但其提问顺序和方式可以根据被访者的具体情况做现场调整，目的是促使被访者深入、连贯、自主地表达自己的态度和意见。大多数时候，深度访谈都是对小组访谈法的一种补充，因为小组访谈得出的是受众的大致想法，而深度访谈得出的是受众更深层次的购买动机与意图等。

3）投射法

投射法指通过导向性或诱惑性的询问，使被调查者在无意识中将自己个性的若干侧面以及对某种商品的态度和意见等潜在的一面自然地表现出来。它主要通过以下几种渠道去实施。

（1）文字联想法。该法用于测定对商标、产品、标语或公司的知名度等印象的强弱或者支持的强弱。例如，请被调查者听到"麦当劳"这个品牌时，在没有限制的情况下写下自己联想到的所有词汇，如快餐、美国、肥胖、欢乐、孩子……调查人员通过收集并总结这些回答，可以了解消费者对麦当劳的品牌认知状况。

（2）文章完成法，也称填充法。具体做法是：给出不完全的句子、段落或文章，要求被调查者完成。例如，请被调查者完成下列不完整的句子。

美发店是一个＿＿＿＿＿＿＿＿＿＿＿＿＿＿＿＿＿。

每次去星巴克我都会觉得＿＿＿＿＿＿＿＿＿＿＿＿＿＿＿＿＿。

（3）主题统觉法。主题统觉测验（Thematic Apperception Test）简称 TAT，全套测验有 30 张黑白图片和 1 张空白卡片。图片内容多为一个或多个人物处于模糊的背景之中，意义隐晦。测试时，调查人员要根据被测试者的性别、年龄，取统一规定的 19 张图片和一张空白卡片进行测试。测试内容即让被测试者看其中一张图片，然后根据画面内容讲一个故事，然后更换图片。注意，主题统觉测验要求被测试者的叙述要涵盖 3 个层面：①图片描述了一个怎样的情境；②该情境是如何发生的；③结局会怎样。

图 6.4 图画模拟测试

我们进行过图画模拟测试，如图 6.4 所示。这种方法不是利用单词或者文章，而是借助图画或者照片提出各种各样的问题，从而使被调查者在描述画面的同时把自己的意思表达出来；然后，调查人员根据被测试者的回答，就可以投射出其动机。

2. 常用的定量调查方法

1）观察法

在一定的营销环境中，对消费者的行动和反应等进行直接观察，并按时间段进行记录然后用作原始资料的一种方法。它能间接地看出受众在做出购买行为时，最先考虑的因素，同时，也能判断产品广告效果的优劣。例如，调查人员可以在马路边统计经过某个品牌店面时驻足观看的人流量，或者是在大型超市观察顾客浏览货架产品包装的情形。

2）实验法

将调查对象随机地分成实验组和控制组这两个组，然后改变实验组的控制变量，而控制组保持不变。对两个组实验前后的结果进行比较和评价，从而得出该控制变量对市场的影响程度。这种调查方法一般直接在调查实验室内进行，它可以模拟出实际的营销环境或是广告传播过程，从而科学地预测出广告的效果。

3）固定样组调查法

从调查对象的总体抽出若干样本组成固定的样本小组，在一定的时间内，通过对样本小组固定的调查来收集所需信息的方法。固定样组调查最常用于收视率和听率的调查，以 CCTV 为主要客户的央视索福瑞就是使用此法的成功典范。其次，它还可以用于商品购买情况、产品使用情况等调查。

4）问卷调查法

问卷调查法是广告调查中最常用的方法。应该说它不是绝对的定量调查法，因为问卷调查的最后环节是由调查人员对 SPSS 软件所统计出来的数据结果进行归纳总结的，所以它是一种带有一定综合性质的调查方法。

问卷调查活动需要依靠事先设计好的、统一的结构化问卷进行，调查对象往往人数较多，调查人员通过系统性的抽样获取调查样本，通过对具有代表性的样本的调查所获得的结论来推及总体的情况。常用的途径有面对面问卷调查、邮寄问卷调查、电话问卷调查及网络问卷调查，网络问卷调查已经得到越来越普遍的使用，各类专业调查网站也开始出现在人们的视线之中。

6.4 广告调查的主要内容

广告调查的步骤烦琐、方法多样，所以，我们只有清楚地了解广告调查的核心内容及其特点，才能正确地选择调查方法并有效地实施广告调查。业内人士将对广告调查的主要内容总结为以下三大层面：广告前期的市场调查、广告媒介调查和广告实施后的广告效果调查。

6.4.1 广告市场调查

在前期的市场调查中，我们最需要确定的就是我们的调查主题与目标受众。调查主题广告主一般都在调查邀请书中指定了，因此，这一阶段的关键问题就是"广告受众调查"。有了这一基础，我们可以清晰地了解受众的媒介接触习惯，合理安排广告发布时间，还可以明确地知道受众的购买习惯，制作出最能打动受众的广告。

广告运作中的受众调查主要有 7 大指标，即开机率（Homes Using TV）、节目视听众占有率、收视（听）率、毛评点（Gross Rating Points）、受众分布率、受众接触媒介兼容率及受众喜爱率。除了以上主要指标，任何一次广告受众调查，所涉及调查指标都不止这些，经常使用的还有普及率、覆盖率、受众信任度、受众满意度、兴趣指数、受众构成、受众收视习惯、受众暴露度、到达率、节目暴露频次等。因此，要想进行科学而有效的广告受众调查，对这些指标定义及公示的了解是很有必要的。

6.4.2 广告媒介调查

广告媒介调查的目的在于寻找目标顾客，即正确地进行媒介组合的选择。为此，调查人员会根据客户的需求对报刊、电视、网络等媒介进行调查，从其受众（年龄/文化层次、收入情况）、收视率（发行量/点击率）、媒介覆盖率等多方入手，并结合企业广告活动中的具体情况，如广告目标、广告预算的确认等作为调查对象的媒介进行分析和筛选[①]。在广告媒介调查之后，企业才能针对目标受众进行有效的广告投放，从而达到最佳宣传效果。

6.4.3 广告效果调查

1. 广告效果的含义

近些年，全球广告支出已经超过 4000 亿美元。支出如此庞大，效果如何呢？这是所有企业都非常关心的问题。广告效果调查及广告效果测定，简言之就是通过调查了解消

---

① 出自：百度百科：http://baike.baidu.com/view/281847.htm

费者对产品广告的反应如何。

在实际的广告活动中，广义的广告效果包括广告的心理效果、销售效果和社会效果三个方面。广告效果是客户最关心的环节，因此，我们对广告效果调查的介绍比较细致。

1) 广告的心理效果

广告的心理效果关心的是人们对于产品或品牌的感知方面所产生的影响，如奢侈品的品牌效应。这种观点认为，即使消费者没有因为看到广告而产生实际的购买行为，也不应该认为广告就没有产生效果，广告对消费者认知、态度和行为意向上的改变具有重要意义。其中，有两种模型在广告效果调查中被广泛采用。

(1) AIDA 模型。1898 年，艾尔莫·里维斯首次提出 AIDA，其基本观点是：人员销售对于消费者的说服效果具有层级性，销售人员向消费者推销产品所产生的影响可以逐层划分为注意(Attention)→ 兴趣(Interest)→ 愿望(Desire)→ 行动(Action)。这个模型告诉我们，"广告效果"不是一个含混的概念，它可以分解出不同反应层次，每一次都要作为我们的考察重点。

(2) DAGMAR 模型。美国学者柯利在《为可测量的广告效果确定广告目标》一书中提出了一系列评估广告效果的原则，包含广告要产生效果就必须确定明确的目标；广告的目的是沟通而不是直接影响销售；注重广告产生的心理效果而不是广告在媒体中的曝光程度；广告主应该根据"沟通光谱目标"确定广告效果；在广告活动开展之前应当制定详细的目标和计划。

2) 广告的销售效果

广告的销售效果是指以广告宣传所带来的销售量来衡量广告的效果。虽然这是一种比较狭义的广告效果观，仍然有很多广告主出于企业绩效的考核，倾向于采用这种方法。

3) 广告的社会效果

广告的社会效果是指广告活动对社会经济、教育、环境的影响，是目前企业考虑的越来越多的广告效果之一，企业慈善活动就是提升广告社会效果最常见、最有效的方式之一。人们很难用定量的方式测量广告的社会效果。

2. 广告效果调查的步骤

(1) 广告效果的事前调查，即在广告计划实施之前，现对广告作品和广告媒介组合进行评价，通过相关调查预测广告活动实施以后会产生怎样的效果，由此修改广告作品和媒介组合。事前预测主要包括广告创意测试、广告作品测定和广告媒体测定。

(2) 广告效果的事中调查。广告效果的事中调查和事前调查的思路是一致的，不同的是事中调查是时间上的后移，它是在广告作品正式发布之后直到整个广告活动结束之前进行的。其优点是可以直接了解消费者在实际环境中对广告活动的反应。

(3) 广告效果的事后调查。事后调查虽然不能影响已经结束的广告活动，但是可以全面地评估广告活动的效果，并为新的广告活动提供资料，指导后续的广告活动。

3. 广告效果调查的意义

广告效果调查是广告调查中操作较难但又意义重大的组成部分，其意义主要表现在三个方面：

（1）通过广告效果调查与预测，可以准确地把握广告策划投入的费用是否值得；

（2）通过广告效果调查所预测的信息和结论都会成为改变和调整未来广告活动的有效依据；

（3）广告效果的调查与预测可以提高广告活动的科学性，是广告活动行动的指南。

4．对广告效果调查的建议

广告效果调查的关键就是客观与准确，对于这一要求，英国著名实验心理学家唐纳德·布罗德本特提出了4点建议，即"四要"：样本要有代表性、问题设置要合理、评估证据要充分、样本量要足够大。

6.5 广告调查报告的撰写

6.5.1 广告调查报告的主要内容

通过前面基础知识的学习，我们对广告调查的重点内容有了一定的了解。我们知道，再完美的调查都需要通过口头报告和书面报告进行展示和总结，因此，广告调查报告的撰写是非常重要的环节，也是我们必须学习的知识点。

一般的广告调查报告需要涵盖七个方面的内容：①说明调查目的及所要解决的问题；介绍市场背景资料；②分析的方法，如样本的抽取，资料的收集、整理、分析技术等；③调研数据及其分析；④提出论点，即摆出自己的观点和看法；⑤论证所提观点的基本理由；⑥提出解决问题可供选择的建议、方案和步骤；⑦预测可能遇到的风险、对策。

6.5.2 广告调查报告范本

下面，我们将通过《洁婷卫生巾的市场调查报告》来和大家一起学习如何撰写广告调查报告。

"那几天就要宠爱你"
——洁婷卫生巾市场调查报告
目　录

（一）前言
（二）项目基本情况
　　1．调查背景及目的
　　2．调查主要内容
（三）调查方法介绍
（四）调查结果分析
　　1．产品

2．价格
3．渠道
4．促销
（五）调查结论及建议
　　1．调查结论
　　2．调查建议
（六）附录：调查问卷样本

（一）前言

此次市场调查的目的，主要是了解影响消费者购买决策的主要因素，以便更准确、更细致地研究消费者市场，找出影响我们市场占有率的原因，对症下药，做出正确的营销策略，更好地扩大销售。我们调查对象主要的年龄分布为以下四个层次：18岁以下；18～24岁；24～30岁；30岁以上。而调查的内容主要涉及卫生巾的质量、价格、外包装、购买的便利度、促销力度、服务员的态度、广告宣传力度、产品功效、货架成列等。通过随机抽样调查的方式，在学校、超市、街道、小区等地方发放问卷。

此次问卷调查告诉我们：现在越来越多消费者倾向于超市购物，而卫生巾市场也在不断地完善，竞争日益激烈。为了更好地扩大销售，提高市场占有率，必须更准确、更细致地研究消费者市场，通过实地有效的调查适时的对产品进行更新换代，调整营销策略。

（二）项目基本情况

1. 调查背景及目的

根据调查，我国现有3.4亿妇女处在需要使用卫生巾的年龄段，市场前景广阔，竞争激烈。现在销售较好的品牌有：七度空间、苏菲、护舒宝、ABC等。二线的常见品牌有：安尔乐、笑爽、娇爽等。而像洁婷、朵朵、乐而雅（日本花王）、高洁丝（美国金伯利）等在市场上很少见到，一般只在大型卖场才有，此次我们的市场调查问卷，经过多次前期调查，以及多次后期更改，最后制订了自己较完整的市场调查问卷。通过此次市场调查问卷，我们想要了解影响消费者购买决策的主要因素，在竞争日益激烈的卫生巾市场占得一席之地。

2. 调查主要内容

此次的市场问卷调查，主要是研究影响消费者购买决策的原因，我们一共设置了14道题目，其中有三道多选题，一道客观题。尽可能详尽地了解消费者面对品种丰富、功效各异、价格各异的卫生巾产品的选择时，消费者的主要考虑因素。

（三）调查方法介绍

本次调查主要采取以定量调查为主、定性调查为辅的调查方式。主要使用的是随机抽样问卷调查法，通过街头拦截的方式发放问卷。小组成员将制作好的问卷一共打印了222份，采取实地调查和网上在线调查两种方式同时进行来完成此次问卷调查。

（四）调查结果分析

1. 产品

1）产品分类

表6-2

分类标准	类型	特点
表层材料	棉质网面	由无纺布制成，柔软舒适，对皮肤的刺激小，不容易导致过敏现象
	干爽网面	由一种高科技材料聚苯乙烯膜，俗称打孔膜制成，吸收特快
厚度	纤巧型	厚度是5～6mm
	丝薄型	厚度只有3mm左右
长度和使用时间	日用型	
	夜用型	量多时也可以日用
	超长夜用型	

结合上面的图表，我们可以看出：洁婷卫生巾具有其他卫生巾都有的基本功能，而且消费者也都可以接受，属于消费者比较喜欢的。但是要更好地扩大销售，就必须开发出自己的具有洁婷特色的产品。

2）产品质量（图6.5）

质量是产品的灵魂，卫生巾是经期女性的贴身用品，质量的要求非常高，特别是年轻女性，相对于价格来说，她们更看重的是产品的质量与品牌，因此竞争激烈的卫生巾市场要取得胜利，质量是关键，通过良好的质量赢得消费者的青睐，从而建立忠实的客户群。通过分析可以知道，洁婷在质量方面存在

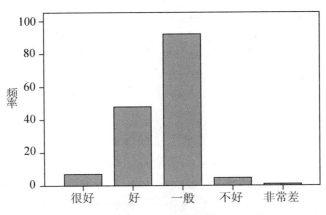

图 6.5　洁婷的质量

很大的提升空间，抓住这一点，改善产品质量，树立良好的品牌形象，对于提升市场占有率同样具有很大的作用。

3）产品包装（图 6.6）

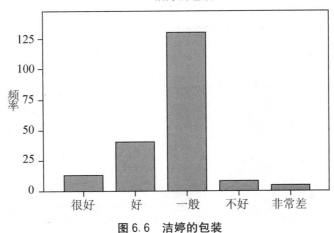

图 6.6　洁婷的包装

俗话说得好"人靠衣装，美靠靓装"，同样卫生巾产品也得有个好的包装。营销就是传播，一个好的产品包装本身就推动了品牌的传播。目前市场上卫生巾的产品包装主要有三种形式：透明包装、非透明普通包装、易拉贴硬膜包装。透明包装代表的是低档产品；非透明包装已经占了市场主流，苏菲、洁婷等大都采用这类包装；易拉贴是近几年兴起的一种更美观、时尚同时又能起保护卫生巾不受细菌污染的包装，很多年轻女性特别喜欢易拉贴包装产品，除了包装材料选择影响销量外，保障设计也体现了产品的档次，主色系、印刷以及视觉感很重要，外包装设计上需要突出卫生巾的卖点，抓住女性消费者的心理。产品特点是吸引消费者的关键，是向消费者传达信息的最直接途径。此次调查的数据分析，说明很多消费者对于洁婷的外包装并不是特别满意，而鉴于包装是向消费者传达产品信息的重要途径，对于销量的提升有很大的影响，所以洁婷在包装上必须进行适度的改变。

2. 价格（图 6.7）

俗话说："一分钱一分货"，对卫生用品来说，尤其适用。因为涉及卫生健康，在卫生巾这类物品上，消费者不会一味贪图便宜，有时候甚至会故意挑选贵的，以图放心。通过调查我们得知：洁婷卫生巾的价格在众多同类产品中，处于中等偏上水平，走访过的消费者也有一半以上表示其价格水平适中，

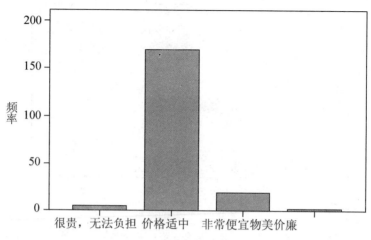

图 6.7　洁婷的价格

这一点对于产品的销售是一个很好的基础。

3. 渠道(图 6.8)

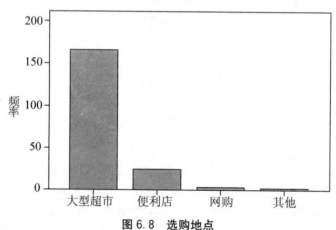

图 6.8　选购地点

影响渠道选择的因素主要在于企业的品牌定位、企业实力、市场环境以及销售商品的种类。从调查的数据可以发现，消费者选购卫生巾比较信赖的地点主要集中在大型超市。从调查来看，洁婷卫生巾在武汉地区的渠道铺货还是比较全面的，摆放位置也比较理想，但在其他城市的情况相对较差。

4. 促销

卫生巾行业的促销方式主要有海报、特价、货架、买赠等方式，还有导购，导购能很好地劝服消费者，给她们购买的理由，洁婷可以根据自己的特点，选择合适的促销方式来赢得消费者的青睐。在调查过程中，我们发现：大卖场的洁婷卫生巾几乎都有促销装，而小超市的则是独立销售，性价比相对较差。另外，促销多也侧面说明，该品牌知名度还不够好，需要通过促销的方式促进销售。

(五) 调查结论与建议

1. 调查结论

我们将制作好的问卷一共打印了 222 份，采取实地调查和网上在线调查两种方式同时进行来完成此次问卷调查。最终收回并经过整理的纸质问卷有 200 份属于有效问卷。网上在线调查的数量也已经完成了93份，总体来说，调查情况良好。

通过封闭式问题的 SPSS 分析及开放式问题的定性分析，本次调查主要结论如下。

(1) 洁婷卫生巾在产品的质量、包装和渠道上，达到了基本要求，在消费者心目中有一定的认可度，但均有可提升的空间。

(2) 洁婷卫生巾在其价格和促销方面，做得相对较好，大多数消费对其表示满意。但想要其品牌美誉度和销售量有进一步提升，还需进行相关调整和完善。

2. 调查建议

根据本次专项调查所得数据及结论，我们对产品销售的提升，提出以下几点建议。

(1) 由产品分析的数据，我们可以了解到质量的重要性，所以我们给出的第一条建议就是提高产品质量，开发出具有洁婷特色的产品，建立良好的消费者口碑，从而培养稳定的客户群。

(2) 在外包装上必须进行一定的革新，洁婷有推出一款"微博"系列，这就是一个很好的实例，为了更好地吸引消费者的眼球，必须紧跟时代步伐。

(3) 根据洁婷的自身特点以及企业自身的实际情况，渠道的选择必须慎重。从调查中我们可以知道消费者购买卫生巾主要集中在大型超市，同时有很多消费者都没有听说过洁婷，所以在渠道选择上，我们必须坚持矛盾的两面性观点：一方面在超市，这个消费者主要的购买渠道上进行完善；另一方面应该兼顾其他渠道。

(4) 在促销方面更是要加大力度，在现代社会，如果你有好的商品，但是没有好的营销方式，那么只是闭门造车，所以更要更好地扩大销售，促销必不可少。

① 实证促销。要用事实说话，提供足以使其信服的证据。

② 赠品促销。在出售商品时，附赠给顾客一定的额外物品，符合消费者以较少的货币支出获得更多消费利益的心理，因而会收到明显的促销效果，即使赠品价值不高，也会受她们的欢迎。

③ 情感促销。很多消费者一旦对某一企业或某一商品产生偏爱，便会在较长的时间里成为它的忠实顾客。

（六）附录：调查问卷样本

那几天，就要宠爱你

——关于洁婷卫生巾的市场调查

大家好，为了提升洁婷卫生巾的销量，进一步扩大市场占有份额，我们小组做了这个关于卫生巾使用情况的市场调查问卷。调查结果不记名，不涉及隐私及单个问卷的内容，只用于全部资料的综合统计。希望大家积极配合，帮助我们完成问卷，我们将衷心感谢您的支持与参与，谢谢合作！

1. 您所在的年龄层（　　）。

   A. 18 岁以下　　　B. 18～24 岁　　　C. 24～30 岁　　　D. 30 岁以上

2. 您平常会在哪些地方选购卫生巾？（　　）

   A. 大型超市　　　B. 便利店　　　　C. 网购　　　　　D. 其他

3. 您每月用在卫生巾上的花费（　　）。

   A. 10 元以下　　　B. 10～20 元　　　C. 20～30 元　　　D. 30 元以上

4. 您常用的卫生巾品牌是（多选）（　　）。

   A. 洁婷　　　　　B. 娇爽　　　　　C. 高洁丝　　　　D. 苏菲

   E. 乐而雅　　　　F. 护舒宝　　　　G. 安尔乐　　　　H. ABC

   I. 七度空间　　　J. 洁伶　　　　　K. 其他＿＿＿＿＿

5. 您选购时比较关注卫生巾哪些方面的特性（多选）？（　　）

   A. 透气性　　　　B. 干爽度　　　　C. 舒适度　　　　D. 吸收能力

   E. 尺寸大小　　　F. 护翼大小　　　G. 香味　　　　　H. 其他＿＿＿＿＿

6. 您平时喜欢用哪种类型的卫生巾？（   ）
   A. 棉柔表层　　　　B. 干爽网面　　　　C. 其他_____
7. 您选择卫生巾产品的主要依据（多选）（   ）。
   A. 广告宣传　　　　B. 店内活动　　　　C. 货架陈列　　　　D. 产品包装
   E. 产品功效　　　　F. 产品质量　　　　G. 朋友推荐　　　　H. 其他_____
8. 您有使用过洁婷的卫生巾吗？（   ）
   A. 经常用　　　　　　　　　　　　　　B. 很少用
   C. 知道牌子，但没用过　　　　　　　　D. 没有听说过
9. 您觉得洁婷的卫生巾质量怎么样？（   ）
   A. 很好　　　　B. 好　　　　C. 一般　　　　D. 不好　　　　E. 非常差
10. 您觉得洁婷卫生巾的价格怎么样？（   ）
    A. 很贵，无法负担　　B. 价格适中　　C 非常便宜，物美价廉
11. 您觉得洁婷卫生巾包装怎么样？（   ）
    A. 很好　　　　B. 好　　　　C. 一般　　　　D. 不好　　　　E. 非常差
12. 您对洁婷新推出的"微博"系列产品是否有认识？（   ）
    A. 听说且使用过　　B 只听说过　　C. 完全没听说
13. 如果洁婷推出新的卫生巾品牌，您是否会尝试？（   ）
    A. 会　　　　　　　B. 不会　　　　　　C. 不一定
14. 您对洁婷卫生巾有什么意见或者建议？
    _____
    _____

再次感谢您在百忙之中给予我们的支持！

本 章 小 结

在广告行业，流传着一句话："广告是戴着镣铐在跳舞"。美国著名广告文案撰稿人克劳德·霍普金斯坚持"科学的广告观"，他认为广告要以固定的原则为基础，每一环节都应该是经过仔细研究后得到的答案；美国费城商人约翰·华纳梅克曾说过："我只知道我的广告费有一半被浪费了，但我不知道到底是哪一半被浪费了。"不论是历史还是今天，种种经验显示：广告调查的意格外重要。

"调查"起源于18世纪中叶的欧美国家，直到20世纪40年代才逐步完善，具备现代的科学形式。广告是现代营销的重要手段之一，因此，广告调查是营销调查的一个分支。我们把广告运作中的市场调查称为"广告调查"，它指的是系统地信息收集和分析活动，为广告主或广告公司提供广告决策所需要的相关信息，帮助其制订或评估广告战略，并对广告效果做出评价。广告调查的目的是解决企业营销活动中宣传推广环节的困难及疑问，因此，广告调查的基本任务一般包含"广告战略调查""广告创意概念调查""广告媒介调查"和"广告效果调查"，而其步骤就是围绕这四大任务展开，即：调查问题界定、调查方案设计、调查全面实施及调查报告撰写4个环节。

作为广告调查中的核心内容，广告调查方法的学习至关重要。信息的收集来源于二手数据和原始数据，其中原始数据是调查的核心部分，它又包含定性调查和定量调查两

大类别。我们最常用的广告调查方法包含定性调查中的小组访谈法、深度访谈法、投射法及定量调查中的问卷调查法、实验法、固定样组调查法等。通过科学的选择和合作，最终的调查结果会通过调查报告的形式进行展示，在这个环节要将调查的问题、分析、结论和建议清晰有力的阐述出来，有时还会配合口头报告进行说明。最后，整个广告调查的效果将会通过市场进行检验。

在本章，我们介绍了广告调查的内涵、步骤、方法、内容和广告调查报告的撰写等，希望通过本章的学习，能轻松而高效地进行广告调查。

习 题

一、填空题

1. 市场调查是市场信息工作的范畴，是运用科学方法，＿＿＿＿＿、＿＿＿＿＿生成市场信息，分析所得结果、传达研究发现及其按时信息，为市场预测与管理决策提供＿＿＿＿＿的客观过程。

2. 市场调查有＿＿＿＿＿和＿＿＿＿＿之分。

3. 广告调查包括广告战略调查、＿＿＿＿＿、＿＿＿＿＿和广告效果调查4类。

二、选择题

1. 广告调查实质上是指市场调查所涵盖的与（ ）。
   A. 广告策划密切相关的内容　　　　B. 营销战略密切相关的内容
   C. 服务承诺密切相关的内容　　　　D. 产品设计密切相关的内容

2. 通过收集已有数据资料，并加以整理和分析的数据收集方法是（ ）。
   A. 文案调查　　B. 定性调查　　C. 定量调查　　D. 实地调查

三、思考题

1. 广告调查的步骤有哪些？
2. 广告调查常用的方法有哪些？
3. 如何进行广告效果调查？

四、案例分析题

分析本书的广告调查报告范本《洁婷卫生巾的市场调查报告》，是否覆盖所调查的广告市场？广告调查是否规范？问卷设计是否合理？

第 7 章 当代广告发展的趋势
——整合营销传播

随着现代化的高速发展,科技进步日新月异,IT业的蓬勃发展,计算机技术广泛应用,信息的交流只在咫尺,人们每天收到的广告信息多得无所适从。在这种情势下,企业在市场竞争之中,技术、产品、营销手段趋向同质化,尤其是市场从卖方市场转为买方市场的变化。商品趋于饱和的态势下,竞争者互相克隆,竞争对手很快就能获取你的技术信息、营销策略,马上模仿推出性能接近成本相当的产品。并而营销通路也一一效仿,甚至在同一超市上,同类的产品摆上货架、营销手段、销售服务都像是如出一辙,促销手法更是你登台唱罢我再登台推出。消费者眼花缭乱难分优势。就是这种情况下,显示出市场营销、营销传播不再那么有效,广告已再不是我们所认知的"广而告之"了,不再只是电视广告、广播广告和报纸杂志的平面广告。商场的硝烟犹如战场的风云,"酒香不怕巷子深"的时代已经不复存在了,我们面对的是一个信息爆炸的时代,利害关系所有的信息几乎都来自大众传播媒介,而大众传媒自身也在飞速发展,电视、报纸、杂志、广播的频道、版面越办越多,传媒垄断的年代已经一去不复返,已是"皇帝女也愁嫁不出去"的现实了,这便是IMC时代的到来。用什么样的方法,才能有效地传播快捷地直入消费者的心,树立鲜明一致的品牌形象,也正是整合营销传播所要探讨的问题。

教学目标

1. 掌握整合营销传播内涵。
2. 理解4P营销理论。
3. 理解整合营销传播的策划模式。
4. 掌握整合营销传播的策略思考过程。
5. 学会整合营销传播理论及其在实践中的应用。

教学要求

知识要点	能力要求	相关知识
整合营销理论兴起的背景	了解整合营销理论兴起的背景	经济学
整合营销传播的内涵	(1) 掌握整合营销传播的内涵 (2) 了解4P营销理论，4C营销理论	营销理论
如何进行整合营销传播策划	(1) 了解广告的特征 (2) 掌握广告的本质	
整合营销传播的策略思考过程	(1) 掌握整合营销传播的策略思考过程 (2) 学会整合营销传播理论及其在实践中的应用	广告史
广告的类型	(1) 了解广告的分类标准 (2) 了解广告的类型	

推荐阅读资料

1. ［美］菲利普·科特勒. 市场营销导论［M］. 北京：华夏出版社，2001.
2. 中国广告网（www.cnad.com）
3. 中华广告网（www.a.com.cn）

基本概念

整合营销：这一概念强调以消费者为核心，以庞大的消费者资料库为基础，以建立消费者和品牌之间的关系为目的，以各种传播媒介的整合使用为手段，综合、协调地使用各种形式的传播方式，实现传播效果的最大化。

4P营销理论：该理论由美国营销学学者麦卡锡教授在20世纪60年代提出的，所谓4P，即产品(Product)、价格(Price)、渠道(Place)和促销(Promotion)。他认为一次成功和完整的市场营销活动，意味着以适当的产品、适当的价格、适当的渠道和适当的促销手段，将适当的产品和服务投放到特定市场的行为。

4C理论：该理论由美国营销专家劳特朋教授在1990年提出的，它以消费者需求为导向，重新设定了市场营销组合的四个基本要素：即消费者(Consumer)、成本(Cost)、便利(Convenience)和沟通(Communication)。它强调企业首先应该把追求顾客满意放在第一位；其次是努力降低顾客的购买成本；然后要充分注意到顾客购买过程中的便利性，而不是从企业的角度来决定销售渠道策略；最后还应以消费者为中心实施有效的营销沟通。

引例

加多宝谱写凉茶营销经典案例，如图7.1所示。

在2012年度中国创新营销峰会上，加多宝凉茶荣获2012年度最佳创新营销特别大奖，伴随着《中国好声音》的持续爆红，从节目冠名、节目资源的充分利用到互联网口碑的策划，作为独家冠名的加多宝在《中国好声音》中赚足了眼球，成为整合营销的最大赢家。同时伴随2012年广告投放、渠道、供应链等一系列的成功运作，加多宝最大限度完成了由经典红罐凉茶到加多宝凉茶的品牌转换，也实实在在地完成了销量的提升，谱写了凉茶营销经典案例。

图 7.1 "正宗加多宝凉茶，正宗好声音"

7.1 整合营销传播兴起的背景

现代广告历经了一个长期的发展过程，世界广告发展理念也曾经历过几个重大的发展阶段。

（1）早在 20 世纪 70 年代初期，广告业普遍盛行的是大众营销理论。大众营销模式将整个市场看成是单一化的大众市场，即由制造商主宰整个市场营销活动，大量生产标准化的产品，以相似价格，透过大众媒体以单一广告手法来接触所有的消费者的模式。

（2）自 20 世纪 70 年代中期起，以消费者为导向的广告营销趋势开始浮现。对比第一个阶段，这个时期的消费者逐步替代生产商，在整个产品的生产销售活动中处于主导地位，他们的需求引导着生产和销售，而生产商开始学会借助产品资料库、市场调查软件等分析消费者对商品的反应，决定下一步的广告和促销活动。

（3）到 20 世纪 80 年代末期，整合营销传播的概念在美国被首先被提出来，并且在 20 世纪 90 年代的市场营销界得到重要的发展，作为一种实战性极强的操作性理论，整合营销传播理论也得到了企业界和营销理论界的广泛认同，近几年来，在中国得到广泛的传播，并一度出现"整合营销热"。这一概念强调以消费者为核心，以庞大的消费者资料库为基础，以建立消费者和品牌之间的关系为目的，以各种传播媒介的整合使用为手段，综合、协调地使用各种形式的传播方式，实现传播效果的最大化。至今整合营销传播理念不断得以发展和普及，它已经完全颠覆了在 20 世纪五六十年代行之有效的广告活动策划及执行方式。在未来的一段时间内，都将是广告运作主要的发展趋势。

（4）在进入 21 世纪的今天，在共同面临的市场环境中，随着科学技术的不断跟进，大部分企业已得到以数字化革命、光纤维通信革命、计算机革命等三大技术革命为媒介的信息高速公路的恩惠。从这个角度来说，企业正处在进一步细分化、专门化、科学化的市场环境中，这也意味着信息高速公路带来了人们共享信息的民主化、开放化的新型企业经营环境。

在企业竞争越演越烈的情况下，企业只有得到利害关系者更多的理解和支持，才能追赶乃至超越竞争对手。为了达到这一目的，传播量的扩大、质的提高、密度的增强等都成为管理者亟待解决的问题。这时企业传播的特点是整合各要素以扩展其关系领域：

降低事件或展览等需支付大量费用的活动的比率，减少费用投入的绝对量，宣传或促销、人员促销等传播活动也无须扩大规模，主要以增强传播密度的方式加大整体传播量并提高效率。

由此可见，对以广告为主的企业传播及其管理的要求日益严格，把各自分散开展的企业传播活动战略性地联结起来已成为迫切的需求，这就构成了在可能的限度内进行整合的具体传播战略——IMC战略（即整合营销传播战略）的基础。

关于整合营销理论的兴起和发展的背景，具体而言，我们可归纳为以下几点。

1. 社会经济与市场的改变

20世纪60年代以来，两股强大的力量驱动着世界经济进入全面飞速高涨的时期，一是全球经济的一体化，一是技术革命与进步。第二次世界大战以后，第三次技术革命的成果被广泛应用于社会生产，带来社会生产能力的空前提高。而20世纪80年代以来，信息革命所引发的科技日新月异的进步与发展，也造成社会经济与市场发生了以下几个方面的改变。

(1) 社会商品生产的无限丰富，社会商品消费的需求和欲望得到空前的满足；产品生命周期的缩短，新产品开发与产品更新换代的频率加快，新产品层出不穷。仅以美国的小商品生产为例，20世纪70年代，美国的超级市场平均每年供应的小商品种数为9000种，到1985年上升为22 000多种，每一个月，超级市场新接受的小商品品种就达200多种，被淘汰的品种也达数十种。仅此一端，便可见出此期商品市场的一般状况。

(2) 产品同质化现象与被仿制现象的加剧。产品之间的差异，从来就是产品销售的重要卖点。而自20世纪70年代以来，产品同质化的现象已经变得相当普遍，并且同类产品之间的差异越来越小，甚至根本无法区分。由于市场利益的驱使和科技进步提供的可能，产品被迅速大量的仿制，任何一种商品的畅销都会很快导致众多生产厂家蜂拥进同一市场。产品同质化现象与被仿制现象，对于产品生产来说是一种强大的外在驱动力，它极大促使新产品开发速度的加快和产品更新换代周期的缩短，从而使社会商品生产更为丰富和繁盛，却也给产品的市场营销与广告推广造成极大的障碍和困难。

(3) 社会生产的规模化，以及由此造成的市场空间范围的极大拓展。全球经济一体化与技术进步互为驱动，技术进步为全球经济一体化趋向提供技术支持，全球经济一体化又反过来促使技术的飞速发展。我们看到的一个明显事实是，世界贸易和国际竞争在爆炸式地增长。在今天，已经没有一个国家和地区能游离于全球经济之外。它开创许多新的市场机遇，也带来许多竞争威胁。

也正是在这一时期，伴随社会经济与生产的飞速增长，社会消费也经历了极大的变化和转型，从消费需求到消费观念，从消费行为到消费心理。这首先突出表现在消费需求变化的多样性、非恒定性，及其变化频率的加快。消费者潜在的需求和欲望本来就是多种多样的，具有许多非稳定性因素，在购买能力与商品生产有限的情况下，人们的需求和欲望常常被压抑着，一旦消费能力增强，社会商品生产无限丰富，就会被刺激得迅速膨胀起来而一发不可收拾。此外，社会消费还从对商品的实证性具体分析判断走向更多地依靠对信誉和形象的认同判断；从更多的直接性评估走向更多的间接性评估；从满足基本需求出发的追求购买的实际利益，逐步走向更多的追求心理和精神的满足。

总之，20世纪70年代以来的市场一直以令人难以置信的速度变化着。市场权力从生产商手中迅速转向消费者，在商品品牌迅速发展和被普遍接受的同时，品牌忠诚度又在日益下降，新产品层出不穷，旧产品不断被淘汰交替，消费者更为理性，又更为感性，市场空间更为拓展、更为复杂、更为成熟，又更为多变，由此引发了此期市场营销及其理论研究一系列的变革、深入、丰富与发展。

2. 广告媒体的多样性和媒介买方市场的形成

在现代广告活动中，各种各样的广告媒体五花八门。大致可以分为三大类：

(1) 大众传播媒体。包括报纸、杂志、广播、电视、网络、电影、大屏幕彩色液晶显示屏、车载电视以及3G手机等，这类媒体不仅包含广告内容，还包含新闻、娱乐、艺术、科学文化知识等方面的内容。

(2) 专用或工具媒体。包括路牌、霓虹灯、灯箱、招贴、橱窗、信函、气球、车身、灯柱等，这类媒体一般不传播其他信息，只传播广告信息。

(3) 馈赠媒体。包括打火机、挂历、汗衫、钟表、烟灰缸、旅行包、台历、遮阳伞、钥匙扣等，这类媒体除了能负载广告信息之外，还能被人们用于满足人们某些日常生活需要。

未来媒体环境及形式"多样化""碎片化"的趋势还在加剧，且不说大众媒体一统天下的局面早被打破，就连在互联网领域，门户网站一统江湖的局面正在破碎，互联网呈现多元生态结构，垂直网站、网络游戏、聊天工具、视频、论坛、博客、SNS、微博等互联网形态层出不穷。对于早已卷入了市场经济中的各类媒体而言，都在思考如何在激烈竞争中的传播市场上抢滩占位，拓展自己的生存和发展空间。

在这个媒体过剩、信息爆炸的时代，消费者比以往任何时候都能获取更多的信息，且接触到有关企业及产品信息的渠道越来越多，"乱花渐欲迷人眼"，正是在这一时代。一方面消费者对媒介的信任度逐渐降低，对媒介及其所传播的信息的理性认识逐步增强，就媒介个体而言，其传播效果却在不断减弱；另一方面，消费者开始变得挑剔，他们要求特别的产品，特别的配销系统和特别的沟通渠道，一度单一化的大众市场，分裂成成百上千个个别市场。20世纪五六十年代行之有效的大众营销的办法远远不能应付现在的挑战，媒介、受众、效果，极大困扰着这一时期的媒体传播。

于是，媒体传播的实践探寻与理论研究不断深入地做出适应性改变。出现了媒介市场和受众细分理论，传媒按照一定的分类标准（人口、地理、受众心理、受众传媒行为），把传媒可进入的市场分割为若干个具有相似欲望和需求的分市场或子市场，以确定传媒目标市场。方便广告主能透过不同的渠道跟不同的目标群进行量身的沟通。

3. 从4P到4C的营销理念的转变

20世纪末，市场环境、竞争格局以及消费者思想和行为的变化，营销理念也从以满足市场需求为目标的4P理论演化到以追求顾客满意为目标的4C理论。

4P营销理论由美国营销学学者麦卡锡教授在20世纪60年代提出的，所谓4P，即产品(Product)、价格(Price)、渠道(Place)和促销(Promotion)。他认为一次成功和完整的市场营销活动，意味着以适当的产品、适当的价格、适当的渠道和适当的促销手段，将适当的产品和服务投放到特定市场的行为。

随着 4P 理论在变化的市场环境中表现出的弊端日益明显，于是，更加强调追求顾客满意的 4C 理论应运而生。以追求顾客满意为目标的 4C 理论是由美国营销专家劳特朋教授在 1990 年提出的，它以消费者需求为导向，重新设定了市场营销组合的 4 个基本要素：即消费者(Consumer)、成本(Cost)、便利(Convenience)和沟通(Communication)。4C 理论强调企业首先应该把追求顾客满意放在第一位；其次是努力降低顾客的购买成本；然后要充分注意到顾客购买过程中的便利性，而不是从企业的角度来决定销售渠道策略；最后还应以消费者为中心实施有效的营销沟通。与产品导向的 4P 理论相比，4C 理论有了很大的进步和发展，它重视顾客导向，以追求顾客满意为目标，这实际上是当今消费者在营销中越来越居主动地位的市场对企业的必然要求。

广告进入现代，一直作为一种行之有效的营销传播工具而发挥着巨大的作用，并在企业营销中获得单独的发展。当营销进入 20 世纪后期，由于营销环境与传播环境的空前复杂化，广告传播在企业营销中的局限性也逐渐显露，甚至到了单纯依赖广告来进行市场营销已成为一种不可能的程度。因此，它急需要一种新的理论出现，将广告纳入营销传播的整体范畴来进行关照，使广告运作突破过去较为封闭的系统，在营销传播的整体范围内，实现与营销传播系统的整合。整合营销传播对于广告运作及其理论发展来说，正是这样一个世纪性的总结和一个世纪性的开创，昭示出广告传播和企业的营销传播在可预见的未来中的一个基本发展趋向。

7.2 整合营销传播的内涵

目前，学术界还没有一个统一的关于整合营销传播(Integrated Marketing Communication，IMC)这一名词的定义，下面只对几组有代表性的定义做简单介绍。

1993 年，美国西北大学教授唐·舒尔茨(Don E. Schultz)正式提出整合营销传播理论，他认为整合营销传播是一种长期对顾客和潜在消费者发展、执行不同形式地说服传播计划之过程，目的是为了直接影响目标传播视听众的行为，考量所有消费者能够接触公司或品牌的来源，也就是考量当潜在管道运送未来信息时，能同时运送与消费者相关且为其所接受的传播形式。整合营销传播由顾客及潜在消费者出发，决定并定义一个说服传播计划所应发展的形式与方法。

舒尔茨的这一定义，将重点放在企业的商业运作上，其强调品牌与消费者之间的直接关联，认为消费者的行为反应是整合营销传播的成败关键点，将整合营销传播定义为"消费者接触到的所有信息来源"。

20 世纪 90 年代美国 4A 协会对整合营销传播的定义是：整合营销传播是一种从事营销传播计划的概念，确认一份完整透彻的传播计划有其附加值存在，这份计划应该评估不同传播技能在策略思考中所扮演的角色，如广告、直效营销及公共关系，并透过天衣无缝的整合，提供清晰一致的信息，发挥最大的传播效益。

此定义强调的是营销传播的过程，其致力于各种各样促销形式的结合运用，以使传播的影响力达到最大化，但是此定义也存在一定的缺陷。

1997年，美国卡莱纳大学教授特伦希·希姆普提出整合营销传播应该考量公司或品牌所拥有之能接触到目标群的一切资源，进而采用所有与目标群相关的传播工具，传送商品或服务的信息，让目标群接收。整合营销传播起始于目标群，再回头决策与定义传播形态，以及方法的思考，使得传播方案得以发展。

希姆普对舒尔茨的定义做了回应，两者皆将整合传播目标放在鼓励目标群展开购买行动，并使用所有能接触目标对象的工具上。

结合前面的定义，我们可以这么理解整合营销传播，它是从现有消费者和潜在目标对象出发，为整合传播不可或缺的元素；企业致力于在对的时间，用对的传播工具，以传达对的信息，给对的消费群体，影响并说服消费者作出对的购买决策，并致力于对企业产生认同感，且对于消费者忠诚度能加以维护。此外，必须认清目标对象的重要性并非仅顾客而已，还需要注意与企业相关利益人的长期双向互动关系。

具体而言，可以从以下几个角度来理解整合营销传播的内涵。

1. 以消费者为中心

我们再回过来看作为整合营销传播理论的理论背景——4C营销理论，对比之前的4P营销理论，4C营销理论一个显著的变化就是：传统以产品生产为起点的营销及营销传播，主动权掌握在生产商手上，所以营销传播就是促销，惯用的概念就是"促销"。而现在的核心概念就是沟通，沟通就是以消费者需求为中心，每一个环节都是建立在对顾客的关注上。

（1）生产。以消费者的需求研制产品。应把你的产品及其优点暂放一边，认真研究"消费者的需要与欲求"。仅仅卖你制造的产品并不够，必须要卖消费者确实想买的产品。

（2）定价。以消费者愿承受的价格定价。暂时忘掉固有的定价策略和价格战，既要从消费者满足物质需要的方面着想，又要从其心理满足着想，从而来考虑他们为此所愿付出的成本。

（3）经销。以消费者最感方便的方式经销。忘掉固定的流通渠道，而重新营造消费者购物的方便性。网上、电话、电视及会员制购物，显示出便利性的多样化新潮。

（4）售后反馈。与消费者不断沟通。增加相互之间的交流，重视消费者的反馈意见，培养其对企业忠诚度。

整合营销要求以4C的概念来考量消费者，这样在营销的每一个环节都能实现与消费者的沟通，让消费者了解这项产品的价值，而且这种沟通是一种双向沟通。双向沟通便意味着企业与消费者在进行一种信息互换活动，在这种互换中，企业对消费者的需求了如指掌，更好地生产适销对路的产品。

2. 建立庞大的消费者资料库

整合营销的理念要求企业重视消费者资料库营销。资料库的内容至少应包括三方面：

（1）人口统计资料。即消费者的姓名、性别、年龄、教育程度、职业、收入、家庭结构、住址、联系通信方法等。

（2）心理统计资料。即消费者的购买态度、购买要求、现场购买时的情感反应以及其他性格和心理特征等。

(3) 消费者的过往购买记录，媒体接触和使用习惯等。当掌握了以上翔实的消费者资料后，还要保持分析流入和持续加强的信息，从消费者的反应中分析走向、趋势变化和消费者的关心点。据此加强企业与客户间的长久及良性互动关系。

3. 建立和维系消费者和品牌之间的关系

在所有的品牌关系中，品牌与顾客的关系是最重要也是最基本的关系。这不仅因为品牌依存顾客而存在，而且顾客是品牌价值创造的真正的源泉。建立和维护消费者与品牌的关系归宿点是实现品牌忠诚，这一目标能否实现取决于品牌与顾客关系的互动反应如何，整合营销理论强调关注品牌对顾客的态度和顾客对品牌的态度，一方面，品牌要通过塑造"身份"、形成品牌个性、利用品牌体验将品牌信息传递给顾客，带给顾客情感、心理或价值上的满足。另一方面，顾客通过了解品牌、信任品牌，从而选择品牌，并与品牌建立情感。鲜明个性形象的品牌将影响顾客的选择和偏好，成为顾客价值获取的重要驱动因素。

4. "一个声音说话，一张面孔示人"

整合营销理论强调以统一的目标，传播统一的形象和一致的产品信息，坚持传播信息的一致性。首先是产品定位与广告定位的一致，也就是从设计到生产再到营销，向消费者传播的"卖点"要协调一致。如果自己的产品是面向一般消费者的，从产品的功能到包装，从广告方案的写作到传播媒体的选择也都应是以同一传播口径，用"同一种声音"说话。

以名人学习机 X9 为例：名人学习机产品定位是"能打电话的学习机 X9"，一切的市场宣传活动围绕之开展。它在所有媒体宣传上都同一种口径："X9 学习机，能打电话的学习机，学习机中的战斗机。"将所有的营销传播技术和工具紧密结合，以维持并清晰传达单一共享的形象、定位、主题和信息，让消费者听到的始终是一种声音，看到的是一种符号。这样，形成印象深刻，火力集中。

5. 多种媒体工具协同作战

整合营销强调传播媒体资源的整合利用，广泛开展一些渠道、异业、媒体、政府等资源的合作，借势借力，让不同的传播手段在不同的阶段发挥最大的作用。这里的"传播媒介"是一个宽泛意义上的媒介，指凡是能够将品牌、产品类别和任何与市场相关的信息传递给消费者或者潜在消费者的过程与经验，均被视为可以利用的传播媒介。整合营销的传播组合方式包括促销活动、公共关系、事件营销、人员推销、直复营销（包括电话销售、邮购、传真、电子邮件）等。

下面仍以名人学习机 X9 营销过程中媒介资源的整合为例。在品牌推广间进行了以下合作。

(1) 与"校内网 SQ"合作进行高校市场的网络营销推广。校内网是针对全国高校大学生的网络平台，整合了全国几乎所有的高校资源，作为大学生的校园 BBS 网站平台，在大学生中具有无可替代的影响力。X9 与校内网进行了推广合作，交换资源各得其所：注册校内网大学生的有机会获得 X9 学习机，同时校内网给 X9 提供免费的广告位。

(2) 与网游厂家合作开发学生市场。与网络游戏厂家久游网合作,将"劲舞团 online"和"X9"捆绑合作,开展"玩游戏送礼包"的推广活动。借用的是网络游戏强大的市场推广能力。

(3) 与"宝岛眼镜"以及"李宁运动鞋"等大学生喜爱的产品进行捆绑合作,利用"宝岛眼镜"遍布全国的店面广告资源和李宁的精品形象资源。

(4) 与教育部门进行合作。

① 全国高考的每省的前 50 名,赠送 X9 学习机一套。

② 大学中,每个高校的四六级考试的前 10 名,赠送 X9 学习机一套。

这些公益性的活动,不仅获得了消费者的好感和政府的支持,同时树立了企业和产品的美誉度,为以后的"秘密武器"系列组合产品做出了很好的市场铺垫。

当然,网络整合营销不是水果沙拉,绝不是简单的混合与肆意的调拌,而必须以品牌为中心,以关联度为引力,构成一个有序旋转的整合营销星系。整合,将是企业营销的核心制胜法则;未来依靠"一招鲜吃遍天下"也只能成为梦中童话。

7.3 整合营销传播的策划

从顾客出发是整合营销传播的基本立足点,这一特点决定了整合营销传播策划与一般广告策划的不同。整合营销传播表明了一种新的营销和传播活动策划方法,它采取由外及里的程序,从顾客入手,首先研究顾客使用什么媒介,顾客以及潜在顾客什么状态下最容易接受信息等,从顾客那里寻找策划的依据,然后再回归到品牌。因此,数据库成为整合营销传播策划的基础,世界整合营销之父唐·舒尔茨把整合营销传播的策划模式分为 7 个步骤(图 7.2)。

(1) 细分数据库里的顾客信息和潜在消费者,可以依据品牌忠诚,也可以依据其他可以测量的购买行为(如重度使用等)进行细分。

(2) 分析用户信息,了解他们的态度、经历以及他们与品牌或者产品发生关系的方式,明确消费者的购买诱因也就是明确与他们进行沟通的最佳渠道、时间和环境。

(3) 在此细分基础上,制订出营销目标,明确什么样的消费者才是销售目标,做到"有的放矢"。这些营销目标与创造和保持产品使用率或培育品牌有关。

(4) 营销人员要辨别,哪些品牌联系和态度变化才能支持消费者保持原状或改变购买行为。

(5) 确定建立消费者联系,影响其态度、信仰和购买行为的传播目标与战略。

(6) 营销人员决定用其他哪些营销组合要素(价格、产品、分销)来进一步鼓励消费者采取营销所预期的行动。

(7) 策划者要明确运用哪些传播战术?媒体广告、直接营销、公关宣传、销售推广、特别活动等。对这些广告进行一元整合,以达成消费者最大限度的认知。

整合营销传播的核心是使消费者对品牌产生信任,并要不断维系这种信任,与消费者建立良好的信任关系,使其长久存在消费者心中。整合营销传播的广告策略所力求避免的,是传统传播方式造成的传播无效和浪费。

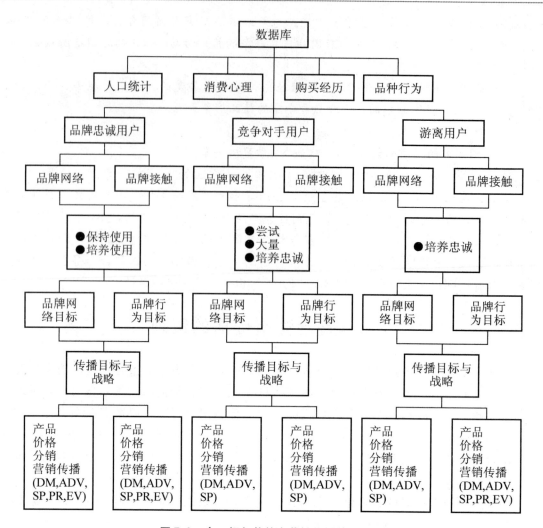

图 7.2 唐·舒尔茨整合营销传播策划流程

注：DM—直接营销；ADV—广告；SP—销售推广；PR—公共关系；EV—活动营销

7.4 整合营销传播的策略思考

整合营销始于消费者，终于消费者，一切以消费者的需求为导向，制定整合营销传播的策略，仍然是将消费者的需求贯穿始终，以下参考和结合 Don. E. Schultz 教授在《整合营销传播》中，对整合营销传播给出的一种思考模式，将其策略思考过程进行了如下归纳。

1) 首先从消费者出发，研究消费者与潜在消费者资料，寻找他们的购买诱因

根据企业资料库中消费者或潜在消费者以往的购买行为，把他们分为三类：本品牌的忠诚消费群，其他品牌的忠诚消费群和游离群。然后分别了解、分析以下内容。

①这类消费者是如何认知这类产品中各种品牌的？
②他们目前购买哪种品牌？他们用哪种方式购买？如何使用？
③他们的生活形态如何？心理状态如何？

④他们对该类产品的态度如何？他们对正在使用的品牌态度如何？

⑤他们想从本类产品中得到却没有得到的需求是什么？如果有产品能满足他们的需求，他们会改变购买吗？

2）考察产品，了解产品的实质与消费者的认知状况

①该产品的实质是怎样的？与其他品牌有何不同？

②消费者对该品牌的认知如何？他们对产品的外观、感觉、口味等印象如何？

③消费者如何评价制造该产品的企业？

在了解分析以上情况的基础上，确定哪些人是该产品的潜在消费者，该产品是否适合他们的需求，由此决定企业的营销目标与传播目标。

3）研究竞争状况

①主要的竞争对手是谁？是否有其他类产品也具有竞争性？本类别产品的主要竞争品牌是谁？

②消费者对那些竞争品牌的认知如何？它们的弱点在哪里？我们可以夺取哪部分市场？

③消费者是从哪里接触到那些竞争品牌的？它们又是如何吸引消费者的？它们将来有可能怎样反击我们？

4）寻找、确定本品牌的消费者利益

在对消费者资料详细分析的基础上，根据本品牌的实质，寻找与竞争品牌不同的产品特性，用为消费者提供利益、解决问题的方式表现出来。

消费者利益应该具有特点：

①它必须能够解决消费者的问题，满足消费者的某种需求；

②它必须能给消费者实实在在的好处；

③与其他品牌相比，在这一点上必须有明显的竞争力；

④它必须能够用一个简单的句子表达，以便于消费者理解、记忆。

5）有效地说服消费者

要将消费者利益转化成有效的信息，使消费者确信本品牌可以满足他们的需求，需要解决两个方面的问题。

①在消费者利益的基础上，赋予品牌个性，使消费者更容易与之建立感情，与竞争品牌区分开。

②利用有效而个性化的消费者接触渠道，进行有效传播。零细化的媒体，不同形式的传播渠道，可以与消费者形成更密切的交流，因而也更有说服力。

6）对一个阶段传播效果的调查与评估

整合营销传播是一个循环的过程，对某一阶段传播执行效果的调查与评估，既是对上一阶段的总结，又是对资料库的一种补充与更新。调查与评估的内容包括消费者是否接触到了信息，他们是否相信；品牌个性是否符合消费者的需要；他们对品牌的认知和反应如何等。这些问题的答案将提供消费者行为的资讯，会使传播策略修正得更精确。

（引自舒尔茨等《整合营销传播》p.127）

以下以多乐士油漆为案例分析其整合营销传播中的策略思考过程。

(1) 消费者购买诱因。

①现代时尚族，他们大部分是已经参加工作的年轻人或已婚但还没有孩子的年轻夫妇，收入较高，是高档消费品的主要消费群。

②随社会潮流族，容易受周围环境和他人影响，喜欢跟随时尚潮流。

③传统生活族，安于现有的生活状态，不喜欢改变。

(2) 在本类别产品中，本族群的消费者对本品牌的认知状况如何？

品牌的认知度和立邦差不多，说到多乐士，多数人都会想到多乐士的形象"牧羊犬"，容易让人产生信任感。在大多数消费者心目中，多乐士产品给人的感觉是安全的、环保的、健康的，基于产品功效上感觉比较强烈。

(3) 本族群的消费者目前购买什么品牌？为何使用的？

目前消费者在市场上使用立邦的比较多，虽然本品牌功能与立邦相差无几，但大多数消费者觉得立邦可以让他们的生活处处能够绽放光彩，立邦给予消费者的是精神上的享受，而多乐士给予消费者的只是产品的功能作用。

(4) 本族群消费者的生活形态、心理状态描述，对本类产品的态度。

①随着经济的发展，生活水平不断提高，消费者的收入不断增加，越来越多的人开始关注生活的质量，追求时尚、健康、环保，他们不仅追求物质的享受更注重精神上的享受，虚荣心相对比较重，喜欢与众不同的感觉。

②喜好休闲，经常会在工作之余寻找乐趣，例如上网聊天等。

③由于工作上的压力，消费者希望有一个温馨舒适和让生活充满一点乐趣的家居环境。

④他们更关注自己的将来，希望能给未来的宝宝营造一个健康的生活环境。

⑤对于漆类产品消费者需要经过反复比较后才会做出选择，消费者不仅注重产品的质量，也非常关注产品品牌知名度。

(5) 对主要消费群的观察。

对于购买何种品牌，消费者会做慎重考虑，比较容易受他人影响而做出购买决定。他们宁可多花一点钱也要选择他们能够信任的品牌；消费者使用涂料不仅仅是为了装修房间，他们寻找的是一种满足感，让邻居、同事美慕的目光；他们更是在寻找一种乐趣，主宰自己生活空间的乐趣享受；他们也更容易随社会潮流而动，色彩变换间体现自己时尚的一面，永不落伍。

(6) 本族群的消费者从本类别产品中想得到却没有得到的是什么？

使用多乐士能够给消费者带来的什么样的心理利益和社会利益？

消费者购买诱因："我将购买此产品，因为比其他品牌更专业、更时尚、更富有生活乐趣。"

(7) 建议哪些族群作为主要消费群？

建议把追求健康时尚生活且收入较高的年轻消费者作为主要消费群。因为这部分人群是使用漆类产品频次较高的消费者，他们可能刚刚购房需要装修，可能想对现有的环境做出一些改变，可能考虑将来而使用产品。这部分人群容易追随社会潮流，受环境影响比较大，更容易受他人影响从而改变现有使用的品牌并且他们正在寻找能够满足他们心理层面上需要的可信任的品牌。

本 章 小 结

整合营销以消费者为核心,以庞大的消费者资料库为基础,以建立消费者和品牌之间的关系为目的,以各种传播媒介的整合使用为手段,综合、协调地使用各种形式的传播方式,实现传播效果的最大化。

整合营销理论的兴起和发展是因为:社会经济与市场的改变、社会生产的规模化、广告媒体的多样性和媒介买方市场的形成、从4P到4C的营销理念的转变。整合营销传播,它是从现有消费者和潜在目标对象出发,为整合传播不可或缺的元素;企业致力于在正确的时间,用正确的传播工具,把正确的信息传达给急需的消费群体,影响并说服其作出购买决策,并致力于对企业产生认同感,且对于消费者忠诚度加以维护。

从顾客出发是整合营销传播的基本立足点,这一特点决定了整合营销传播策划与一般广告策划的不同。整合营销传播表明了一种新的营销和传播活动策划方法,它采取由外及里的程序,从顾客入手,首先研究顾客使用什么媒介,顾客以及潜在顾客什么状态下最容易接受信息等等,从顾客那里寻找策划的依据,然后再回归到品牌。

整合营销始于消费者,终于消费者,一切以消费者的需求为导向,制订整合营销传播的策略,仍然是将消费者的需求贯穿始终:首先从消费者出发,研究消费者与潜在消费者资料,寻找他们的购买诱因;考察产品,了解产品的实质与消费者的认知状况,研究竞争状况,寻找、确定本品牌的消费者利益,有效地说服消费者;最后对一个阶段传播效果的调查与评估。

本章我们介绍了整合营销理论兴起的背景以及传播的内涵,了解整合营销传播策划和策略思考过程。希望通过本章的学习,能熟练掌握整合营销传播理论及其范围。

习　　题

一、填空题

1. 整合营销传播主张把企业一切的营销和传播活动进行＿＿＿＿＿＿的整合重组。
2. 整合营销是指导企业营销运作的一种全新观念,是企业的一种降低广告成本、提高广告效益的＿＿＿＿＿＿＿＿＿＿运作方式。
3. 合营销传播的目的是建立产品品牌与消费者之间的＿＿＿＿＿＿＿＿,使消费者"一旦拥有,别无所求"。
4. 4P指的是:产品(Product)、价格(Price)、分销(Place)和＿＿＿＿＿＿。

二、选择题

1. (　　)不是4C营销理论构成的基本因素。
   A. 消费者　　　　B. 成本　　　　C. 定价　　　　D. 便利
2. (　　)是整合营销传播的核心。

A. 降低成本　　　　　　　　　　B. 使消费者对品牌产生信任
C. 建立庞大的消费者资料库　　　D. 多种媒体工具协同作战

三、思考题

1. 整合营销传播的内涵有几个方面？
2. 什么是 4P 营销理论？
3. 整合营销传播的策划模式是怎样的？

四、案例分析题

问题：试结合有关理论，分析本案例在整合营销传播方面的特点是什么？还有什么不足？如何改进？

2005 年初，由实力传播集团旗下的突破传播北京团队成功为 HP 数码相机进行了一整合营销推广案。

在仅两个月的时间内，包括客户及实力传播集团 6 个不同的业务部门的 20 多人的超大团队，涉及"电视广告＋平面广告＋户外广告＋在线广告＋广播广告＋事件＋商场体验中心＋产品宣传公交车＋影院展示＋新闻发布会"等的复杂传播方案，目标是通过运用 ATL(Above-The-Line，线上)、BTL(Below-The-Line，线下)、事件、公关、新闻发布会和交互活动，最大限度地创造了丰富多彩的直观体验，引起人们的产品关注，激励他们购买产品。

从客户的角度来说，这是 HP 在中国首次推出的一款数码相机，使其数码解决方案更臻完美。HP 成为国内第一个提供完整数码影像解决方案的品牌，从影像摄取(数码相机)、影像处理(计算机)到影像输出(打印机)。此次营销传播活动的目标(投资回报)就是要鼓励人们采用更多方式使用影像技术，鼓励人们拍摄、分享和打印照片，同时，扩大 HP 作为在数字成像领域的领先厂商的影响力和知名度。基于 HP 的 ACP 模型(A＝知名度，C＝购买意向，P＝偏好度)，此次整合营销活动的主题确定为提高知名度，以及让目标受众体验 HP 数码相机和 Photosmart(照片打印机)。

HP 的营销团队将创新思考主要集中在平面广告、户外广告和非媒体广告等方面，特别是户外的广告和活动。推广活动在夏季开展，利用品牌创意广告，例如瀑布和拼图等，去重现夏季度假美景。产品体验活动在北京和上海的人流集中的购物街开展，吸引了很多青少年男女的关注，纷纷在绚丽的广告前合影留念。

为了让消费者真正认识 HP 全线的数码产品，并加深对产品的印象，实力传播集团旗下的营销部门经过实地考察和研究，在北京的东方广场和上海港汇广场精心策划实施了精彩的路演活动，活动现场设立了两个区域：影像体验区和家庭影院区，成功吸引到众多目标消费者到路演现场，亲自体验 HP 的数码产品带来的娱乐享受。

在体验区内，实力整合营销还设置了礼品制作区，在这里消费者可以用 HP 的数码影像产品亲自制作个性化的 T-shirt、相框、DVD 等，充分体验 HP 数码产品的神奇和魅力。DIY 的概念非常有吸引力，这个区域常常被挤得水泄不通。

而同期多种形式的户外广告支持也成为这次消费者体验活动成功的关键。在北京东方新天地广场，有 HP 彩虹图案将东单和王府井两个大门包起来，远远就能看到，非常抢眼，可以将附近的目标人群吸引到活动现场；北京东方广场里显眼的位置上有 HP 的灯箱、挂旗等醒目的广告，配合场内的路演活动；上海的地铁"通往惠普数码影像天地的专列"的车身广告，地铁里有"下一站，惠普数码影像天地"的灯箱广告，吸引消费者眼球，把他们带到活动现场；两地的路演现场还有易拉宝等活动说明介绍，北京还有大屏幕定时播放 HP 的电视广告，让消费者多角度最大限度地了解认识 HP；上海地区还开出了一辆惠普 BUS，车身是 HP 的广告，车上设置了齐全的 HP 数码产品，供消费者体验。流动产品体验中心的形式比较新奇，所以也吸引了相当多的消费者。除此以外，根据对消费者行为的研究，电影院和 KTV 的消费人群主要集中在 18～35 岁，喜欢接受新鲜事物，文化程度较高，具有一定的消费能力。这个人群，正是 HP 想要沟通的人。于是，HP 分别在北京、上海、广州的高档电影院以及北京、上海、广州、杭州的高档 KTV 场所——钱柜里面开展了一系列的活动，作为特殊渠道和后续活动来对整个营销活动进行配合。

多点出击的效果是显而易见的。在此次整合活动的流量统计中，共有 39 多万人次经过两个设有路演场地的购物中心，其中更有 14 700 人体验了 HP 产品。超过 98% 的受访者能准确回忆起 HP 的推广活动，活动期间的电话咨询和店铺的访问量大大增加，而最终达成的实际销售比预期目标高出两倍。

同时，据 Millward Brown 传媒集团在中国进行消费者品牌推广之后的战绩调查中，HP 在知名度方面，"数码相机技术领先厂商"的广告形象提升了 10 倍；"数字照片打印技术领先厂商"的广告形象提升了 49%（平均值）；HP 数码相机的知名度平均提升了 78%；而户外广告的知名度提升了 11%。并且从出版物和网站收到意想不到的反馈，超过 100 家主流出版物和各种网站提供了反馈信息。

第8章 广告策划

广告策划可以使广告成功沟通企业和消费者，可以使广告激发消费者购买欲望，可以使广告选择正确的传播对象和媒介，可以使广告成为"大规模消费，大规模销售，大规模生产"这一市场经济运作模式的催化剂。广告策划如此重要，那么，我们该如何进行一次成功的广告策划呢？

教学目标

1. 了解广告策划的定义与特点。
2. 掌握广告策划的内容与流程。
3. 学习广告策划书的撰写。

教学要求

知识要点	能力要求	相关知识
广告策划的定义与特点	(1) 了解广告的内涵 (2) 理解广告的特点	营销学、广告学
广告策划的内容与流程	(1) 了解广告的主要内容 (2) 掌握广告策划的具体流程	广告学
广告策划书的撰写	(1) 掌握广告策划书的基本结构 (2) 通过具体案例进行策划书写作的学习	广告学

推荐阅读资料

1. 余明阳，陈先红．广告策划创意学[M]．3 版．上海：复旦大学出版社，2009．
2. 黄升明，段晶晶．广告策划[M]．2 版．北京：中国传媒大学出版社，2013．
3. 穆虹，李文龙．实战广告案例（第三辑）·全案[M]．北京：中国人民大学出版社，2007．
4. 刘绍庭．广告运作策略[M]．2 版．上海：复旦大学出版社，2009．
5. 叶茂中．叶茂中的营销策划[M]．北京：中国人民大学出版社，2007．
6. 吴燊．策划学[M]．6 版．北京：中国人民大学出版社，2012．

 基本概念

广告策划：是指根据广告主的营销计划和广告目标，在市场调查的基础上制订出一个与市场情况、产品状态、消费者群体相适应的经济有效的广告计划方案，并实施、检验，为广告主的整体经营提供良好服务的活动。

引例

乐蜂网盛女节 PK 光棍节，为赚人气忙"脱光"，如图 8.1 所示。

图 8.1　乐蜂网忙"脱光"

"光棍节"，一个曾经那么正儿八经的节日，如今已被深深地打上了"节日经济"的烙印。尤其是近年来的淘宝"11·11"，让这块蕴涵着巨大消费能量的"蛋糕"吸引了越来越多电商的目光。2012 年双十一，注定是一出你方唱罢我登场的好戏，各电商如何打赢这场营销战役呢？

2012 年 11 月 1 日，化妆品垂直电商乐蜂网宣布"乐蜂网 11 月盛女节，天天都是双十一"大规模促销活动全面启动。本次活动以"500 个品牌脱光利润，11 位达人教你美丽"为口号，通过提供丰富、低价、高品质的美妆产品，在 11 月为女性消费者倾力打造一个美妆盛宴，不仅要帮"盛女"脱光，更要传递给女性消费者"不买最贵只买最对"的消费观念！其他电商短暂双十一促销活动常常让消费者大呼"不过瘾"，乐蜂网开辟业界先河，率先推出长达一个月之久的促销活动。为照顾不同女性的需求，每周都会专门设置一个促销主题，如全场 5 折、买 1 送 1、满 200 减 100、双十一当天 48 小时限时抢购活动等。乐蜂网不做"一日英雄"的做法，充分满足了消费者"整月都是双十一"的愿望，受到广泛好评。

8.1 初识广告策划

8.1.1 广告策划的概念

1. 策划

策划一词最早出现在《后汉书·隗器传》中"是以功名终申,策画复得"之句。其中"画"与"划"相通互代,"策画"即"策划",意思是计划、打算。策的主要意思是计谋,如决策、献策、束手无策;划指设计、处置、安排,如工作计划、筹划、谋划。

现代社会,关于"策划"的定义非常之多,我们可以从国内外分别来看。

日本策划家和田创认为:策划是通过实践活动获取更佳效果的智慧,它是一种智慧创造行为。美国哈佛企业管理丛书认为:策划是一种程序,在本质上是一种运用脑力的理性行为。

在中国,有人说策划是通过精心安排的宣传和其他手段,对事件发生、发展进行操作。有人说策划是一个初始的创意,经过审时度势、战术驾驭、推演运作,使无人知晓的产品变成炙手可热的商品,是一个点石成金的过程;还有人说策划是通过全新的理念和思路,整合现有资源和潜在资源,判断事物变化趋势,使之产生"1+1>2"的效果的复杂思维过程;更多人说策划是一种对未来采取的行为做决定的准备过程,是一种构思或理性思维程序。

综上,我们用最简洁有效的语言对策划进行定义:人们为了达成某种特定的目标,借助一定的科学方法和艺术,为决策、计划而构思、设计、制作策划方案的过程就是策划。

2. 广告策划

那么,什么是广告策划呢?

我国引入"广告策划"的概念,大约是在1984年,当时有部分学者撰文呼吁,要把现代广告策划引入中国的广告实践中,树立"以调查为先导,以策划为基础,以创意为灵魂。"的现代广告运作观念。在1989年的4月,上海的唐仁承出版了大陆第一本《广告策划》专著,其后,北京的杨荣刚也出版了《现代广告策划》。关于"广告策划"的概念,两位作者均有明确的界定。

现代广告策划就是对广告活动的过程进行的总体策划,或者叫战略决策,具体是指根据广告主的营销计划和广告目标,在市场调查的基础上制订出一个与市场情况、产品状态、消费者群体相适应的经济有效的广告计划方案,并实施、检验,为广告主的整体经营提供良好服务的活动。

广告策划分为宏观和微观两种:宏观广告策划指一系列的广告活动都在一个广告目标的统领下进行规划和决策;微观广告策划只对一个或几个广告活动环节进行策划。由于现在经济的飞速发展和行业竞争的日趋激烈,宏观策划越来越受到广告主的青睐。

8.1.2 广告策划的要素

广告策划是一系列集思广益的复杂的脑力劳动,是一系列围绕广告战略、策略而展开的研讨活动和决策活动,一个完整的广告策划必须包含以下五大要素。

1. 策划者——广告策划的灵魂

人们每天接触到的广告活动林林总总,能留下深刻印象及好感的却少之又少,表面上大同小异的策划案其实骨子里是千差万别的。所以,看似以科学设计为主导的广告策划,实际上是需要好的创意去支撑的,只有一名优秀策划者或一支优秀策划团队才能主宰这一切。记住一句话:最花钱的策划不一定是最有效的策划!

2. 策划依据——广告策划的源泉

在广告学的历史上,曾经有一段非常著名的争论,即广告大师威廉·伯恩巴克和罗素·瑞夫斯的"广告是艺术还是科学"之争。通过几十年的实践,我们得出"广告是以科学为基础,以艺术为价值"的理论,这也成为当今广告策划与创意的依据。然而在中国,作为广告学源头的传播学,是 20 世纪七八十年代从国外引入的"舶来品",因此在进行广告策划时,我们要依据的不仅是大师的传播学理论,还有中国的国情。

3. 策划对象——广告策划的"上帝"

受众是广告服务的对象,只有让受众喜欢并付诸行动的广告策划才是有效的策划。所以,我们必须重点把握策划对象的心理。受众喜欢哪种方式的营销活动?喜欢在什么天气、什么地点接受广告活动?喜欢何种互动和馈赠……作为广告策划人,必须学会换位思考,必须做到心中有数!

4. 策划方案——广告策划的关键

策划者、策划依据和策划对象是一次完整广告策划的基础,策划方案是团队合作的思想结晶,是营销活动执行的指南,是广告代理公司与广告客户互相促进、互相监督的依据。

5. 策划效果评估——广告策划的根本

广告策划的效果是客户最关心的环节,也是策划团队努力工作的重点。优秀广告策划是建立在科学的广告调查、正确的广告目标、优秀的策划团队和方案的基础之上的,因此对一次完成策划效果的评估也不应局限于最终结果,必须从每一个环节去考量,发现问题,收集经验。

8.1.3 广告策划的特点

通过广告策划五大要素的阐述中,我们不难看出:一次科学的广告策划是动态的、长期的、有目标的。因此,可以从以下方面来探讨广告策划的特点。

1) 目标明确

一般来说,广告策划是以追求经济效益和社会效益相统一为目标的。对广告主而言,更是希望通过一次精彩的广告策划使其产品及企业形象最佳化、整体收益最大化，所以，明确的目标显得尤为重要。目标越明确，合作双方的方向就越清晰，这也正是一切广告策划进行的依据。

2）层次分明

广告策划，尤其是宏观广告策划，是一个系统工程，需要各环节、各要素的配合和相互作用。广告策划人员必须在充分明确广告活动特点、性质、规律等基础之上，合理的铺陈各环节工作，在正确的广告目标的指引下，有条不紊地开展工作。

3）统筹全局

广告策划是对整个广告活动的规划，策划人员必须按时间顺序分阶段完成策划案中的工作。因此，它必须是一个正确、合理的策划，这样才能保证广告活动健康、有序地进行。那么，如何做到广告策划的统筹全局呢？首先，要正确把握目标市场，对各广告环节进行平衡；其次，要在广告活动全程都注重消费者对产品及企业满意度的培养，从而有效地实现"两个效益"。

4）调整有据

尽管广告策划是广告活动实施的指南，但工作人员不能固守计划、毫无建树。当遇见各种估计不足的情况时，我们要在保证广告策划大方向的基础上，因时而变、因地而变，做出适应时局的调整，使广告策划更科学、更有效。

5）预见未来

广告策划都是先于广告活动的实施而进行的，因此策划案的预见性至关重要。做好广告主及其竞争对手的调查研究、制订突发事件的应对措施，是保证广告策划预见性的有效手段。

8.1.4 广告策划的原则

作为科学活动的广告策划，其运作有着自己的客观规律性。因此，进行广告策划必须遵循以下几个原则。

1. 统一性原则

统一性原则要求广告人在进行广告策划时，从整体协调的角度来考虑问题，以实现广告的最优效果。如苹果产品广告风格的统一。苹果广告一直以简单、大气和现代的风格出现在受众面前，以最前沿的科技理念、最人性化的智能服务和最时尚的外观造型作为诉求点，所有广告活动都围绕这个中心展开，当人们点击到其广告片时，马上就能联想到苹果产品，并且产生购买的冲动。

广告策划的统一性原则主要体现在以下五方面。

1）广告策划流程要统一

广告活动前后步骤要统一，要有正确的指导思想来统领整个策划过程。广告目标是广告策划的统领，把握好这一点就能有效地保证广告策划流程的统一。

2）广告所使用的各种媒体要统一

广告活动中既不要出现媒体浪费性重叠，也不要媒体空缺。媒体组合是现代广告活动惯用的宣传方式，因此，对各类媒体的把握显得更加重要，不同媒体特性、效果、费用各不相同，我们要通过科学的组合进行资源优势互补，各媒体之间要井然有序，不能互相抵触和矛盾，要以最经济的投入获取最佳的媒介效果。

3）产品内容和广告形式要统一

就算是同一种产品，受众不同，价位自然也不同，所以在广告活动的策划中也就应该有所区别。如果商品本身是高档产品，那么广告中就不可出现"物美价廉""风靡全城"等字样。

4）广告与销售渠道要相统一

广告的宣传进程和产品的销售进程应该保持和谐统一。通过产品生命周期我们知道：在产品的不同时期需要不同的广告宣传策略，因此广告策划中一定要注意这一点，不能出现广告发布很久消费者却见不到产品的断层局面，或是在产品刚上市需要大力推广的阶段进行保守广告战略导致市场冷淡的局面。

总之，广告策划忌讳各自为政、各行其是，广告策划活动是一个统一的整体。

2. 调试性原则

由于客观事物的发展、市场环境、产品情况等并不是一成不变的，所以，广告策划也必须处在不断地调整之中，从而使策划活动与复杂多变的市场环境保持同步或最佳适应状态。调试广告策划主要表现在三方面。

1）广告对象的变化

当原先瞄准的广告对象不够准确或消费群体发生变化时，要及时修正广告对象。虽然之前都有做过广告调查，广告主也会告知其目标消费群体，但通过市场的检验，有时真正的目标受众藏得很深。因此，当真正的、准确的广告对象出现时，策划人员要及时做出调整。

2）广告主题的变化

创意不准或缺乏冲击力，不能完美地实现广告目标时，就要适当地修正广告主题策略。创意的好坏不能单单从艺术层面去考虑，好的创意必须是要能感染广告主、感染消费者的，当我们的创意被打枪或无法引起受众关注时，我们就要开始思考我们的方向、策略是否正确，确认清楚之后，调整甚至重新进行广告创意的制订。

3）广告策略的变化

当原先确定的广告发布时机、发布地域、发布方式、发布媒体不恰当或者出现新情况时，广告策略就要加以调整。道理同第一条，当纸价上涨时，报纸广告的价格或许会随之上涨；当网站出现经营危机时，其广告价格和广告效果势必会下降……策划人员必须时刻关注媒介变化，从而保证广告活动和广告创意产生最好的效果，受到最多的关注。

3. 有效性原则

广告策划不是纸上谈兵，其结果必须使广告活动产生良好的经济效果和社会效果。有效性是广告客户和广告代理公司双方都期待的，也是良好合作的根本。所以，广告策划务必保证广告活动的有效性。

4. 操作性原则

广告策划的流程和内容要有严格的规定性,每一步骤、每一环节都具有可操作性。广告策划的制订必须是切实可行的,空有冠冕堂皇的字句的策划案肯定是行不通的。然而,切实可行的措施是建立在实战经验的基础之上的,因此,策划人员本身的经验是保证广告策划操作性强的有效基础。

5. 针对性原则

不同的商品、不同的企业、甚至同一企业同一产品在不同的发展时期,其广告的具体内容和广告策略都是不同的。前面我们提到过产品生命周期(Product Life Cycle)(图8.2)的问题,即投入期、成长期、成熟期、衰退期。广告策划应该针对产品的四个阶段,制定相应的内容和策略,这样才是一个切实可行并长期有效的策划。

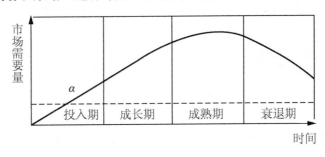

图 8.2　产品生命周期

8.2　广告策划的内容与流程

8.2.1　广告策划的内容

1. 解析广告主的营销计划

广告主的营销计划应当包括描述目标消费者、鉴定目标市场、了解竞争对手等。了解广告主的营销计划,广告公司能深入理解广告客户委托的目的,有助于将市场资讯进一步完善。因为广告是企业营销活动的组成部分,所以广告经理首先要做的事情是解析企业的营销计划,包括"广告主将要去哪里""它们打算如何实现目标""广告在企业营销组合中处在什么位置"三方面。

成熟的企业都有明确的营销计划,它描述了企业如何调动所有的营销组合要素——产品、价格、渠道和促销,以实现企业总体努力效果最大化的目标。所以,一份有效的营销计划的产生,一般要经历下面6个步骤。

1)描述营销目标

企业营销目标的成功,必须具备以下5种功能:提高对产品的了解度;减少对产品营销的阻力;改进产品形象;传授有关产品的知识;透露产品的合格性。广告是其中最核心的部分。

2）聚焦目标消费者

对于目标消费者的描述：由哪些标准组成；谁使用这类产品；谁购买这些产品；如何以及在何处购买此类产品；在什么样的商店购买；多久买一次；消费者忠诚度如何；我们和竞争品牌有什么不同，等等。我们可以从两个层面对消费者进行考察：

①带上你建立的顾客简介，向熟人和朋友打听，是否在他们的朋友圈中适合这一顾客简介；

②借助通讯录、协会会员和电话簿来收集信息，一旦获得到顾客名单，一定要争取到 20% 的反馈率。

3）鉴定目标市场

下面几个问题有助于我们判断是否真正找到了部分目标市场。

（1）这个市场具体吗？

（2）这个市场可否分成若干单位？

（3）这个市场可否用钱来估算？

（4）这个市场有潜在发展的趋势吗？

（5）用什么方法进入市场比较节省资金？

（6）这个市场是否稳定？

4）了解竞争对手

古语有云："知己知彼，百战不殆"。对竞争对手的充分了解，是我们开展广告策划的基础，它有助于避免意外损失，分清什么对自己的市场有威胁，分清自己面对什么样的市场机会。具体做法是：把竞争对手列成清单，写明它们各自的长处和短处，尽量使自己的长处得到最大的发挥，并且将自己的短处转化为长处。

5）撰写市场形势报告

市场报告的撰写要考虑产品的价格对买主有什么重要性？将提供多少售后服务？与产品相关的技术是否对顾客很重要？将产品送入顾客手中的渠道有几种……

6）制订计划行动

在了解营销计划时，应将 3 个层次的问题弄清楚：

①营销目标。有目标才有方向，对于企业来说，营销目标就是在营销活动中所要完成的营销任务和欲取得的效益。

②目标市场。它所要解决的根本问题是寻找能购买本企业产品/服务的顾客。

③营销组合。它是有机组合和合理搭配对市场营销有重要影响的各种策略的过程。

以上是对广告主所给资料的分析，优秀广告策划是建立在互惠互利和良好合作的基础之上的，对企业营销计划的分析能帮助策划人员更好地理解广告主的心态和目标，从而在后面的广告活动中形成良好的沟通和氛围。

2. 广告市场调查

营销计划中提供的资讯一般是不充分甚至是不科学的，因此，要做好广告策划还需要通过广告公司的调查和分析，从而进一步为广告策划活动做准备。具体包含三方面。

1）环境调查

广告环境，就是影响广告活动及其企业、市场、竞争对手以及消费者的那些因素，主要有：自然环境、经济环境、政治环境、社会文化环境、产业环境、法规环境等。广告策划必须考虑这些不可控因素。

2）消费者行为研究

消费者，也就是广告对象，是广告信息的接受者。在研究消费者行为之前，应该首先确定消费者群体的范围。可以从阶层的角度，家庭分析的角度(家庭地址、人口、收入等)，消费者个人的属性(年龄、性别、文化程度、职业、婚姻状况等)来确定这个范围。

3）产品研究

产品研究包括产品整体研究、分类研究、生命周期研究、本身特性研究等。在具体分析过程中，不仅要分析产品，还要分析与了解竞争对手的产品和相关产品。越具体越好，掌握了调查数据后，广告策划人员就可以进行策略制订了，即 SWOT 分析。在一个简单的表格中，我们可以清楚地看到广告调查的结果，那就是广告产品的优势、劣势、机会、威胁。具体参见教材第 6 章广告调查的内容。

3. 确定广告目标

1）广告目标的含义

广告目标是指广告主通过广告活动所要达到的目的，它是广告策划人员根据广告主的要求而设定的标准。广告最基本的目标就是促进销售，按所涉及内容，可分为外部目标(如广告覆盖面、销售额目标、扩大知名度)及内部目标(如广告预算目标、广告效果目标等)。

2）广告目标的类型

从市场营销策略上的区分如下。

（1）创牌广告目标。这类广告的目的在于开发新产品和开拓新市场。它通过对产品的性能、特点和用途的宣传介绍，提高消费者对产品的认知程度，其中，着重要求提高消费者对新产品的知名度、理解度和厂牌标记的记忆度。

（2）保牌广告目标。这类广告的目的在于巩固已有市场阵地，并在此基础上深入开发潜在市场和刺激购买需求。它主要通过连续广告的形式，加深对已有商品的认识，使消费者养成消费习惯，潜在消费者发生兴趣和购买欲望。广告诉求的重点在于保持消费者对广告产品的好感、偏好和信心。

（3）竞争广告目标。这类广告的目的在于加强产品的宣传竞争，提高市场竞争能力。广告诉求重点是宣传本产品的优异之处，使消费者认知本产品能给他们带来什么好处，以增强偏好度并指明选购。

3）广告目标的意义

广告目标的意义包含 4 个层面：①为广告策划设定方向；②帮助测定广告效果并充当判断基准；③促进广告公司和广告主的良性合作；④有助于调整广告活动的进程和内容。

4. 制订广告策略

广告作为一种运动，包含广告创意、媒体选择等策略的制订。

首先，我们必须理清广告战略和策略的关系：广告战略的全局性，策划人员在制订广告策略会受制于战略。广告战略规定了广告活动的整体走势和运作方向，广告策略更具操作性，在制订广告策略时，要考虑以下三点。

1）广告定位

定位是指广告代理和企业根据消费者的需求、关注点和偏爱，确定准备宣传商品的市场地位，也就是在市场上树立产品的恰当形象，确定其扮演的角色。

在一次成功的广告定位中，其重点是对潜在消费者的心理施加影响，使其产生一种符合广告主心愿的印象；其前提是营销计划和前期的调查与分析确定目标受众；其使命是帮助广告主实现营销目标。

2）广告创意

创意是广告策划活动的灵魂，广告创意是指通过独特的技术手法或巧妙的广告创作脚本，突出体现产品特性和品牌内涵，并以此促进产品销售。用一句最简单的话来定义广告创意就是"旧元素的新组合"。

创意包含抽象思维和形象思维两大类，创意的产生可通过垂直思维和水平思维、顺向思维和逆向思维、横向思维和纵向思维三组方法进行。目前国外广告界采用最多的是"头脑风暴法"，包括确定讨论的具体内容、召集专业人员参加讨论、集思广益、主持人将所提设想分类、选择较好的点子并写出报告。在各类广告公司中普遍流行着此种集体创意法。

3）媒体选择

恰当地选择媒体，利用最少的广告费用取得最佳的传播效果、获得最佳效益，是广告策划必不可少的内容和程序之一。

选择媒体，不是以人的主管臆测为依据，而是有客观依据的。其做法是正确地选择媒体和媒介组合，确定广告发布的恰当时间。

5. 确定广告预算

广告费用是一笔巨额的支出。这一点我们仅从每年央视标王竞价金额及各卫视黄金时间广告费用就可见一斑。如果投入的广告费太少，可能收不到期待的效果；广告费太多，又会减少利润。因此，广告预算的确定是广告主最为关心的环节之一。三种常用的广告预算方法如下。

1）销售百分比法

销售百分比法是以上一年的销售额或当年的预计销售额为基础，乘以一个估计的百分比，获得最终的预算。优点是简单易行，缺点则为百分比是难题。

2）市场份额法

市场份额法又称广告份额法，基本假设是广告费用的多少与市场份额的多少有明确的正比关系。以主要竞争对手的广告费用来确定自己的广告预算。优点是具有强烈的竞争导向，缺点是难以获取对手的广告费情报并且存在误差。

3）目标任务法

目标任务法是目前广告主非常青睐的广告预算法，即按照"广告目标"、"广告任务"等来制定广告预算。具体分三步走：①明确广告目标；②确定为了达到广告目标而需要实施的广告活动，估计完成这些活动所需要的费用，包括制作成本、媒介购买费用、辅助材料等；③估计广告效果，调查广告预算。优点是将广告预算的制订和广告目标/效果联系在一起，容易调整；缺点则是要求广告人拥有丰富的经验和翔实的资料。

8.2.2 广告策划的流程

1. 成立广告策划小组

一次优秀广告策划的实施离不开优秀团队的配合，因此，广告策划的首要工作就是组建广告策划小组。一般由总监、策划创意人员、设计制作人员、营销公关人员、广告主工作人员等组成。他们之间必须有良好的配合和沟通，通过工作排期表、例会、多媒体沟通等方式保证团队的高效、默契运转。沟通是这整个过程当中的核心关键字。

2. 向相关部门下达任务

首先，广告主会向广告代理公司下达策划任务。当广告策划小组成立之后，项目就会被科学、合理地分配到各相关执行部门，工作人员必须按照工作排期表严格执行工作进度，有任何疑问各部门之间必须进行及时沟通。需要注意的是，此时的工作只是前期的准备工作，如资料的搜集、产品市场调查、客户营销计划解析等，一切都是为了具体广告策划书的制订做着充分的准备。

3. 商讨广告活动战略战术，撰写广告策划书

各部门相关负责人通过大会的形式汇报各自工作近况，并提出广告活动初步的战略战术。各部门沟通无异议，并且得到总监及广告主认可之后方可开始撰写广告策划书。策划书的撰写采用责任到人的方式，写完先在广告公司内部进行提案、审核及完善。

4. 向客户递交广告策划书并由广告主审核

在双方商定的日子，广告公司策划部人员邀请广告主参加提案会，通过双方的听取和交流，制订出广告策划书修改意见。再次修改，并交给广告主审核，双方意见达成一致时，便可印制成册，作为双方进行后期合作和广告活动执行的依据。

5. 正式实施

广告策划书准备完毕，其他一切工作也准备就绪之后，就可以正式实施广告策划了。广告主注意监督和评估，广告公司注意沟通和执行，双方共同为一次成功的广告活动而努力。

8.3 广告策划书的编制

8.3.1 广告策划书的撰写要求与准备

1. 广告策划书的撰写要求

撰写广告策划书一般要求简短，而并非越长越好。广告主往往需要一针见血的东西，因此，广告策划书要简要、概述、分类，删除一切多余的文字，尽量避免再三再四地重

复相同概念，力求简练、易读、易懂。撰写广告计划时，不要使用许多代名词。

广告策划的决策者和执行者不在意是谁的观念、谁的建议，他们需要的是事实。广告策划书在每一部分的开始最好有一个简短的摘要，每一段可以有一个中心句，在每一部分的结尾建议进行一个小总结。此外，在每一部分的阐述中，要说明所使用资料的来源，使策划书增加可信度，通过数据、表格和图片增强策划书的可读性。

一般说来，广告策划书不要超过2万字。如果篇幅过长，可将图表及有关说明材料用附录的办法解决。

2. 广告策划书的撰写准备

首先你要有做一份优秀策划的强烈愿望。创意人员常常是白天没思绪，晚上灵感多，不管怎样，你需要做的，就是不论遇到什么困难，都要坚定地、用心地做好这次策划。你可以提前在大脑中进行思维的呈现，甚至是一次广告活动的"演戏"，预想各种场景和困难，提前做好分析。要有流畅的文笔和清晰的思绪，要让自己感觉到策划的快乐。

撰写广告策划书是一件需要理性逻辑判断的事，但它的阅读对象往往并非广告业内人士，因此，在撰写的过程中，我们要带着感情和热情，要尽量用通俗的话说出不通俗的想法。因为简单、易懂、有重点、有亮点的广告策划才是优秀的广告策划。

8.3.2 广告策划书的撰写方法

一份完整的广告策划书至少应包括前言、市场分析、广告战略或广告重点、广告对象或广告诉求、广告地区或诉求地区、广告策略、广告预算及分配、广告效果预测等八大部分。下面具体来看看每一部分应该如何去展开。

1) 前言部分

前言部分是全部计划的提要，其目的是把广告计划的要点提出来，让企业最高层决策者或执行人员快速阅读和了解，使最高层决策者或执行人员对策划的某一部分有疑问时，能通过翻阅该部分迅速了解细节。这部分应简明概要地说明广告活动的时限、任务和目标，必要时还应说明广告主的营销战略；内容不宜太长，以数百字为佳，所以有的广告策划书称这部分为执行摘要。

2) 市场分析部分

一般包括4方面的内容：①企业经营情况分析；②产品分析；③市场分析；④消费者研究。

撰写此部分时应根据产品分析的结果，说明广告产品自身所具备的特点和优点；再根据市场分析的情况，把广告产品与市场中各种同类商品进行比较，并指出消费者的爱好和偏向。如果有可能，也可提出广告产品的改进或开发建议。有的广告策划书称这部分为情况分析，简短地叙述广告主及广告产品的历史，对产品、消费者和竞争者进行评估。

3) 广告战略部分

一般应根据产品定位和市场研究结果，阐明广告策略的重点，说明用什么方法使广告产品在消费者心目中建立深刻的印象，用什么方法刺激消费者产生购买兴趣，用什么方法改变消费者的使用习惯（使其选购和使用广告产品），用什么方法扩大广告产品的销售对象范围，用什么方法使消费者形成新的购买习惯。

有的广告策划书在这部分内容中增设促销活动计划，写明促销活动的目的、策略和设想。也有把促销活动计划作为单独文件分别处理的。

4）广告对象或广告诉求部分

主要根据产品定位和市场研究来测算出广告对象有多少人、多少户。根据人口研究结果，列出有关人口的分析数据，概述潜在消费者的需求特征和心理特征、生活方式和消费方式等。

5）广告诉求地区部分

应确定目标市场，并结合前面的内容说明选择此特定分布地区的理由。

6）广告策略部分

要详细说明广告实施的具体细节，并展现各相关宣传方式的创意，如海报部分应提供平面示意图，微博营销部分附上活动主题、宣传文字及图片等。此外，应把所涉及的媒体计划清晰、完整而又简短地设计出来，可通过表格清楚地叙述。

7）广告预算及分配部分

要根据广告策略的内容，详细列出媒体选用情况及所需费用、每次刊播的价格，最好能制成表格，列出调研、设计、制作等费用。也有人将这部分内容列入广告预算书中专门介绍。

8）广告效果预测部分

主要说明经广告主认可，按照广告计划实施广告活动预计可达到的目标。这一目标应该和前言部分规定的目标任务相呼应。

8.3.3 广告策划书案例

一份完整的广告策划书通常包含以下 4 部分。

第一部分　市场分析
一、营销环节分析
二、消费者分析
三、产品分析
四、竞争对手分析
五、自身分析

第二部分　广告策略
一、广告目标
二、产品定位
三、广告诉求策略
四、广告表现策略
五、广告媒介策略

第三部分　广告计划
一、广告时间
二、目标市场
三、诉求对象及重点
四、广告表现
五、广告发布计划
六、活动计划
七、广告费用预算

第四部分　广告活动的效果预测和监控
一、广告活动效果预测
二、广告活动监控措施

附录一　广告调查问卷及报告
附录二　广告表现作品原件

百滋百特甜甜圈武汉店广告策划书

目录：
一、企业概况简述
二、市场分析
三、广告策略
四、广告计划
五、公关活动
六、营销策划预算
附件：百滋百特甜甜圈武汉店市场调查问卷

前 言

甜甜圈，又叫多拿滋，这个风靡欧美一百多年的面包圈中心掏空，口味变幻无穷，加之携带方便，可谓是最为经典和流行的美式点心。

Best Bite百滋百特以"做中国最好的甜甜圈"为使命，正以一种特有的全新经营模式，引领着一种新的时尚和新的生活品味。

作为首家进驻武汉的专业甜甜圈品牌，位于武昌光谷天地的百滋百特将成为武昌地区年轻人津津乐道的美食据点和聚会场所。为了能让更多顾客方便地享受到百滋百特甜甜圈，百滋百特武汉店正致力于在2012年5月1日前在武汉增开2家分店，在2012年底前增开5家分店。

如何改善武汉消费者对甜甜圈的消费习惯，如何打响百滋百特甜甜圈在武汉地区的知名度。这成为本次广告策划的核心任务。

第一部 企业概况简述

Best Bite百滋百特总部坐落在素有"东方休闲之都，生活品质之城"——中国杭州，该品牌专业致力于国际时尚产品。甜甜圈的研发和推广，以"做中国最好的甜甜圈"为使命，正以一种特有的全新经营模式，引领着一种新的时尚和新的生活品味。

百滋百特目前是杭州多拿滋餐饮管理有限公司旗下的一个主要品牌，百滋百特甜甜圈一入杭城就刮起了甜甜圈风暴，引起了杭城热烈的反响。开业至今，门口都是长长的队伍，社会媒体争相报道。"疯狂的甜甜圈""新宠甜甜圈"，甜甜圈卖疯了，有人说是杭儿风……浙江电视台，杭州电视台。浙江之声，钱江晚报，青年时报，百度、大众点评网、雅虎口碑网、杭城19楼等较具影响力的媒体都慕名而来，好评如潮。

自2008年10月18日在吴山广场开出中国第一家总店到现在。现杭州市区有四家直营店，在全国也开设十多家连锁门店，遍及杭州、富阳、温州、无锡、瑞安、宁波、张家港、绍兴、太原、开封、深圳……以及海外市场。

Best Bite百滋百特甜甜圈源自美国原料的秘制配方，并经过一系列改良，开创了中国的落地模式，按照中国本土的风土人文、口味喜好特征进行了划分，研发创新配方并制订了不同市场的产品开发策略。甜甜圈和咖啡是被誉为美妙无比的组合。餐厅分堂吃和外卖两种快速餐饮服务业务。在不断的发展过程中，励志打造国际时尚餐饮业又一个有目共睹的第一消费概念：甜甜圈，就是百滋百特。

公司秉承以人为本的理念，永远向充满朝气、勇于挑战的年轻人敞开大门，尊重每一位员工的进步要求，并设立完整的系统培训计划，激发工作热情，提升团队精神，贯彻服务理念，以人为本，有序发展。

百滋百特武汉店于2011年12月17日开店,位于东湖高新区关山大道光谷天地029号。作为武汉地区新进甜甜圈品牌,刚开业,就有许多顾客慕名而来。由此可见,百滋百特在中国很多地区还是有一定的知名度。这是机遇,同时也是挑战。如何打响百滋百特甜甜圈在武汉地区的知名度就尤为重要了。

百滋百特武汉店所处地理位置优越,周边有许多高校和写字楼。百滋百特店内外装潢以橙色为主色调,充满时尚气息与现代感。店内环境优雅舒适,服务周到。产品品种众多,口味多变。

第二部 市场分析

一、营销环境分析

1. 企业市场营销环境中宏观的制约因素

(1) 经济环境。20世纪90年代中期前的中国,甜甜圈市场几乎是一片空白,人们购买甜甜圈,可以算是近乎奢侈、高端的消费。然而随着中国生产力的快速发展,以及与国际世界的接轨,经济迅速腾飞,人们的消费能力也大幅度提高,消费观念也一百八十度地骤变,人们不再为温饱问题而忧愁,对于食物的需求更多的在于享受生活,提高生活质量。食品市场趋向多样化、营养化,以满足消费者的需求。甜甜圈作为甜品市场中的特色食物之一,因其外观可爱美观,品种多样,已经成为人们最喜爱的食物之一。

(2) 社会环境。第一,人们的知识文化程度提高,更加注重生活品质的追求;第二,现在人们对新鲜事物比较好奇,愿意尝试这些新鲜事物;第三,在不用担心温饱的情况下,人们对食物的口味、营养价值以及多样化的要求提高。

(3) 国家政策。当前国内颁布了很多改善民生、拉动需求的政策,出现了更多的市场投资。这些政策和投资的出现,为甜甜圈在全国范围的推广提供了宏观上政策的保证和支持。

(4) 市场状况。据统计,法国人不分春夏秋冬全年都在食用甜甜圈经典巧克力口味,年消耗量高达23.3×10^4吨,人均消费28千克,而其他西方国家如美国、荷兰、澳大利亚、瑞典等人均消费量都高达10千克以上。然而在中国这一巨大的消费市场里,人均消费却只有1.7千克。由此可见,目前中国甜甜圈市场行业竞争程度较低、竞争产品较少、发展潜力巨大。中国是一个潜力巨大而还未开发的甜甜圈市场,在未来几十年里将会有令人瞩目的成长机会。

另外,就武汉市场而言,甜甜圈进入武汉市场,因其本身消费者群体的定位分配,在大学生居多的武汉,将会拥有大量的目标消费群体;另一方面,武汉经济环境良好,且消费水平较高。据调查显示,武汉在饮食方面的消费支出占整个消费的大部分,饮食结构更加合理,向营养、科学、多样化发展;最后,武汉地区的消费者也容易接受新的产品,新的尝试,甜甜圈进入武汉市场,不会受到武汉消费者的拒绝,相反会吸引消费者的兴趣,前景良好;并且在武汉,没有不利的政治因素影响甜甜圈的市场,也没有不利的法律影响甜甜圈的销售和广告。

2. 市场营销环境中的微观因素

对市场营销环境中的微观因素的分析主要从这些方面着手:企业的文化、供应商、顾客、竞争对手。

(1) 在企业文化方面。百滋百特公司秉承以人为本的理念,永远向充满朝气、勇于挑战的年轻人敞开大门,尊重每一位员工,并设立完整的系统培训计划,激发工作热情,提升团队精神,贯彻服务理念,以人为本,有序发展。

(2) 在供应商方面。由于武汉百滋百特的营业性质是一个企业的连锁商店,所以商店内的物资都是企业统一采购,当总部那边推出了新产品时,武汉的连锁店会第一时间被通知,新产品的做法也会第一时间被传授于店内的师傅。

(3) 在顾客这一方面。百滋百特甜甜圈按照中国本土的风土人文、口味喜好特征进行了划分，研发创新配方并制定了不同市场的产品开发策略。甜甜圈和咖啡是被誉为美妙无比的组合，非常受消费者的欢迎。

(4) 在竞争对手上。百滋百特以新产品的概念进入武汉市场，面临的现有竞争者主要是在蛋糕行业，如仟吉、皇冠等，以及咖啡厅如星巴克等。另外，如果公司在甜甜圈市场的利润情况比较好，也可能面临一些潜在竞争者。

二、消费者分析

1. 消费者行为分析

一般女性对甜甜圈的偏好大于男性，年轻女性购买巧克力的倾向相当明显。大学生是甜甜圈消费群中极其重要的环节。并且对于武汉这一市场而言，武汉人的消费能力大家都是有目共睹的，对于一些好吃的东西，他们当然不会拒绝，"好吃"就是武汉人的一大特色。

(1) 购买年龄。35岁以下的购买者自己消费的甜甜圈比例很高。尤其是15~24岁的人群为自身消费的主要群体，而35岁以上的消费者购买的产品绝大多数是为孩子购买，特别是35~44岁的人群，这一比例高达86.3%。

(2) 购买动机。通常作为礼物赠送，表达爱的一种方式。在台州甜食市场中，甜甜圈经常作为一种送人的经典好礼，抑或是父母，抑或是情人，抑或是孩子。其次，每一个大苹果在口感与品质上都有保障，味道将是各大消费者购买的首要条件。

而百滋百特刚进驻武汉不久，甜甜圈作为一种新的甜品映入人的眼帘，首先带给消费者的就是新鲜感，但是宣传力度还不够，坐落在光谷天地的百滋百特，周围被一所所高校包围着，因此，大学生成了百滋百特的主要消费群体，大部分大学生都有可观的生活费，加上他们对美好东西的追求，甜甜圈的价格也在接受范围内，所以如果抓住了这一部分消费群，百滋百特的收益是非常可观的。

2. 潜在消费者

(1) 由于对百滋百特甜甜圈的理解不够充分，消费者普遍存在着甜甜圈含糖分热量极高，不仅会使身体发胖，还会导致心血管疾病、糖尿病等错误的认识，致使部分消费者想吃，但又不敢吃、怕吃。

(2) 一些男性会认为甜甜圈是女性的专利，觉得男生吃甜品会影响形象。

(3) 在中国消费者潜意识深处，甜甜圈是完全意义上的"舶来品"，只有欧美的甜甜圈才是真正正宗的甜甜圈。消费者可能会认为，国产的甜甜圈在品质、口感等方面和进口甜甜圈根本不在同一个等级上。

三、产品分析

1. 百滋百特主要产品介绍

(1) 甜甜圈类。传统甜甜圈、QQ甜甜圈、Mini多拿滋、麦芬甜甜圈。

(2) 茶水类。白咖啡、奶茶等，特别是白咖啡，深受消费者喜爱，颜色比普通更清淡柔和，淡淡的奶金黄色，味道纯正，比普通咖啡更有利于健康。

2. 百滋百特主要优势介绍

(1) 百滋百特甜甜圈粉选用葡萄糖为糖分原料。

(2) 巧克力甜度约是普通巧克力甜度的70%。

(3) 选用美国品牌最健康的常温奶油。

(4) 需用不含色素的纯天然果酱。

(5) 吸油量比市场标准低约1/3。

另外在服务方面：武汉地区百滋百特连锁店中，店内人员都是统一着装，食品安全卫生，甜甜圈使用精美的纸盒装，包装精美又环保，店内的环境干净宽敞，前面的图片有介绍。

四、竞争对手分析

1. 行业分析——百滋百特全国竞争分析

行业结构：分层严重。目前，中国甜甜圈行业顶层为大苹果，百滋百特等知名品牌，底层则为各式各样的小型品牌。行业品牌虽然多但都不精，技术管理不到位，市场还待认可。下面，我们选取其中3个主要品牌来对比。

1）啦滋·多拿滋甜甜圈

啦滋是唐鼎餐饮管理（上海）有限公司旗下的一大品牌。啦滋传"美式"文化理念从事于甜甜圈的制作和研发工作。将美国传统的甜甜圈引入中国，致力于口味，技能的研发，以美式口味为基石，结合中国消费者的饮食需求，巧妙的制作技术，温馨的服务态度，打造出全新的甜甜圈品牌——啦滋Lozzi。公司主营美式甜甜圈和咖啡饮料。公司总部设在上海，将在全国主要城市开设多家连锁店，用心打造一流的餐饮品牌。现在，啦滋在全国总共有三家旗舰店，其中两家位于中国美食之乡——成都，一家就是位于中国娱乐之都——长沙。

2）站亭甜甜圈

"Donut Stop—站亭（甜甜圈＆咖啡）是美妍展信餐饮管理有限公司旗下的品牌。Donut即甜甜圈，Stop有两层含义：一个是停下来；一个是候车小站。甜甜圈加咖啡，让人们放松，从繁忙中停下。2010年7月10日，Donut stop—站亭（甜甜圈＆咖啡）在成都首家店璀璨绽放。接下来的数个月，Donut Stop—站亭将陆续进入国内40个发达城市，成为大陆甜甜圈品牌的开拓者。就与烘焙行业的优秀品牌建立战略合作，工厂的设备来自日本、韩国、中国台湾和上海等地的知名厂家，原材料的采购均来自烘焙行业的领导品牌。

3）唐恩都乐

唐恩都乐是一家出售以面包圈为主的烘烤甜点以及咖啡等食品的快餐店，成立于美国，为美国十大快餐连锁品牌之一。截至2008年年底，公司在美国有6395家特许经营店，还在31个国家开设有2440家门市。Dunkin' Donuts于2008年进入中国市场，官方中文名为唐恩都乐，也有人称其为"当肯甜甜圈"。Dunkin' Donuts上海门店将提供60多种口味的高质量美味甜甜圈。通过本地市场调研，甜甜圈的甜度将根据本地消费者的口味而作调整。此外，Dunkin' Donuts将新发展一系列茶饮品，包括传统的中式茶和西式茶，同时引入绿茶、黄豆甜甜圈以及麻糬内馅、富有嚼劲的甜甜圈。

调查数据显示：国内甜甜圈产业地区分布情况为中南占15%，华南占77%，华北占6%，其他占2%，应该说是发展不太均衡。究其原因，首先是南北饮食差别，南方人普遍爱吃甜食；其次是经济文化的发展程度不同，东南沿海地区发展时间早，经济相对较发达。

总之，就以上所述品牌而言，知名品牌大多是外企，例如大苹果（马来西亚）Mister Donut（日本），国内以百滋百特为代表。地区角度：①正规加盟店大多集中在北京、上海、杭州、宁波等大中型城市，小型城市很少；②业内的行业代表当属百滋百特、大苹果等，就武汉地区而言，知名的甜甜圈旗舰店，在武汉就百滋百特一家，因此前景是非常好的。

此外，由于各式蛋糕西点店开始卖起了甜甜圈，很多店还顺便搞打折活动。甜甜圈店的促销力度还不低，如买二送一、买四送一活动等；有的店还推出"品尝月"，在活动期内，指定产品可以买一送一。甜甜圈的花样也五花八门，口味的更新换代相当快。不断地在开发新品，平均一个季度，我们就要更换一半的产品。虽然业内人士表示，房租等成本压力和激烈的市场竞争，目前甜甜圈是微利经营，生意并不好做，但当初那一阵甜甜圈的杭儿风，还是吸引了不少人扑进市场。百滋百特和可圈可点已经在北京、杭州等城市拥有多家分店。

2. 仅针对光谷天地区分析

1）仟吉西饼

（1）优势。光谷天地一块，仟吉西饼的冲击是较大的，虽然蛋糕与甜甜圈有所不同，但同样属于休闲食品，同属于精美的甜品，同属一块地区，那么仟吉西饼的竞争是一定存在的。

仟吉西饼的理念"创造时尚、精致、健康、丰盛的人生"。仟吉公司不仅创造烘焙美食，更是创造着一种生活的艺术，赢得了那些注重生活质量和品位、对烘焙食品有较高鉴赏水平的消费者的充分肯定，也曾经获得过多项荣誉，如武汉市"年度十佳月饼生产单位""最佳中西糕点""中华国饼""中国烘焙最具美誉度品牌""中国杰出饼店"，等等。从这一连串的称号来看，在武汉，仟吉西饼的文化理念已经深入了包括大学生、白领在内消费者的心中。从消费者心理来看，仟吉西饼已在武汉市场存在多年，消费者品牌忠诚度强。而百滋百特在武汉市场上只能说是一个"新兵蛋子"，需要一定的时间去开拓市场。店面在大道外部，在外可以很明显地了解到光谷天地的仟吉西饼的分店。室内可口的糕点制品对消费者吸引力大。

（2）劣势。从购买方式上看，仟吉甜品是商品店，消费者即购随走，不会逗留，更没有一个安静的环境让其坐下来，供消费者闲适地品味。从商品的销售种类上说，仟吉主打糕点类食品，和百滋百特的主打甜甜圈产品还是存在很大区别的。

2）饮品星巴克咖啡

（1）优势。

第一，入住武汉时间长，消费者的对星巴克产品文化的了解较深入，品牌认知度强。2008年星巴克咖啡入住武汉，在随后的几年内又陆续在各商业圈成立，消费者尤其是白领对于其的品牌更加忠诚。

第二，公司的实力雄厚。对其品牌文化所进行的宣传深入人心，其广告"我不在办公室，就在星巴克，我不在星巴克，就在去星巴克的路上。"定位精准，深入消费者。而在关谷天地，随着其发展，白领阶层的消费者日益增多。无疑对这个阶层的消费者，星巴克是不二的选择。

第三，星巴克环境安静，适合商谈事物，舒适自在。光谷天地的星巴克装修风格别具特色，其舒适的环境对于休闲时间的消费者来说，具有很大的吸引力。

第四，咖啡口味纯正，选择较多，价格适中，还有其他甜品可供选择。

（2）劣势。

第一，对于光谷天地，星巴克的潜在消费者有限，集中于白领消费者。

第二，价格偏其他普通的饮品来说，较贵。

第三，对于百滋百特来说，星巴克主打咖啡饮品而不是甜品。

3）光谷天地其他甜点、饮品店

这个片区的商家是武汉百滋百特的直接竞争对手，下面将针对其中存着竞争的几个商家进行简要介绍。

（1）唯咖。定位明确，专卖奶茶和咖啡这类饮品，种类口味比较多；消费群体较多，不论是平常休闲还是逛街休息都可以选择；价格偏高，一般的奶茶价格在12元以上，有的奶茶和咖啡定价在20元以上；店面较小，周围有树语咖啡店，竞争很激烈；店面装修也较为平凡，没有很多的特色；专卖饮品，针对性强，与百滋百特的甜品没有太多竞争性。

（2）帕帕罗蒂。连锁加盟店，主卖面包和饮品，面包包括帕帕香啡包、帕帕巧克力包，其价格都在6元。饮品包括帕帕咖啡、帕帕红茶、帕帕拉茶、帕帕拿铁、帕帕冰沙、帕帕酸甜果汁，其价格在17~20元之间。种类齐全，从甜品到饮品可供选择很多。店面比较小，店内有位置可供消费者休息，但是店门位于拐角的地方，对于顾客的吸引力相对减少。

（3）溏溯甜品店。该店位于沃尔玛一楼美食城，与其他的小店来说，这里相对舒适宽敞，环境较为安静，逛街累了之后就可以进店休息，喝杯饮品；溏溯甜品店主要经营港式甜品，包括三明治、热饮、果汁、奶昔等产品。所经营产品种类齐全，口味众多；其价格在4~15元，大体价格在这个左右波动。不论是学生还是白领这类上班族，都有很多的选择。

综上，我们对百滋百特在光谷天地片区的竞争对手有如下总结。

其优势。所处位置方便，毗邻沃尔玛超市，又有小吃店在附近，消费者口渴可以随时进行购买；价格实惠，不像其他甜品店铺，这类小店一般的饮品店铺价格都在3元，最高不过10元；有的店铺还备有自己的特色主打产品，也有忠实消费者。

其劣势。口感不纯正，店铺流动性大，消费者对其品牌没有多大认知度，店铺也不会对本店的饮品做过多的市场宣传。环境相对较差，没有舒适安静的就座环境，大家随买随走，不会逗留。

五、百滋百特SWOT分析

1. 优势

（1）品牌优势。品牌是消费者和产品之间的完全体验，它是消费者的个性化选择，同时品牌又代表着高品质和高知名度、美誉度等。在甜甜圈市场上，只有知名的品牌才能对产品的原料有所保证。对产品的工艺有非常强的提高。甜甜圈作为一种非常特殊的产品，它对储存和物流等环节的要求非常高，所以只有知名品牌才能向消费者提供这种保证，同时向消费者提供稳定的、高质量的产品。而百滋百特专业致力于国际时尚产品，以"做中国最好的甜甜圈"为使命，在杭州市场已经树立了一定的品牌的形象。

（2）百滋百特首先进入武汉市场，将会优先得到武汉消费者的认可和喜爱，在武汉甜甜圈市场上也会占领很重要的一部分。

（3）产品优势。甜甜圈是继面包、蛋糕后的又一次甜点革命，百滋百特拥有各种各样的口味、风味独特、色彩绚丽、价格适中的特点，深得一大批消费者的喜爱。根据不同的地域来开发不同的口味，充分满足消费者需求。

（4）完整的技术培训体系。加盟商至少派2名员工到总店接受专业技术培训和管理培训，时间为4周，直至技术基本要领掌握熟练为止。在新店开业前总店派大师傅到新店专门传授技术，直到操作熟练能正常营运，再分批撤离。在营运过程中总部技术人员会随时进行技术指导和营运指导。

（5）装修风格和生产流程优势。正式合同签订后，由公司统一进行门店的装饰设计，以保证店面风格统一，加盟商必须要求和监督施工队按照公司的装修设计方案进行店面装修施工。

（6）产品展示陈列柜以艺术长廊的手法，使顾客在排队选择绚丽多彩甜甜圈时有一种美的享受。

2. 劣势

（1）缺乏对武汉市场的了解。表现在武汉市场流通体系、市场结构、中小城市分销渠道与形式、地域差异、消费心理、消费行为、饮食文化、口味差异等把握上不够全面、详细和真实。百滋百特是第一家驻入武汉的甜甜圈品牌。

（2）消费者对甜甜圈的误解。由于对甜甜圈理解不够充分，消费者普遍存在着甜甜圈含糖分热量极高，不仅会使身体发胖，还会导致心血管疾病、糖尿病等错误的认识，致使部分消费者想吃，但又不敢吃、怕吃。

（3）店铺太少。在整个武汉地区只有一间百滋百特，造成了大部分在较远地区的甜甜圈爱好者由于路程太远而放弃。其次加盟费太高，这对扩大销售范围造成一定的困难。

3. 机会

（1）摒弃了传统的烘烤经营模式"工厂＋配送"，打造了新的烘焙概念——"现场制作＋创意包"，与同类产品具有可比性。

(2) 对中国消费群体来讲，甜甜圈还是比较新的食品。武汉市高校聚集区，大学生闲暇时间较多，光谷天地由于是新建不久，人流量不及武汉关谷广场，但是在未来的发展中，人流量一定会有质的飞跃，并且在沃尔玛中的甜品店就只有仟吉西饼，还有一些小的奶茶店，竞争力量不强。

(3) 作为第一家驻入武汉的甜甜圈品牌，百滋百特不论在市场竞争还是消费者的认知程度，将会大大提高。

4. 威胁

(1) 甜甜圈作为一种甜品，并不能用来填饱肚子，吃饭还是必需的，它只是正餐以后的一种调剂。因此，只能被当作零食，作为一种零食，甜甜圈的市场容量不是很大。

(2) 原材料的价格上涨，甜甜圈制作的时间也较长。甜甜圈的制作工艺是不可复制的，每一个环节都要求标准化，对于设备和原料的要求也比较高，这使其在制作、原料运输、选址等方面的要求比较高。倘若其中一个环节脱节，将有可能造成成本增加，入不敷出，甚至是品牌名誉受损的严重后果。

(3) 其他品牌跟随百滋百特进入武汉，抢占市场。

总结：百滋百特要抓住进驻甜甜圈市场第一的优势，加强对本品牌的宣传以及产品的介绍，迅速占领武汉市场，创建甜甜圈百滋百特为第一的理念，加强消费者对甜甜圈的认识了解。

第三部分 广告策略

一、广告目标

(1) 百滋百特武汉店提出的目标。百滋百特作为首家进入武汉地区的专业甜甜圈品牌，必须率先打响知名度，让武汉消费者提到甜甜圈就想到百滋百特，确定百滋百特在消费者心中的甜甜圈专业品牌的主导地位。

(2) 根据市场情况可以达到的目标。由于专业甜甜圈对武汉市消费者来说属于新事物，对甜甜圈的消费并没有形成一个消费习惯，通过引导消费者对甜甜圈的新认识，进而达到对甜甜圈就是百滋百特的深刻认知是我们的广告目标。

二、目标市场策略

以各大学校区在校学生主体，附近中学青少年为补充，店面附近小区住户为潜在客户，以开拓扩大甜甜圈市场提高百滋百特知名度为主要目标市场战略。

三、产品定位策略

(1) 产品依然在口味与质量方面有极高的品质追求，在技术上则着重于对新产品的开发，以此迎合目标消费群众对口味的追求以及其饮食习惯。

(2) 高档定位。针对目标受众对时尚品位、绿色健康生活的追求，有利于确立时尚消费品的地位，运用大学生的从众心理和积极追求高层次生活品质的意识，百滋百特甜甜圈将会吸引目标受众群的消费欲望。

四、广告媒介策略

武汉大学生位居全国第三，人群流量大，人口众多。我们制订了如下媒介组合策略：户外公交站牌广告为主，加之DM单和网络媒介微博营销辅助。

第四部分 广告计划

一、广告目标及时间

广告目标：武汉大学生（女生为主）。

广告时间：因为百滋百特将在5月1日在武汉会再开两家店，到时武汉三区共同投放广告，所以时间定为：2012年5月1日—7月31日三个月的时间。

二、广告表现

1. 广告主题:"新半糖主义——让想瘦变为享受"

百滋百特甜甜圈低甜度、纯天然果酱。保持身材固然重要,但不用亏待自己。尽情享受或者想瘦吧!具体平面广告设计如图 8.3 所示。

图 8.3　百滋百特甜甜圈

2. 广告表现

本次策划活动的广告表现主要涵盖两方面:①户外广告公交站牌广告(车内灯箱广告+路牌名);②DM 单广告(形式为三折,具体平面如图 4 和图 5 所示)。

图 8.4　DM 单广告

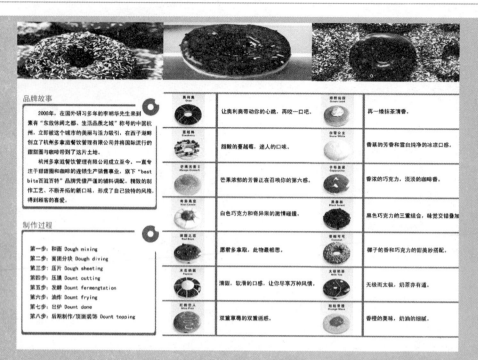

图 8.5 DM 单广告

三、媒介排期表（表 8-1）

表 8-1 媒介排期表

媒体名称	形式	宽度×长度	版面	时 段	刊例价	折扣	金额/元
武汉众鑫同乐文化传播有限公司	路名牌	120cm×180cm	3个	2012年5月1日至2012年7月31日	3600元/块	70%	22680
武汉引力广告有限公司	车内灯箱	42.3cm×57cm	10个	2012年5月1日至2012年7月31日	41800元/3月	70%	29260

第五部分　公关活动

一、百滋百特微博营销

新浪微博的流行我们不需过多介绍，但是我们小组始终强调的是绝不盲目跟风，只做最适合的。我们关于新浪微博营销活动的创意来自于三点。第一，百滋百特的定位是休闲食品，是潮流食品，消费受众也多是年轻消费者；第二，百滋百特的老板本身是一位很潮的女性，据我们小组人员向店面负责人了解到老板是一个经常玩微博的人，关于这个微博营销活动她比较容易接受以及理解，此次营销活动叫做投其所好；第三，百滋百特需要微博的力量，企业资金也足够充足。微博营销活动我们小组分为两块进行。

1. 微博勋章

微博勋章符合一种时尚潮流，据我们小组人员了解，有很多消费者在购买甜甜圈之后都会将美味分享，而且他们的每一次分享，百滋百特的老板均会转发并给予一定的评论。与新浪微博接洽，注册建立一个百滋百特的微博勋章命名为"百变身份";参与活动的人只需关注百滋百特微博,加入粉丝群,并进行一次参互动,互动要求分享自己购买甜甜圈或者转发百滋百特微博的图片等,这样便可以获得微博"百变身份"勋章。获得微博勋章的人,如能每星期晒一张甜甜圈的照片分享美味@给不同的身边好友,分享一条可累积10分,身边好友转发一次得一分,每天仅限一次,可凭微博勋章身份并带上分享微博的截屏进入本店,获得相关优惠。

  附:累积58分 可获本店迷你多拿滋球一个。

    累积188分 可获甜甜圈四只装的9折优惠。

    累积488分 可获本店六元甜甜圈一个。

    累积1888分 可获甜甜圈六只装的8.5折优惠。

    累积5666分 可获甜甜圈十二只装的8折优惠。

    累积9888分 可获周末DIY甜甜圈门票一张,第二张9折优惠。

2. 微博摇摇乐

在介绍活动前,我们先分享这个创意。可能很多人会觉得这个游戏很幼稚、很无趣,但是我们小组人员认为好广告不如巧广告,关于摇摇乐的游戏,它旨在将游戏与介绍产品相结合,因为百滋百特甜甜圈的品种很多,消费者在参与这个游戏的同时也会发现或者感慨甜甜圈的品种多,外观精美等。这就是我们做这个互动游戏的目的。参与互动小游戏只需要关注百滋百特微博,参与百滋百特微博互动小游戏。每天每个人一次机会,投放一个月的时间。摇摇圈图片产品一致的情况下,获得验证码,点击进入官方微博,获取百滋百特甜甜圈的10元代金券一张并转发微博@三个人,然后官方微博会对此进行抽奖每周100位。

二、百滋百特甜甜圈DIY活动

百滋百特位于光谷天地,店面分为两层:一楼是卖产品;二楼是卖服务卖活动。二楼DIY甜甜圈即将对外开放,爱好甜甜圈的消费者可以亲自动手,制作出具有自己特色的甜甜圈。寿星与朋友、家人见证成长;情侣录下爱情的回忆;父母与孩童享受家庭的温暖,参与亲子互动,等等。

1. 活动时间

周一至周五:9:00—12:00;14:00—17:00。

周六至周日:8:00—12:00;13:00—19:00。

2. 活动要求

周一至周五,参与活动的消费者,每人28元,每个人仅限DIY 5个甜甜圈;周六至周日,凡参加DIY甜甜圈活动者,上午每人38元,下午每人48元。会员卡的九折优惠仅限于周末下午时段的消费者。

3. 活动优惠

凡一次性在店内消费满88元,可赠送价值DIY甜甜圈体验卷一张(限2人使用,体验时间为周一至周五的一个小时),如在周末使用需每人付18元的费用。凡一次性消费满188元,赠送至臻体验券一张,不限时段,仅限两人使用。

4. 团体优惠

按人数进行计算:周一至周五,5~10人,每人25元;11~20人,每人22元。周六至周日,5~10人,上午每人35元,下午每人45元;11~20人,上午每人32元,下午每人40元。团体优惠与会员卡不可重复使用。

5. 活动指导

穿上百滋百特专属工作服,在面点师的指导下操作。

三、百滋百特团购活动

甜甜圈是一种适合情侣、家人、三五好友一起享受的甜点，因此，我们会通过与拉手网、窝窝团、糯米团等武汉知名团购网站的合作，将百滋百特的品牌迅速深入武汉消费者之心，形成其对品牌的认识、好感及购买习惯，同时，也能为百滋百特在武汉的第二家、第三家……分店打下坚实的受众基础。

第六部分 营销策划预算

一、微博活动：5000元。

二、工作服制作：1000元。

三、体验券制作：500元。

四、团购合作：1000元。

五、店内外宣传物料：800元。

附件：百滋百特甜甜圈武汉店市场调查问卷。

亲爱的顾客您好，百滋百特甜甜圈初进武汉市便得到众多客户的喜爱，为了给您提供更优质的服务，百滋百特武汉店诚挚地希望您能抽出一点宝贵的时间回答下列问题，非常感谢您的参与和支持！

1. 您的性别是（　　）。
   A. 男　　　　　　B. 女
2. 请问您的年龄是（　　）。
   A. 14岁以下　　B. 14～25岁　　C. 26～35岁　　D. 35～44岁
   E. 45～60岁　　F. 60岁以上
3. 您买的甜甜圈是准备（　　）。
   A. 自己吃　　B. 送朋友　　C. 给恋人或爱人　　D. 给孩子
4. 您一般在什么时段来百滋百特？（　　）
   A. 中午　　B. 下午　　C. 晚上　　D. 不定
5. 您大概多久光顾一次百滋百特？（　　）
   A. 第一次来　　　　　　B. 每周都会来一两次
   C. 很少
6. 您认为百滋百特武汉店的优势在哪？（多项选择）（　　）
   A. 品牌形象有档次　　　B. 味道好
   C. 天然原料含糖低不易胖　　D. 店内休闲舒适
   E. 服务员态度良好
7. 您认为百滋百特武汉店劣势在于（多项选择）（　　）。
   A. 大多数人认为吃甜甜圈易发胖　　B. 百滋百特品牌在武汉并不响亮
   C. 百滋百特味道一般　　　　　　　D. 包装不够精美
8. 您认为百滋百特武汉店最大的竞争对手是（　　）。
   A. 仟吉西饼、皇冠蛋糕　　B. 甜心坊
   C. 星巴克咖啡　　　　　　D. 其他
9. 如果您想吃甜品，您会选择下面哪个品牌？（　　）
   A. 百滋百特　　B. 仟吉西饼　　C. 皇冠蛋糕　　D. 其他
10. 您觉得百滋百特甜甜圈在您的生活中象征着什么？（　　）
    A. 休闲舒适的生活　　　B. 甜美的爱情
    C. 美味　　　　　　　　D. 其他

11. 百滋百特武汉店将针对武汉市场做一些宣传活动，目的是扩大知名度，您对此有哪些好的意见或建议？
_____

以下是本次实地调查结果的分析。

（1）购买甜甜圈的消费者多是年轻女性，占76.8%。在女性消费中，市场比较广，不管是消费者买给自己吃，或者是孩子或者是朋友、情侣等，女性消费者多半是最后的消费者。

（2）针对调查问卷的第三题，四种答案。四种比例分别为32.58%、20.44%、31.75%、15.23%。这个结果也是小组做调查问卷所能预计到的，第八题的结果也是同样，百滋百特甜甜圈可以象征很多东西，不只是爱情等，这样表示甜甜圈的定位不受限制，市场广阔，消费群比较广。

（3）调查问卷的第四结果。结果显示消费者多半选择在下午进行消费，比例也高达57.43%，当然也有27.48%消费者的时间不是固定的。这样的数据显示为我们的DIY甜甜圈的活动提供了资料，根据闲时和忙时制定不同的价格单和活动细则。

（4）另外，上述消费者光顾店面的频率也不是很高，每周都会来一两次的比例只占28.56%。同时这也说明百滋百特的名声不够响亮，有41.64%消费者是作为第一次的光顾，分店比较少，所以29.8%很少过来，但每次过来的消费也比较高。

（5）消费者购买甜甜圈的理由有很多，当然他们所选择的都是百滋百特现在做得很好的一些方面，继续保持这些优异的条件，守住我们的老顾客。

（6）消费者了解到百滋百特多是从朋友介绍的和在光谷天地逛街路过，这样的传递方式会比较慢，也显示百滋百特的宣传比较被动。

（7）在问卷最后，我们总结出消费者对百滋百特店面的意见或者建议。价格有点贵，促销活动不多；没有分店，购买不方便；广告宣传影响力不大，不是很了解；应该办理类似于积分卡或者会员卡的优惠，等等。

（8）小组成员对问卷结果进行分析。分析认为：百滋百特急需打响市场，让更多的目标消费者心动并采取行动；在百滋百特甜甜圈价格不变的情况下，应该办理积分卡或者会员卡等，例如家庭卡、情侣卡、学生卡等；在开分店的时候，应该用吸引人的公关活动来一炮打响，例如上述提到的微博活动，DIY甜甜圈活动等。

本 章 小 结

"策划"最早出现在《后汉书·隗器传》中"是以功名终申，策画复得"之句，而我国引入"广告策划"的概念，大约是在1984年，当时有部分学者撰文呼吁，要把现代广告策划引入中国的广告实践中，树立"以调查为先导，以策划为基础，以创意为灵魂"的现代广告运作观念。正是因为这一举动，中国广告行业逐渐迎来自己的春天。

广告策划分为宏观和微观两种：宏观广告策划指一系列的广告活动都在一个广告目标的统领下进行规划和决策；微观广告策划只对一个或几个广告活动环节进行策划。一次成功的广告策划，可以使广告成功沟通企业和消费者，可以使广告激发消费者购买欲望，可以使广告选择正确的传播对象和媒介，可以使广告成为"大规模消费-大规模销售-大规模生产"这一市场经济运作模式的催化剂。因此，在市场竞争日益激烈的今天，广告策划越来越受到企业的青睐。

广告策划是一系列集思广益的复杂的脑力劳动，是一系列围绕广告战略、策略而展开的研讨活动和决策活动,一个完整的广告策划必须包含策划者、策划依据、策划对象、策划方案和策划效果评估五大要素。广告策划具有目标明确、层次分明、统筹全局、调整有据和预见未来的特征,五大要素之间和谐和有序的配合,促使广告效果的产生与提升。一次完整的广告策划从成立项目小组开始,继而向相关部分下达任务、商讨广告战略战术,这其中也包含着"广告调查"的环节,然后通过撰写广告策划书向客户进行提案并获得审核,最终正式实施。这是一个需要各部门、各成员完美配合,集计划性、科学性、预见性与创意性于一身的重要活动。

在本章,我们学习了广告策划的基本知识、广告策划的内容与流程及广告策划书的撰写。

习　　题

一、填空题

1. 广告策划的要素包含策划者、策划依据、_____、_____和_____。
2. 广告策划的定义分为_____和_____两种。
3. 一份完整的广告策划书包含市场分析、广告策略、_____、_____以及附录。

二、选择题

1. 广告策划的原则不包含下列哪一项?(　　)

   A. 统一性原则　　　B. 变化性原则　　　C. 操作性原则　　　D. 针对性原则

2. 广告策划的特点有(　　)。

   A. 目标明确,层次分明　　　　　　　　B. 统筹全局,调整有据

   C. 创意鲜明,卓有成效　　　　　　　　D. 计划缜密,预见未来

三、思考题

1. 如何理解广告策划?
2. 广告策划内容依据什么?
3. 制订广告策略要考虑哪些因素?

四、案例分析题

1. 请尝试以小组为单位,自选主题制作一份广告活动策划方案。
2. 分析一下金六福的广告策划。

第三部分

第9章 报刊广告

在这个信息狂热的时代,传媒内容价值的重要性在很多时候被大大减弱,新媒体发展迅猛,传统媒体加速改革。尽管报刊广告的地位不如从前,但其发展在广告中的作用和地位不能磨灭,甚至有人认为它是广告中最后"一方净土"。那么,报刊广告究竟该何去何从呢?

教学目标
1. 简要了解报刊媒介。
2. 了解报刊广告的基本知识。
3. 掌握报刊广告的创意方法。
4. 掌握报刊广告的运作策略。

教学要求

知识要点	能力要求	相关知识
报刊媒介及报刊广告概述	(1) 了解报刊媒介及报刊广告的内涵 (2) 了解报刊广告的分类、存在的问题	广告史
报刊广告创意	(1) 了解报刊广告的创意要求 (2) 掌握报刊广告的文案及色彩创意 (3) 掌握报刊广告的画面及形式创意	广告学、设计学
报刊广告运作	(1) 了解报刊广告运作的总体要求 (2) 掌握报刊广告运作策略	广告学

推荐阅读资料

1. [美]兰斯，沃尔. 奥美广告创意52条法则[M]. 张旭，贾治华，译. 北京：东方出版社，2012.
2. 周雅琴. 平面广告创意设计与文案创作[M]. 沈阳：辽宁科学技术出版社，2010.
3. 赵世勇，张兵，朱颖芳. 疯狂AD·创意广告[M]. 天津：天津大学出版社，2013.
4. 周伟. 百年中的经典时尚——时代印记：穿行于中国百年报刊之林[M]. 北京：光明日报出版社，2005.
5. 张永典，王晶晶. 高校视觉传达设计系列：报刊广告设计[M]. 天津：天津大学出版社，2010.
6. 涂晓华. 报刊创意与策划[M]. 北京：中国广播电视出版社，2009.
7. 莫梅锋. 互动广告发展研究[M]. 北京：新华出版社，2012.

基本概念

报刊广告：是报纸和期刊杂志媒介进行广告宣传的广告形式。之所以称为报刊广告，是因为中国近代报纸和刊物很多是融在一起，报纸和杂志尚未严密区分开来，报刊广告是报纸和初期杂志刊物广告的笼统称谓。

引例

德国Verkehrs WACHT公益广告：别让安全带变成你遗容上的黑布，如图9.1所示。

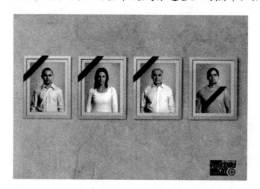

图9.1 德国Verkehrs WACHT公益广告

这幅平面涉及德国的一个习俗，在悼念逝者时，按照德国的方式，会用黑布遮住了照片中死者的遗容，供想祭奠的人掀开纪念，以此表示对死者最后的尊重。所以，别让安全带变成你遗容上的黑布，很简单、也很叫绝的"系好安全带"公益广告。整幅作品简单、有力，过目难忘，诉求点突出，是一则优秀的报刊广告。

9.1 报刊媒介概述

9.1.1 报刊媒介的定义

1. 报纸的定义

报纸是指以刊载新闻和时事评论为主的定期向公众发行的印刷出版物。它具有一定的舆论监督和引导作用。

中国最早的报纸是战国时期（公元前403—前221年）的"邸报"，其形式为抄写皇帝谕旨和官员奏议的刊物，基本具备现代报纸的特点。而世界最早的报纸《每日纪闻》要晚于中国，它于公元前60年诞生于古罗马，最初它只是一个有着告知公众作用的公告牌，随着时间和技术的发展，开始以布匹的形式进行大范围的传看，算是世界上最早的逐层传播。

2. 杂志的定义

杂志又称为期刊，指有固定名称，用卷/期或年/季/月顺序编号，按一定周期出版的成册连续出版物。它往往专注于专业知识的传递及潮流时尚的引导。

世界上最早的杂志是1665年1月，由法国人萨罗出版的《学者杂志》，如图9.2所示。而中国最早的杂志诞生时间稍晚，1833年7月，汉学家郭实腊在广州创办了中国的第一本杂志《东西洋考每月统记传》，使用清代皇帝年号纪年，如图9.3所示。

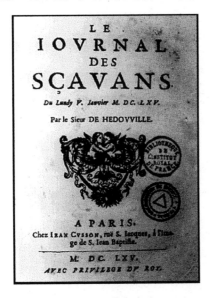

图9.2 《学者杂志》

图9.3 《东西洋考每月统记传》

3. 报刊媒介的定义

目前，行业内并未对报刊媒介做出专门的定义，因为报纸和杂志虽然常常一起被提及，但它们还是有着较大的差别的。因此，我们可以说报刊媒介就是报纸和杂志媒介的统称。作为传统媒介的霸主之一，报刊媒介一直备受广告主的青睐。虽然进入21世纪以来，其地位受到网络媒体和手机媒体的冲击，但仍旧保持着较高的位置。

9.1.2 报刊媒介的特点

平面广告一般是由"图案"和"文字"组成的，它包含插图、商标、文字、色彩四大要素。报刊媒介广告大多以平面广告的形式为主，因此，对平面广告基础知识的掌握能有效帮助我们学习报刊广告。而这一点，我们从报刊媒介的特点上可见一斑。虽然都是纸质媒介，但由于报纸媒介和杂志媒介特点上的差异，广告人员在进行广告创意和制作时，必须充分考虑其优劣势。

1. 报纸媒介的特点

通过多年来报纸媒介的观察与分析,我们将报纸媒介的特点总结为以下8个方面:

①以文字和画面为传达信息的主要手段;

②受众范围广,媒介覆盖面大,适用于大众产品;

③制作方便、周期短,比杂志和图书传播迅速,画面和印刷相对粗糙,艺术感染力较差;

④与电视、广播媒介相比,有效保存时间更长,与杂志、书籍相比,有效保存时间更短;

⑤一些历史较悠久的报纸在公众中享有较好的公信力;

⑥以报道新闻为主,广告作品一般不能居主要位置,但容易制作软文广告及广告专版;

⑦阅读不受时间、地点、设备的限制,价格便宜;

⑧读报一般是读者的生活习惯之一,所以报纸是一种主动阅读而且传阅率较高的媒体。

综上,选择报纸媒介应该着重考虑其发行量、发行地区、专业领域(都市报/财经报)、配套服务、印刷效果等因素。

2. 杂志媒介的特点

作为与报纸类型相同的媒介,杂志媒介有以下7个方面的特点:

①以文字和画面为传达信息的主要手段;

②受众范围较窄,有着清晰的读者群分界,便于广告主选择;

③制作复杂、周期较长,比报纸媒介的印刷精美,艺术感染力强;

④比电视、广播、报纸媒介的有效保存时间都长,一本杂志在人们手里可能要传阅一个月甚至几个月的时间,除了网络,它是广告传阅时间最长的媒介;

⑤行业知识较多,广告可信度比报纸高;

⑥阅读不受时间、地点和设备的限制,价格较报纸而言贵一些;

⑦由于杂志媒介内容和材质精致,杂志广告的创意更容易推陈出新。

综上,杂志媒介的选择应首先考虑其杂志类型、读者构成、发行周期、读者喜爱度等。

9.2 报刊广告概述

9.2.1 报刊广告的定义

报刊广告是报纸和刊物媒介进行广告宣传的广告形式。之所以称为报刊广告,是因为中国近代报纸和刊物很多是融在一起,报纸和杂志尚未严密区分开来,报刊广告是报纸和初期杂志刊物广告的笼统称谓。

9.2.2 报刊广告的分类

1. 报纸广告分类

（1）普通广告是指以工商类广告为主，包括整版、半版、跨版、通栏、中缝、报眼广告等，按版面位置的重要程度及版面大小收取费用。

（2）分类广告是指版面位置相对固定、规格较小的非工商广告，具有篇幅短小、收费低廉、方便快捷等特点，适合中小型企业。

（3）特约栏目广告。都市报中常见的汽车专刊或房地产专刊，集咨询、知识和广告于一身，效果效果较好。

2. 杂志广告的分类

（1）普通广告是最主要的杂志广告形式，根据版面的位置和大小分为：封面、封底、内页整版、内页半版等，封面和扉页广告效果最好、价格最贵。

（2）赠品广告是指利用包装手段，在杂志内夹带产品的试用样品等，是消费者喜闻乐见的杂志广告形式。

（3）特约栏目广告。时尚杂志中的护肤品/彩妆品专栏，带有一定的软文及植入式广告的色彩，一般通过"消费者"的使用心得及体验来推荐某一种或几种产品。

不同的版面、篇幅和类型会直接影响报刊广告的价格。因此，我们要充分了解目标受众的喜好及产品自身的特性，选择恰当的报刊媒介进行广告宣传。

9.2.3 报刊广告的问题

作为最常见的广告形式之一，报刊广告普遍存在我们的生活之中，它影响着我们的消费，进入到我们的探讨，甚至改变着我们的生活。优秀的报刊广告能引领良好的生活态度和前沿的潮流时尚，低劣的报刊广告会降低消费者对商家的信任，甚至使消费者遭受人身伤害和财产损失。下面介绍报刊广告中存在的两大问题。

1. 虚假广告

虚假广告是指在广告中对产品/服务吹嘘造假，言过其实。由于杂志的受众群体相对小众，且习惯于走高端路线，因此杂志中的虚假广告相对较少；而报纸面向普罗大众，发行间隔时间短，广告费用较低，故大多数虚假报刊广告都集中于报纸之上，尤其是美容和医疗行业，常常以"全国第一""全球首例"的字眼迷惑消费者，导致其上当受骗。

当年"SK-Ⅱ事件"的爆发正是因为产品使用效果不仅没有像广告宣传的那么神奇，反而伤害到了消费者的皮肤，虽然现在的报刊中偶尔还能看到SK-Ⅱ广告，但其产品形象已经大打折扣了。这两年，郭德纲所代言的"藏秘排油"广告也饱受诟病，代言人形象与产品功能诉求不符，产品广告语过分夸张，导致广告刚刚在报纸上登出，就遭到了消费者的批评。

2. 广告新闻

广告新闻是以新闻形式宣传广告的内容，从其内容和目的来看，它属于广告，是不能纳入新闻之列的。也正因为如此，广告新闻与新闻容易鱼目混珠。新闻是对事实的报道，广告是一种有偿宣传，两者应该是分开进行的。

但近年来我们发现，打着新闻的幌子来做广告的商家越来越多，让消费者雾里看花、真假难辨，被"新闻"吸引的同时已经中了广告的圈套。虽然"广告新闻"的效果不错，但这一做法不仅影响了我国新闻的公信力，也扰乱了广告市场的秩序，因此，我们应该拒绝这样的宣传方式。如图9.4所示就是一则典型的"广告新闻"，它抓住了情人节的契机，借着电视节目"非诚勿扰"和"我们约会吧"的火爆，在武汉光谷街头上演了一出"街头相亲"的戏码，引起了众多路人的围观甚至是参与。其实，这是一家网络营销公司为其代理的东风风神汽车策划的一次"广告新闻"，照片把汽车的标志放在了显眼的位置，广告的采写和发布也都是前提安排好的。试想，如果你看到这样一幅场景，会被吸引过去吗？

图9.4　广告新闻

严格意义上来说，"广告新闻"本质上是有偿新闻的一种，但新闻若有偿，我们每天该看什么？纵观中国，有偿新闻的现象不同程度地存在，消费者随时都有"中枪"的可能。其实，在《中华人民共和国广告法》有禁止"广告新闻"的相关条例，但执行的效果一般。那么，如何杜绝"广告新闻"呢？我们要从媒体、受众、广告主和法律等多方面来解决。

1）国家要加强法律法规的监管力度

面对"广告新闻"不断蔓延的趋势，国家要完善新闻、广告方面的法律法规，制订严格的监管制度，从而让"广告新闻"无法立足。

2）媒介要认清社会责任，严格自律

报刊媒介在大众媒介中有着主导地位，尤其是报纸媒介，它几乎成为人们日常生活的一部分，人们通过报刊媒介不仅可以了解时政新闻、省市要闻、行业咨询等，更希望通过报刊媒介进行阅读补充和放松。然后现在有很多报刊媒介为了牟取利润，不顾自己的社会责任，大肆刊登"广告新闻"，造成了消费者不必要的损失，这样的做法，会使它们失去受众的信任和依赖。

3) 广告主要端正思想，多在广告创意上下功夫

追求利益是每一个商家的"天职"，但利益的合法化是基础。通过"虚假广告"和"广告新闻"来获取的利益是眼前的利益，广告主失去的将是消费者长久的信任和更长远的利益。要想达到最优的广告效果，投机取巧是靠不住的，做好广告前期的调查、中期的创意与制作、后期的跟踪与总结才是广告制胜的法宝。

4) 受众要辨别真伪，帮助监督

并不是每位消费者都有"火眼金睛"，因此，为了避免损失、减少伤害，消费者要加强辨别真假新闻、真假广告的能力，要有一颗冷静的心，面对那些"天上掉馅饼"的诱惑要主动远离。此外，要肩负起公民监督媒介的责任，更好地保护自身利益。

9.3 报刊广告创意

9.3.1 报刊广告的创意要求

1. 报纸广告的创意要求

1) 主题及形式醒目，视线流畅

由于报纸图文排版密集、印刷效果较差且以黑白颜色为主，所以，报纸广告创意的首要要求就是主题及形式醒目，让人一眼就能看到。可以通过较大的字体或干净的画面，配合上新颖的表达形式来做到这一点。此外，视线的流畅也是相当重要的，要知道消费者是很不情愿去找中缝或角落里的小广告的，也不要把广告藏在新闻的边角。

2) 内容表达单纯，表现关联

报纸媒介是一种浅阅读媒介，报纸上的文字很多，当人们已经看了各种各样的新闻之后，就没有精力去看那些复杂的广告了，因此，报纸广告创意的内容表达要单纯，不要制作一些隐晦难懂的报纸广告，让消费者来猜。与此同时，尽量做到广告品类与报纸当页内容有一定关联，比如我们在"某市成立汽车工业园"的新闻版中刊登某汽车品牌的广告，这样的关联，顺应了消费者的思维，往往能收到较好的广告效果。

2. 杂志广告的创意要求

1) 色彩运用良好，图文搭配合理

杂志媒介最大的特色就是印刷精美，色彩明快。因此，我们要善用这一特色，在进行杂志广告创意时首先利用好"色彩"这一王牌，无论是经典的"黑白配"、流行的"黄蓝撞色"还是永远引人注目的"中国红"，都要在抓准产品调性的同时完美运用。要让我们的杂志广告从第一眼就能吸引人并为之欣赏。

图文的搭配也是相当重要的，因为杂志广告大多以图片为主、文字为辅，因此，杂

志广告的重点是图片的选择，而文字不过起"画龙点睛"的作用而非"画蛇添足"。

2) 美好氛围浓郁，画面戏剧感强

杂志的阅读往往是在美好的环境和放松的心情之下的，所以，杂志广告应该为消费者保持这样的情境甚至创造更美好的情境。比如人人都拥有的"环游世界"的梦想，在现实生活中或许无法实现，在杂志广告中却可以很好地融入这一点，通过带给消费者无限美好的憧憬，去柔化广告的商品性，将产品信息压缩到最低限度，而着重表现生活情趣、生活方式、情感和期望等，力求以情动人，在产品和目标消费者之间建立情感联系。

另外一类报纸广告则是着重画面的喜剧感，通过夸张的画面或者悬疑的情节，让消费者印象深刻或者参与思考，最后再解开谜底，从而达到产品宣传的效果。

如果说报纸广告属于"硬推销"，那么杂志广告就是典型的"软推销"。

9.3.2 报刊广告的文案及色彩创意

1. 报纸广告的文案及色彩创意

受到印刷和版面的限制，报纸广告在画面上的表现力较低，因此，它在文案创意上必须达到较高水准。报纸上最常见的广告就是房地产和汽车广告，而这类广告中最常见的就是一张巨大的图片配上一些"尊冕风尚""至尊名邸""全城热卖"等浮夸广告语，因广告风格相似度极高，往往被消费者忽视，即便看过，也很难记住自己看到的是哪个楼盘、哪台车。

要做到报纸广告文案的创意，首先要摒弃的就是"浮夸跟风"。令人欣慰的是，近年来，一些知名房地产公司已经意识到这种落后的风格，开始主打"情感牌"，如金地的"每个人心中都有一个居住童话"、万科的"看不见浮华，正是价值所在"都是较好的报纸广告文案。还有《北京晚报》"晚报，不晚报"系列广告，分为"反对晚报""新闻不晚报""生活不晚报""时尚不晚报""中国，不晚报"等主题，被誉为报纸广告文案中的典范，如图9.5所示。

报纸广告的色彩创意相对较难，因为单色（黑白）、套色（黑白红）或彩色的选择，直接关系到价格的差异。于是很多商家为了省钱，直接跳过创意层面，导致我们眼中的报纸广告毫无吸引力。其实经典的黑、白、红同样有创意的基础，黑白可以营造复古怀旧情怀，红白尽显年轻活力，黑红有着较强的视觉冲击力，只要你用心，看似简单乏味的报纸广告也能玩出大创意。

2. 杂志广告的文案及色彩创意

杂志广告由于先天的色彩条件，所以在色彩创意上可以大做文章，而文案创意往往只是点睛之笔，无需要太过烦琐的抒写。关于其文案及色彩创意，要注意以下两点。

1) 通过色彩搭配突出画面视觉冲击力，给消费者以不同的想象空间

红色象征热情、喜庆、爆发、危险，绿色象征和平、希望、安全、成长，蓝色象征凉爽、理性、忧郁、自由，黑色象征严肃、邪恶、恐怖、孤独……每一种颜色都有其不同的象征意向，广告创意人员正是根据消费者对这些不同的感觉来进行色彩创意的。比如年轻人热衷的"苹果"电子产品的广告，大多是干净的白色，以表现出其"时尚高科

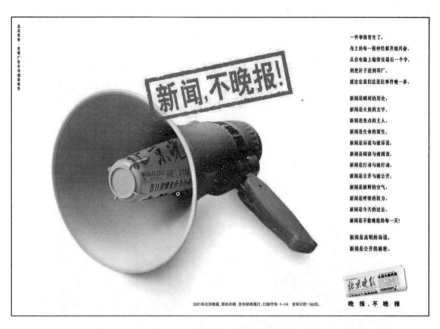

图 9.5 《北京晚报》经典广告

技"的调性;老牌饮料可口可乐从诞生至今一直坚持着它的大红色,在中国人逢年过节的时候都特别应景。这两年时尚界流行的"复古风"在杂志广告中也得到了充分体现,不仅在产品和模特身上利用了大胆的撞色,在颜色的处理上也都增加了一些怀旧元素。

2)大标题,小文案,以杰出的创意和不同诉求形式抓住受众的注意力

虽然说杂志广告大多以画面为主、文案为辅,但有时候反其道而行之可以收到意想不到的好效果。如图 9.6 所示为一则杂志广告,它是一则推广普通话的广告,如果我们直接采用教条式的方式在画面中写上"请讲普通话",一定会引起受众的无视甚至是反感。而它通过纯文案的方式,加入幽默的感觉,通过左右的对比,让受众自己意识到原来不讲普通话会带来这么多误会,这样,他们就会主动地加入到推广普通话的行列,广告效果不言而喻。

图 9.6 普通话推广广告

9.3.3 报刊广告的画面创意

好的画面总是能代替千言万语,因此,在报刊广告的画面创意上,我们将报纸广告和杂志广告放在一起来看,因为它们有着众多的相似之处。经过总结,我们把报刊广告画面的创意法则归纳为以下几个方面。

1. 写实法

用实拍照片或写实绘画表现商品的外在形象和人们使用商品的情形,给人身临其境的真实感。如图 9.7 所示把产品穿着模特身上,画面简单而真实。

图 9.7 GUCCI 服装广告

2. 对比法

通过画面把某种商品优劣、形体大小、使用前后不同效果等加以比较。产品使用前后的对比图是薇姿报刊广告惯用的模式,如图 9.8 所示。

图 9.8 化妆品对比广告

3. 夸张法

把商品某一细节或使用后可能产生的效果在视觉形象上加以夸张表现，给人留下深刻印象。如图9.9所示为国外的一则减肥食品广告，将原本窈窕身材的明星变成夸张的肥胖造型，让人体会到还是身材苗条的更好。

图9.9　减肥广告

4. 寓意法

通过某种象征物的表现，使商品附加价值得到强烈集中的表现，以此引起消费者对商品的美好联想或是对某件事情的强烈感觉。如图9.10所示为一则报刊公益广告，全家福中陪伴老人的只有小狗，老人表情忧伤而凝重，显然是在呼吁大家要关爱空巢老人。

图9.10　公益广告

5. 卡通法

将产品拟人化，使无生命、静止的商品变成生动的、活的人物，增强趣味性。

如图 9.11 所示是黑妹牙膏的一则报刊广告，刷牙是每天必备的一件事，而牙膏是其中不可或缺的工具。我们常见的牙膏广告都是从味道和功能上进行诉求，而这则广告另辟蹊径，通过将"牙膏卡通化"的方式增进消费者对产品的好感。

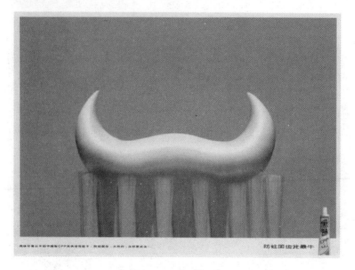

图 9.11　牙膏广告

6. 悬念法

故意留下某种疑问，使人们产生好奇和猜测，从而达到增强广告吸引力的效果。如图 9.12 所示是一则丝袜的报刊广告，画面中的主角将自己的头蒙住，在超市里抢劫，店员竟然非常冷静地站在一旁，看起来是非常不符合逻辑。这是怎么回事呢？这是因为套在他头上的丝袜材质密度高、不透明性强，他自以为别人都看不到他，就像童话故事《皇帝的新装》，具有一定的讽刺和搞笑意味。

图 9.12　丝袜广告

7. 造型法

利用画面中的元素塑造出具体的造型，从而使画面更生动、更引人注目，最常见的就是 S 型。如图 9.13 所示为 FedEx 快递的一则报刊广告，画面中欧洲和非洲之间的快递传输就像从楼上的窗户递往楼下那么简单，很好地表现了联邦快递方便、快捷的优势。

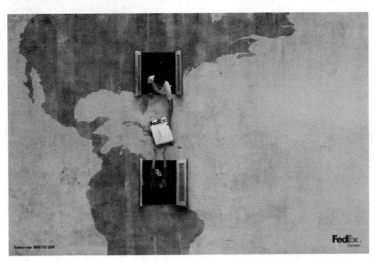

图 9.13　快递广告

除了以上 7 种方法，报刊广告还可以从抒情法、留白法、象征法等方面进行画面创意。但不管怎样，要想制作出优秀的报刊广告，首先都是要充分了解报刊媒介优劣势和目标受众的喜好，然后再来进行创意的动作。

9.3.4　报刊广告的形式创意

前面讲到了报刊广告的文案、色彩及画面创意，这些都是报刊广告创意的主要层面。但由于新媒介的迅猛发展，传统媒介的地位受到威胁，报刊媒介经营者也开始进行较大力度革新和升级，从而继续保证自己的媒介市场。在这个过程中，有两个方面值得我们重点关注。

1. 形式的创意：互动当道

首先，传统的报刊媒介广告为了吸引眼球，也开始频出新招，如图 9.14 所示将麦当劳薯条和报纸的排版做了很好的融合，使报纸的画面看起来就像是一杯薯条，因为看报纸的时候也许正是早餐时间，这样的画面引人入胜；而图 9.15 所示是一则内衣的杂志广告，很好地运用了互动的方式，通过消费者手的动作直观地感受该品牌内衣神奇的集中效果，广告效果非常好。此外，一些杂志广告中加入了香味，根据不同的画面散发出不同的香味，就像 4D 电影一样让人身临其境，或者是在报刊广告中利用到阳光的作用，当广告中的花朵被阳光照射到时，整个画面由暗淡变得鲜艳而美丽。

图9.14 麦当劳广告

图9.15 内衣广告

2. 平台的延伸：跨媒介经营

当今传媒界发展最显著的特征就是"跨媒介经营"：一方面，传统媒介不甘落后，希望通过与网络和手机的合作，继续吸引受众眼球，稳定自己的地位；另一方面，新媒介虽发展迅猛，但势力较弱，所以它们往往会通过与传统媒体的合作，夯实资金基础，从而完成更大程度的扩张。其中，电子报纸和电子杂志是跨媒介经营中的重要产物，并且受到读者的广泛欢迎。也正是由于报刊媒介的数字化，报刊广告的平台开始从纸质媒体向其他媒体延伸，形式也由传统的平面广告向多元化方向发展。比如电子报刊就是将纸质报刊的内容经过编辑和整合搬上网络平台，经过这一平台的变化，广告创意人员就可以在电子报刊中插入Flash广告、品牌植入广告、视频广告和活动广告等，多样而生动的创意形式很好地弥补了传统报刊的劣势。

此外，智能手机和平板计算机的风靡，不仅改变了人们的阅读方式，更催生了各类手机报和"PAD杂志"，它们内容生动有趣，画面丰富多彩，广告的多样性和互动性能够得到很好的发挥。因此，报刊媒介平台的延伸与报刊广告形式的创意是相辅相成的，两者的共同进步才能为广大消费者带来更有质感和乐趣的报刊广告。

9.4 报刊广告的运作

9.4.1 报刊广告运作的总体要求

在"新媒体时代"全面到来的今天，报刊广告的运作也应当更新观念、及时调整。为了提升报刊广告的效果，我们可以从以下几方面做好报刊广告运作。

1. 树立"广告即投资"理念

投资是最讲究回报的，每一次广告都意味着一次投资，作为传统媒体中的佼佼者，报刊广告的费用是不低的。因此，在做好预算的同时，更应该提前计划好每一笔投资对应的效果，确保报刊广告利益最大化。

2."创意"和"实效"两手抓

当新媒体上的广告开始想方设法吸引受众眼球，千奇百怪的形式屡见不鲜时，传统媒体也不能坐以待毙，"创意"是必经的出路，文案、画面的创新，互动形式的出现，还有富媒体的利用，都能为报刊广告的发展带来突破和生机。

当然，不想当将军的士兵不是好士兵，不能给企业带来实效的报刊广告，做得再有创意也算不上好广告。"纸上的推销员"要真正履行自己的职责。

3. 大胆合作，不断进步

"报网合一"已经成为近年来报刊媒体的发展趋势，这一合作使报刊广告有了更多的载体，也让报刊广告有了更多的创意契机。今后，我们鼓励报刊广告在更多的媒体中出现，使报刊广告不仅是信息的传递，而且成为时尚的引领。

另外，尽管报刊媒体近年来发展不如新媒体，但它不需要妄自菲薄，尽快建立评估体系，对每阶段的报刊广告效果进行科学、有效的评估，从而获得不断进步，找回"走失"的观众。

9.4.2 报刊广告的运作策略

作为传统的平面媒体，报纸、杂志广告近年来受到电视和网络的强烈冲击，为了保证自身持续竞争力，报刊媒介开始市场化，通过不断地实践和改革，逐步形成了各自的报刊广告运作策略。

1. 报纸广告运作策略

前面我们已经学习过报纸广告的基本知识，它具有解释力强、编排效果重要、套色问题要注意等特点，这方面，《北京青年报》《南方周末》等知名报纸做得比较成功。随着人们生活节奏的加快和获取广告信息的多途径化，报纸广告中的分类广告和专版广告越来越被企业重视。其中，分类广告版面位置由最初的"见缝插针"开始获得固定版面，专版广告也由以前的纯广告（直接被读者扔掉的境遇）向综合型广告发展，集新闻、资讯、知识、广告于一身，得到了越来越多读者的喜爱。版面设计上也开始注重美观、简介和实用，这些都反映了报刊广告运作策略的改变。

那么，如何提升报纸广告的效果，整合读者、广告主、报纸媒介等相关者的利益，形成报纸品牌服务的特色呢？主要是从内容和形式的创新两个方面进行运作：从一些专业机构的报纸媒介调查来看，目前我国的报纸广告在内容与版面设计上还存在着不尽如人意的情况。尤其是内容上，虚假广告、软文广告和"广告新闻"等的大量存在，对消费者的正常读报造成了一定的困扰，虽然一定程度上提升了销售量，却拖垮了报纸媒介和产品自身的品牌形象。所以，在报纸广告的内容创新上，我们首要做到的是真实、可靠；其次是生动、有趣，充满人文关怀等。而在报纸广告的形式创新上，要打破传统观念，大胆革新，摒除"跟风创作"的陋习，在充分了解广告客户产品优势和目标受众的基础之上，用心去做每一个广告。改变"大图片＋小文字"的套路，改变广告排版的规律，改变读者只能"看"广告的规律，将我们的报刊广告做出新意、做出特色。

2. 杂志广告运作策略

我国杂志品种已超过8000种，但存在一个普遍的问题，就是发行量不大。一来受杂志价格和发行周期的影响，二是杂志本身魅力不够大。销量较好的两大类杂志，一种是文摘类杂志，如《读者》《青年文摘》，由于杂志性质问题，无法植入太多广告；另一种是时尚类杂志，这种杂志广告虽多，但因其总部大多在国外，"中国版"只有代理权，因此在广告分成方面会受到一定制约。

据统计，我国发行量超过百万册以上的杂志只有20余种，我国人均年占有杂志仅为2册，这一数据与日韩、欧美国家相比，有着很大的差距。而另一方面，我们却发现了一个与消费者购买杂志不积极完全相反的情况，即尽管发行量不大，我国杂志的种数却增长得很快，滥竽充数的不规范杂志充斥着市场，它们严重影响到我国杂志市场的快速健康发展。

目前，我国广告效益最好的杂志类别依次为：时尚类、生活服务类、汽车类等，尤其是时尚类杂志，几乎是以广告为生存之本。这其中，生活用品、3C产品、服装、汽车、房地产等行业的广告总量占整个杂志广告的87.99%，它们的广告表现形态主要是"互动式""活动式""品牌形象式""策划包装式"等。总的来说，杂志广告运作的基本策略是：多做形象广告，少做促销广告；分清受众群体的特性；尽量选择封面或封底等绝佳位置发布广告，多用连页、折页等形式吸引人的广告。根据传播学理论和对各类杂志的调查，我们将杂志广告运作策略总结为以下五方面。

1）注重杂志形象包装

杂志也应该注意自身的宣传包装和品牌建设，包括杂志广告招商说明书、宣传招贴、新闻报道、公关活动等，目的是让读者、广告主、广告代理公司了解，找到一个主打的广告销售策略，提高广告效益。杂志自身品牌的提升不仅能吸引更多的广告商，也能为广告主创造更大的效益。

2）注重广告形式创新

杂志广告同质化程度很高：广告位置相同、广告形式相似。两种杂志，其广告的区别只是纸张的不同，价格的不同，在产品形式上急需改革。杂志社应根据不同广告主产品的特点，提供不同的广告形式、不同的广告包装。如杂志封面人物、专题报道、优惠券、立体折页广告、时尚杂志读者Party等都能为读者带来更多的吸引力。

3）注重广告渠道和终端维护

通畅的广告渠道和强大的销售终端，能让消费者最方便地获取杂志，能让投资者对自己的决定充满欣喜，这样，杂志广告销售的概率就会加大，杂志社的效益就会提升。如《读者》《知音》《女友》等杂志都非常注重报摊、书报亭、地铁、超市、影院等的零售市场。

4）注重杂志热点和卖点制造

杂志自身销量的提升直接关系到杂志广告效益的提升，因此，为杂志制造卖点和热点，有效地吸引读者购买，是杂志广告运作策略关键的一环。如"文艺青年"非常熟悉的《城市画报》，改版前只是一个普通的省级杂志，知道的人很少，更谈不上经营效益。改版之后，杂志重新定位，并且以在杂志封面赠送安全套产品为噱头，造成轰动效应，既卖了杂志也卖了广告，还扩大了品牌影响，吸引了相关媒介的主动报道，产生了连带效应，一跃而为全国性时尚类小资杂志。

5）注重杂志广告销售方式革新

通过与广告主协商，可以将杂志广告交由广告主自身、专业广告代理公司或杂志广告部门"打理"。这种多样的广告销售方式，不仅为客户提供了更多选择，也有效保证了杂志广告质量。如著名的《三联生活周刊》杂志广告由天意华广告公司代理经营，该公司还代理了多家杂志广告，这样，他们可以整合资源，降低价格，专心创意，这样的多赢是杂志广告运作中非常需要的。

本 章 小 结

本章我们学习了报刊媒体概述、报刊广告概述、报刊广告创意及报刊广告运作方式四个方面。

作为传统媒介的霸主之一，报刊媒介一直备受广告主的青睐。虽然进入 21 世纪后，其地位受到网络媒体和手机媒体的冲击，但仍旧保持着较高的位置。

世界最早的报纸是战国时期（公元前 403—前 221 年）的《邸报》，其形式为抄写皇帝谕旨和官员奏议的刊物，基本具备现代报纸的特点，而世界最早的杂志是 1665 年 1 月，由法国人萨罗出版的《学者杂志》，晚于报纸很多年。目前，行业内并未对报刊媒介做出专门的定义，因为报纸和杂志虽然常常一起被提及，但它们之间还是有着较大的差别。因此，可以说报刊媒介就是最报纸和期刊杂志媒介的统称。

在这个信息狂热的时代，传媒内容价值的重要性在很多时候被大大减弱，新媒体发展迅猛，传统媒体加速改革。报刊媒介也开始由传统单一纸质媒介向复合媒介发展。作为报刊媒介生存之本，报刊广告也随着新媒体的发展有着相应的变化。我们大致把报刊广告分为普通广告、分类广告和特约栏目广告三大类，虽然它们已经为企业主带来了丰厚的利益，但近年来报刊广告发展中关于"虚假广告"和"广告新闻"产生了诸多问题，引起了社会各界的热议。因此，国家要加强法律法规的监管力度；媒介要认清社会责任、严格自律；广告主要端正思想，多在广告创意上下功夫；受众要辨别真伪，帮助监督。通过这样"四位一体"的监督体系，能保证我国报刊广告健康有序地发展。

在报刊广告的创意上，我们不仅要做好平面广告创意的相关要求，更要结合当下媒介融合的大环境，树立"广告即投资"的理念，通过合理的规划，确保报刊广告利益最大化。另外，做好"创意""实效"两手抓的工作，对文案、画面进行创新，通过媒体的介入，加进更多的互动从而为报刊广告的发展带来突破和生机。最后，开展"报网合一"等跨媒体合作，通过有效的评估体系考核报刊广告效果，从而促进报刊企业的进步！

习　　题

一、填空题

1. 平面广告包含插图、_____、_____和色彩四大要素。
2. 报刊广告中存在的两大问题是虚假广告和_____。
3. 报刊广告的运作策略涵盖_____和_____两个方面。

二、选择题

1. 在报纸广告的类型中，不包括哪一项？（　　）
   A. 普通广告　　　　B. 分类广告　　　　C. 赠品广告　　　　D. 特约栏目广告
2. 报刊广告的创意包含哪些侧面？（　　）
   A. 文案　　　　　　B. 色彩　　　　　　C. 画面　　　　　　D. 形式

三、思考题

1. 报刊广告有哪些类别？
2. 报刊广告有哪些优势？
3. 报刊广告未来如何发展？
4. 报刊广告的运作策略有哪些？

四、案例分析题

分析某品牌汽车在本省都市报的广告方式和特点。

第10章 广播广告

广播媒体作为受众媒体中唯一的非视觉媒体,经历了近百年的沧桑与变化。广播广告在经历了初期发展、繁荣发展、竞争发展后,如今,随着时代的变迁和广播机制的改革,使受众回流,广播广告逐渐展现出新的勃勃生机。

教学目标

1. 了解世界广播广告的产生与发展。
2. 了解我国广播广告的发展历史与现状。
3. 掌握广播广告的形式与特点。
4. 理解我国广播广告受众的特点。

教学要求

知识要点	能力要求	相关知识
广播广告的产生与发展	(1) 了解国外广播广告的产生与发展阶段 (2) 了解我国广播广告的产生与发展过程	广告史
广播广告的形式与特点	(1) 掌握广播广告的5种基本形式 (2) 掌握广播广告的特点	
广播广告受众	(1) 了解广播广告受众的成长过程 (2) 理解我国广播广告受众的特征	广告史
广播媒介	(1) 了解无线电波的性质 (2) 了解广播的类型	无线电

推荐阅读资料

1. 朱月昌. 广播电视广告学[M]. 厦门：厦门大学出版社，2007.
2. 马梅. 广播电视广告概论[M]. 合肥：合肥工业大学出版社，2009.
3. 胡菡菡. 广播电视广告[M]. 南京：南京大学出版社，2007.
4. 崔恒勇. 广播广告[M]. 北京：中国轻工业出版社，2011.

 基本概念

广播广告：指通过广播媒介传播的广告。

 引例

哈尔滨冰灯冰雕艺术展广播广告

"北极熊——一种只能生存在-6℃以下环境的动物。冰——北极熊的最爱。所有这一切，我们都将在酷夏亲身体验。5月27日至10月15日中山公园，美丽的哈尔滨冰灯冰雕艺术展，有可爱的北极熊等您到来。"这是哈尔滨冰灯冰雕艺术展的广播广告，透过清凉的声音，将北极熊、冰、酷夏与冰灯艺术展联系起来，展现了冰灯艺术展的无穷魅力。

10.1 广播广告的产生与发展

10.1.1 广播的产生与发展

1. 无线电声音广播的诞生

广播事业的诞生是和无线电波的发现联系在一起的，是一代又一代科学家长期研究和实验的结果，期间大致经历了如下这些过程。

1）无线电波的发明

无线电的发现始于一次偶然事件。1820年的某一天，丹麦基尔大学的汉斯·克里斯蒂·奥斯特博士在做一项实验时，不小心将连接电池的导线落到磁盘上，导致指向正南的磁针剧烈地摇摆。这一现象引起了他的注意，他又反复多次试验，证明电与磁能互相感应。

在奥斯特实验的启发下，英国科学家法拉第经过十多年坚持不懈的实验研究，1831年发现了电磁感应现象——变化的磁场在闭合导体里产生感应电流，并确定了"电磁感应定律"。

1864年，英国理论物理学家詹姆斯·克拉克·麦克斯韦发现电磁学基本原理，即振荡式放电能产生放射性的电波，这种电波能够不用导线传播。1873年麦克斯韦出版了《电磁论》，建立了电磁学理论。他还用数学论证出，电波传播的速度和光速一样，每秒钟约 30×10^4 千米，相当于绕地球7.5圈。

1888年，德国科学家海尼·赫兹在实验室里论证了电磁波的存在。他于1884年起，依据麦克斯韦的理论进行实验，发现了电磁波产生、发射与接收的方法，发明了测量光波及电磁波长的科学方法。4年后，赫兹发表了研究报告《电磁波及其反应》。这是最早研究电磁波特性的著作。它为电磁学的发展和无线电广播的运用奠定了基础。后来，国际无线电协会通过了以"赫〔兹〕"为无线电波波长计算单位的名称的决定，以纪念赫兹的伟大贡献。

2) 无线电传送信号成功

1895年，意大利人马可尼和俄国科学家波波夫，在不同地方分别进行了无线电传送信号的试验，获得了同样的成功。1896年马可尼迁居英国伦敦，在英国邮政总局公开演示了他的发明，并取得无线电专利权。次年，他在伦敦建立了无线电报通信公司，专门从事无线电报器材的研究与生产。与马可尼同时，俄国人波波夫在1895年5月圣彼得堡的物理学年会上报告了他在无线电科学上的研究成果，并当众演示了他的新发明。1896年3月24日，波波夫和助手在俄国物理化学年会上成功地拍发了世界上第一份无线电报："亨利希·赫兹"。1900年，波波夫制作的无线电发报机，发射与接收范围已达148千米。

从传播学的角度看，无线电技术的重要意义在于为人类进行远距离通信提供了条件，并且为无线电广播的产生与发展创造了必要的物质基础。

3) 无线电传送声音的实现

自从无线电通信问世以后，科学家们开始着手研究有声音的传播。1906年的圣诞夜，美国匹兹堡大学教授费森登利用实验电台进行了首次作试验性的广播，将人类的语言、歌唱及提琴奏乐等声音传播出去。

这天晚上，太平洋船只上的无线电收发报员像往常一样，戴着耳机注意接收间歇信号，但令他们吃惊的是，他们听到了一位妇女的歌声，接着是拉小提琴的声音，然后是一位男子朗诵《圣经》中的段落，最后是德国作曲家韩德尔《舒缓曲》的唱片声和"祝大家圣诞节快乐"的人声。一般认为，这是世界上第一次成功的传声实验，它标志着无线电声音广播诞生。后来，这一天作为无线电广播的诞生日被载入了史册。

与此同时，美国科学家李·得雷福斯特也在进行着自己的无线电研究和传声实验。1906年，他发明了能产生电波，使微弱的电讯号得到放大并传到远方的电子三极管，开创了电子科学的新应用领域。1908年，他在巴黎埃菲尔铁塔上作了传声实验。1916年，他利用《纽约美国人报》提供的简讯，广播了威尔逊和休斯在总统竞选中的得票数字，这次广播被视为美国的第一次新闻广播。

4) 电台广播的诞生

世界上公认的第一座广播电台，是1920年11月2日开始播音的美国匹兹堡KDKA电台。根据美国商务部记载，它是美国第一个向政府领取营业执照的电台。该电台还首次创办了定时广播节目，主要播送新闻。11月2日晚8时，KDKA电台开始播音，第一天新闻就是播出总统选举的结果。KDKA电台的播音，标志着广播事业的正式诞生。

KDKA电台的成功播出，使很多人对广播这个新兴的大众传播媒介发生了兴趣。一些汽车零售商、旅游餐馆业主、制造商、出版商、收音机修理行、银行以及服装店、家具店等，纷纷办起了电台。到1924年，美国已有近600家商业性无线广播电台，广播广告开始兴起。

2. 声音广播的发展

广播出现以后，迅速在世界各国普遍发展起来。但是，声音广播的发展并不是一帆风顺的。期间，既经历了艰辛初创期和随后的繁荣发展，也经历了电视的严峻挑战，现在，广播找到了适合自己的舞台，发展成为成熟的大众传播媒介之一，见表 10-1。

表 10-1 声音广播的发展

发展阶段	年　代	主要特点
初创阶段	20 世纪 20 年代	许多国家相继建立了无线广播电台
大发展阶段	20 世纪 30—40 年代	收音机普及，听众急速增加，新闻宣传功能增强，广播广告成为重要广告形式
竞争发展阶段	第二次世界大战以后	地位受到电视媒体挑战，有信息渠道多样化、广播窄播化、专业化成为世界性的发展趋势。广播广告虽然收入减少，但更具精准性和准确性
全新的发展阶段	20 世纪 90 年代以来	由模拟广播向数字广播过渡，与网络媒体结合，有了革命性的变化与飞跃性的发展，成为大众传播的方式之一

1）20 世纪 20 年代，它的初创阶段

这一时期，许多国家相继建立了无线广播电台。自 1920 年 11 月 KDKA 电台开播以来，世界各国都开始设立自己的广播电台。1921 年，法国邮电部建立了本国第一座广播电台，通过巴黎埃菲尔铁塔进行定时广播。1922 年年底，英国广播公司（BBC）在伦敦正式开播。1922 年 9 月，莫斯科广播电台开始播音。此外，德国于 1923 年、意大利于 1924 年建立了无线电广播电台。日本在 1925 年开始办无线电广播。其后，中国、印度、加拿大、澳大利亚等国的无线电广播也相继问世。

在广播诞生后，人们在很长一段时间内仍然抱着读报纸新闻、看报纸广告的习惯，而仅仅把广播视为获得娱乐的"音乐盒"。这种观念直接体现在广播节目形态上。音乐节目占绝对优势，而新闻节目只占很小的比例，广告比例也很小。以美国为例，纽约三家电台、芝加哥一家电台和堪萨斯城一家电台在 1925 年 2 月播出的节目中，音乐节目占 71.5%，新闻节目占 0.7%。此时，广播还未成为报纸的竞争对手。

2）20 世纪 30—40 年代，它的大发展阶段

这一时期，收音机迅速普及，广播获得人们的追捧，被称为广播的黄金时代。20 世纪 30 年代，美国经济进入了大萧条时期，尽管其他产业发展停滞，但无线电广播却走进了自己的春天，因为有越来越多的人依靠收音机获取娱乐信息。当时，广播在美国已是十分普及的传播工具，有一半以上的美国家庭拥有收音机，广播电台的覆盖范围通达全国。大萧条时期，罗斯福总统的"炉边谈话"进一步强化了广播在公众心目中的良好形象。他亲切、自然、通俗、幽默的谈话，通过无线电波深入到美国的每个家庭，使身处逆境的国家和人民都感受到了安慰和鼓舞，从而赢得了人们的理解和尊敬。对美国政府度过艰难、缓和危机起到了较大作用。广播借助"炉边谈话"展示了自身的魅力。在当时美国 1 亿多人口中，有近 5000 万人听过罗斯福的大部分演讲。

随着第二次世界大战的迫近和爆发，广播电台传播新闻、进行宣传的功能突出起来，

各国朝野对它倍加重视，公众也把它作为获取国内外信息的重要途径。在美国，公众心系欧洲战场，报纸不能满足人们迫切了解战事的愿望，而广播不仅能以最快的速度反映战况，而且通过现场报道把实况搬到了听众面前。从世界范围看，广播因其成为人们最主要的信息渠道而在二战中得到空前发展，得到公众空前尊重。广播在二战中的出色表现带来了战后几年广播的繁荣。从 1940—1950 年，美国电台数目翻了一番，全国性广播网播出时段出售额从 1935 年的 3500 万美元，激增到 1948 年的 1.33 亿美元；至 1950 年，96％的美国家庭拥有收音机。与此同时，广播广告因其巨大的到达率和多种声音元素组合传播的强感染力，成了广告主眼中不可替代的广告形式。

3）20 世纪 50—80 年代，它的调整发展阶段

第二次世界大战结束之后，电视传播技术迅猛发展，创办电视广播很快成为新的热点。美国三大广播网都进军电视，不断减少或者终止正在进行的广播改进实验。商人一旦看到诱人的前景自然不会在不重要的地方浪费精力和财力，因而，广播开始受到冷落。电视对广播的挑战正式拉开了序幕。

至 20 世纪 60 年代，电视广播逐渐普及，对声音广播造成了前所未有的冲击。面对这一冲击，一些电台纷纷充分发掘自身潜力，力争以差异化战略谋得新的生存和发展空间。在美国，声音广播从 60 年代后期开始，进行了受众群体的"小众化"和广播内容的"窄播化"变革。首先，广播电台把自己的目标听众定位在特定的群体，如新闻迷、古典音乐迷等。针对听众获取新闻信息的需求，全新闻频率作为一种新型广播模式率先在几个大城市推广开播。全新闻频率对人力资源的大量需求使广播成本较高，但却为广播赢得了可观的收听率。更多的广播电台采用了成本较低的全谈话模式。非音乐的各类广播电台以电话热线参与、讨论、访谈、公共事务为基本特征。音乐电台也进一步细化，细分为轻音乐台、爵士乐台、古典音乐台、流行音乐台等，分布于不同的频率。在各类专业电台中，新闻台的影响力最大，堪称"龙头台"。在专门化的同时，广播在服务对象、传播内容上进一步本地化、社区化。面向本地区、成本较低的小功率电台迅速增多。广播在不断满足听众个性化需求上不断创新发展。

如今，信息渠道多样化、广播窄播化、专业化成为世界性的发展趋势。而广播的这些努力也终于有了回报，虽然广播广告收入和历史上的黄金时代无法相比，但是新的增长点也应运而生。

20 世纪 90 年代以来，广播事业开始了新的飞跃。随着信息革命的不断深入、信息技术突飞猛进，传统的模拟广播逐渐向数字音频广播过渡。1995 年 9 月，英国广播公司率先进行全国性的数字音频广播，随后，瑞典、丹麦、法国、德国、荷兰、瑞士、美国等发达国家先后开办数字广播。与此同时，传统的无线广播正在同互联网相结合，向网上广播发展。1988 年全世界已有 100 多个国家的 1550 多个电台建立了网上直播，凭借互联网络传送各类节目，使传统的地面和卫星传送方式与网络传播结合起来。给广播事业带来全新的面貌和革命性的变化。

几十年以来，广播事业的发展日新月异。现在，数以万计的电台遍及全球各地，几十亿台收音机日夜伴随着世界各国人民，广播已经成为最重要的大众传播媒介之一，成为人类现代文明生活中不可缺少的一部分。

10.1.2 广播广告的产生与发展

1. 广播广告的产生

1920年11月2日，世界上第一座广播电台——美国匹兹堡的KDKA电台开始播音。但是早在该电台正式播音之前，在其试播阶段，商业嗅觉敏锐的广告主们就已经将目光盯上了这一新兴媒介。一家百货公司就在此电台播出了有资料可考的最早的广播广告——推销收音机的广告。但是最初的广播电台还没有把广播广告纳入其经营范围，直到1922年，美国电报电话公司在纽约建立的WEAF电台，首次正式开办了商业广告业务，价格是每10分钟广播时间付100美元。

1922年8月28日，纽约的一家房地产商向WEAF电台购买了10分钟的广告时间。当天下午4点55分，电台播出了该房地产商以"问候"客户为主题的广告。这是世界上最早的付费广播广告。广告效果显著，很快就有听众购买了两栋公寓。WEAF电台的广告经营引起了客户的兴趣，争相要求播送广告。1926年，该电台的广播广告收入达57万美元。

一石激起千层浪，第一次成功的尝试迅速引起了行业内的变革。此后，美国的其他商业广播电台也开始承揽广告业务。到1929年，美国广播广告收入已增加到4000万美元，约占同期报纸广告收入的五分之一。

最初电台的广播广告都是新闻条文式的，广告主提供广告语，电台播音员念稿。后来，文艺表演被用在电台广告中，出现了歌唱式的广播广告，广播广告形式越发新颖独特，涌现出一大批优秀的广播广告作品。

2. 广播广告的发展

20世纪30年代中期，广播节目形式中已增加了广播剧、广播喜剧和其他各种节目，这些节目都由全国著名的演员进行演播。这一时期，有两类广告借广播一举成名。一类是价格比较低、购买频率高的产品，如肥皂、香烟、牙膏等。还有一类是耐用消费品。许多广告制作公司在这一时期应运而生，专门为广告公司及其客户构思并制作完整的广播节目。

到1940年，美国广播广告收入已比1935年的水平翻一番，从7960万美元增长到1.557亿美元。到1945年，广播广告的支出已增长到3.105亿美元。这一年，全美广播广告收入由1935年在全国广告总收入中所占比例的6.5%迅速提升到14.6%。而另一传统媒体——报纸的广告收入却下降了13个百分点。这盛况在20世纪50年代电视媒体兴起以后才有了新的变化。

进入20世纪50年代，电视作为一种声画合一的新型传播媒介迅速兴起，全球的广播广告都受到了很大冲击，广告的收入逐渐落在了电视以至于报纸的后面。此时，在影音组合丰富生动、广告画面鲜活亮丽、广告创意纷繁新颖的各类媒体广告的冲击下，以声音为唯一表现形式的广播广告难以吸引受众的注意力，广播行业进入前所未有的冰寒期。在美国，1955年全美的广播广告收入由1950年在全国广告总收入中所占比例的10.7%下降到6.1%，而电视广告却由3%上升到11.2%。不仅美国如此，世界范围内，广播广告的状况大抵都是这样。在70—80年代，广播广告占世界广告总收入的比重一直在6%～7%之间。

20世纪80年代以后，有线电视和通信卫星的发展，打破了传统的基于无线电频谱的"公共性"和"稀有性"状态，极大地拓展了广播电台的服务范围，丰富了广播电台的服务内容。此外，随着对广播这一媒体潜力的挖掘开发，例如立体声调频以及音乐台、交通台、文艺台、教育台等系列电台的开设，再加上随身听的普及、城市私家车数量的大增，广播听众的兴趣、爱好发生了很大变化，广播又有了重新崛起的趋势。广播广告不再被冷落，而成为广告媒介策略中的常用形式。

步入21世纪，现代通信技术和移动终端技术的进步，使得媒体融合和优势资源整合成为可能，拓展了广播行业的发展空间，为受众提供了更为丰富的选择机会，更加人性化地满足受众的各种消费需求。在现代技术的重装下，广播广告焕发出了勃勃生机，受到人们的重新追捧。

10.1.3 我国广播事业的发展

我国的广播事业，包括新中国成立前旧中国的广播事业，以及新中国成立后的广播事业。

1. 旧中国的广播事业

我国的广播事业最早是由外国人引进的。1922年12月，记者出身的美国人奥斯邦以亚洲无线电公司的子公司中国无线电公司经理的身份，来到上海推销无线电器材。1923年1月，奥斯邦以中国无线电公司与英国《大陆报》合办的名义，在上海创办了中国第一座广播电台，呼号为ECO，发射功率50瓦，并在1月23日开始播音。电台节目主要内容是音乐和推销收音机，还有《大陆报》提供的新闻节目。由于北洋政府的《电信条例》禁止私设电台，该电台开播3个月就停业了。

1924年5月，经营无线电器材的美商开洛公司在上海开办了一座100瓦的广播电台，每天播放两小时，节目内容以音乐、商情及该公司的广告为主。为了吸引听众，该电台不断改进内容，除了增设新闻节目外，还积极安排具有中国文化特色的相声、戏曲等节目，取得了较好的效果。开洛公司广播电台一直坚持到1929年10月，时间达五年半之久，大大提高了广播的社会影响力。

中国人自办电台始于1926年。当时，无线电专家刘瀚在奉系当局的支持下，在哈尔滨建成了我国第一座官办广播电台，于1926年10月1日正式播音，呼号XOH，功率100瓦，每天播音2小时，内容有新闻、音乐及钱粮行市等。这也是中国人自办的第一座广播电台。

1927年3月，上海新新公司在公司六楼屋顶花园建立了一座50瓦的广播电台，节目内容多为广告，替公司推销商品。这是中国人办的第一座私营广播电台。

1927年"四一二"政变后，国民党南京政府成立，为了在全国"统一政令，统一舆论"，开始注重无线电广播的建设。1928年8月1日，国民党政府在南京开办的"中央广播电台"开始播音，呼号XKM(后改为XGZ)，功率500瓦。不久又扩建，于1932年11

月建成新广播大楼,增添了一台 75 千瓦的发射机,呼号改为 XGOA,这是当时亚洲地区发射功率最大的一座广播电台。此外,国民党政府还在杭州、北平、广州、上海等地办起了 20 多座广播电台。这些电台以政治、军事节目为主,插播部分广告节目。

1929 年 8 月,国民党政府公布《电信条例》,允许民间经营广播事业。20 世纪 20 年代后期,中国出现了一批民办广播电台,其中半数以上集中在上海。国民党政府虽然允许民间电台的存在,但绝不允许民间电台干预政治。这些电台按内容来分,有三种类型:一是地方的民众教育馆和学校兴办的教育性广播电台;二是以播放商业广告和娱乐节目为主的商业性广播电台;三是以传播宗教内容,诵经礼拜为业的宗教性广播电台。截至 1937 年 6 月,全国共有官办民办广播电台 78 座。

1937 年"卢沟桥事变"爆发,抗日战争开始。我国国土大片沦陷,国民党统治区的广播事业遭到严重破坏。1937 年 11 月,南京沦陷,国民党的中央广播电台停止播音,1938 年 3 月才在重庆恢复播音。1939 年 2 月,国民党政府为加强国际宣传,在重庆建立对外广播电台——国际广播电台。该台又分别安排了针对欧洲、北美、苏联东部、日本、东南亚、中国东北等的 6 种广播节目,分别使用英、德、法、俄、日等外语和汉语播音。抗战期间,原国民党的大部分地方电台落到日本侵略者手中,为了适应宣传的需要,国民党又在西南、西北地区筹建广播电台,其中较大的有昆明、贵阳、西安、兰州等地的广播电台。

抗战胜利后,国民党开始接管日伪广播电台,大约一年的时间,先后接管了侵华日军在南京、上海、北平、天津等地的 20 多座电台。此外,又在上海、南京、天津、北平等城市陆续恢复和新建了一批民营广播电台。1946 年 5 月,国民党中央广播电台迁回南京。截至 1947 年 9 月,国民党统治区共有 101 座电台,其中国民党中央广播事业管理处管辖的有 41 座,发生功率 421 千瓦。当时估计全国有收音机 100 万台左右,这是旧中国广播事业的最高数字。

2. 当代中国的广播事业及广播电台广告经营模式的变化

1) 人民广播的诞生

最早的人民广播是于 1940 年 12 月 30 日成立的延安新华广播电台,呼号为 XNCR(按当时国际有关规定,我国无线电广播呼号的第一个字母为 X,NCR 系英文 New China Radio 的缩写)。1947 年 3 月 14 日,延安台向瓦窑堡转移并在那里播音。1947 年 3 月 21 日延安台改名为陕北新华广播电台。1948 年 5 月,陕北台迁至平山。1949 年 3 月,陕北新华广播电台迁入北平,改名北平新华广播电台,开始以国家电台的身份面向全国广播。同年 12 月 5 日,改名为中央人民广播电台。1950 年 4 月,我国正式开办了对外广播,建立了国际广播电台,呼号为"北京广播电台"(Radio Beijing)。

2) 新中国成立初期的广播广告

新中国成立初期,广播广告有很好的发展势头,多数广播电台广告经营活跃,广告收入增长。上海台、北京台可以向国家上缴利润,天津台也在 1951 年实现了经费全部自给。20 世纪 50 年代前后的广播广告十分简单,在节目当中或结尾配上一小段音乐,接着便照着广告稿宣读。1952 年,随着公私合营的社会主义改造进程的加快,私营广播或被取消或被合并,后来又逐渐加强了政治和意识形态的因素。

1953年，我国开始了对农业、手工业和资本主义工商业的社会主义改造，实行计划供应、计划收购和统购统销的经营政策，计划经济占了主导地位。许多企业已没有再做广告的必要，广播广告开始出现滑坡。

3）新时期广播广告的发展

1979年3月5日，上海人民广播电台在全国广播界率先恢复了广播广告经营，播出了"春蕾药性发乳"广告，在社会上引起很大反响。1980年元旦，中央人民广播电台也开始播出了广播广告。1981年小说联播节目在播出《战争与回忆》时插播的广告长达10分钟。1984年，中国国际广播电台在对首都地区播出的英语节目中播出广告。

20世纪70年代末恢复广告后，广播广告一方面沿袭了过去的模式；另一方面更多地在这一模式的基础上改用录播并配上一些音乐，使听觉效果更完整。到了80年代中后期，我国沿海地区的广播广告开始着重语言的准确性，并初步尝试广告音乐的创作，广播广告的语言加音乐形式成为一种固定模式。

随着改革开放的发展以及境外广告的参与和注入，20世纪90年代初期的广播广告形成多样化。不少广播广告通过Rap、对话（包括相声）、小品及摇滚乐的表现手法来体现创意。此阶段的广播广告作品不乏佳作步入90年代中期，广播广告作品在探索微型广播剧方面获得一些突破，如《大尖山茶》《稻香村粽子》《虎牌啤酒》等作品均受到好评。同时又有一批反对喧闹、反对城市快节奏的广播广告作品的出现，这些作品追求高雅清淡，并给人休闲舒适之感，往往表现出散文的风格，如《扶他林》《阿竹黄泥螺》等。

由于广播媒介生存与发展的空间受到挤压，进入20世纪90年代后期，广播广告作品出现了不再以小而全来说明客户的产品和形象，而是以更多的、大而散的软广告来充实广播的现象。五分钟小专题、买断栏目穿插于长篇版块节目、直播热线节目等形式纷纷出现。动辄就是15分钟、30分钟，广播的听觉艺术在无形之中被破坏了。

4）改革开放以来中国广播媒介产业发展的脉络

（1）20世纪70年代末至80年代初，广播媒介零星商业行为的起步阶段。20世纪70年代末，就在中国改革开放之初的1979年，中宣部一份《关于报刊、广播、电视台刊播外国商品广告的通知》文件，解禁了中国广播媒体在广告经营领域的封闭状态，也宣告了广告业在中国广播媒介领域的起步和发展。1979年被认为是当代中国广告市场重新恢复的起点，而广播媒介广告的重新启动正是广告复苏的标志。

随着广播媒体对广告业务的恢复，国内整个广告市场开始出现生机。1979—1981年，当时全国注册登记的开办广告业务的广播电台已经达到114座。

（2）20世纪80年代初至90年代初，广播媒介的数量、规模以及市场化运作获得大发展的成长阶段。本阶段是中国经济改革的加速期，广播媒介也发生了急速的变化。据《中国统计年鉴》统计，1979年我国有广播电台99座，10年后发展到531座，收音机的拥有量为2.6亿台。

20世纪80年代中后期，广播媒介内部开始的一些市场化改革，把企业的管理观念和经营理念引入媒介系统，广播媒介的经营行为更为市场化。他们开始研究受众的基本生存状态，关注他们的媒介消费需求，再据此进行节目改版和频道的改革，并在努力做好内容的同时加大广告经营活动的力度。1992年开始，以交通和经济电台为主要形式，广播电台开始了频率扩充，并增加播出时间。中国广播媒介事业在这一时期获得长足的发展。

（3）20世纪90年代中后期至21世纪初，电波媒介产业化运作的发展阶段。早在1985年，国家在统计分类上，第一次把广播电视列入第三产业。80年代中后期，广播媒介内部开始进行一些市场化的改革，把企业管理理念和经营理念引入广播媒介系统，媒介的经营行为更为市场化，开始根据受众基本生存状态以及广播媒介消费需求的研究，来进行节目改版和频率改革，努力做好内容，同时加大广播广告经营活动力度。1986年珠江经济广播电台开播，带动了全国广播节目的改革。主持人直播、大版块、热线电话带来播出方式的革命，也创造了新的节目形态。90年代初，全国陆续开办系列广播。北京、上海、天津、山东、浙江等地开办的系列广播电台更加注重专业化特色，实现了社会效益和经济效益的双赢。90年代以后，以交通电台和经济电台为主要形式，广播电台开始了全国范围内的频率扩充，并且增加了播出时间。中国的广播媒介事业在这一时期获得长足发展。

截至1996年，中国的广播电台总数为1244座，广播人口覆盖率为78.7%。1992年国家又把广播电视列入需要加快发展的第三产业行列。1999年国务院办公厅82号文件强调指出："广播电视及其传输网络已成为国家信息的重要组成部分"。这是党和国家对广播电视产业性质的明确定位。广播媒介产业性质的确定，表明广播媒介产业化发展方向已不可逆转，定向市场参与竞争已不可避免。

从广播媒介广告经营户数这项指标来看，进入20世纪90年代后期，广播媒介的增长率和占全国的比重都呈逐年下降的趋势，甚至出现了负增长。可见，一方面广播媒介自身出现了饱和，另一方面其他媒体对广播媒介的冲击也是巨大的。广播媒介广告媒体数量增长的高峰出现在进入90年代以后的1993年，这以后都没有止住下滑的趋势，但广播在农村广告媒体市场中份额有所回升。从1998年以后，由于开始结束四级办台，统计方法也有所变化。

进入21世纪以后，广播广告经营呈现持续、稳定的增长速度。2005年，广播广告经营额达30多亿元人民币，有12家地方电台的广告经营额超过1亿元人民币。

10.2 广播广告的形式与特点

10.2.1 广播广告的形式

根据表现手法，广播广告可分为直陈式、对话式、小品式、歌曲式、综合式等。

1. 直陈式

直陈式又称直接式广播广告，即首先将广告文案写好，再由播音员在录音间播出的广告形式。这是电台广告中最常见的，也是最基本的表现形式。特点是简便、快捷、时效性强,而且价格低廉。缺点是形式简单,容易枯燥。但可在文案写作上下工夫,充分发挥语言的感染力和播音员的播音技巧,以及音乐、音响的配合来弥补。

案例

宁红减肥茶广告

> 去年体重八十六。
> 今年体重六十八。
> 要问奥秘在哪里。
> 常饮宁红减肥茶。
> 宁红减肥茶。

2. 对话式

对话式广播广告,是指由两个或两个以上的演播人员,通过对话来介绍商品或服务。这种形式比较生动活泼,富于生活气息,易为听众接受。制作也比较简单,可录播,也可直播;可由播音员、主持人表演,也可由演员表演。因此,运用较为广泛。

案例

蓝吉利刀片广告

> 男:太太,我刮胡子的刀片呢?
> 女:丢掉了!
> 男:为什么?
> 女:昨天隔壁何太太告诉我,她先生每天都用蓝吉利刀片来刮胡子,刮得又光滑又舒服,而且蓝吉利刀片经济耐用,所以呀!我也买了一包蓝吉利刀片给你,喏!试试看。
> 男:嗯,蓝吉利刀片真好!
> 女:唔,看起来好神气噢!
> 男:以后我也要天天用蓝吉利刀片了,蓝吉利刀片!
> (音响效果:打字声)
> 女:早!王先生,这几天这么早上班,还这么开心,要结婚了?
> 男:陈太太,早,别开玩笑了,只是朋友介绍我买了一包蓝吉利刀片来刮胡子,想不到蓝吉利刀片呀,真好!蓝吉利刀片刮得又光滑又舒服。
> 女:蓝吉利刀片真的这样好呀?
> 男:蓝吉利刀片的确又经济又耐用。
> 女:那我也叫我先生天天用蓝吉利刀片了,蓝吉利刀片。

3. 小品式

顾名思义,小品式广播广告就是以戏剧小品的形式来介绍商品信息。这种形式情节生动,引人入胜,广告效果较好。

案例

远足牌气垫鞋广告

妻子：你今天穿哪双鞋呢？
众鞋子：穿我！穿我……
先生：远足牌气垫鞋！
（摇滚打击乐起，压混。摇滚说唱）
气垫鞋：嗳——
先生您一声叫，兄弟我来垫脚。
我让您上班有体面，我让您下班派头好。
众鞋子：吹牛！吹牛！
先生：真的！
鞋里有气垫，防震效果好。
特别是走远路，轻松又逍遥！
气垫鞋：（得意地）所以我才叫远足牌气垫鞋嘛！
妻子：上海第二皮鞋厂正宗出品。
（在气垫鞋盒先生说唱时，众鞋子有呼应词。）

4. 歌曲式

歌曲式广播广告就是用歌唱的方式来做广告。即使对广告有成见的人，对悦耳动听的歌声也少有抵触情绪。加之广告歌大多曲调悠扬动听，歌词通俗顺口，时代气息浓厚，易学易记，故能起到很好的宣传效果。

案例

千惠珍珠茶广告

亲爱的阿惠，你还好吗？
寄给你的千惠珍珠茶，
你是否已经收到？
记得你喜欢千惠珍珠茶。
记得你说，她能使容颜更加美丽！
回来吧，回来吧！
我为你准备了千惠珍珠茶！

5. 综合式

所谓综合式广播广告，是指综合了以上多种形式制作的广播广告。比如既有直陈式，又有歌曲式；既有歌曲式，又有对话式，等等。综合式广播广告的优势在于综合发挥了各种形式的优势和长处，使广播广告在听觉形象上更加生动和丰富。

> **案例**
>
> ### 华姿系列化妆品广告
>
> 男：送你件礼物。
> 女：什么？
> 男（深情地）你自己打开呀！
> 女：（打开包装盒，惊喜地）啊！华姿！
> （歌曲前奏起）
> 女唱：华姿，华姿，比花还馨香；华姿，华姿，使您的秀发更迷人。东方温和型给您添风韵，时代最流行发用化妆品。华姿，华姿，华姿系列美，使您的秀发更迷人。

10.2.2 广播广告的特点

1. 广播广告诉诸听觉，易于调动听众联想

广播依靠声音进行传播，诉诸人的听觉，一个突出的好处就是，能给听众最广阔的联想空间。想象中的美丽比现实中的美丽更美丽。广播是供人听的，不像电视由具体的图像来诱导和限制你。描述天下第一美女，最好的媒体就是广播，确实，一句"她真是太美丽了"，就足够人想象一阵子了。说一个美女有"沉鱼落雁之容，闭月羞花之貌"；"回眸一笑百媚生，六宫粉黛无颜色"，听者尽可以在自己的文化修养背景上去展开想象，塑造出自己的"天下第一美女"形象。如果使用电视拍出图像，说"这是天下第一美女"，恐怕并没有多少人认同。电视图像的现实性，既是电视广告的强有力武器，也是电视广告的局限，它限制了观众的想象力。故电视广告画面一旦拍得不美，不合情理，破坏了观众的审美感受，广告效果将大打折扣。

著名的美国销售专家爱尔玛·赫伊拉说："不要卖牛排，要卖吱吱声。"对广播广告工作者来说，这实在是一句至理名言。直通通地吆喝"卖牛排"，不利于人们张开想象的翅膀。而卖烤牛排时的"吱吱"声，马上使人联想到烤牛排时的情景：那焦黄诱人的牛排，那香味扑鼻的美味，使你恨不得马上跑到烤具前大饱口福，好好享受一番。

2. 伴随型媒体

广播广告的发展与出租车、私家车的发展密不可分，尤其是后者为广播媒体带来了大量稳定的听众，而且这些听众普遍具有知识层次较高、消费能力较强等特点。因此，他们对各种信息的需求量大，关注度高，在获得广告信息后，购买的可能性较大。这些广播听众的大量增加，为广播广告吸引了很多广告客户。因此，只要汽车的销售量和私家车的拥有量不断增加，广播广告收入就会不断增加。

广播是一种伴随型媒体，它能被随身携带，在各种情况下都能提供信息服务。难以想象，人们可以一边开车，一边读报；一边学习，一边上网玩游戏；一边工作，一边看电视剧。但人们可以在任何状态下打开收音机，无论是自驾车、乘出租或长途旅行，广播都可以随时陪伴。

现在的收音机小巧轻便，价格便宜，对大多数家庭来说都是可以消费的电子产品。收音机还能以各种形式出现在人们的生活中：新型电子产品也把收听广播作为附加功能，MP3除了听音乐，还可以听广播，手机插上耳机同样可以听到各地的调频电台。这些都方便了现代社会中繁忙的人们在旅行中、工作疲惫过后、学习紧张之时，接收无线电波欣赏各类节目。

现代社会中，很多广告主就是看中了广播"陪伴型媒介"的特点，将广告投放在广播媒介上，使广播广告获得了勃勃生机。

3. 亲和感人

广播是一种高情感媒介，它可以用声情并茂的声音拨动听众的心弦。著名的"炉边谈话"就是最好的例证。

4. 收听自由

对于广大受众来说，收听广播信息自由度最高。不管在哪里，在干什么事情，处在什么方位，只要是听觉所及的地方，都可以接受无线电广播传送的信息。家庭主妇可以边收拾房间边听广播，汽车司机可以边开车边听音乐，老人们边散步边欣赏自己迷恋的戏曲。广播不仅不影响工作和活动，还能营造有利于工作、活动的氛围，是一种享受、一种满足。

5. 制作周期短，成本低

广播广告制作只涉及声音的录制，比印刷媒介广告、电视广告的制作都要简单方便。因此，广告主可根据市场变化，迅速调整自己的广告形式，所以说，广播媒体也是广告主立体投放中灵活性最强的媒体之一。

广播广告的制作成本也低。制作一条电视广告动辄十几万，甚至几十万、上百万；而制作一条广播广告的费用不过几千元。另外，广播广告的发布成本低。相同级别的电视同广播比较，发布一次30秒的电视广告的费用，可发布广播广告15次左右。至于中央电视台5秒标版广告的招标费用，可用在中央人民广播电台播放50～100次的30秒广告。

6. 忠诚度高，转台率低

广播广告的听众比电视广告的观众要忠实。据赛立信公司2009年的调查结果显示，图10.1所示有75.3%的广播听众在收听广播时遇到插播广告通常不会转台，其中，22.1%的听众明确表示不会转台，53.2%的听众表示通常不会转台。遇上广告立即转台的听众只有24.7%，这一比例远远低于电视观众遇到插播广告时的转台比例。据有关机构的调查显示，遇到广告后不转台的电视观众不到40%，超过60%的观众则会按下遥控器观看其他节目。

正如人们所说，"遥控器会让广告飞走"。对电视来讲，在频道越来越多的情况下，一看到广告时间，电视观众随即拿起遥控器寻找自己喜欢的节目，这已经是习以为常的行为。而广播听众则相对稳定得多，特别是在汽车上，人们很少在广告来临时转台。在插播广告时听众不转台，可以在较大程度上保证广播广告有较高的有效到达率，进而保证广播广告具有较理想的传播效果。

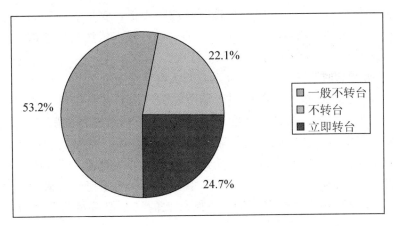

图 10.1 广播听众对插播广告时的行为选择

10.3 广播受众与媒介

私家车量的上升、公交车上广播覆盖的加强，网络、手机、MP3 等多种收听模式涌现，令广播听众数量逐年上升。

10.3.1 广播受众分析

1. 广播受众的成长

广播诞生之初，其能将世界缩小的神奇功能立刻吸引了众多人们的关注。在美国，广播不仅成为人们获取信息最为快捷的手段，更成为丰富人们休闲生活的最佳选择。对于广告主来说，这一新兴媒介立即成为投放热点。

电视出现，广播失去原有的辉煌，广告资源开始大量流失。广播开始重视受众需求，以受众为中心制作节目，广播专业化成为趋势。

每一个广播频率都有自己相对固定的受众群体。广告主被重新吸引到广播身边。固定点特征明显的受众群体，不仅让广告主减少了投放时的浪费，更让广告主看到明确的广告效果。

随着城市发展速度加快，各种经济、政治、生活交往活动越来越频繁，人们的生活半径得到极大的延展。人们在各种交通工具上耗费的时间也随之增长。广播从最初的家庭媒介转变为个人媒介，这使得广播开始了第二次辉煌历程。不少已经不再收听广播的人们，重新变成广播的忠实听众。他们对各种信息的需求，加速了广播向服务型媒介的发展。受众所需所思，成为主宰广播发展方向的航标灯。

2. 我国广播受众现状

当今中国广播收听市场，听众的收听需求日趋个性化和收听行为多样化，流动收听越来越普遍，促进了广播频率百花齐放，广播节目妙趣横生，频率或特色更趋鲜明。

据 SMR 赛立信公司调查显示，2010 年全国城乡广播听众总规模达 6.6 亿人，城乡居民的广播接触率为59.7%。城市居民广播听众约4.1亿，农村听众约为2.5亿，城市听众接触率为64.0%，高于农村的50.3%。总的来说，城市依然是广播市场竞争的中心区域。近年来，我国广播受众市场呈现出以下特点。

1) 居家收听量和收听比重最大，移动收听人群比重上升

所谓移动收听人群，指的是不在固定场所收听广播而在行走移动过程中收听广播的人群。他们在汽车、火车、飞机等交通工具上，在上下班、旅行或散步、徒步探险途中，利用交通工具上提供的收音机或随身携带的收音设备收听广播节目。广播越来越被看成是一种背景、伴音，让人们在活动中感受到轻松愉快。在美国，95%的汽车上都有车载广播。据有关资料显示，截至2012年年底，我国汽车保有量已经突破了1.2亿辆，其中私家轿车保有量已经达到9000多万辆。不断壮大的汽车保有量为移动收听提供了现实基础。

当前，中国广播收听市场总量基本稳定。但是，随着经济发展和人们生活方式的改变，广播收听结构不断出现变化。据央视索福瑞媒介研究（表10-2）（CSM）2010年至2012年对全国32个大中城市的调查数据显示，三年间，人均收听时间长度为80分钟以上，趋于稳定。其中，在家收听量和收听比重最大，约占总收听量的三分之二以上，但呈现出逐年降低的趋势，从2010年的71%，下降到2012年的67%。与此同时，车上收听量和收听比重不断上升，从2010年的18%，上升到2012年的22%。

表10-2 不同收听场所的人均收听时长和收听比重

收听场所	人均收听时长/分钟			收听占比/(%)		
	2010年	2011年	2012年	2010年	2011年	2012年
在家	60	59	54	71%	69%	67%
车上	15	17	18	18%	20%	22%
工作/学习场所	7	7	7	8%	8%	9%
其他场所	2	2	2	2%	2%	2%
所有	84	85	81	100%	100%	100%

移动收听量的增加，原因主要有三点：一是，汽车快速进入家庭，驾车听众规模越来越大，同时国内大部分省级交通台几乎全程覆盖高速公路，交通广播无处不在，从而大大提升了驾车人士的收听量；二是，广播电台进入地铁、公共汽车、各大购物商场，不少城市在公共汽车、购物商场，甚至地铁场所都能够听到广播，扩大了公共场所的广播收听量；三是，居民在户外活动休闲的时间增多，"伴随性"特色明显的广播成为许多人的忠实伴侣。

另外，网络广播日趋为受众所接受。根据赛立信公司2009年在广州、深圳等城市进行的网络广播调查数据显示，超过45%的听众知道网络广播，其中超过5%的听众经常收听网络广播。截至2013年6月，中国网民规模达到5.91亿，互联网普及率达44.1%。可以预见，通过网络收听广播的听众规模会继续水涨船高。

2) 受众群体趋于年轻化，"含金量"越来越高

广播听众年轻化是近几年逐渐显现的一个趋势。调查显示，目前我国城市广播听众

多为20～49岁的中青年听众，这一年龄段的听众约占全部听众的2/3，这个比例较几年前有明显的提高，广播听众的年轻化趋势在最近几年愈加明显地凸现出来，中青年听众已经成为广播媒体的主要受众群。同时，城市听众以初中、高中等中高学历为主，大专及以上高学历听众所占比例接近20%，广播听众的整体文化程度有了明显提高。

快速增长的移动听众群是驱动广播听众年轻化、高文化程度的主要因素。驾车人士大多是高学历、高收入、高层次的"三高"人士，这类听众以30～49岁为主，大专以上文化程度占52.9%；月收入普遍高于全社会平均水平；职业以私营业主、企业管理人员、白领或专业人士为主，属于较高层次的社会中坚阶层。广告商、广告主对此类听众群青睐有加。

移动听众群体的日益壮大，令广播听众的含金量，即听众的市场价值大大提升。毕竟，私车车主阶层的购买力和消费能力，是任何一个商家，包括广告主和广告公司都不会忽视的。

3）受众收听时间段趋于分散和"碎片化"

在广播还是一种家庭媒介的时候，人们习惯于在傍晚收听广播。大部分广播电台选择在傍晚播报新闻，满足人们对信息的需求。但随着人们的生活节奏的加快，越来越多的听众选择移动收听，而且收听广播的时间越来越分散，与过往数据相比较，全天的广播收听高峰不再像以往那么明显与集中。一天中，尽管在早上7：00—9：00、中午12：00和傍晚18：00以后收听广播的听众相对较多，即所谓传统意义上的"黄金时段"依然存在。但相对于以往，广播的黄金时段也发生了变化。城市的上下班高峰期，是广播收听人群最集中的时间，人们在公交车、出租车或私家车中打开广播，一方面搜寻新闻了解信息；另一方面也可以听听音乐或轻松的娱乐节目，缓解等候红绿灯、忍受交通拥堵时的急躁心情。全天中听众较少的时间段不多，只有下午14：00—15：00的听众比例稍微低一些，说明在听众收听时间趋于分散和"碎片化"，广播的时间资源也将会日益丰富。

另据调查数据显示，约85.0%的听众在收听广播的同时还会做其他事情，包括开车、工作、学习、其他休闲活动等。可见，广播的"伴随性"日趋得到充分展现，听众收听广播的随意性较之以往也相应有所增强。

10.3.2　广播媒介

1. 无线电波

广播使用的无线电波具有波长、频率和振幅三种性质。

（1）波长。是指每一个无线电周波的长度。周波由一起一伏的正波和负波组成。波长的计量单位为米。

（2）频率。是指无线电波每秒产生的周波数，计量单位为赫［兹］。无线电波的频率，通常以高低作比较。它与波长成反比关系，波长长，则频率低；波长短，则频率高。

（3）振幅。无线电波正波上的最高点到负波上的最低点之间的距离，称为振幅。振幅的高低取决于两个因素：一是发射电力的强弱，发射电力强，振幅高；发生电力弱，振幅低。二是时空的长度，无线电波发生以后，就随着时间与空间的延长而衰减，最后归于消失，与声音的传送同出一理。

广播通信使用的无线电波是中波(中频)和短波(高频)。电视通信使用的是超短波(特高频)和微波(超高频),广播、电视使用的电波,见表10-3。

表10-3 广播、电视使用的电波

波 段	波 长	频 率	传播方式	主要用途
中波(中频)	1000～100m	300～3000kHz	地波	调幅广播
短波(高频)	100～10m	3～30MHz	天波	调幅广播
超短波(特高频)	10～1m	30～300MHz	近似直线传播	调频广播、电视
微波(超高频)	1m～1cm	300～3000MHz	直线传播	电视

无线电波既有波长的长短和频率的高低之分,我们就可以按照波长的长短和频率的高低将其排列在收音机的选择窗上。根据国际协商,在广播通信中,中波使用的无线电波频率范围是540～1600千赫之间;短波使用的频率范围是3～18兆赫之间;调频广告使用的频率范围是88～108MHz之间。

收音机上的选择窗上,通常有MW、SW、FM的标示,其含义如下。

(1) MW(Medium Wave),即中波。并标有阿拉伯数字"540,600,700……1600",指的是从540～1600千赫的中波广播电台的位置。

(2) SW(Short Wave),即短波。通常分为几个波段"BAND1,BAND2……BAND8"。短波收音机上无论分几个波段,其刻度一般均在3～18兆赫之间。

(3) FM(Frequency Modulation),即调频广播。刻度盘上的阿拉伯数字"88,95,98……108"标示的便是调频广播的位置。

2. 调幅广播

调幅广播和调频广播是广播中的重要概念。

调幅广播是指采用调变无线电波振幅的方法,来传送声音信号。这是无线电广播发明之初便使用的广播形式。调幅广播改变的只是无线电波的振幅,使"等幅波"变成了"调幅波",而无线电波的频率不变。

调幅广播的优点是覆盖面较大,比较经济。缺点是:

(1) 有杂音。大气中的静电和电器产生的电波会影响无线电广播的电波的振幅,播出时,收音机中会听到杂音。

(2) 有干扰。因调幅广播的频道宽度只有10千赫,而广播电台的设置密度较大、较拥挤,犹如一条车流量很大的狭窄马路,干扰在所难免。

(3) 会失真。调幅广播负载的声音讯号的频率最高只能到5000赫,一旦超过,听起来就会失真。

调幅广播稳定性较差,这同天波有关。调幅广播电台发射的电波,分为地波和天波。地波沿地面前进,能随地面高低起伏,有效射程相对较短,但比较稳定,昼夜清晰。地波所能到达的地区称为广播的"主区"。天波遇到地球上空的电离层便折射回地面,射程较远。天波受日光、温度、空气及其他电波的影响,稳定性较差,夜间稍好些。天波能到达的地区成为广播的"副区"。

3. 调频广播

调频广播是指采用调变无线电波频率的方法，来传送声音信号。调频广播是美国科学家阿姆斯特朗于1933年发明的。它改变的只是无线电波的频率，无线电波的振幅不变，还是等幅波。

调频广播的优点在于：

（1）声音清晰。调频广播使用的电波为超短波，超短波以直线波的形式传送，不像调幅广播的天波和地波，并且其振幅不变，不易混入杂音。

（2）极少干扰，调频广播在频率为88～108兆赫的区间工作，其频道宽度达200千赫，是调幅广播频道宽度的20倍，在一条大大拓展了的大道上，自然可以各行其道，互不干扰。

（3）传真度高，调频广播负载的声音信号，可高达15000赫，也可以调到很低，完全能适应人的听觉感受范围，所以不失真，换言之，调频广播能带给人们高保真的声音享受。

调频广播的局限是覆盖范围不足200平方千米，不如调幅广播广阔。此外，调频广播发射电力要大，发射天线要高，因此不如调幅广播经济。

4. 立体声广播

立体声广播是在调频广播的基础上发展起来的，是调频广播技术和音频立体声技术相结合的产物。实现立体声广播的方法是在演播室内安装左右两个传声器，利用特殊方法在一条广播通道内传送左右两路声音。声音通过调频广播电台传送，收听时需要使用调频立体声收音机，否则达不到立体声效果。立体声广播能够如实地再现声源的方向和位置，使听众获得富有现场感的声音，从而得到听觉上的美感和心理上的满足。用立体声广播传送音乐，效果极佳。它能保持在音乐厅演奏时展开感和空间感，还能带给欣赏者一定程度的音乐包围感。

了解无线电广播使用的电波，掌握调幅广播和调频广播的特点，对我们从事广播广告有极大的帮助。

（1）有助于我们掌握一个广播广告工作者必须掌握的基础知识，明了广播电台的运作形态，从而对自己面对的媒介心中有数，工作起来更有信心。

（2）有助于我们熟悉广告的传播区。广告发布在调幅广播节目上，就需要了解电台传播的"主区"和"副区"，目标听众尽可能在主区内。如果希望广告的传播范围越广越好，则宜选择短波广播电台，而不应该选择覆盖范围较小的调频电台。

（3）有助于我们选择最妥当的电台。如果只在本地做广告，选择本地区的调频电台是恰当之举，不一定选择短波台，更不必选择面向全国的电台，以节省广告开支。

本 章 小 结

在本章，我们通过学习广播广告的起源与发展，广播广告的形式、特点，广播广告受众，广播媒介等，能够对广播广告有较全面的认识和理解。

广播诞生于20世纪20年代的欧美国家，从其诞生伊始就成为一种重要的新闻传播媒介。与此同时，以它为载体的广告活动也开始逐渐盛行，并对广播事业的发展起着重要的作用。近些年来广播广告得以快速发展，除了与市场需求密切相关之外，最大的功劳应该归于广播媒体本身。正是其自身的努力发展，使得广告与市场、听众与广告之间更加融合，将广播媒体的市场价值和优势有效地发挥到广告中，取得了不错的效果。

媒体广告的分类，应该以媒体的个性切入。从广播媒体的个性特点出发，可以将广播广告分为五种形式，分别是直陈式广播广告、对话式广播广告、小品式广播广告、歌曲式广播广告、综合式广播广告。以上广播广告形式，并不是广播广告形式的全部，它们只是我们在实践中常用的。其实，广播中常见的表现形式，广播广告一般都可以综合运用。而且，随着广播事业的发展，还会有更多、更新颖的广播广告形式出现。

广播广告是依靠无线电波传播，诉诸人的听觉的广告，具有收听自由、亲切感人、伴随左右、费用低廉、传播迅速、受众广泛等特点。依靠自身优势的不断发掘，广播广告拥有规模庞大、稳定的受众群体。进入21世纪，随着新媒体技术不断发展及应用，广播媒介行业也不断与新思想、新技术相融合，进行数字化和网络化改造，扩大传播空间，突破媒体间的界限和时间的限制，使用户在很大程度上拥有信息的选择权，增强广播与受众的互动性等，都在不同方面拓展了广播广告的发展空间。

习　题

一、填空题

1. 世界上公认的第一座广播电台，是_____年开始播音的美国_____电台。
2. 根据表现手法，广播广告通常可分为_____、_____、_____、_____和_____5种基本形式。

二、选择题

1. 最早的人民广播是于1940年12月30日成立的(　　)，呼号为XNCR。
   A. 延安新华广播电台　　　　　　　　B. 中央人民广播电台
   C. 北京广播电台　　　　　　　　　　D. 北平新华广播电台
2. 下列哪一项，不属于广播广告的特点？(　　)
   A. 易调动联想　　B. 收听自由　　C. 调台率低　　D. 制作成本高昂
3. (　　)采用调变无线电波频率的方法，来传送声音信号。
   A. 调幅广播　　B. 调频广播　　C. 立体声广播　　D. 数字广播

三、思考题

1. 尝试分析我国广播广告的现状。
2. 广播广告有哪些特点？
3. 结合现实谈谈广播广告对我们的影响。

四、案例分析题

分析某产品在中央人民广播电台的广告形式。

第11章 电视广告

素有"第一媒介"之称的电视,拥有巨大的传播效果和广泛的影响力。在我国,从1979年上海电视台播出第一条电视广告起,短短三十几年的发展,电视广告迅速成为最大的一个广告类型,成为企业开展广告活动时首选的广告形式。

教学目标
1. 了解电视广告的起源与发展。
2. 了解我国电视广告的发展。
3. 掌握电视广告的分类和特点。
4. 理解电视广告受众与媒介。

教学要求

知识要点	能力要求	相关知识
电视广告的产生与发展	(1) 了解电视广告的起源与发展 (2) 了解电视广告发展的三个时期	广告史
电视广告的分类	(1) 理解电视广告的分类方式 (2) 掌握不同类型电视广告的含义	
电视广告的特点	(1) 了解电视广告的优缺点 (2) 理解电视广告的缺点	
电视广告受众与媒介	(1) 掌握我国电视广告受众特征 (2) 了解电视媒介特点	电视原理

推荐阅读资料

1. 张印平. 电视广告创意与制作[M]. 广州：暨南大学出版社，2009：55.
2. 聂艳梅. 电视广告创意[M]. 北京：中国市场出版社，2009：9.
3. 苏夏. 影视广告创意与制作[M]. 上海：上海美术出版社，2009：15.
4. 朱月昌. 广播电视广告学[M]. 厦门：厦门大学出版社，2007：171.

 基本概念

电视广告：是一种以电视为媒体的广告，是电子广告的一种形式。

 引例

"南方黑芝麻糊"电视广告，如图11.1所示。

图11.1　"南方黑芝麻糊"电视广告

"暖暖的橘黄色基调下，典型的南方麻石小巷，橘灯摇曳、晃悠，一个悠远的曲巷深处传来悠长的叫卖声："黑芝麻糊哎"，一个戴着棉帽穿着布衫的少年推门探出头来，不停地搓手、呵气，眼中充满渴望；慈祥的大婶正把一大勺浓稠的黑芝麻糊舀向碗里，男孩急不可耐地搓手、咬唇，一副"小馋猫"的模样。当大婶把香浓的黑芝麻糊递给小男孩后，他迫不及待大口大口地吃，吃完以后还把碗底也舔得干干净净，引得一旁碾磨芝麻的小女孩掩嘴窃笑，但他依然痴痴地贪婪地望着锅中的黑芝麻糊。慈祥的老板娘充满爱怜地摸摸孩子的头，又把满满的一勺黑芝麻糊舀到孩子的碗中。在这温馨的气氛中，广告主题脱颖而出："南方黑芝麻糊，抹不去的回忆。"南方黑芝麻糊的电视广告，以温情、怀旧的主题，打动了无数人，获得巨大成功。

11.1　电视广告的产生与发展

11.1.1　电视的产生与发展

1. 电视的问世

同广播一样，电视也是在现代科技进步的基础上诞生的。电视传送技术的关键，首先在于解决光电转换的问题，即把图像的光信号变成电信号传出去，接收时再把电信号复原为光信号。

1817年,瑞典科学家布尔兹列斯发现了化学元素硒。1873年,英国科学家约瑟夫·梅发现了硒元素的"光电作用"特性,从而为电视的发明奠定了基础。

1884年,德国工程师保罗·尼普科发明了机械式光电扫描圆盘,这种圆盘在旋转时,能够把图像分解成许多像素,并逐次将其变成电信号传送出去。这样,电视画面的异地传送成为现实。1923年,美籍俄裔物理学家左瑞金发明光电管,用电子束自动扫描组合电视画面,取代了机械式的圆盘旋转扫描。

此后,科学家们又发明了电子图像分解摄像机,对电视摄像机进行了进一步改良;发明了阴极射线管,在电视接收机的显像技术方面又是一个大变革。据称,"有史可查的统计,从1919—1925年间,世界各国的科学家们就曾提出了100多项有关电视发明专利权的申请。"电视技术逐步趋于完善。

1926年,英国科学家贝尔德成功地完成了电视画面的播送及接收实验,于1月26日在伦敦进行公开示范表演,引起了极大轰动。后来,他成立了"贝尔德电视发展公司",不断推出轰动性成果。1927年,贝尔德通过电话线成功地把电视画面从伦敦传送至格拉斯哥,全程640千米。1928年,他又进行了短波电视传送实验,利用无线电波,把图像从伦敦传送到纽约。

贝尔德制造出了第一台真正实用的电视传播和接收设备,表明了电视的诞生。因此,他被称为"电视之父"。

1930年,英国广播公司(BBC)与贝尔德合作试验成功了有声音的电视图像广播。1936年,英国广播公司在伦敦亚历山大宫建立了世界第一个电视发射台,于11月2日开始了电视节目的定期播出。

20世纪三四十年代是电视事业的成型时代。此时,不少国家陆续开始电视的试验播出,但第二次世界大战的战火将这一工作打断。第二次世界大战后,各国都恢复或开始电视播出,电视事业进一步兴起,第二次世界大战前后各国电视播出时间,见表11-1。

表11-1 第二次世界大战前后各国电视播出时间

国　　家	电视试播年份	正式播出年份	第二次世界大战后恢复年份
英国	1929	1936	1946
美国	1928	1941	未中断
法国	1932	1938	1949
前苏联	1931	1939	1945
德国	1935	1939	1952
日本	1939	1953	第二次世界大战前未正式开播

2. 电视技术的发展

1) 电视传播的恢复与发展

第二次世界大战结束后,各国的电视传播迅速得以恢复和发展。

1945年5月7日,前苏联电视台开始恢复正式播出。

1946年，BBC从7年前停播的"米老鼠"节目中断处开始，恢复电视播出。1954年英国独立电视台成立，次年5月正式播出，打破了BBC对英国电视事业的独占，英国商业电视开始。

美国暂时没有停止电视播出，但只有6家商业电视台，民间使用的电视机不到1万台，1950年，则增加到104座电视台，电视机1000万台，至1954年，美国的电视普及率达到65%。

法国于1949年，联邦德国和加拿大于1952年，日本于1953年，都先后成立了电视台并开始播出。到1955年，世界上已有20多个国家拥有了电视。

2）彩色电视的发明

20世纪五六十年代是电视蓬勃发展的时期，彩色电视也开始兴起。早在1940年，美国无线电公司就首先试制成功彩色电视。第二次世界大战后经过研究改进，1946年发布了《点描法彩色电视标准》。1953年11月17日，联邦通信委员会批准"点描法"为美国国家彩色电视技术标准，统称为NTSC制。1954年，美国全国广播公司正式播出彩色电视节目。此后，世界上许多国家也相继研究成功了各种彩色电视制式。1966年7月，国际无线电咨询委员会在奥斯陆会议上投票，确定美国的NTSC制、法国的SECAM制、德国的PAL制为三种通用制式，各国可根据各自国情采用。我国于1973年采用PAL制开办彩色电视节目。

3）有线电视的产生与发展

有线电视（CATV）是通过电缆或光缆组成的传输分配线路，将电视节目直接传送给用户接收机的一种区域性电视广播方式。初期的传输线路都采用电缆，所以也称电缆电视。20世纪70年代光缆问世后，以其优良的性能，至少在主干线正逐步取代电缆，而形成了光缆/同轴电缆混合（HFC）传输网路。

有线电视的最初形式是共用天线系统，起源于20世纪50年代美国的偏远地区。当时在电视覆盖区的边缘地带，在高山、高层建筑等障碍物阻碍电波传播的阴影区，在电波经过多次反射造成重影和外界干扰严重的地区，选择有利地形和干扰小的场所，架设性能优良的电视接收天线，把收到的优质信号经过放大及处理后，用电缆分配给各个用户，这样就形成了多个电视用户共用一套接收天线的接收形式。随着技术的发展，共用天线系统逐渐超越了单纯接收系统的范围，还建立起采录、制作、现场直播等设施，形成了一整套独立完整的有线电视广播体系。

20世纪70年代，卫星电视技术普及应用以后，有线电视真正进入大发展时期。天上的卫星电视广播和地面有线电视网相结合，才使有线电视得以迅猛发展。"无线上星，有线入户"成为今天电视传播的主要形式之一。有线电视始于偏远地区，却在中心城市赢得了最大的市场。

有线电视的特点是：

（1）节目容量大。最初有线电视系统可传送十几套节目，后来发展到几十套、上百套节目，数字压缩技术可使有线频道达到500套节目的规模。

（2）不易受干扰、信号稳定，节目质量高。

（3）采用加密措施，可实现收视付费。

(4) 可进行双向传输。

(5) 可与计算机网络等相连接，可提供多功能服务。有关专家指出：建设信息高速公路的主要关键是"最后1公里"，即用户网络。这个网络最现实和最节约资金的办法是采用光缆干线与铜轴电缆分配系统相结合的有线电视网。如今，有线电视已成为电视的主要播出方式，而无线电视的重要性则降到第二位。

现在，数字电视技术和有线电视的结合又为有线电视插上了腾飞的双翼，世界各国已经根据各自的国情制定了自己的数字电视发展规划，我国也正在大力推进数字电视工程。

4) 卫星电视的应用

1957年，前苏联发射了第一颗人造卫星，大众传播事业又翻开了新的一页。1962年6月9日，世界上第一颗通信卫星"电星1号"（Tel Star 1）由美国发射升空，7月10日，"电星1号"把美国发射的电视节目传送到了巴黎和伦敦，又把它们的电视节目传送回美国，开创了通信卫星转播电视之先河。1962年12月，美国又发射了"中继通信卫星"并于1963年11月23日利用这颗卫星在美国和日本之间进行了电视转播实验。

1964年4月，国际通信卫星组织成立。次年，该组织的第一颗商用通信卫星"晨鸟"（Early Bird）启用。世界正式进入卫星通信时代，电视节目的国际传送和转播成为现实。1969年7月19日，卫星转播了人类第一次登上月球的电视实况，全世界大约有47个国家的7亿多人通过电视观看了这次实况转播，这个数字占当时世界人口的1/5还多。

电视传播使用超短波。超短波的频率很高，传播特性近似光线，是按直线进行的，一般在视距以内的距离才能收到超短波电视信号。因此，在通信卫星出现之前，电视信号的传播距离通常只有60~70千米，在这个距离之内的信号强而稳定，接收质量比较可靠。要扩大传送距离，就要采用"接力"的方式，再传给下一站。

与以往相比，卫星传送在传送数量、传送质量、传送速度、传送范围、传输成本方面都堪称人类传播史上的一次革命。卫星通信不仅促进了有线电视的发展，也使国际电视广播成为现实。从理论上讲，卫星为全球电视机构搭建了一个同台表演的舞台，使世界真正成为"地球村"。

5) 高清晰度电视

20世纪80年代，电视领域最重大的发展是高清晰度电视（High Definition Television，简称HDTV）的问世。日本最早研制出HDTV。1981年，日本广播协会首次展出HDTV，其扫描线是原525行扫描线的两倍多，宽高比扩展到16∶9，清晰度与逼真电影几乎无差别。艳丽的色彩、高保真的立体声音频信号与宽屏幕的画面浑然天成，带给人们无比美妙的视听享受。1989年6月3日，日本成为世界上第一个每天播出HDTV节目的国家。

美国在认识到起步太晚后急起直追，1990年，美国的研制工作初见成效。与日本的模拟方法不同，美国采用了先进的数字技术来研制HDTV。美国希望后来居上。同期，欧盟也投入大量资金，集体攻关，研制HDTV。目前，HDTV技术发展已日趋成熟。

根据各个国家使用电视制式的不同，各个国家和地区定义的HDTV的标准分辨率也不尽相同。具体来说，目前的HDTV有三种显示分辨率格式，分别是：720P（1280×720，逐行扫描）、1080i（1920×1080，隔行扫描）和1080P（1920×1080，逐行扫描），其中P代表英文单词Progressive（逐行），而i则是Interlaced（隔行）的意思。我国采用的是1080i格式。

6)新媒体电视

进入 21 世纪，出现了一些与传统电视形态不同的电视媒体：网络电视、移动电视和楼宇电视。我们把这些不同于传统形态电视的电视称为新媒体电视。

网络电视又称 IPTV(Interactive Personality TV)，它将电视机、个人电脑及手持设备作为显示终端，通过机顶盒或计算机接入宽带网络，实现数字电视、时移电视、互动电视等服务。网络电视的出现给人们带来了一种全新的电视观看方法，它改变了以往被动的电视观看模式，实现了电视以网络为基础按需观看、随看随停的便捷方式。

移动电视，一般主要是指在公共汽车、地铁、火车等可移动物体内，通过电视终端以接受无线信号的形式收看电视节目的一种技术或应用。它最大的特点是在处于移动状态、时速 120km 以下的交通工具上，保持电视信号的稳定和清晰，使观众可以在移动状态中轻而易举地收看电视节目。移动电视和广播一样，都用无线信号发射和地面接收的方法。只要有数字电视接收机，就像拥有收音机一样，可以在发射场强所在的任何地方，在移动中接收信号。

楼宇电视主要安装在写字楼、酒店、高档住宅小区、公寓、机场等处。它的主要目标对象是高收入人群。楼宇电视是一个纯广告媒体，它的节目内容全是广告。传统电视给人的选择是"选节目还是选广告"；楼宇电视给人的选择是"选无聊还是选广告"。这是楼宇电视的优势。

11.1.2 电视广告的产生与发展

1. 电视广告的起源和发展

1936 年，英国广播公司在伦敦设立了世界上第一座电视台。1939 年 4 月，美国全美广播公司(NBC)公开播出电视。1941 年 7 月 1 日，NBC 电视台播出了世界上第一条电视广告，是日晚间棒球赛播出前的 10s 时段，播出了宝路华钟表公司(Bulova Watch Company)的广告。当时的电视广告内容十分简单，仅是一支宝路华的手表显示在一幅美国地图前面，并搭配了公司的口号旁白："美国以宝路华的时间运行"！正是这则广告，开启了商业电视广告之先河。

第二次世界大战以后，电视事业迅速发展，电视广告逐渐成为广告主的新宠。但当时的电视广告制作水平是相当初级的，无论内容和形式，都很简单，甚至是枯燥。即使在 20 世纪 50 年代初期，电视广告也多是在节目中间，由播音员手拿着稿子在麦克风前读广告词，或者是节目主持人在四弦琴的伴奏下，面对电视观众现场介绍产品的各种好处。那时，电视台还没有采用以电影胶片或录像带播送广告的方法，而只是做现场的实况演出。1952 年之后，现场广告终于被广告影片所取代，广告影片制作公司也随之出现。

20 世纪 50 年代中期开始，著名的迪士尼乐园的动画片搬上了电视屏幕，电影技术开始引进了电视，极大地丰富了电视的画面语言，使电视广告的视听效果也得到了提高。1953 年，美国著名的广告大师李奥·贝纳创作的"万宝路"形象广告，打破了以前的电视广告形式，收到了极好的广告效果。大卫·奥格威首创名人推荐式电视广告，请罗斯福总统夫人为"好运牌"奶油做广告，取得巨大成功。

在亚洲，1953年12月，日本NHK电视台首先开播；同年8月，NTV商业电视台正式开播，这是亚洲第一座商业电视台。

20世纪60年代以后，电视事业和电视广告逐步进入成熟期。电视广告影片制作业日益壮大，影视技巧日渐完善，营销观念和传播观念出现革新，这无疑给电视广告带来了新的形式和内容。从此产生了许多优秀的电视广告作品。到20世纪80年代末，美国电视的广告总收入已接近250亿美元，约占广播电视总收入的75%。

20世纪90年代后，电视广告进入到一个飞速发展的时期。许多高科技电子技术的不断引进，极大地丰富了电视艺术表现语言，使得电视广告制作水平有了突飞猛进的发展。可以说，人们但凡能够想到的效果，几乎都可以通过电子技术制作出来，电视广告日益具有神奇的视觉效果和崭新的意境，极大地增强了传播效果。

2. 我国电视广告的发展

我国的电视广告事业，由上海率先开始。1979年1月28日，上海电视台宣布"即日起受理广告业务"，并播出了"参桂补酒"广告，这是我国大陆第一条电视广告，揭开了中国电视广告史册的第一页。当年的3月15日，上海电视台又播出了第一条外商电视广告"瑞士雷达表"。1979年11月，中央宣传部批准新闻单位承办广告。12月，中央电视台开办《商业信息》节目，开始集中播送国内外商业广告。

纵观我国电视广告的发展，大致可分为3个时期。

1）初创期

1979年至20世纪80年代前期，是我国电视广告发展的初创期。这一时期，我国电视广告的特点是起步低，但发展速度快。由于当时特点的社会背景和体制的原因，电视广告的制作设备都掌握在电视台，能够使用这些设备的人员也是电视台的技术人员。一方面，专业广告公司技术力量单薄，没有条件和能力介入电视广告的制作。另一方面，拥有制作电视广告设备和技术能力的电视台制作人员，多是从事新闻、专题片、电视剧等工作的，他们又缺乏广告理论、广告创意以及市场方面的专业知识。此外，广告主的广告观念也比较落后，停留在一个朴素的广告观的层面上。所以这一时期的电视广告主要是新闻报道式，内容十分单调，画面多是企业的厂门、厂房及各种奖牌、奖状，构思平庸，画质低劣。

2）探索期

20世纪80年代中后期，随着改革开放地不断推进和日益扩大的市场需求，同时在与国际交流的催化下，我国电视广告创作人员积极探索，中国电视广告发展取得了可喜的进步，主要表现在以下几个方面：

（1）电视广告创意有了一定的发展，开始重视对产品、市场和目标对象的分析研究，注意表现商品的个性和特点。

（2）广告表现形式逐步多样化，运用情感诉求和具有人情味的广告作品增多。

（3）开始出现广告公司为客户的广告进行总体策划和形象策划，电视广告创作被纳入广告策划范畴。

（4）电视广告制作力量显著增强，一些有实力的省级电视台，加强了广告部门的制作力量，购置了先进的制作设备。

另外,在电视广告制作方式上,开始注重团队协作。过去电视广告的构思、脚本编写、导演、摄影到后期制作,大都由一两个人完成。而这一时期则开始逐步分工协作,由专职的导演、摄影、美工师、音乐编辑及技术制作人员等共同完成。因此,电视广告的总体品质有了显著提高。这一时期,出现了一些较好的电视广告作品。其主题突出、定位准确、影视艺术语言运用得当,广告语也较为有利和有效。例如,"强力荔枝饮料"广告,通过历史故事,运用精美的画面,集中展示了荔枝的美味及随时都能品尝的特点;"娃哈哈营养液"广告则创造了一个神话,针对孩子厌食、不肯好好吃饭的通病,把广告诉求集中到一点——开胃,提炼出极为口语化、易流行的广告语"喝了娃哈哈,吃饭就是香!"广告播出1个月,企业生产规模扩大一倍;广告播出3个月,企业生产规模又扩大一倍。

这一时期,公益电视广告开始出现。1987年10月,中央台特别推出的公益广告《广而告之》,受到观众的欢迎。到20世纪90年代初,全国500多座电视台,几乎无一例外地都开办了广告节目,电视台相继成立了电视服务公司、广告部、公共关系部或信息部,专门经营广告业务。

3)成长期

20世纪90年代以来,是我国电视广告发展的成长期。经过了一段时期的探索,广告从业人员无论从创意思想、表现手法,还是制作技术上都积累了大量的实战经验,加上大量专业影视剧、音乐戏剧、文艺美术界人士的广泛参与,更有诸多优秀国际广告公司带着其经典作品和成功经验来到中国,使得我国的电视广告在这个阶段,逐步走上了专业化、艺术化、国际化的道路,电视广告作品在创意和制作水平上都有了质的飞跃。

这一时期,随着社会主义市场经济体制的确立,使现代营销观念被广泛接受,电视事业开始步入产业化的发展。电视广告作为电视台的主要经济来源,已成为电视产业的支柱。例如,中央电视台,1997年全台总收入44.8亿元,其中广告收入就达41.7亿元,占93.1%,仅黄金段位招标的标王一项就高达3.2亿元。2003年,央视黄金段位招标总额突破30亿元,2012年招标总额达142亿元。图11.2所示为央视2003—2012年招标总额(亿元)变化图。

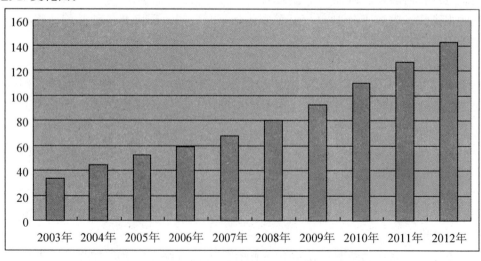

图11.2 央视2003—2012年招标总额(亿元)变化图

这一时期出现了许多优秀的电视广告作品。如"南方黑芝麻糊-怀旧篇""百年润发-京剧篇""中央电视台形象广告-水墨篇"等。有理由相信，随着我国政治经济文化各项事业的发展，随着人民群众教育水平和文化素质的提高，随着业界和学界对电视广告认识的深入，随着我国电视广告创意和制作水平的提高，我国电视广告会越走越好。

11.2 电视广告的形式与特点

11.2.1 电视广告的分类

电视广告的种类很多，通常可以根据其制作方式、播放形式、传递内容、诉求方式、生命周期等进行分类。

1. 根据制作方式划分

根据制作方式划分，可将电视广告分为电影胶片广告、录像带广告、幻灯片广告、字幕广告、电脑合成广告等。

1) 电影胶片广告

电影胶片广告是指首先采用35毫米或16毫米的电视胶片进行拍摄，然后再通过胶片转换成磁带（即胶转磁），制作完成后送到电视台播放的电视广告。由于电影胶片色彩宽容性好，拍出的画面色彩饱和，层次丰富，成像清晰度高，质感效果好，所以能够更好地表现广告的魅力和感染力。目前，对于要求较高的电视广告片，大多是使用电影胶片拍摄。但是电影胶片广告制作费用比较昂贵。

2) 录像带广告

用电视专业摄像机拍摄的电视广告，是把广告内容记录在电视录像带或其他介质上，直接在电视台播出。这种广告摄制过程简单快捷，但在过去存在视觉效果相对较差的弊端。随着电视摄录技术的日新月异，录像带广告的拍摄质量也在不断提高，因而被广泛采用。

3) 幻灯片广告

用专业照相机拍摄广告内容，制成幻灯片，在电视台播出。其画面是静止的，叠加字幕，或配音乐，有画外音解说。也可以利用电脑和电视编辑机的色键处理制作幻灯片广告。这类电视广告简便灵活，投资少，播出及时，一般在设备条件比较差的地方才采用这种制作方式。

4) 字幕广告

将要播出的广告信息以字幕的形式叠加在电视画面上。字幕广告一般出现在电视屏幕不显眼的地方，可以是静止的，也可是流动的，因为没有声音，不太干扰观众的视听，观众抵触心理少，时效性较好，播出效果也不错。

5) 电脑合成广告

电脑合成广告指采用电脑制作技术创作的二维或三维动画广告，转录到电视磁带上播出；或把电脑动画与电视摄录画面合成在一起制作而成的电视广告。电脑动画的神奇与电视画面的真实相结合,使电脑合成广告具有极大的魅力。

2. 根据播出形式

根据播出形式划分,电视广告可分为节目广告、插播广告、冠名广告等。

1) 节目广告

广告主向电视台购买或赞助一个电视专栏节目,在节目中播映自己的广告。广告内容和播出时间的长短根据广告主付费多少而定。这类广告播出方式和播出内容灵活、多样,通常的形式有专题节目、教育节目、服务节目、综艺娱乐节目、电视剧的赞助播出等。

2) 插播广告

穿插于播出的节目与节目之间,或某个节目中间,是目前电视广告的一种常规形式。广告主可根据需要,自由地选择不同广告时段插播自己的广告。插播广告费用要比专栏节目广告费用少得多,因此,为了增强广告播出效果,广告主的同一个广告可以选择在不同时段播出。但是某些电视台黄金时段的插播广告费用也可能非常昂贵,如中央电视台《新闻联播》《天气预报》前后的广告段位。

3) 冠名广告

常见的有栏目冠名广告和电视剧场冠名广告,是指将广告品牌或企业名称标示在电视栏目名称电视剧场之前。其优点是品牌到达有效观众的比率较高,广告效果好。

3. 根据传递内容

根据传递内容的不同,电视广告可分为电视商品广告、电视形象广告、电视公益广告、电视节目广告等。

1) 电视商品广告

电视商品广告是通过电视媒体传播的、用音画结合的方式向电视观众传播商品或服务信息的广告形式。它是针对商家的具体商品或服务的,目的明确。广告主通过商品广告的投放,建立自身品牌的知名度和美誉度,进而使消费者从心理上与之达成共鸣,促其迅速、长期、不断地购买产品。

2) 电视形象广告

电视形象广告是采用特殊的视听艺术表现手法,表达企业事业单位、地区或媒体的整体、宏观和气质上的信息。主要包括企事业单位的形象广告、电视机构自身的形象广告、地域形象宣传片等几大类。这类电视广告一般从全局和整体利益出发,不介绍具体的产品或服务,而是通过一定的宣传,树立自己在观众心目中的良好形象。

3) 电视公益广告

电视公益广告是通过电视媒体向社会大众传播一些思想、理念的电视广告,其目的是对公众进行有益的观念和行为引导,消除社会上某些群体间的不和谐,促进社会文明的进步和人际关系的和谐。公益广告的投放主体主要是政府部门、公益性社会团体或国际组织、有人文关怀的公益精神的企事业单位等。

4) 电视节目广告

电视节目广告是传播电视机构自身某些栏目、节目信息或电视机构某些具体服务的一种电视广告。电视节目广告按其承担的诉求主题的不同,可分为节目预告、栏目宣传片、栏目片头3种。

4. 根据诉求方式

根据诉求方式不同,电视广告可分为理性诉求广告和感性诉求广告两大类型。

1) 理性诉求广告

理性诉求广告是从商品的质量、作用等方面,直接引导消费者购买、使用产品,也称直接诉求广告。理性诉求广告实例众多,如洗发水广告、药品广告、洗涤用品广告等,它们直接陈述、示范和说明商品的特点、性能、质量等,常用于新品发布、产品开拓等。对于还不了解商品的人,这种方式非常有效。这类广告制作上通常采用传统的表现手法,以广告对象的造型、特点等为主题,通过人物形象、图画文字、语言音效等方式,对商品进行明确的介绍,直接刻画商品的形态、结构、包装、色彩等外观特征,简洁易懂。

2) 感性诉求广告

感性诉求广告利用情感等因素打动观众,使观众对产品或品牌产生好感,从而产生购买欲望。与理性诉求广告相对立,这种广告采取的是间接的诉求方式,通常以讲故事、生活片段以及情感、气氛渲染等方式向观众传递产品或品牌的信息。比喻、夸张、对比等手法都可应用于情景描述,以达到引出主题、衬托品牌形象的效果。这往往需要超越产品本身性能、造型等表面特点,更深入地理解产品所代表的文化以及使用该产品的人群特征。

5. 根据生命周期

根据生命周期,电视广告可分为开拓期广告、竞争期广告和维持期广告。

1) 开拓期广告

开拓期广告指新产品或服务刚刚进入市场期间发布的电视广告。这个阶段一般是介绍新产品的特点、功能、使用方法等,以便为消费者认知,从而打开销路。

2) 竞争期广告

竞争期广告是指商品或服务在成长期或成熟期之间,市场形成竞争阶段所做的电视广告。它着重介绍商品或服务优于竞争对手之处,以突出个性,在市场竞争中扩大市场占有份额。

3) 维持期广告

维持期广告指商品或服务在发展的成熟期之后的广告,主要是宣传商品或服务的品牌,延长商品或服务的市场生命周期,随时提醒消费者继续购买。

11.2.2 电视广告的特点

1. 电视广告的优点

电视广告具有如下优点。

1) 形象生动,感染力强

电视广告是一种视听兼备的广告形式,它有连续活动的画面,以独特的技巧集声色之美，兼视听之乐，能够逼真、突出地从各个方面展现广告商品的个性。它已经成为集形象、色彩、音乐、语言、表演艺术为一体的广告媒体。电视广告的这一特点，为广告创作提供了广阔的舞台，大大增强了商品信息传播的效果。形式多样的电视广告，富有强烈的表现力和感染力，给观众以美的享受，并在某种程度上不知不觉地说服人们去购买某种商品。

2) 直观真实，理解度高

电视能够直观地、真实地传播信息，既可演示，又可解说，具有其他广告媒体所不能比拟的、强烈的心理感染力。这种图像的真实感为企业展示产品特色、建立商标形象提供了良好的条件。如一则汽车广告中，一组画面着力渲染了汽车本身和零部件的光洁锃亮以及性能的优异超群，使观众禁不住发出声声赞叹。恰在此时，一只手拿住柔软的清洁布细心地擦拭着品牌，从而突出了品牌，加深了人们的印象。因此，国外将电视广告形象也称为"无人的家庭推销员，商品模特的表演员，使用商品示范动作的解说员"。

3) 深入家庭，影响面广

随着电视机的普及，观看电视节目已成为人们文化生活的组成部分。由于电视广告形象逼真，就像一位上门的推销员一样，把商品展示给每一个家庭成员，让观众在欣赏电视节目之余，有意或无意地对广告商品进行比较和评论，以引起注意，诱发兴趣，统一购买思想，这有利于促使消费者做出购买决定。因此，许多商品，尤其是日常生活用品，采用电视媒体发布广告，容易引起消费者的关心和兴趣，效果较好。

4) 播出频率高，强化信息

对电视观众来说，电视广告播出具有不确定性。广告主可随节目收视率的高低及观众对象的差别，灵活选择播出时段，使广告更具有针对性。同一个电视广告可以在不同的时间闯入电视观众的视野，从而使电视观众被动接受广告信息，久而久之强化电视观众的记忆，潜移默化地影响消费者或潜在消费者，实现理想的广告目标。如果电视节目的收视率高，广告安排密集播出，可快速得到宣传效果。传播迅速、表现力强、吸引力大等特点，使电视广告具有很强的竞争力，加之在播放时间安排上具有灵活性、必要性，可以实施"密集轰炸"方式，增强传播力度，使产品迅速占领市场。

2. 电视广告的缺点

电视广告具有如下缺点。

1) 时间短促，干扰较大

电视广告一般有 5～60 秒，多数电视广告为 15 秒、30 秒，广告画面在观众面前一闪即逝，难以再现和记忆。另外，在同一时间里播放多则广告，相互干扰较大，一则广告如果没有好的创意，不能引人入胜，就难以给受众留下深刻的印象，更不用说达到宣传其商品的理想效果了。

2) 强制接受，观众厌烦

电视广告以插播的形式播出，经常影响电视观众的收视情绪，易使观众产生逆反心理。电视观众在被迫接受广告信息时，收看节目影响的情绪越高涨，产生逆反心理就越强烈。被强制接受信息超过一定的限度，电视观众"忍无可忍"，就可能转换频道了。针对电视广告播出的这一不足，为保证广告信息较高的到达率，应该做到插播电视广告的长度尽量不超过广播电视广告播放管理暂行办法中规定的时长，以减少其负面效应。另外，运用巧妙的创意引起观众的兴趣，更是减少观众厌烦情绪，变"强制"为"自愿"的根本办法。

3）广告制作、发布费用高昂

在所有广告媒体当中，电视广告的绝对费用是最高的。一方面，电视广告的制作费用高，包括广告胶片的制作成本和广告制作的智力成本，许多广告需要花费上百万元的制作费用。另一方面，电视广告的播出费用高，尤其是在中央电视台这样全国性电视媒体的黄金时间段插播广告，都是以秒来计算，每秒的费用高达万元。但从相对费用来看，以每千人成本计，电视广告媒体费用未必最高。

11.3 电视受众与媒介

11.3.1 电视受众分析

我国电视受众分析主要从电视受众的成长和电视受众的特征等两个方面进行全面分析，以此得出电视受众的特征和发展过程。

1. 我国电视受众的成长

我国的电视业从20世纪50年代起步发展，但由于当时电视信号发射技术不完善，电视机价格又非常昂贵，能看到电视节目的普通民众人数很少。到"文革"期间，电视节目制作完全成为"四人帮"控制的工具，但电视信号转接站建设一直在继续。改革开放之后，中国电视也进入高速发展期，覆盖全国的四级办电视台格局基本形成。但由于电视机价格仍然超出人们的消费能力，电视机普及率还是不高。在城市和乡村，一条街道或一个村落的人们集中到一台电视机前收看电视的场景并不少见。90年代以后，随着市场经济的发展，改革开放的深入，人们生活水平也不断提高，电视终于成为大多数家庭的生活必备用品。与此同时，各级电视台也逐渐从依靠行政拨款办电视，转变成为自主经营、自负盈亏的市场主体。当前，电视台的受众意识正不断加强，受众需求成为决定电视台节目内容的重要因素，因为受众规模、受众群的稳定程度直接影响到电视台广告经营的好坏。

2. 我国电视受众特征

我国电视产业经过了几十年的积累和发展后，电视收视市场已经进入了相对成熟的平稳发展期。当前，我国电视受众主要呈现以下几个方面的特征。

1）电视受众规模庞大，普及率高

我国电视受众规模庞大，电视媒体接触率很高。2013中国国际广播电视信息网络展览会（CCBN 2013）上，国家广播电影电视总局科技司司长王效杰透露，截至2012年年底，我国有线数字电视用户已超过1.4亿户，有线数字化程度约66%。有不上网的，有不喜欢听广播的，没有不会看电视的。近几年，尽管不同类型媒体的竞争日趋激烈，电视依然是人们接触的主要媒体，有95.05%的人会经常或几乎每天都收看电视。

电视受众接触率高，与我国电视观众收视条件的改善是分不开的。据调查，截至2007年，我国99.89%的观众家庭拥有电视机，其中70.03%的观众家庭拥有一台电视机，25.41%家庭拥有2台电视机。并且，随着我国经济发展和广播电视"村村通"工程的实施，我国电视观众的收视方式得到极大改善。基于微波传送的室内外天线接收方式趋于减少，有线电视比率，尤其是卫星接收方式比率大幅提高。近年来，随着我国数字电视传播技术的不断应用，越来越多的家庭可以收看到高清晰的数字电视。技术的进步和收视条件的改善，为电视媒体受众群体的相对稳定提供了保证。

2）收视时间集中，黄金时段突出

收视时间集中，晚间黄金时段突出是电视收视规律中最典型的特征。所谓"黄金时段"，通常是指19~22点。劳累了一天的人们回到家，吃完晚饭后，是人们最休闲的时候。这段时间，很多人看电视，自然也是电视收视率最高的一段时间。据调查，晚间黄金时段3小时，就积累全天总收视的近50%，庞大的晚间收视总量是电视节目获取高收视的重要基础，晚间收视效果对全天整体收视的影响至关重要。除了晚间黄金时段外，还有3个时段也积累了相当的收视率，分别是22~24点，17~19点，12~13点，成为晚间黄金时段之外争夺收视资源的第二阵地，不容忽视，如图11.3所示。

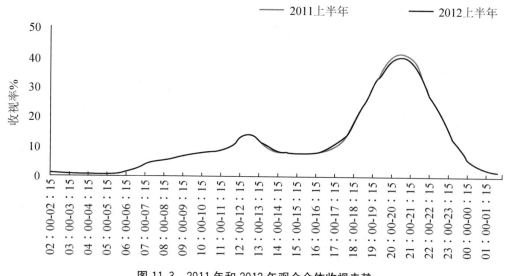

图11.3　2011年和2012年观众全体收视走势

3）收视主要目的是为获取信息和娱乐休闲

有调查表明，了解国内外时事和娱乐消遣是人们收看电视的两大主要动机，而这两大动机在全球各国电视观众中具有普遍意义。如美国的CNN电视台以新闻资讯为全部内容，诞生之初，曾受到人们的质疑，但其用不断扩大的规模证明了经营道路选择的正确性，因为对时事新闻的重视符合人们的收视动机。2007年第5次全国电视观众抽样调查数据显示，人们的相对收视选择比率，排在前五位的分别是电视剧、新闻资讯、电影、生活服务和大众文艺。

4）频道在观众中形成整体印象，品牌频道成为观众收视的首要选择

随着观众对电视频道了解程度的增加，电视频道在观众中逐渐形成整体印象，人们

倾向于直接选择收视某个品牌频道或电视栏目。据调查，70.42%的观众表示之所以选择收看电视节目，是因为他们"习惯看某个频道"；65.53%的观众表示"喜欢某个电视栏目，到时候就看"。由此可见，频道品牌在当今电视市场竞争中的重要性。打造和树立频道品牌，成为吸引广大电视观众的首要因素。

另外，当观众回答"在使用遥控器时，您通常采取哪种方式"这一问题时，59.49%的观众表示将"直接选择自己喜爱的频道代码"。超过一半的观众记住了自己喜爱的频道代码，这一比率相对于"顺序浏览"的观众比率(40.51%)高出近20个百分点。从而印证了频道因素对观众选择的主要影响。

调查数据还显示：观众对各类频道的接触程度存在较大差异。中央电视台的频道拥有较高的忠实观众比率，其中经常收看CCTV-1的观众比率达到81.46%，远高于全国其他频道。

5) 电视收看向中老年集中，年轻观众收视时间较短

在电视观众的收视时间长度方面，存在中老年人收视时间较长，年轻人收视时间较短的现象，并且有愈演愈烈的趋势。根据CMS媒介公司对中国大陆电视观众的抽样调查显示：2010年，全国电视观众人均每日收视时长为171分钟，其中15~34岁的观众人均每日收视时长在130分钟以下，并且，近几年还在逐年减少。与之相反，45岁以上的中老年观众不仅是收视的主力，其每日收看电视的时长还在持续增长，其中55岁及以上观众的日均收视时长在250分钟以上，几乎达到15~34岁青年观众收看时间的两倍。

年轻人学习和工作忙，中老年人空闲时间较多，是造成这一现象的客观原因。此外，年轻人喜欢新鲜事物、追求时尚。近年来，随着新兴媒体工具的逐步普及，越来越多的年轻人通过多种新媒体获取信息、享受娱乐，他们媒体消费习惯和生活方式的变化也是造成这一趋势不可忽视的因素。老、少观众的收视需求明显不同，他们对于收视和广告市场的价值也存在差异。在利弊权衡中，少数电视媒体以青少年为重要目标受众而独辟蹊径，多数电视媒体则坚持立足中老年需求的"大众方针"，为电视的重度消费者——中老年观众提供适应其需求的节目，巩固传统电视媒体对于中老年观众的强大吸引力。

在中老年观众和年轻观众收视两极分化的同时，不同学历水平观众的收视时长也表现出相似的趋势，未受过正规教育及中低学历的观众的日均收视时间较长，而大学及以上的高学历观众的日均收视时间则相对较短。

11.3.2 电视媒介

电视媒介主要从电视的概念和原理入手，讲解彩色电视的制式具有哪些型号，最后对电视进行分类。

1. 电视的概念和原理

电视指利用电子技术及设备传送活动的图像画面和音频信号，即电视接收机，也是重要的广播和视频通信工具。同电影相似，电视利用人眼的视觉暂留效应显现一帧帧渐变的静止图像，形成视觉上的活动图像。电视系统由发送端和接收端两部分组成。发送端把景物的各个细微部分按亮度和色度转换为电信号后，按顺序传送；在接收端按相应

的几何位置显现各部分的亮度和色度,从而重现整幅原始图像。

2. 彩色电视制式

由于发送端、接收端对三基色信号的编码和解码方式不同,形成了不同的彩色电视制式。广播彩色电视制式要求和黑白电视兼容,即黑白电视机能接收彩色电视广播,彩色电视机也能接收黑白电视广播,但收到的都是黑白图像和伴音。为此,彩色电视根据相加混色法原理,即一定比例的三基色光相加能混合成包括白光在内的各种色光,同时为了兼容和压缩传输频带,一般将红(R)、绿(G)、蓝(B)3个基色信号组成亮度信号(Y)和蓝、红两个色差信号(B-Y)、(R-Y)。其中亮度信号可用来传送黑白图像,色差信号和亮度信号组合可还原出红、绿、蓝3个基色信号。因此,兼容制彩色电视除传送三亮度信号和伴音信号外,还在同一视频频带内同时传送色度信号。色度信号是由两个色差信号对视频频带高频端的色副载波进行调制而成的。为防止色差信号的调制过载,将蓝、红色差信号(B-Y)、(R-Y)进行压缩,经压缩后的蓝、红色差信号用U、V表示。

1) NTSC制

NTSC是National Television System Committee(美国国家电视制式委员会)的缩写。NTSC制是1954年开始在美国应用的一种兼容彩色电视制式,它用于加拿大、日本等国家。这种制式根据人眼分辨蓝、品红之间颜色细节的能力最弱,而分辨红、黄色之间颜色细节的能力最强的视觉特性,采用蓝、品红之间的色差信号Q和红、黄之间的色差信号I来代替蓝、红色差信号U和V。用Q、I色差信号分别对初相角为33°和123°的两个同频色副载波进行正交平衡调幅,以便于解码分离和抑制副载波,调制后的两个色差信号经混合组成色度信号。为在接收端对色度信号进行同步检波,须在发送端利用行消隐期间送出色同步信号。这种制式的特点是解码线路简单,成本低。

2) PAL制

1963年联邦德国为降低NTSC制的相位敏感性发展了PAL制式,于1967年正式广播,也用于英国、中国等国家。PAL是Phase Alternation Line(相位逐行交变)的缩写。这种制式用U、V色差信号分别对初相位为0°和90°的两个同频色副载波进行正交平衡调幅,并把V分量的色差信号逐行倒相。这样,色度信号的相位偏差在相邻行之间得到抵消。这种制式特点是对相位偏差不太敏感,在传输中受多径接收而出现彩色重影的影响较小。

3) SECAM制

SECAM制于1967年在法国正式应用,也是为改善NTSC制的相位敏感性而发展的一种兼容彩色电视制式,也用于俄罗斯和一些东欧国家。SECAM是法文缩写,表示顺序传送与存储彩色电视系统,是在同时传送亮度、色度信号的情况下,发送端分别对红、蓝色差信号逐行、依次传送。但在接收端解码时,需要同时有亮度和红、蓝色差信号才能还原出红、绿、蓝三基色信号,因此在接收解码器中利用延迟线将收到的其中一个色差信号储存一行的时间,再与下一行收到的亮度(已在发端延迟一行)和另一个色差信号一起组成3个用作解码的信号。色度信号由红、蓝两个色差信号分别对有一定频率间隔的两个色副载波调频而成。这种制式的特点是受传输中的多径接收的影响较小。

4) 全电视信号

全电视信号是在电视视频基带内传输图像的复合信号。黑白电视的全电视信号包括图像信号、确保扫描同步的复合同步信号、消除扫描逆程回扫线的复合消隐信号、槽脉冲、均衡脉冲等。彩色电视的全电视信号除了有与黑白电视相同的内容外，还有色同步信号和色度信号。其中色同步信号在扫描逆程期间传送，在 NTSC 制和 PAL 制中，它提供接收解码器所需色副载波的频率和相位基准，在 SECAM 制中，它作为行顺序识别信号。色度信号在扫描正程期间和黑白亮度信号同时传送，它占用视频频带高频端的一部分。在接收端经解调得到两个色差信号。黑白亮度信号占用视频基带中低频以上的大部分，除供黑白电视机接收黑白图像外，还和两个色差信号一起进入矩阵网络，还原成红、绿、蓝三基色信号，放大后送到彩色显像系统显示彩色图像。

3. 电视的分类

目前，根据使用效果和外形可将电视分为 4 大类。

1）平板电视

平板电视主要的优点是厚度小，可以挂在墙壁上观看，而且其显示屏可以很大。其缺点就是可视角度、反应速度等受到一定限制，而且价格极贵。

2）CRT 显像管电视

CRT 即 Cathode Ray Tube（阴极射线管）的缩写。以数字高清电视为例，其主要优点是亮度、对比度很高，可视角度大，反应速度快，色彩还原准确性也很好。但是它的屏幕最大只能达到 34 英寸左右，并且很厚，很笨重，较费电，但价格比较便宜。

3）背投电视

背投电视又分为 CRT 背投、DLP 背投、LCOS 背投和液晶背投电视。其中 DLP 是 Digital Light Procession（数字光处理）的缩写，LCOS 是 Liquid Crystal on Silicon（硅基液晶）的缩写。目前传统的 CRT 背投电视已经逐渐淘汰了，市场多被数字背投电视（包括 DLP 背投、LCOS 背投、液晶背投）抢占。DLP 光显背投电视目前比较流行，因为它是真正的数字电视，各方面表现都很好，屏幕大，体积小。液晶背投由于发热量高，灯泡寿命短等问题稍显逊色。

4）投影电视

投影电视即我们在公司会议室里面看到的那种投影仪的民用版，通常装在家里用来观看电影。

在技术越来越先进的今天，电视媒介作为一种工具正在更多地被国家所使用。因为，现在的国家实力已不仅仅限于经济、军事等这些传统的"硬"实力的范畴。文化等软实力同样也要被考虑。因而，电视被认为是提升一个国家软实力的很好工具。目前，这种趋势正在愈演愈烈。

电视是一种技术，也是一种文化。其文化层面当面临着其他新兴媒体（如网络）等的挑战时，影响力必然会像以前的电影、戏剧一样有所下降。但是，电视作为一种技术将会有很大的发展。电视这种技术在未来将更加广泛地与其他技术结合，从而充分地方便人们的生活。例如，电视技术和移动通信技术的结合就使得手机电视成为可能。英国广播公司（BBC）在十几年前将电视技术和互联网有机地结合在一起，将其核心网站 BBCi 变成了一个巨大的影像资料库，使其在互动能力上走在了世界媒体的前列。

电视融视觉和听觉、时间与空间于一体，是最重要的广告媒体之一。在纷繁的媒体广告中，电视广告可以说是最完善、最具表现力的。电视广告也可以在网络、手机等媒体上呈现。

本 章 小 结

在本章，我们通过学习电视广告的产生与发展，电视广告的分类、特点、电视广告受众与媒介等，能够领略到电视广告独有的优势与魅力。

电视的出现为广告注入了勃勃生机，电视广告自诞生之日起就以旺盛的生命力迅速成长。同时，随着高科技电子技术的引入和广告观念的不断创新，电视广告的创意形式和表现水平也迅猛发展。从国际上看，电视广告已有 80 多年的历史。在这 80 多年间，电视广告从无到有、从数量稀少到蓬勃发展、从单纯的产品表现到对创新表现方法的追求，突飞猛进地向前发展着。与国外相比，我国电视广告还很年轻，从 1979 年 1 月上海电视台播出第一条电视广告，到现在电视广告也只有短短 30 多年历史。其间经历了初创期、探索期与成长期，如今，它发展成为最大、最有影响力的一个广告类别，成为企业家开展广告活动时首选的广告形式。

电视广告形式多样，分类最为复杂，可以从制作方式、播放形式、传递内容、诉求方式、生命周期等角度分析电视广告的类型。电视广告的主要特点是生动形象、形象真实、深入家庭、传播面广、影响力大，其形声并茂的独特优势是其他媒体可望而不可企及的，电视广告的这些传播优势早已让无数企业家对其情有独钟。尤其是 20 世纪 90 年代以后，随着电视机在我国城乡各地的日益普及，看电视已成为老百姓日常生活中的一个重要组成部分和当代人生活中一个不可或缺的精神需求。今天，电视广告正以其强大的影响力和感召力引导与改变着人们的消费与生活。在娱乐多元化、信息技术飞速发展的新世纪里，电视广告每天都在传递着大量的、让人眼花缭乱的种种商业信息，这样的信息传递也必然会在促进产品的跨地域、跨时效流通方面发挥出巨大作用，同时也在某些方面引领着人们的消费潮流。

习 题

一、填空题

1. 1936 年，＿＿＿＿＿＿＿设立了世界上第一座电视台。1941 年 7 月 1 日，＿＿＿＿＿＿＿电视台播出了世界上第一条电视广告。

2. 1979 年 1 月 28 日，＿＿＿＿＿＿＿电视台宣布"即日起受理广告业务"，并播出了＿＿＿＿＿＿＿广告，这是我国大陆第一条电视广告。

3. 根据制作方式划分，可将电视广告分为＿＿＿＿＿＿＿、＿＿＿＿＿＿＿、＿＿＿＿＿＿＿、＿＿＿＿＿＿＿和＿＿＿＿＿＿＿。

二、选择题

1. HDTV 是（　　）的英文缩写。
   A. 有线电视　　　　B. 卫星电视　　　　C. 高清晰度电视　　　　D. 数字电视

2. 当前电视广告中，最常见的广告形式是(　　)。
A. 节目广告　　　　B. 冠名广告　　　　C. 插播广告　　　　D. 幻灯片广告

三、思考题

1. 简述我国电视广告的发展。
2. 电视广告的优缺点是什么？
3. 电视广告的受众有哪些特征？
4. 分析电视广告对人们思想、行为的影响。

四、案例分析题

1. 选取中央电视台的某公益广告进行分析。
2. 分析中央电视台某洗发水广告的目标、定位、主题和创意。

第12章 户外广告

户外广告是现代广告范畴中非常重要的一种广告形式,在最初的市场营销中,户外广告也是第一个被使用。它是城市经济的晴雨表,城市繁荣的标志,更是城市标签、城市画报、都市街道的美学表情,城市活力的象征。什么是户外广告?户外广告有哪些特点?户外广告有哪些类别?户外广告在哪些场合应用?户外广告进行策划有哪些方法?这些问题都可以在本章找到答案。

教学目标
1. 了解户外广告的特点及其应用情况。
2. 掌握户外广告主要特点和发展创新。
3. 了解户外广告的创意表现和类别。
4. 理解户外广告的策划方法。

教学要求

知识要点	能力要求	相关知识
户外广告的概念	(1) 了解户外广告的发展历史 (2) 理解户外广告的基本结构和工作原理	
户外广告的特点	(1) 了解户外广告的表现形式 (2) 掌握户外广告的优势	广告专业知识
户外广告的创意表现	(1) 了解各种户外广告创意表现的方式 (2) 掌握户外广告创意技巧	广告创意技巧
户外广告的策划方法	(1) 了解户外广告策划步骤 (2) 理解户外广告的策划技巧	广告制作知识
户外广告的类型	(1) 了解户外广告的分类 (2) 了解各种户外广告的特点和表现形式	
户外广告的应用	了解户外广告的主要应用领域	

推荐阅读资料

1. 卢小燕，王佳．液晶媒体：一场户外广告的新革命[J]．新闻界，2005(1)：118-119．
2. 赵金红．户外广告行走在火焰与冰山间[J]．传媒，2004(5)：40-42．
3. 程士安．重新审视数字时代户外广告的媒介战略地位[J]．广告大观，2012(10)：17．
4. 赵蕊．现代房地产户外广告的色彩传播研究．新闻传播，2012(5)：47．

 基本概念

户外广告：指在城市道路、公路、铁路两侧、城市轨道交通线路的地面部分、河湖管理范围和广场、建筑物、构筑物上，以灯箱、霓虹灯、电子显示装置、展示牌等为载体形式和在交通工具上设置的商业广告。

 引例

Dumocalcin钙片户外广告，如图12.1所示。

图12.1　Dumocalcin钙片广告

人离不了钙，因为钙是人体内含量最多的矿物营养素。它分布全身血管内、血管外、细胞内、细胞外。钙无处不有，无处不在，尤其是骨骼和尖利的牙齿，集中了人体99%的钙，保持人的体形，参与人的运动；其余1%的钙，参与全身各种生命活动。

钙是支持生命的重要元素，像吃盐一样，人一生中的各阶段都要不断地补钙，如何选择钙保健品是一个值得考虑的问题。首先要考虑其含钙量，其次溶解度和吸收利用度如何，再次配方是否合理，最后还要考虑价格、口味等。一般来说，钙制剂或钙保健品都标明含钙量。

很多钙片和钙保健品都希望在这个市场占有一定份额。Dumocalcin钙片广告号称是世界上最强健的骨头，从上面这则户外广告就可以得知。

这则户外广告对Dumocalcin钙片的销售肯定会起到十分重要的作用。

12.1 户外广告的含义

12.1.1 户外广告的概念

户外广告是现代广告范畴中非常重要的一种广告形式,确切地说,无论人类社会如何发展,户外广告这种广告媒体形式永远不会被抛弃,因为,只要人们从室内走向户外,就会看到户外广告。户外广告是全球有记录的最早的广告形式,在最初的市场营销中,户外广告也是第一个被使用。它早已超越了简单的信息告知,具有商业功能和城市功能。它们不仅是和平时代与消费时代"商业战争"的城市识别符号,是城市经济的晴雨表,城市繁荣的标志,而且是城市标签、城市画报、都市街道的美学表情,城市活力的象征。正如芬兰的设计师萨里宁说:"让我看看你的城市,我就能说出这个城市的个性和居民在文化上追求的是什么。"

户外广告指在城市道路、公路、铁路两侧、城市轨道交通线路的地面部分、河湖管理范围和广场、建筑物(图12.2)、构筑物上,以灯箱、霓虹灯、电子显示装置、展示牌等为载体形式和在交通工具上设置的商业广告。总之,一切在户外存在的广告形式都可以称之为户外广告。

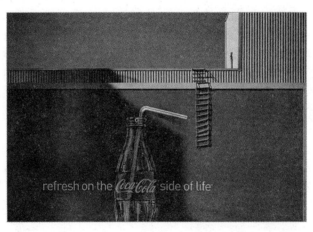

图 12.2 可口可乐户外广告

12.1.2 户外广告的特点

1. 到达率高

通过策略性的媒介安排和分布,户外广告能创造出理想的到达率。据实力传播的调查显示,户外媒体的到达率目前仅次于电视媒体,位居第二。

2. 视觉冲击力强

在公共场所树立巨型广告牌这一古老方式历经千年的实践,表明其在传递信息、扩大影响方面的有效性。一块设立在黄金地段的巨型广告牌是任何想建立持久品牌形象公司的必争之物,它的直接、简捷,足以迷倒全世界的大广告商。很多知名的户外广告牌,或许因为它的持久和突出，成为这个地区远近闻名的标志，人们或许对街道楼宇都视而不见，而唯独对这些林立的巨型广告牌难以忘怀。

3. 发布时段长

许多户外媒体是持久地、全天候发布的。它们每天 24 小时、每周 7 天地伫立在那儿，这一特点令其更容易为受众所关注，都可方便地看到它，所以它随客户的需求而天长地久。

4. 千人成本低

户外媒体可能是最物有所值的大众媒体了。它的价格虽各有不同，但它的千人成本（即每一千名受众所需的媒体费用），与其他媒体相比却很有趣：射灯广告牌为 2 美元，电台为 5 美元，杂志为 9 美元，黄金时段的电视则要 1020 美元！但客户最终更是看中千人成本，即每一千名受众的费用。

5. 城市覆盖率高

在某个城市结合目标人群，正确地选择发布地点以及使用正确的户外媒体，您可以在理想的范围接触到多个层面的人群，您的广告就可以和受众的生活节奏配合得非常好。

12.2　户外广告媒体

户外广告媒体具有横向传播的特性，户外媒体的传播过程是立体和动态的过程。凡是能在露天或公共场合通过广告表现形式同时向许多消费者进行诉求，能达到推销商品目的的媒介都可称为户外广告媒体。户外广告可分为平面和立体两大部类：平面的有路牌广告、招贴广告、壁墙广告、海报、条幅、地铁公交系统内的灯箱、梯牌、墙贴、屏蔽门贴等。立体广告分为霓虹灯、广告柱、广告塔以及灯箱广告等。在户外广告中，路牌、招贴是最为重要的两种形式，影响甚大。设计制作精美的户外广告（图 12.3）常常成为一个地区的象征。

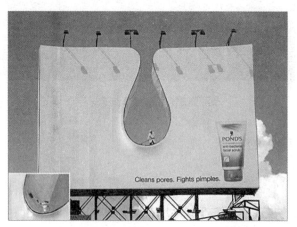

图 12.3　化妆品户外广告

1. 路牌广告

路牌从其开始发展到今天，其媒体特征始终是一致的。它的特点是设立在闹市地段，地段越好，行人也就越多，因而广告所产生的效应也越强。因此，路牌的特定环境是马路，其对象是在动态中的行人，所以路牌画面多以图文的形式出现，画面醒目，文字简练，使人一看就懂，具有印象捕捉快的视觉效应。现在路牌广告的发展趋势是逐渐采用电脑设计打印（或电脑直接印刷），其画面醒目逼真，立体感强，再现了商品的魅力，对树立商品（品牌）的都市形象最具功效，且张贴调换方便。所用材料还有防雨、防晒功能。随着商业产品营销活动的快速发展，路牌广告的种类和表现形式也有了相应的发展。平面布局的绘画形式已不能充分利用好的路段媒介，于是运用长条连接的立体三面造型手法，用自动电路控制，使路牌广告能定时翻转。这样，一块路牌的位置了就可以放置三个不同的广告，而且因其翻动效果更加引人注目。这种电动动态路牌广告是当今国际上流行的一种趋势。路牌被纸张和柔性材料所代替后，将出现更多的大型招贴广告和大型灯箱广告，无论是外打光也好，内打光也好，都清晰如同白昼。内打灯的为柔性材料三面旋转，外打灯的是三角三面翻转。这种大型的多画面的户外广告牌，既有动感，造型也极其精美，更具备了多种功能。它不仅传递各种信息，而且为行人指路、报时及进行天气预报。另外，路牌背面也作了美化处理，成为两面可看的路牌。

2. 霓虹灯广告

霓虹灯是户外广告中灯光类广告的主要形式之一，它的媒体特点是利用新科技、新手段、新材料，在表现形式上以光、色彩、动态等特点来吸引观众的注意，从而提高信息的接受率。霓虹灯广告一般都设置在城市的制高点、大楼屋顶和商店门面等醒目的位置上。它不仅白天起到路牌广告、招牌广告的作用，夜间更以其鲜艳夺目的灯光，起到点缀城市夜景的作用。

3. 公共交通类广告

公共交通类广告如车船广告是户外广告中用得比较多的一种媒体，其传递信息的作用是不容忽视的。广告主可以借助这类广告向公众反复传递信息，因此它是一种高频率的流动广告媒介。特别是公共交通车辆往返于市中心的主要街道，在车辆两侧或车头车尾上做广告，覆盖面广，广告效应尤其强烈，也有的在车厢里通过实物造型做广告，如图 12.4 所示。这类户外广告制作大多还是采用传统的油漆绘画形式，结合部分计算机打

图 12.4　联想广告

印裱贴的方法完成。

以人流量最大的公共交通系统——地铁为例,武汉地铁2号线1期计划于2012年年底通车,它将串起武汉主城区最繁华的四大商圈,广告效应显著。广东省广告股份有限公司在2012年2月8日公告称,公司以7.05亿元获得武汉市轨道交通2号线一期工程21个车站内常规灯箱、数码灯箱、梯牌、墙贴、屏蔽门贴等平面广告媒体10年代理经营权。公司通过对武汉地铁运营有限公司武汉轨道交通2号线一期工程站内平面广告媒体代理经营项目的投标,获取了该一期工程21个车站内常规平面广告媒体的代理经营许可权,经营期限为10年(2012年12月31日至2022年12月30日)。此举意味着广东省广告股份有限公司在买断式媒介代理上迈出了一大步,有利于提升媒介代理业务的毛利率。不考虑利息的话,十年7个亿,相当于每年7000万,平均到每个站点的年成本334万,并不算高。由于地铁人流大,等车的空间比较封闭,是比较好的广告载体,2号线属于黄金资源,地铁广告的效应很明显。

4. 灯箱广告

灯箱广告、灯柱、塔柱广告、街头钟广告和候车亭广告的媒体特征都是利用灯光把灯片、招贴纸、柔性材料照亮,形成单面、双面、三面或四面的灯光广告。这种广告外形美观,画面简洁,视觉效果特别好。

5. 户外移动LED传媒车

由上海景想广告传播有限公司在2006年研制的新型户外传媒方式,此媒体形式突破户外传统高炮、定点户外LED屏的限制,能够移动宣传,指定受众。此媒体主要由LED屏幕、电脑控制系统、移动底盘、电视接收系统组合而成。

6. 其他户外广告

其他户外广告,如充气实物广告、旗帜广告、飞船飞艇广告、地面广告(图12.5)等。

图12.5　麦当劳地面广告

12.3 户外广告的策划与创意

12.3.1 户外广告的创意策略

户外广告所需的创意表现可以归纳为以下几点。

1. 独特性

户外广告的对象是动态中的行人，行人通过可视的广告形象来接受商品信息，所以户外广告设计要通盘考虑距离、视角、环境三个因素。在空旷的大广场和马路的人行道上，受众在10m以外的距离，看高于头部5m的物体比较方便。所以说，设计的第一步要根据距离、视角、环境这三种因素来确定广告的位置、大小。常见的户外广告一般为长方形、方形，我们在设计时要根据具体环境而定，使户外广告外形与背景协调，产生视觉美感。形状不必强求统一，可以多样化，大小也应根据实际空间的大小与环境情况而定。如意大利的路牌不是很大，与其古老的街道相统一，十分协调。户外广告要着重创造良好的注视效果，因为广告成功的基础来自注视的接触效果。

2. 提示性

既然受众是流动着的行人，那么在设计中就要考虑到受众经过广告的位置、时间。烦琐的画面，行人是不愿意接受的，只有出奇制胜地以简洁的画面和揭示性的形式引起行人注意，才能吸引受众观看广告。所以户外广告设计要注重提示性，图文并茂，以图像为主导，文字为辅助，使用文字要简单明快切忌冗长。

3. 简洁性

简洁性是户外广告设计中的一个重要原则，整个画面乃至整个设施都应尽可能简洁，设计时要独具匠心，始终坚持在少而精的原则下去冥思苦想，力图给观众留有充分的想象余地。要知道消费者对广告宣传的注意值与画面上信息量的多少成反比。画面形象越繁杂，给观众的感觉越紊乱；画面越单纯，消费者的注意值也就越高。这正是简洁性的有效作用。

4. 计划性

成功的户外广告必须同其他广告一样有其严密的计划。广告设计者没有一定的目标和广告战略，广告设计便失去了指导方向。所以设计者在进行广告创意时，首先要进行一番市场调查、分析、预测的活动，在此基础上制定出广告的图形、语言、色彩、对象、宣传层面和营销战略。广告一经发布于社会，不仅会在经济上起到先导作用，同时也会作用于意识领域，对现实生活起到潜移默化的作用。因而设计者必须对自己的工作负责，使作品起到积极向上的美育作用。

5. 美学原则

户外广告设计中，合理的图形与文案设计应当遵循图形设计的美学原则。在户外广告中，图形最能吸引人们的注意力，所以图形设计在户外广告设计中尤其重要。图形可分广告图形与产品图形两种形态。广告图形是指与广告主题相关的图形（人物、动物、植物、器具、环境等），产品图形则是指要推销和介绍的商品图形，为的是重现商品的面貌风采，使受众看清楚它的外形和内在功能特点。因此在图形设计时要力求简洁醒目。图形一般应放在视觉中心位置，这样能有效地抓住观者视线，引导他们进一步阅读广告文案，激发共鸣，如图12.6所示。

图12.6　请保持车距——美国交通安全公益广告

除了图形设计以外，还要配以生动的文案设计，这样才能体现出户外广告的真实性、传播性、说服性和鼓动性的特点。广告文案在户外广告中的地位十分显著，好的文案能起到画龙点睛的作用。它的设计完全不同于报纸、杂志等媒体的广告文案设计，因为人们在流动状态中不可能有更多时间阅读，所以户外广告文案力求简洁有力，一般都是以一句话（主题语）醒目地提醒受众，再附上简短有力的几句随文说明即可。主题语设计一般不要超过10个字，以七八字为佳，否则阅读效果会相对降低。一般文案内容分为标题、正文、广告语、随文等几个部分。要尽力做到言简意赅、以一当十、惜字如金、反复推敲、易读易记、风趣幽默、有号召力，这样才能使户外广告富有感染力和生命力。

12.3.2　户外广告的策划方法

户外广告的策划方法如下。

1. 明确客户购买户外广告的目的

首先要考虑客户购买户外广告的目的，是"企业形象广告"还是"产品广告"，再对广告客户所提供的"企业信息"、"CI"等资料，进行充分研究。

2. 发挥媒体优势

为了获得最佳广告效果，应投受众所好。例如，在霓虹灯设置较密集地段，设置偏重灯光强度过高、色彩纯度对比过强和复杂的图形，反而会降低表现效果。如果在色彩绚烂、霓虹密集的闹市，设置单色、静态的霓虹灯，反而会特别吸引受众的目光。

3. 现场调查研究

户外广告的设置，必须全面考量设置区域的环境，有的地段仅从广告的效果角度看，适宜设置广告，但由于存在城市规划限制或施工等实际问题，导致广告无法实施。这种情况下，无论广告客户的希望如何深切，广告所能带来的经济效益如何丰厚，广告公司也不能盲目迎合。此外，还要考虑技术层面的可行性，如建筑物负荷强度、电力供应、人流量车流量、市政规划、安全配套设施等。

4. 受众调查

人流量车流量可以单靠当地相关交通流量统计资料。受众的情况，可通过对住宅区、商业区、工业区或观光区观察调查等，分析受众构成。

5. 广告初步预算

户外广告媒体费用考虑因素有：地段、面积、体积、工程费、材料费、审批费、发布费、运输费、人工费、损耗、电费等，有些动用大型机械或特殊场地的要另算。

6. 遵守相关法律

实施户外广告，必须遵守全国八届人大第十次会议通过的《中华人民共和国广告法》，以及相关的法律、法规、行业指导条例和地方政府颁布的行政指导政策。此外，广告传播的内容不能违反道德人伦。

12.3.3 户外广告的发展创新

1. 表现形式的创新

我们经常看到的各种户外广告的作品，大都是平面作品，只是用了更大字体的广告语，更加明显的品牌标记，再就是加一幅醒目的图片。无论是看板还是大立柱，都是四四方方的图形设计。而在欧洲的大街上，在街边和拐角处有许多广告立柱，一般在2~3米高，有圆柱形、三菱形和四面体形等之分，顶部的设计更是花样众多，与周围的建筑风格相得益彰。还有利用公共汽车车门和轮胎的运动特性，使广告具有动感的作品，以及广告物品或代表物伸出广告牌以外，造成立体效果的作品，时常可见，很是吸引过客的目光。

在一次中国广告节广告作品评比中，唯一的一面户外广告金奖伟海拉链，也是突破了高立柱路牌广告千篇一律的长方形设计，拉链的特点，在广告牌上部的中间向两边拉开，运用夸张的对比手法，制作一个人吊在拉链的拉环上，站在上面把拉链向上拉，生动展现了拉链的可靠性，在众多的路牌广告中脱颖而出，具有极强的视觉冲击力。

2. 表现内容的创新

大多数人在考虑户外广告的创意时，更多看到的是它的局限性。受发布空间和地点的限制，传达的信息量有限，强制性差，很难引起受众的主动关心等，以至于我们看到的大多数户外广告，形式千篇一律，内容枯燥单一。表面上看这是强化品牌形象，追求视觉效果统一。但这里忽视了户外广告的环境因素，而这恰恰是户外广告区别于其他媒体广告的根本所在。在一个只有5秒钟停留的和一个5分钟停留的环境中，在一个拥挤嘈杂的和一个清静优雅的环境中，坐在行进的车辆上和站在购物场所前，人们的心境是完全不同的，对广告的关注程度也有着巨大的差别。因此，我们在广告的诉求上应该有的放矢，有简有繁。有的只能用大字标语强化品牌，有的则可以图文并茂介绍产品，有的还可以详细诉求加深理解。这需要广告人深刻理解广告产品的特性，揣摩受众的接受心态。

3. 表现手法的创新

高新科技的发展给户外广告的表现手法提供了空间，光电艺术的巧妙结合，使户外广告的视觉冲击力发挥得淋漓尽致。在我国的许多大城市，霓虹灯和电子广告牌使用很多，装点着城市的夜空，但表现手法比较陈旧和呆板。而矗立在伦敦街头的健力士啤酒广告，则利用昼夜交替，使两面上的啤酒杯，由空杯变满杯，充满诱惑，令人遐想，给啤酒消费的黄金时段推波助澜。创新的表现手法，应该借助于各种环境因素，使广告活起来。

如香草口味的可口可乐在台湾上市的户外广告，便是把户外广告的"震撼力"推到了极致。一个巨大的香草口味可口可乐易拉罐，架在街边的一台自动售货机上，在紧靠的墙壁上张贴着一幅巨大的广告招贴画，画中的形象代言人——香港影帝黄秋生，把一个年轻人拎了起来，而年轻人口中的吸管却牢牢地插在易拉罐中。因为"好奇"，只要有可乐喝，年轻人什么也不顾了。这一奇妙的表现手法，把户外看版、立体模型的零售终端，完美地组合在一起，其传播效果是可想而知的。

4. 媒体运用上的创新

不同的户外媒体，有不同的表现风格和特点，应该创造性地加以利用，整合各种媒体的优势。有许多城市，广告牌越做越大、越来越高，破坏了城市的空间感和协调性，污染了城市的环境。而在欧洲发达国家，户外广告的设置地点、间隔密度、大小比例，似乎都考虑到城市的周围环境和行人密度，使人感觉到温馨和舒适，起到了美化和装点城市的作用。无论是在城区内，或是在高速公路两侧，都见不到像国内许多城市的"霸气十足"的大型户外广告牌，倒是设置在城市建筑物维修围蔽上的大型喷绘广告，令人印象深刻。为了确保安全，减少污染和不影响整体环境，建筑物维修期间，必须用围蔽将修缮的部分整个遮挡起来。在围蔽上，有的用电脑将原艺术建筑整个喷绘出来，不认真看，几乎可以乱真；有的也在其中喷绘广告作品，并且可以喷得很大。这不仅是一种极其文明的施工方式，也提供了一个巨大的户外广告空间，非常值得我们学习和借鉴。

本 章 小 结

本章介绍了户外广告的概念、特点、创意表现、策划方法、类型和应用，通过本章的学习，全面了解和运用户外广告的相关知识。

户外广告是全球有记录的最早的广告形式，在最初的市场营销中，户外广告也是第一个被使用。它早已超越了简单的信息告知，具有商业功能和城市功能。它们不仅是和平时代与消费时代"商业战争"的城市识别符号，是城市经济的晴雨表，城市繁荣的标志，更是城市标签、城市画报、都市街道的美学表情，城市活力的象征。

户外广告指在城市道路、公路、铁路两侧、城市轨道交通线路的地面部分、河湖管理范围和广场、建筑物、构筑物上，以灯箱、霓虹灯、电子显示装置、展示牌等为载体形式和在交通工具上设置的商业广告。户外广告具备到达率高、视觉冲击力强、发布时段长、千人成本低、城市覆盖率高等特点。

户外广告可分为平面和立体两大部类：平面的有路牌广告、招贴广告、壁墙广告、海报、条幅、地铁公交系统内的灯箱、梯牌、墙贴、屏蔽门贴等。立体广告分为霓虹灯、广告柱、广告塔以及灯箱广告等。在户外广告中，路牌、招贴是最为重要的两种形式，影响甚大。设计制作精美的户外广告常常成为一个地区的象征。

户外广告所需的创意表现具有独特性、提示性、简洁性、计划性、美学原则等几点。户外广告的策划方法需要明确客户购买户外广告的目的、发挥媒体优势、现场调查研究、受众调查、广告初步预算、遵守相关法律。户外广告的发展创新体现在表现形式的创新、表现内容的创新、表现手法的创新、媒体运用上的创新。

习　　题

一、填空题

1. 户外广告指在城市道路、_____或广场、建筑物、构筑物上，以灯箱、霓虹灯、电子显示装置、展示牌等为_____和在_____设置的_____。

2. 户外广告可分为_____和_____两大类。

3. _____广告一般都设置在城市的制高点、大楼屋顶和商店门面等醒目的位置上。它不仅白天起到路牌广告、招牌广告的作用，夜间更以其鲜艳夺目的色彩，起到点缀城市夜景的作用。

二、选择题

1. 目前，户外广告的创意策略包括（　　）。
   A. 独特性　　　　B. 提示性　　　　C. 简洁性　　　　D. 计划性
2. 下面哪些属于立体广告？（　　）
   A. 霓虹灯广告　　B. 广告柱广告　　C. 广告塔广告　　D. 招贴广告

三、思考题

1. 总结一下户外广告的特点。
2. 户外广告策划的步骤有哪些？
3. 户外广告未来会如何发展？

四、案例分析题

1. 从广告群体、广告目标、广告创意和广告主题等方面对比分析本省机场高速和省市高速户外广告的异同。
2. 分析所在城市市区户外广告的广告主题和广告形式。

第13章 网络广告

作为新兴的"第四类媒体",网络广告是一种全新的广告形式,是广告主以付费方式运用互联网媒体对公众进行劝说的一种信息传播活动。网络广告的出现,不仅改变了传统媒体广告三分天下的局面,也改变了人们接收和理解广告的方式,其独到的互动性和精准性为广告营销界提供了新的思维角度和创作方法。

教学目标

1. 了解互联网诞生和网络广告的起源。
2. 掌握网络广告的形式。
3. 理解网络广告的特点。
4. 了解网络广告的发展现状和趋势。

教学要求

知识要点	能力要求	相关知识
网络广告的诞生	(1) 了解互联网的产生和发展 (2) 了解互联网在中国的普及和发展 (3) 掌握网络广告的产生	计算机基础 广告史
网络广告的形式和特点	(1) 了解网络广告的各种形式 (2) 掌握网络广告的定义 (3) 掌握网络广告的特点	网络广告定义 网络广告的形式 网络广告的特点
网络广告的发展现状和趋势	(1) 了解网络广告在我国的发展 (2) 理解网络广告的发展趋势	广告史

推荐阅读资料

1. 王成文，莫凡．网络广告案例评析[M]．武汉：武汉大学出版社，2011．
2. 林升梁．网络广告原理与实务[M]．厦门：厦门大学出版社，2007．
3. 刘干桂．网络广告与数字传播[M]．北京：企业管理出版社，2012．
4. 陈培爱．中外广告史新编[M]．北京：高等教育出版社，2009．

 基本概念

网络广告：广告主为了推销自己的产品或服务在互联网上向目标群体进行有偿的信息传达，从而引起群体和广告主之间信息交流的活动。或简言之，网络广告是指利用国际互联网这种载体，通过图文或多媒体方式，发布的赢利性商业广告，是在网络上发布的有偿信息传播。

引例

七喜《蝴蝶效应》网络广告，如图13.1所示。

图13.1　七喜《蝴蝶效应》网络广告

蝴蝶效应是指在一个动力系统中，初始条件下微小的变化能带动整个系统的长期的巨大的连锁反应。一瓶2升装售价4.9元的七喜会引发怎样的蝴蝶效应呢？一则由胡戈拍摄的七喜《蝴蝶效应》网络视频广告在互联上掀起了热潮。因为七喜2升只要4.9元，一个人购买了一瓶，结果光天化日下被抢，与劫匪在街上扭打起来，导致公交车急刹车，车上一对陌生男女不小心搂在了一起一见钟情，他们结婚了，新娘的前男友想不开打算跳楼，却砸在楼下超市的劫匪身上，刷了一夜微博看到这则新闻的丈夫哈哈大笑，不料伤了妻子的心，妻子哭了一夜，为了帮助她，楼上的好心人打电话给自己正在和为友好而来的外星人对峙的男朋友，结果男朋友过于紧张受到惊吓枪支走火，外星人不小心被击毙，大批外星人愤怒地前往地球复仇，地球被炸掉，刚刚登月的宇航员回不去地球了，于是其中一位宇航员打算利用时光机器改变这一切……可是过去真的可以这样轻易地改变吗？视频的结尾仿佛陷入了死循环，整部视频轻松诙谐，即使明显是部广告，仍然引发大量网友自主转发、传播和观看，达到了较好的品牌传播效果。

13.1 网络广告的诞生

13.1.1 因特网

Internet 是人类历史长河中一项伟大的发明，人们用各种名称来称呼它，比如因特网、互联网、网际网、交互网络等。作为未来信息高速公路的雏形，它不断地吸收新的网络形式和成员，目前已经成为世界上规模最大、覆盖范围最广、信息资源最丰富的计算机信息网络。

Internet 的诞生和发展大致经历了以下四个阶段。

1. 萌芽期，1969—1983 年

Internet 的起源可以追溯至 1962 年冷战期间。当时的美国国防部认为，保持科学技术上的领先地位，是决定未来战争胜负的关键，当时美军的指挥、控制、通信系统呈倒置的"树"状布局，如果主干或干枝的一个通信节点被破坏，其"下枝"段的指挥、控制、通信系统就将陷于中断和瘫痪状态。因此，美国国防部认为有必要设计一种"蛛网"状的指挥、控制、通信系统，并由计算机控制实现信息传输自动化，当部分通信节点遭破坏时，其"下枝"段的指挥、控制，通信系统仍可通过其横向网络迂回辗转，保持信息传输的畅通。1969 年，美国国防高级研究计划署(DoD/DARPA)资助并建立了一个名为 ARPANET(即"阿帕网")的网络，这个阿帕网就是 Internet 最早的雏形，它将加利福尼亚大学、斯坦福大学，以及犹它州州立大学的计算机主机连接起来，采用分组交换技术，通过专门的通信交换机(IMP)和专门的通信线路相互连接。

截至 1972 年，阿帕网上的网点数已经达到 40 多个，这 40 个网点之间可以互相发送小文本文件(当时这种文件被称为电子邮件，也就是今天所称的 E-mail)和利用文件传输协议来发送大文本文件，包括数据文件(也就是现在 Internet 中的 FTP)，同时也发现了通过将一台计算机模拟成另一台远程计算机的一个终端而使用远程计算机上的资源的方法，这种方法被称为 Telnet。由此可见，E-mail、FTP 和 Telnet 是 Internet 上较早出现的重要工具，特别是 E-mail 仍然是目前 Internet 上最主要的应用之一。

2. 探索期，1983—1989 年

20 世纪 80 年代初，IBM 公司推出了基于 8086 架构的个人计算机，个人计算机得到了应用和推广，这也为互联网的进一步发展提供了物质基础。

1980 年，世界上既有使用 TCP/IP 协议的美国军方的 ARPA 网，也有很多使用其他通信协议的各种网络。为了将这些网络连接起来，美国人温顿·瑟夫(Vinton Cerf)提出一种构思：在每个网络内部各自使用自己的通信协议，在和其他网络通信时使用 TCP/IP 协议。这个设想最终促使了 Internet 的诞生，并且确立了 TCP/IP 协议在网络互联方面不可动摇的地位。1983 年，ARPA 和美国国防通信局研制成功了用于异构网络的 TCP/IP 协议，它是互联网最基本的协议，也就是由底层的 TP 协议和 IP 协议所组成的协议。美国加利福尼亚伯克利分校将其作为 BXD UNIX 的一部分，使得该协议得以在社会上广泛流行。

1982年,来自美国北卡罗来纳州立大学的斯蒂文·贝拉文创立了著名的集电极通信网络——网络新闻组(Usenet),它允许该网络中任何用户把信息发送给网上的其他用户,大家可以在网络上就自己所关心的问题和其他人进行讨论;1983年在纽约城市大学也出现了一个以讨论问题为目的的网络——BITNet,在这个网络中,不同的话题被分为不同的组,用户可以根据自己的需求,通过电脑订阅,这个网络后来被称之为Mailing List(电子邮件群);1983年,在美国旧金山还诞生了另一个网络 Fido Net(费多网或 Fido BBS)即公告牌系统。它的优点在于用户只要有一部计算机、一个调制解调器和一根电话线就可以互相发送电子邮件并讨论问题,这就是后来的 Internet BBS。[①]

20世纪80年代初,美国众多科学家开始呼吁实现全美范围内的计算机和网络资源共享,以改善其教育和科研领域的基础设施建设,共同抵御来自欧洲和日本的先进教育和科技进步的挑战。20世纪80年代中期,美国国家科学基金会(NSF)为鼓励大学和研究机构共享资源,倡议各大学、研究所的计算机与其自有的四台价格昂贵的巨型计算机主机连接起来。最初NSF曾打算使用DARPANet作为NSFNET的通信干线,但由于DARPANet的性质仍然属军用并且受控于政府,这个计划未能成功。于是NSF决定自己出资,利用ARPANET所发展出来的TCP/IP通信协议,建立了一个名为NSFNET的广域网。

1986年NSF着手投资在五所高校即美国普林斯顿大学、加州大学圣地亚哥分校、匹兹堡大学、康奈尔大学和伊利诺斯大学建立5个超级计算中心,并通过通信线路(通信线路速度为56Kbps)连接形成了NSFNET的雏形。1987年NSF开始就NSFNET的升级、营运和管理进行公开的招标,IBM、MCI和非盈利机构Merit成功中标,获得了NSF的合同。1989年7月,NSFNET的通信线路速度上升到T1(1.5Mbps),并且连接13个骨干结点,它采用MCI所提供的通信线路和IBM所提供的路由设备,而Merit则负责NSFNET的营运和管理。

由于NSF的鼓励和资助,众多的大学、政府资助甚至私营的研究机构开始纷纷将自己的局域网并入NSFNET中。从1986年开始至1991年,NSFNET的子网由100个迅速增加到3000多个,NSFNET的正式营运以及实现与其他已有新建网络的连接开始真正成为Internet的基础。

3. 发展期,1989—1994年

1989年,CERN成功开发研究WWW,英文名Web或World Wide Web。4年后,美国网景公司推出了万维网产品。WWW是一个资料空间,在这个空间中,每种有用的事物,成为"资源",并且由一个全球统一资源标示符(URL)标识。这些资源通过超文本传送协议传输给使用者,而后者通过点击链接来获取资源。从另一个角度来看,万维网是一个透过网络存取的互联超文件系统。

万维网联盟,又称W3C理事会,于1994年在拥有"世界理工大学之最"称号的麻省理工学院(MIT)计算机科学实验室成立,建立者是万维网的创立者蒂姆·伯纳特·李。CERN(欧洲核子研究中心)为互联网实现广域超媒体信息截取/检索奠定了基础。到

---

① 佚名. Internet 的诞生和发展[EB/OL]. http://blog.sina.com.cn/s/blog_49647e6301009w4t.html

了 20 世纪 90 年代初期，Internet 事实上已经成为一个网中网——各个子网分别负责自己的架设和运作费用，而这些子网又通过 NSENET 互联起来，由于 NSFNET 是由政府出资，因此，当时 Internet 最大的服务对象还是美国政府，只不过在一定的程度上加入了一些私人运营公司。

Internet 的扩张不但带来量的改变，而且带来某些质的变化。由于多种学术团体、企业研究机构，甚至个人用户的进入，Internet 的使用者不再限于纯计算机专业人员。新的使用者发觉计算机相互间的通信对他们来讲更有吸引力。于是，他们逐步把 Internet 当作一种交流与通信的工具，而不仅仅只是共享 NSF 巨型计算机的运算能力。

进入 20 世纪 90 年代初期，Internet 事实上已成为一个"网际网"：各个子网分别负责自己的架设和运作费用，而这些子网又通过 NSFNET 互联起来。NSFNET 连接全美上千万台计算机，拥有几千万用户，是 Internet 最主要的成员网。随着计算机网络在全球的拓展和扩散，美洲以外的网络也逐渐接入 NSFNET 主干或其子网。

1991 年，美国的三家公司分别经营着自己的 CERFnet、PSinet 以及 Alternet，可以在一定程度上向用户提供 Internet 联网服务。他们组成了商用 Internet 协会（CIEA），宣布用户可以把他们的 Internet 子网用于任何的商业用途，Internet 商业化服务提供商的出现，使得工商企业终于可以堂堂正正地进入 Internet。

商业机构一踏入 Internet 这一陌生的世界，就发现它在通信、资料检索、客户服务等方面的巨大潜力，一发不可收拾，世界各地无数的企业和个人纷纷涌入 Internet，带来了 Internet 发展史上一个新的飞跃。

4. 兴盛期，1994 年至今

1994—2003 年，被称为 Web 1.0 时代，虽然各个网站所采用的手段和方法不同，但第一代互联网具有诸多共同的特征。

（1）Web 1.0 基本采用的是技术创新主导模式，信息技术的变革和使用对于网站的新生与发展起到了关键性的作用。新浪的最初就是以技术平台起家，搜狐以搜索技术起家，腾讯以即时通信技术起家，盛大以网络游戏起家，在这些网站的创始阶段，技术性的痕迹相当之重。

（2）Web 1.0 的盈利都基于一个共通点，即巨大的点击流量。无论是早期融资还是后期获利，依托的都是为数众多的用户和点击率，以点击率为基础上市或开展增值服务，受众群众的基础，决定了盈利的水平和速度，充分地体现了互联网的眼球经济色彩。

（3）Web 1.0 的发展出现了向综合门户合流现象，早期的新浪与搜狐、网易等，继续坚持了门户网站的道路，而腾讯、Google 等网络新贵，都纷纷走向了门户网络，尤其是对于新闻信息，有着极大的、共同的兴趣。这一情况的出现，在于门户网站本身的盈利空间更加广阔，盈利方式更加多元化，占据网站平台，可以更加有效地实现增值意图，并延伸由主营业务之外的各类服务。

（4）Web 1.0 的合流同时，还形成了主营与兼营结合的明晰产业结构。新浪以新闻+广告为主，网易拓展游戏，搜狐延伸门户矩阵，各家以主营作为突破口，以兼营作为补充点，形成拳头加肉掌的发展方式。

（5）Web 1.0 不以 HTML 为言，在 1.0 时代，动态网站已经广泛应用，比如论坛等。①

而从 2003 年开始，互联网进入 Web 2.0 时代。Web 2.0 是相对 Web 1.0 的新的一类互联网应用的统称，是一场由核心内容到外部应用的革命。由 Web 1.0 单纯通过网络浏览器浏览 html 网页模式向内容更丰富、联系性更强、工具性更强的 Web 2.0 互联网模式的发展已经成为互联网新的发展趋势。

Web 1.0 到 Web 2.0 的转变，具体的来说，从模式上是由单纯的"读"向"写"、"共同建设"发展；由被动地接收互联网信息向主动创造互联网信息迈进；从基本构成单元上，是由"网页"向"发表/记录的信息"发展；从工具上，是由互联网浏览器向各类浏览器、RSS 阅读器等内容发展；运行机制上，由"Client Server"向"Web Services"转变；作者由程序员等专业人士向全部普通用户发展。

13.1.2 Internet 在中国

互联网虽然源自西方，但将中国称为"最大的受益者"并不为过。互联网不仅改变了中国人的生活方式和思维方式，而且改变了中国人的价值观，这种潜移默化的影响是如此的巨大，就好比孵化出一个全新的社会。

Internet 在中国的发展可以追溯到 1986 年。当时，中科院等一些科研单位通过国际长途电话拨号到欧洲一些国家，进行国际联机数据库检索。虽然国际长途电话的费用是极其昂贵的，但是能够以最快的速度查到所需的资料还是值得的，这可以说是我国使用 Internet 的开始。

1986 年，北京市计算机应用技术研究所实施的国际联网项目——中国学术网（简称 CANET）启动，其合作伙伴是德国的卡尔斯鲁厄大学。

1987 年 9 月 20 日，中国兵器工业计算机应用研究所发送了从中国发出的第一封电子邮件，邮件的内容是："Across the Great Wall, we can reach every corner in the world."（越过长城，走向世界）。这一封邮件的成功发送，揭开了中国互联网的序幕，象征着中国与国际计算机网络接轨的第一次。

由于核物理研究的需要，中科院高能所（IHEP）与美国斯坦福大学的线性加速器中心一直有着广泛的合作关系。随着合作的不断深入，双方意识到了加强数据交流的迫切性。在 1993 年 3 月，高能所通过卫星通信站租用了一条 64 Kbps 的卫星线路与斯坦福大学联网。

然而中国的互联网时代，却是从 1994 年开始的。那一年的 4 月 20 日，中科院计算机网络信息中心通过 64 Kbps 的国际线路连到美国，开通路由器（一种连接到 Internet 必不可少的网络设备），我国开始正式接入 Internet。中国连入因特网的 64K 国际专线开通，实现了与 Internet 的全功能连接，成了真正意义上拥有全功能 Internet 的国家。

1994 年 6 月 8 日，国务院办公厅向各部委、各省市发"国务院办公厅关于'三金工程'有关问题的通知"（国办发明电[1994]18 号）。"三金工程"即金桥、金关、金卡工程，自此，金桥前期工程全面展开。

---

① Web 1.0. 百度百科[EB/OL]. http://baike.baidu.com/view/14342.htm

1995年5月，中国电信开始筹建中国公用计算机互联网(CHINANET)全国骨干网。1995年8月，金桥工程初步建成，在24省市开通联网(卫星网)，并与国际网络进行互联。

然而，对大部分第一代网友而言，最熟悉的也许是"坐地日行八万里，纵横时空瀛海威"这宣传语——在中国电信、中国联通出现之前，"瀛海威"是中国人接触互联网的唯一通道。1996年，"瀛海威"的用户仅有屈指可数的4万人。而"瀛海威"，正是"Information Highway"（信息高速路）的中文音译。

1997年11月，《中国互联网络发展状况统计报告》首次发布，当年，中国的网络用户是62万；2009年，这份报告上的数据变成了3.38亿。截至2012年6月底，中国网民数量达到5.38亿，互联网普及率为39.9%。从62万到超过5亿，中国网民的爆发式增长仅用了16年，而中国的互联网，也从一条不算宽敞的"信息高速路"、变成一艘承载着全球近1/4网络用户的巨型"方舟"。

在过去的近20年里，一方面，中国人的生活方式、价值观承受着来自互联网的不断冲击和挑战；另一方面，中国网民爆发性的需求、习惯和思维方式，也参与了全球范围内的互联网世界的塑造过程。

纵观Internet的产生与发展历程，很难给它下一个确切的定义，只能通过说明其特点的方式来描述什么是Internet，即Internet是采用TCP/IP协议为其标准网络协议的的世界上最大的互联网络。它实际上是由世界范围内众多计算机网络连接而形成的一个逻辑网络，并非是一个独立形态的网络，而是由计算机网络汇合而成的网络集合体。

13.1.3 网络广告的产生

互联网以其跨时空、跨地域、图文并茂传播信息的独特魅力，为人们创造了无限商机。任何一种媒体，只有当它达到一定的规模时，才能在传播领域占据主导地位，从而被称为"大众传媒"。根据美国学者的界定，这一规模的数量标准是：用户数达到占全国人口的1/5以上。根据这一标准判断，在美国能够冠以"大众传媒"必须拥有5000万人以上的用户。美国互联网广告署的报告曾指出，"广播用了38年拥有5000万用户，电视用了13年，互联网仅用了4年就达到同等规模。1997年，美国在线用户超过1000万，比美国排名前11家的报纸的读者总数还要多。"[1] 互联网成为继报纸杂志、广播、电视三大传统媒体之后的第四大媒体。由于互联网卓越的交互性，且定位于商业和家庭，同时又有能力向消费者传送如有线和电话公司相似的服务，所以早在20世纪90年代中期，部分研究人员就断定网络将成为一个理想的商业平台。

商业是目前为止万维网上增长最快的领域，它在互联网上占了所有网络主机的40%和大约63%的站点。许多公司都将网络视为其新的最重要的消费者来源。互联网能容纳海量广告、拥有无限行销潜力，它作为一个新的媒介所显现出的巨大威力和发展前景，正是广告界长久以来一直期待的。在一份来自硅谷的珍藏手稿中，曾记录了网络广告三

---

[1] 叶平．方兴未艾的第四媒体[EB/PL]．http://www.pep.com.cn/xxjs/xxtd/kwyd/201008/t20100827_786276.htm

位创始人——乔(Joe)、柏瑞(Barry)和赫比(Herbie)之间的一次谈话。谈话中不断有人在发问：屏幕这么小，广告怎么实现？广告费率怎么解决？固定的广告形式和技术会出现吗？广告主对这种广告形式有信心吗？会遭到来自传统媒体的攻击吗……这些问题十分尖锐，而他们最终得到的结论却是："虽然现在看起来都是问题，但最终会解决的。"①

追本溯源，网络广告发轫于1994年的美国。当年10月14日，美国著名的Wired杂志推出了网络版的Hotwired，其主页上开始有AT&T等14个客户的广告Banner。这是广告史上里程碑式的一个标志，同时也让网络开发商与服务商看到了一条光明之路。

中国第一个商业性的网络广告则出现在1997年3月，是Intel联合IBM在ChinaByte.com投下的，广告表现形式为468像素×60像素的动画旗帜广告。Internet和IBM是国内最早在互联网上投放广告的广告主。而1999年，北京三元牛奶在网易上发布网络广告，这也标志着中国的传统企业成为网络广告主的发端。

1998年4月，ZDNET成为中国大陆首家经Intel认证的"优化内容"站点，6月SRSNET(新浪前身)成为中国大陆第二家(非传统媒体第一家)Intel认证的"优化内容"站点，得到INTYEL公司认可的信息产品生产商可在获得Intel"优化内容认证"的网站上做广告并获得高额费用返还。

1998年7月，国中网(中华网前身)宣布"98世界杯网站"获得200万元广告收入。200万对于当时的网络广告而言，无疑是一笔巨额收入。以此为界，中国网络广告市场进入了快速发展的时期。

1999年1月，新浪拿到IBM的30万美金的网络广告，这是当时最大的单笔网络广告单，预示着中国网络广告市场开始走向成熟，中国的互联网企业完全可以依赖网络广告这种模式养活自己并产生客观的利润，网络广告的春天从此到来。

2000年4月30日，北京广播学院(现中国传媒大学)成立网络传播学院，设网络广告专业。

2000年5月国家工商局向全国27家知名企业颁发"广告经营许可证"开展网络广告经营登记试点工作，其中北京共11家，分别是北京新浪互联信息技术服务有限公司、搜狐爱特信信息技术(北京)有限公司、北京方正互动网络技术有限公司、中公网信息技术与服务有限公司、北京首都在线科技发展有限公司、沙岭信息技术(北京)有限公司、北京东方魅力资讯科技有限公司、北京万象迪哲网络工程技术有限公司、北京超网网络服务有限公司、国际网络传讯(上海)有限公司、找到啦因特网(北京)有限公司。

自此以后，网络广告逐渐成为网络上的热点，无论是网络媒体或广告主均对其充满希冀。在经历2008年北京奥运会的爆发式助推和国际金融危机的洗礼后，网络广告已经逐步走向成熟。显然，中国的网络广告正迎来它有史以来最好的时期。但是对于网络广告产业链上的各个环节而言(品牌广告主、广告代理商与4A公司、网站主)，它们并没有随着互联网广告的进化而变得更加轻松，网站主和广告代理商所面对的依然是众多尖锐的问题：我的钱花在了什么地方？哪一部分是有用的？哪一部分被浪费掉了？怎么能证明网络广告是有效的？这些问题终将随着互联网和网络广告的发展而逐步得到解决。

---

① 匡冬芳. 从网络广告三创始人谈话到网络广告的困惑[J]. 互联网周刊. 2008.05

13.2 网络广告的形式与特点

13.2.1 网络广告的概念

从技术层面考察，网络广告是指以数字代码为载体，采用先进的电子多媒体技术设计制作，通过因特网广泛传播，具有良好的交互功能的广告形式。

从法律角度看，网络广告目前有狭义和广义之分。2001年4月北京市工商局颁布的《北京市网络广告管理暂行办法》第二条规定："本办法所称网络广告，是指互联网信息服务提供者通过因特网在网站或网页上以旗帜、按钮、文字链接、电子邮件等形式发布的广告。"该办法所界定的网络广告属于狭义的定义，仅仅将以旗帜、按钮、文字链接、电子邮件等形式发布的广告归属于网络广告。广义的网络广告是根据《中华人民共和国广告法》（以下简称《广告法》）做出定义的。《广告法》第二条第二款规定："本法所称广告，是指商品经营者或者服务提供者承担费用，通过一定媒介和形式直接或者间接地介绍自己所推销的商品或者所提供的服务的商业广告。"[1]

简单地说，网络广告是指广告主为了推销自己的产品或服务，在互联网上向目标群体进行有偿的信息传达，从而引起群体和广告主之间信息交流的活动。或简言之，网络广告是指利用互联网这种载体，通过图文或多媒体方式，发布的盈利性商业广告，是在网络上发布的有偿信息传播。

13.2.2 网络广告的形式

早期由于硬件和网络环境的限制，网络广告的表现形式极其有限。最初的网络广告就是网页本身，当越来越多的商业网站出现后，如何让消费者知道自己的网站就成了一个问题，广告主急需一种可以吸引浏览者到自己网站上来的方法，而网络媒体也需要依靠它来赢利，于是网络广告的形式逐渐发展。初期的网络广告大多以横幅广告、文本链接广告和电子邮件广告等形式为主要形式，随着互联网技术、硬件的快速发展，当传统互联网广告越来越无法满足广告主的需求时，富媒体互动广告的出现和发展逐渐成熟并得到了充分应用。现在即将进入移动互联网时代，以手机为载体的新媒介诞生，移动网络互动广告将越来越重要，成为网络广告中的新秀和未来。

1. 横幅广告

横幅广告（Banner）是网络广告最早采用的形式，也是目前最常见的形式。横幅广告又称旗帜广告，它是横跨于网页上的矩形公告牌，当用户点击这些横幅广告的时候，通常可以链接到广告主的网页。作为互联网广告中最基本的广告形式，横幅广告的尺寸通常是480像素×60像素或233像素×30像素，一般是使用GIF格式的图像文件，可以使用静态图形，也可以使用SWF动画图像。它和传统的印刷广告有点类似。但是有限的空

---

[1] 杨坚争. 网络广告学[M]. 3版. 北京：电子工业出版社，2011.

间限制了横幅广告的表现,它的点击率不断下降,目前平均的横幅广告点击率已经不到1%。

为了规范横幅广告,IAB(Internet Architecture Board 的缩写,意思是因特网结构委员会)在1997年的大规模网络广告综合调查中广泛向广告主、广告代理商和用户征求了关于横幅广告的尺寸意见。目前,绝大多数站点应用的横幅广告尺寸如表13.1所示。

表 13.1 横幅广告尺寸

尺寸(pixels)	类　　型
468×60	全尺寸横幅广告
392×72	全尺寸带导航条横幅广告
234×60	半尺寸横幅广告
125×125	方形按钮
120×90	按钮♯1
120×60	按钮♯2
88×31	小按钮
120×240	垂直横幅广告

一般将横幅广告分为三类:静态横幅广告、动态横幅广告和交互式横幅广告。

1) 静态横幅广告

静态横幅广告是指在网页上显示一幅固定的图片,如图13.2所示,它是早期网络广告常用的一种形式。它的优点就是制作简单方便,并且被所有的网站所接受。它的缺点显而易见,在众多采用新技术制作的横幅广告面前,静态横幅广告难免显得呆板和枯燥,缺乏对受众的吸引力。事实也证明,静态横幅广告的点击率比动态的和交互式的横幅广告低。

图 13.2　静态横幅广告

2) 动态横幅广告

动态横幅广告拥有会运动的设计元素,或移动或闪烁,通常采用 GIF 89 的格式,原理就是将一连串图像连贯起来形成动画。大多数动态横幅广告由2~20帧画面组成,如图13.3所示。通过不同的画面可以传递给浏览者更多的信息,也可以通过动画的运用加深浏览者的印象,它们的点击率普遍要比静态的横幅广告高。而且,动态横幅广告在制作上相对来说并不复杂,尺寸也比较小,通常在15KB以下。正因为动态横幅广告拥有如此多的优点,所以它是目前最主流的网络广告形式之一。

3) 交互式横幅广告

当动态横幅广告逐渐难以满足广告主要求时,一种更能吸引浏览者的交互式横幅广告产生了。交互式横幅广告的形式多种多样,比如游戏、插播式、回答问题、下拉菜单、

图 13.3 动态横幅广告

填写表格等,这类广告需要用户更加直接的交互行为,比单纯的点击包含更多的内容。

交互式横幅广告允许浏览者在广告中填入数据或通过下拉菜单和选择框进行选择。根据统计,交互式横幅广告比动态横幅广告的点击率要高得多,它可以让浏览者选择要浏览的页面,提交问题,甚至玩个游戏。这种广告的尺寸小、兼容性好,连接速率低的用户和使用低版本浏览器的用户也能看到,如图 13.4 所示。

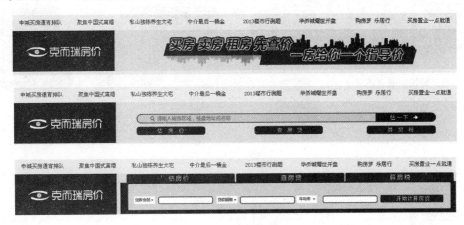

图 13.4 交互式横幅广告

2. 文本链接广告

文本链接广告是一种对浏览者干扰最少,但却很有效果的网络广告形式,如图 13.5 所示。文字链接广告一般用来用于销售产品,以简练干脆的语言来吸引潜在的受众,若公司投放网络广告以销售为主要目标,文字链接广告是比较受人推崇的一种广告形式。

图 13.5 文本链接广告

3. 电子邮件广告

电子邮件广告是采用文本格式或 HTML 格式，把一段广告性的文字、图片放置在邮件中，也可以设置一个 URL，链接到广告主公司主页或提供产品或服务的特定页面的网络广告形式。

电子邮件的互动、快速、成本低以及一对一的特性早已使得其成为经济危机下企业低成本传播的重要选择之一，然而绝大部分邮件的命运是被删除，有的根本就没有打开就会删除。因此，需要注意的是，电子邮件广告必须具备有三个基本因素：用户许可、电子邮件传递信息、信息对用户有价值。三个因素缺少一个，都不能称为有效的电子邮件广告。电子邮件广告如图 13.6 所示。

图 13.6 电子邮件广告

例如，苹果的电子邮件广告主题突出，设计简洁，与苹果系列产品的外观风格十分匹配。整封邮件围绕同一个主题：升级 iOS 4.3，层层展开，简要地介绍了 iOS 4.3 的功能和受众能获得的利益，并提供超链接吸引用户深入了解并方便的获取产品。

4. 互动富媒体广告

在互联网发展的初期，因为带宽的原因，网站的内容以文本和少量的低质量的 GIF、JPG 图片为主，由于其发展多年，用户对其所带来的感受已经逐渐淡化，甚至有时候会产生反感情绪。另外，传统的文字、图片等广告形式的收益也越来越小。随着技术的进步以及消费市场的成熟,出现了具备声音、图像、文字等多媒体组合,并辅以鼠标,键盘等其他输入输出装置为交互操作体验的网络广告形式。人们普遍把这些媒介形式的组合叫作互动富媒体(Rich Media),以此技术设计的广告叫作互动富媒体广告。

网络互动富媒体广告的出现给网络广告的设计,带来了新的发展空间,Flash 技术的应用,让广告的展示形式有了新的活力。现在互联网上较为成熟的互动广告也多是以 Flash 和 js 为主要展现形式。Flash 互动广告在网络互动广告中的贡献堪称卓越。

互动富媒体广告主要有以下几种常见形式。[①]

1) 自动播放

自动播放即不需要通过用户的鼠标行为进行交互,即可完成全部动画的播放,这种方式被大量应用在 Flash 广告中。

例如,奔驰汽车的互动富媒体广告(如图 13.7 所示)中没有文案,画面仅仅呈现出一个颇具创意的时钟,它的指针由奔驰汽车所构成。每过一秒钟,就有一辆汽车启动并驶离画面,随着时间的流逝,时钟上的汽车越来越少,该广告用画面体现"还等什么,时不待我,赶紧行动起来,'Let's talk!'"的主题,突出奔驰汽车的销量巨大,用户需要争分夺秒才能购买到心仪的车。

图 13.7　奔驰汽车互动富媒体广告

2) 点击交互

点击交互即通过鼠标点击,触发广告交互的一种富媒体广告形式,呆板的鼠标点击操作已无法满足广告主的需求,设计师在网络广告中开发出了新的创意形式,将原本司空见惯、枯燥乏味的鼠标操作变得更有意思,提高了广告的趣味性和用户的参与性。

例如,图 13.8 所显示的是一个招聘网站的广告。画面中的人正在写简历,却被无数蚊子骚扰,烦躁不已。用户的任务是拿起身边的筷子夹死蚊子,然后继续工作。筷子是跟随鼠标移动的,只要用户专注,点击速度快,干掉尽可能多的蚊子,就能成为"master",写完简历,主宰命运,否则可能需要多玩几次了。

3) 拖拽交互

拖拽交互即按住鼠标拖曳,实现画面的互动变化,鼠标拖拽操作的优点就是可控性强,形式丰富,于是给予了互联网交互设计师更多的发挥空间。

---

① cenets 2006. 从 iPhone 的人机交互方式看网络广告的互动创意[EB/OL]. http://wsd.tencent.com/2010/07/iphone-hc-in-interaction-net-ad.html. 2010.07

图 13.8　招聘互动富媒体广告

例如，图 13.9 所显示的是一则 PUMA 互动广告。画面上有一根鞋带自上方垂下，红色三角标记提醒用户拖拽，当用户使用鼠标拖拽的时候，会拽出一双运动鞋，形象地说明了 PUMA 的运动鞋轻便的产品特性。

图 13.9　PUMA 运动鞋互动富媒体广告

4）抛甩交互

鼠标抛甩动感更强，也是广受欢迎的交互行为，它有着更畅快的操作感受，娱乐性十足。

例如，图 13.10 所示为阿迪达斯运动鞋产品的广告。在一个封闭的三维空间里，用户可以随意向各个方向抛甩鞋子，抛甩的力量越大；鞋子碰撞的越激烈。广告语是"光泽，耐用，有弹性"，用户在抛甩鼠标的过程中可以充分体验到阿迪达斯运动鞋的产品特性。

图 13.10　阿迪达斯运动鞋互动富媒体广告

5）鼠标跟踪交互

当鼠标在广告画面中移动的时候，画面就像被施了魔法一样，用户的鼠标如何移动，广告画面就显示鼠标跟踪所形成的轨迹,这种交互被赋予更多的趣味性。

例如,图13.11所示为一则关于儿童教育的公益广告。孩子的画笔会跟着用户鼠标的移动在墙上乱涂乱画。孩子的行为往往受到大人的潜移默化,以身作则尤为重要。用户如果想玩的话甚至可以移动鼠标指挥孩子把墙涂满,但这绝对会教坏孩子的。广告语是"请用正确的示范教导孩子",突出父母的榜样作用。

图 13.11　儿童教育互动富媒体广告

又如,图13.12所示广告中用户则可以通过移动鼠标去尝试触碰小车,但不管移动鼠标的速度有多快,用户会发现始终都碰不到它。它机敏无比、跑得飞快,总是能从容地躲开肥大的鼠标,凸显出品牌产品的灵敏。

图 13.12　汽车互动富媒体广告

6) 鼠标轨迹交互

用户用鼠标画一些特殊的轨迹,从而触发某个动作。

例如,图13.13所示的雪佛兰汽车广告中,通过鼠标移动,可以画出汽车行驶的路线;汽车跟随鼠标所绘制出的路径行驶,无论多么崎岖陡峭都如履平地,显示雪佛兰汽车在任何路面中都能无障碍行驶的卓越性能。

图 13.13　雪佛兰汽车互动富媒体广告

7）鼠标事件交互

鼠标事件就是鼠标移动到某个特定的区域所触发的事件，这种简单的互动形式也被应用得很广泛。通过对事件的选择，交互行为会变化出丰富的结果，娱乐十足。

例如，图 13.14 所示为 iPod nano 网络广告。当用户选择一个 nano 后，在背景上点住鼠标晃动，即可看到 nano 所释放的光辉，与电视广告相得益彰。

图 13.14　iPod nano 互动富媒体广告

又如，图 13.15 所示为咖啡生产商 SUPLICY 的创意广告。画面中铺满了咖啡豆，鼠标所到之处咖啡豆会自动散开，同时用户会发现咖啡豆底下有字，出于好奇，想看清到底下面写的是什么，用户努力地拨开咖啡豆，便可以看到完整的广告语："SUPLICY——手工选豆"。这个广告的创意和鼠标行为结合得非常贴切，拨开咖啡豆的同时无意中用户已经参与了 SUPLICY 咖啡豆的手工选豆工作。

图 13.15　SUPLICY 咖啡互动富媒体广告

5．移动网络互动广告

据相关数据表明，2010 年美国移动广告市场规模为 7.976 亿美元，预计 2015 年将达到 50.4 亿美元。而在中国移动广告市场，eMarketer 表示中国移动广告市场规模在 2011 年已达到 4.45 亿美元，2012 年中国移动广告市场规模再次翻倍，达到 7.12 亿美元，到 2015 年该数据有望达到 13.9 亿美元。移动广告市场将是一块新兴的互联网产业也将会是中国娱乐及媒体行业未来 5 年增长最快的领域，年均复合增长率预计将达 32.1%。

移动互联网的到来，开启了互联网新世界之门，在这里用户见到了更具革命性的广告形式。移动广告对用户的精准定位，透过各种传感器，位置定位，推送等功能，给用户提供更加适合自己的广告服务;同时,广告的展现形式也已不再像传统互联网广告那样生硬,移动网络广告从硬件环境的提升以及软件及网络环境的变化,成为了更加富有创意性与交互性的新广告媒介,使用户在得到有用信息的同时,更可以感受到移动网络互动广告所带来的乐趣。目前移动网络互动广告分为三种形式:移动网站互动广告、APP植入广告、APP互动展现广告。

1) 移动网站互动广告

以移动终端浏览器为基础,以移动网页为展现形式的广告,如移动网页上的文字链接广告、图片广告,以及品牌活动等广告形式。

2) APP植入广告

以APP为广告载体,在APP启动或运行中,植入了以iAD、AdMob等第三方广告;APP启动后的游戏中,在APP上部或下部显示有广告,点击广告可以进入APP Store或以浏览器打开进入相应的广告主网站。这种广告模式是以APP为基础,常以免费APP+广告的模式出现(图13.16),在满足用户需求的同时,也达到了广告传播的目的。

图13.16 iAD移动网络互动广告

3) APP互动展现广告

APP本身即为互动广告的营销平台,如宜家、Converse等APP应用。图13.17为宜家(IKEA)AR增强实景技术运用,通过宜家家居的APP,允许用户将宜家的产品,以虚拟现实的方式,显示在用户的空间中。该广告可以十分直观地看到产品买回家后的效果,大大提高了用户体验和满意度。

6. 赞助式广告

赞助式广告的形式多种多样,在传统的横幅广告之外给予广告主了更多的选择。赞助式广告的定义至今仍未有明确划分,Double Click Asia中国台湾区行销总监伍臻祥提出,凡是所有非旗帜形式的网络广告,都可算作是赞助式广告。这种概念下的赞助式广

图 13.17　宜家移动网络互动广告

告其实可分为广告置放点的媒体企划创意及广告内容与频道信息的结合形式。

浏览者对于每天浏览的网站往往比较信任，所以在这些网站的信息中夹杂广告主的信息比单纯的广告更有作用。例如，"NIKE"曾一度赞助了新浪"竞技风暴"首页，该频道名字也相应改成"NIKE 竞技风暴"，并配上不同栏目。

广告与内容的结合可以说是赞助式广告的一种，从表面上看起来它们更像网页上的内容而并非广告。在传统的报纸媒体上，这类广告都会有明显的标示指出这是广告，而在网页上通常没有明确设限。这种广告以网页内容的形式出现，所以它的点击率往往会比普通的广告高。与内容结合式广告最引人争议的地方在于商业利益与媒体内容混淆不清。国外经常采取一种浏览整合的广告方式，将广告主的网站链接或者图像整合在网站首页的功能表中，虽然在某种程度上降低了受众对广告的抗拒，但也可能引发他们对网站产生排斥与不信任。值得注意的是，广告主可能为了广告的诉求而提供偏颇的信息，受众通常难以分辨其中的真假，这对网络媒体的道德准则提供了更高的挑战。

7. 插播式广告

插播式广告的英文名称为"Interstitial"，不同的机构对插播式广告的定义有一定的差别。在中国互联网络信息中心关于网站流量术语的解释中，Interstitial 被定义为"空隙页面，是一个在访问者和网站间内容正常递送之中插入的页面。空隙页面被递送给访问者，但实际上并没有被访问者明确请求过"。在"网络广告术语库"中对"Interstitial"的解释为"弹出式广告，访客在请求登录网页时强制插入一个广告页面或弹出广告窗口。"也有人把"Interstitial"定为"插入式广告"，即在等待网页下载时的空挡期间出现，以另开一个浏览视窗的形式的网络广告。

插播式广告有点类似电视广告，都是打断正常节目的播放，强迫观看。插播式广告有各种尺寸，有全屏的也有小窗口的，而且互动的程度也不同，从静态的到全部动态的都有。浏览者可以通过关闭窗口不看广告（电视广告是无法做到的），但是它们的出现没有任何征兆。

广告主很喜欢这种广告形式，因为它们肯定会被浏览者看到。只要网络带宽足够，广告主完全可以使用全屏动画的插播式广告，这样屏幕上就没有什么能与广告主的信息"竞争"了。

插播式广告的缺点是当网站或广告主强迫他们浏览广告时，可能引起浏览者的反感，为避免这种情况的发生，许多网站都使用了弹出窗口式广告，而且只有 1/8 屏幕的大小，这样可以不影响正常的浏览。

13.2.3 网络广告的特点

1. 传播范围广，无时空限制

网络广告的对象是与互联网相连的所有计算机终端客户，通过互联网将产品、服务等信息传送到世界各地，其世界性广告覆盖范围使其他广告媒介望尘莫及。网络广告的传播不受时间和空间的限制，Internet 将广告信息 24 小时不间断地传播到世界各地。只要具备上网条件，任何人在任何地点都可以看到这些信息，这是其他广告媒体无法实现的。

2. 受众定向与分类明确

网络广告最大的特点在于它的定向性，网络广告不仅可以面对所有互联网用户，而且可以根据受众用户确定细分化的广告目标市场。例如，生产化妆品的企业，其广告主要定位于女士，因此可将企业的网络广告投放到与妇女相关的网站上。这样通过互联网，就可以把适当的信息在适当的时间发送给适当的人，实现广告的定向。从营销的角度来看，这是一种一对一的理想营销方式，它使可能成为买主的用户与有价值的信息之间实现了匹配。

3. 灵活的互动性和选择性

网上的信息是互动传播的，用户可以主动获取自己认为有用的信息，厂商也可以随时得到的反馈信息。例如，用户在访问广告的发布站点时，除有选择地主动搜索并阅读有关产品的详细资料外，还可以通过在线提交表单或发送电子邮件等方式，向厂商请求一对一的咨询服务。厂商一般在很短的时间内就能收到信息，并根据客户的要求和建议及时反馈。此外，许多用户在网站上注册所提供的个人资料，也将成为广告商推出有针对性的不同广告的依据。又如，某用户居住在某一地区，曾经表示过自己对某种产品或生活方式的偏好，这类数据可以被厂家搜集并据此量身订做出一整套促销方案。

4. 精确有效的效果评估

传统媒体的效果评估方法，很难确切知道究竟有多少潜在消费者真正地接收到了广告信息，因此一般只能大致推算广告的效果。而网络广告的发布者则不同，它们能通过公共权威的广告统计系统提供庞大的用户跟踪信息库，从中找到有用的反馈信息，还可以利用服务器端的访问记录软件，如 cookie 等，追踪访问者在网站的行踪。受众曾点击浏览过哪些广告，在网页上停留多长时间，曾经深入了解了哪些信息，都被一一储存在 cookie 中，广告商通过这类软件可以随时获得访问者的详细记录，包括点击次数、浏览次数以及访问者的身份、查阅的时间分布和地域分布等，从而有助于客商正确评估广告效果，审定广告投放策略。

5. 内容丰富，形象生动

报纸、杂志等印刷介质的平面媒体在很大程度上受到空间限制，而广播、电视等电波媒体则会受到播出时段或播出时间长度的限制，网络媒体却能突破时间与空间的限制，拥有极大的灵活性。因此，网络广告的内容往往非常丰富，一个站点的信息承载量通常会远远超过传统印刷宣传品；不仅如此，运用计算机多媒体技术，网络广告以图、文、声、像等多种形式，能更加生动形象地将产品或服务信息充分地展示在用户面前。

6. 易于实时修改，即时发布

在传统媒体上（如报纸广告）发布后就很难再更改了，即使可改动，往往也是牵一发而动全身，需付出很高的经济代价，因此经常可能因为编辑的疏忽或失误而引发一些经济纠纷。而网络广告则按照需求及时变更广告内容，这样广告商就可以随时根据具体情况更改诸如价格调整或商品供求变化等信息，如此一来，经营决策的变化也能够更加及时地得到实施和推广。

7. 成本低廉，更具竞争力

作为新兴的媒体，网络媒体的收费远低于传统媒体，网络广告由于有自动化的软件工具进行创作和管理，能以低廉费用按照需要及时变更广告内容。据统计，网络广告每CPM(Cost Per Mille 或 Cost Per Thousand，千人广告成本)的费用是报纸的1/5、电视的1/8。若能直接利用网络广告进行产品的销售，则可节省更多的销售成本，在网上发布广告的总价格往往较其他形式的广告价格便宜很多。

13.3 我国网络广告的现状和发展趋势

13.3.1 我国网络广告市场现状

1. 网络广告行业增速放缓，稳中有进

根据艾瑞咨询最新统计的数据显示，2012年，中国网络经济市场规模达3850.4亿元，同比增长54.1%；从季度来看，2012年第四季度，中国网络经济市场规模为1167.6亿元，同比增速和环比增速分别为50.5%和13.3%。[①] 网络广告行业与国内经济环境息息相关，从总体来看，国内经济已经从高速增长期进入中速增长期，渡过复苏期后，目前处在结构性调整的平稳发展阶段。2012年度中国网络广告市场规模达到753.1亿，较去年增长46.8%，增长略微放缓，中国网络广告市场进入相对平稳的增长期稳中有进。[②]

2. 视频媒体、电商平台份额显著上升

2012年，在所有网络广告的形式中，视频广告的增幅最大，俨然已成为网络广告市场增长的核心驱动力之一。艾瑞咨询数据显示，2010年第一季度视频媒体市场份额仅为4.8%，而2012年第三季度时视频贴片广告份额已经提升至9.4%，其份额翻了将近一倍。

---

① 徐昊．2012年电商及移动助力网络经济发展核心企业广泛布局移动端．艾瑞咨询[EB/OL]．http://ec.iresearch.cn/shopping/20130130/192389.shtml

② 杨雪斌．2013Q2中国网络广告市场规模达到232.6亿元，整体市场回暖．艾瑞咨询[EB/OL]．http://a.iresearch.cn/others/20130730/206677.shtml

另外，网络购物行业持续快速发展，以淘宝（含淘宝网和天猫）、京东商城为代表的电商企业，不仅为企业提供了销售平台，而且着力于扩展企业的营销空间。其中，以淘宝 TANX 平台（含直通车、钻石展位、网销宝、DSP、DMP、SSP 等）、淘宝联盟（如淘宝客）以及即将上线的京东快车（京东搜索广告平台）为代表的媒体形式，都将进一步推动电商平台在网络广告中的份额提升。

3. 用户行为转移，移动互联网迎来爆发增长

2012 年，移动互联网公司数量与日俱增，反应敏锐的资本市场开始争相抢夺这块领地。公开资料显示，2012 年移动广告领域获得三笔融资，分别为：①2 月 8 日，指点传媒完成 A 轮融资，获创东方等 8000 万美元投资；②6 月 14 日，安沃传媒（Adwo）完成 B 轮融资，金额约为 1200 万美元；③7 月 11 日，移动营销解决方案提供商力美广告宣布获得 2000 万美元的 B 轮投资，该轮投资由 KPCB China 领投，力美广告的 A 轮投资商 IDG 资本跟投，KPCB 主管合伙人周炜加入董事会。资本市场对于移动互联网领域的热情以及互联网核心产品移动端发展状况表明，移动互联网在互联网企业中的地位还将进一步提升。

4. 多屏切换，优势互补，跨媒体营销登上舞台

互联网跨媒体投放在 2012 年实现了新突破，其中"网台联动"现象尤为明显。跨媒体整合营销是指网络媒体在获取传统媒体内容资源的同时与其建立起一种共享型的盈利模式。事实上，在日益激烈的传媒竞争环境中，网络媒体对于传统媒体，例如电视的冲击似乎远没有想象得大；相反，在微妙的互补关系之下，传统电视媒体与互联网媒体两大领域慢慢走向反向融合的发展之道。

以 2012 年火爆屏幕的选秀节目《中国好声音》为例，每周五 22 点起电视台直播期间，部分网民会转向使用传统媒介电视看直播，电视直播结束后视频网站内容上线，互联网用户集中收视访问，并持续到周日凌晨。《中国好声音》节目的火热，一方面受益于节目前期整体创意策划；另一方面也受益于电视台、视频网站、微博等网络媒体的相互呼应、协调发展，跨媒体投放已成视频投放的重要方式。

5. 广告业融资加剧，网络广告人才匮乏

数字媒体快速发展，其影响力日益提升，4A 公司为了完善自身服务链，加大对中国互联网营销市场的布局，通过投资并购互联网营销企业扩充其数字营销实力。2012 年著名的 4A 公司收购案例有：①WPP 旗下的 Kantar Media 收购社会化商业资讯公司 CIC；②WPP 旗下的群邑中国和 tenthavenue 收购唯思智达无线传媒广告公司并成立专业移动营销代理公司 MJoule；③安吉斯集团收购北京熙林互动广告有限公司（熙林互动）；④阳狮集团收购北京龙拓互动公司；⑤宏盟集团旗下的宏盟媒体集团收购网迈广告（NIM）；⑥安吉斯集团收购北京科思世通广告有限公司和上海科思世通文化传媒有限公司（合称"科思世通"）。

互联网营销如火如荼，网络广告行业中人才匮乏问题却依旧严重。据《2012 中国互联网营销职业发展白皮书》数据显示，2012 年企业对网络营销人才总需求量约为 116 万人，整体缺口预计达到 55～65 万人。媒体及广告公司面对日益严重的互联网广告人才缺

失，我国本土教育体系应与市场发展结合，合理调整专业设置并制定更加明确的符合行业需求的人才培养计划。①

13.3.2 我国网络广告发展趋势

1. 互动广告将逐渐成为主流

互联网为广告从业人员提供了丰富的展示广告创意的平台，互联网的互动特质是报刊、广播、电视等任何传统媒体都无法比拟的。我国网络广告虽然目前仍然以旗帜广告、弹出广告等强迫式广告为主，但随着互联网技术的发展，互动性将在网络广告中得到充分利用。网络广告的核心优势就是"双向互动"，互动可以吸引受众亲身投入其中，加深对所广告产品或服务的全面了解，加强对所广告品牌的熟悉度和忠诚度。在日本，网络广告与网络趣味性互动游戏相结合已经是一种趋势，因为这种游戏式广告最能激发用户的主动性互动行为。电通负责网络广告的部门的正式名称是"交互广告局"，而不是网络广告部。

与此同时，社会化媒体的兴起为互动广告提出了更高的要求。互动的最高境界是信任，然而即使是Facebook也还没有实现这一理想。Facebook创始人扎克伯格的一次谈话证实了Facebook的真实理想正是要把互动发展为信任推荐。"每隔一百年"，他这样冲着美国广告界同仁宣示，"媒体就会发生一次变革。上一个百年被定义为了大众媒体的百年，而在下一个百年里，信息将不仅是被推销给人们，而是在人们所处的无数个连接中被分享……没有什么能够比来自一个值得信任的朋友的推荐更能影响人们的消费行为了……'信任推荐'就是广告界的圣杯。"② 如今，Facebook的流量正在赶超Google，这被认为是互联网从人机互动阶段，迈入人人互动阶段的标志。相应的，网络广告也将从人机互动时代，跨入了人人互动时代，社会化互动势不可挡。

2. 网络广告与传统广告的融合加快

网络视频广告早在10年前就已经开始崭露头角。只是限于网络速度的原因，在画面以及音效等方面的冲击力一直逊色于电视广告，导致吸引力不足。如今随着宽带接入的普及，网络视频广告已经成为主流。根据Arbitron Company公司及Edison媒体调查公司发布的报告，在美国，每周约有2000万的互联网用户点击视频广告并观看其内容。虽然现在网络视频广告的市场规模还很小，但随着网络技术的发展和成熟，这一作为电视广告延伸的网络广告必将在网络广告市场上占据更大的比重。伴随网络视频广告增长的是网络广告与传统广告的进一步融合，彼此之间的界限日趋模糊。目前公认的观点是，随着宽带网的普及，以流媒体技术为核心的网络视频服务将会成为下一个主要的网络广告载体。将电视广告和网络视频广告融合，即将网络视频广告作为电视广告的一部分，一前一后互为补充，寻求最佳的传播效果，也是未来网络广告的发展趋势之一。

---

① 丁佳琪.2012年中国网络广告行业五大盘点.艾瑞咨询[EB/OL]. http://a.iresearch.cn/new/20130104/190461.shtml

② [美]大卫·柯克帕特里克.Facebook效应[M].沈路，梁军，崔筝，译.北京：华文出版社，2010.

3. 定位技术将引领未来网络广告

定位技术是指从时间和空间上精准控制人的此时、此地的技术。定位技术正随着移动互联网与物联网技术的兴起，而有望成为网络广告的平台技术。现在越来越多的广告网络和供应商可以根据用户的位置、行为以及其他属性自动选择所推出的广告。美国网络广告公司 Value Click Media 也加入了这一行列。使用 Active Ads 系统，广告客户可以根据用户的位置、网页背景以及其他因素，自行选择广告信息，以提供大量的个性化广告。广告客户还可以对现有的和潜在的用户进行重新追踪，如雅虎、Tumri 和 Point Roll 公司都在这方面有所作为。

以目前大热的 LBS(Location Based Service，基于位置的服务)为例，它是通过电信移动运营商的无线电通信网络(如 GSM 网、CDMA 网)或外部定位方式(如 GPS)获取移动终端用户的位置信息(地理坐标或大地坐标)，在地理信息系统(Geographic Information System，GIS)平台的支持下，为用户提供相应服务的一种增值业务。例如，宝马曾推出 LBS 互动广告，在 APP 中植入一款基于用户地理位置的游戏，结合某城市的电子地图，插入一辆虚拟的名为"MI NI COUNTRYMAN"的 SUV 车。用户打开手机 APP 后，可以通过搜寻地图找到这辆虚拟 SUV 的位置，并计算出自己和它的距离。只要跑到 SUV 周围 50 米范围内，即可通过点击按钮捕获这辆虚拟的 SUV。但是任何接近该用户 50 米范围内的其他用户都可以抢夺这辆 SUV，宝马表示，只要用户能保存这辆虚拟 SUV 超过一周时间，就可以获得一辆真实的 SUV。这款广告 APP 上市后，引发该城市上万人在街头四处奔走，成功地宣传了新车型。

4. 关键词搜索成为网络广告新的增长点

不管是传统媒体上的广告，还是网络媒体上的旗帜广告、按钮广告等，都是以吸引受众的注意力为诉求的，因而被称为"注意力经济"或"眼球经济"。而网络搜索引擎则代表了一种新的虚拟经济形态，即"搜索力经济"。所谓搜索力经济，其特征就是受众从以往的眼球被动接受信息状态转为主动搜索信息。[1]

搜索引擎的出现验证了传播学中的"使用与满足"理论，并且很好地切合了"受众本位"的传播方式。中国互联网络信息中心发布的《第 15 次中国互联网络发展状况统计报告》曾指出，获取信息作为上网最主要目的的网民所占比例最多，达到 39.1%；而用户在互联网上获取信息最常用的方法是使用搜索引擎查找相关网站，比例高达 70.7%。

具体来说，搜索引擎的出现一方面改变了以往传统的广告形态中受众的被动接收地位，将受众置于信息接收的中心位置，受众拥有选择权和自主权。另一方面，由于用户在搜索信息时往往具有极强的针对性和目的性，所以极有可能就是所搜索产品或服务的潜在购买者。与此同时，这种有效到达的广告模式也深受广告主肯定，因而关键词搜索广告得到了迅速发展。

5. 微博广告商业化进程加速

从某种意义上说，中国互联网已经全面进入微博时代。新浪与腾讯微博、网易微博

---

[1] 舒咏平. 搜索引擎：字广告的集散媒体. 现代广告[J]. 2005.06

以及搜狐微博的注册用户总数已经突破5亿，每天日登录数超过了4000万。微博广告以微博作为广告平台，每一个听众（粉丝）都是潜在广告对象，企业以更新自己微博为方式，向网友传播企业信息、产品信息，树立良好的企业形象和产品形象。

以新浪微博为例，根据新浪本月发布的2012第二季度财报显示，新浪微博的广告营收超过了1000万美元，占新浪总营收的10%。这个数字相对于微博在新浪整个公司的声势和地位而言并不算很高，但它至少说明，新浪微博已经开始在商业化领域发力，并加速商业化进程。①

新浪微博广告平台推出微博"粉丝通"。微博"粉丝通"是基于微博海量的用户，把企业信息广泛传递给粉丝和潜在粉丝的营销产品。它会根据用户属性和社交关系将信息精准地投放给目标人群，同时微博"粉丝通"也具有普通微博的全部功能，如转发、评论、收藏、点赞等。微博"粉丝通"会出现在微博信息流的顶部或信息流靠近顶部的位置。微博精准广告投放引擎会根据社交关系、相关性、热门程度等条件，来决定微博"粉丝通"不同的展现位置。客户可按照企业营销目标选择出价方式：一种是CPM，即按照微博在用户信息流中曝光人次进行计费；另一种是CPE，按照微博在用户信息流中发生的有效互动（互动包括转发、点击链接、加关注、收藏、赞）进行计费。客户还可设置每日投放成本保证控制预算，出价不能低于系统起拍价。同一条推广信息只会对用户展现一次，并随信息流刷新而正常滚动；微博精准广告投放引擎会控制用户每天看到微博"粉丝通"的次数和频率。②

新浪微博商业化当然不会止步于此。据报道，在磨合了3个月之后，新浪微博与淘宝网于2013年8月1日推出了"微博淘宝版"。从阿里巴巴与新浪合作起，新浪微博页面即开始呈现越来越多的淘宝推销广告，它们似曾相识，通常来源于用户曾搜索过的商品数据；2013年7月起，新浪微博用户在浏览"关注"微博时即会不时碰上夹杂在其间的微博广告。这一切，未来或许会越来越多。③

6. 微信平台广告异军突起

微信自推出以来一直是一款一对一的用户与用户之间的单独聊天平台，即使后来推出了微群的功能，也只是类似QQ群的功能，将自己的好友集合到一起聊天。2012年8月18日微信公众平台上线，首次允许媒体、品牌商及名人进行账户认证，并给认证用户更多的手段向粉丝们推送信息，让申请了微信公共账号的登录用户，有了能够一对多的"聊天"平台。于是，众品牌纷纷抢滩登录，微博上代理公司也正式挂起了"微信营销"这块招牌，一时间，微信成了品牌除官方微博外的另一大互联网营销热地。

企业通过在微信注册诸如类似微博认证似的公共账号，推出自己的二维码供用户选择添加，方法也类似于微博账号添加关注。但微信和微博毕竟是不一样的，微信的对话仍然是一对一的模式，无法转发，其他人也无法看到你们的对话。它的消息显示不会像微博一样在一个公共页面内，稍不注意便会被新微博信息刷下去，而是一直显示在某个

---

① 文静. 新浪微博广告形式全攻略. 广告门[EB/OL]. http://www.adquan.com/post-8-13831.html
② 微博广告中心. 新浪微博[EB/OL]. http://tui.weibo.com/
③ 夏子航. 阿里腾讯硬碰硬 "微博淘宝版" 阻击微信5.0. 上海证券报[EB/OL]. http://tech.ifeng.com/mi/detail_2013_08/02/28191873_0.shtml

账号的对话框内。这些不同点为微信的推广带来了更大的受众面,用户100%能够看到发送信息的企业内容,因此,人们惊呼微博营销时代已经转向了微信营销的时代。

从微信的特点看,它重新定义了品牌与用户之间的交流方式。如果将微博看作品牌的广播台,微信则为品牌开通了"电话式"服务。当品牌成功得到关注后,便可以进行到达率几乎为100%的对话,它的维系的能力便远远超过了微博。此外,通过LBS、语音功能、实时对话等一系列多媒体功能,品牌可以为用户提供更加丰富的服务,制定更明确的营销策略。基于这种功能,微信已远远超越了其最初设计的语音通信属性,其平台化的广告商业价值显然更值得期待。

7. 网络广告市场监管将更加规范化

在未来,国家对网络广告市场的监管力度将会加大,针对目前网络广告中存在的一些问题,将会有更为健全的网络广告管理法律体系,网络监管机构和网络交易制度也将更加规范。

以垃圾邮件广告为例,在包括中国在内的许多国家,电子邮件广告已经等同于垃圾邮件。许多人都深受其害,只要子信箱地址被广告发布者获知,用户就无从拒绝。电子邮件广告以 Mailing-list 的形式,在理论上可以轻而易举地实现由一个个体向无数的信箱发布广告邮件。在我国,垃圾邮件甚至越过了正常电子邮件的数量。我国之前尚未制定专门针对垃圾邮件的相关法律,虽然出台了《垃圾邮件处理暂行办法》,但执行力度远远不够,对垃圾邮件传播者尚未构成足够的威慑力。而这一切正在改变,中国互联网协会反垃圾邮件协调小组已开始试行了《中国互联网协会反垃圾邮件规范》,在加强管理的同时,开发了反垃圾邮件举报处理系统平台,用技术手段掌握垃圾邮件的传播情况并进行分析。中国互联网协会呼吁成员单位和邮件服务提供商安装使用反垃圾邮件举报处理系统,此系统将收集、综合用户举报的垃圾邮件,通过对数据处理、分析追溯垃圾邮件来源,按照管理员整理结果列出黑名单,供邮件服务提供商屏蔽之用。

本 章 小 结

在本章,我们学习了网络广告的诞生、网络广告的形式和特点以及中国网络广告的发展现状和趋势。

互联网让中国人在生活方式、思维方式乃至价值观的改变,犹如孵化了一个新的社会。中国第一个商业性的网络广告出现在1997年3月,而1999年,北京三元牛奶在网易上发布网络广告标志着中国的传统企业成为网络广告主的发端。

从技术层面考察,网络广告是指以数字代码为载体,采用先进的电子多媒体技术设计制作,通过 Internet 广泛传播,具有良好的交互功能的广告形式。从法律角度看,网络广告有狭义和广义之分。简单地说,网络广告是广告主为了推销自己的产品或服务在互联网上向目标群体进行有偿的信息传达,从而引起群体和广告主之间信息交流的活动。

早期由于硬件和网络环境的限制,网络广告的表现形式极其有限。最初的网络广告就是网页本身,初期大多以文本链接广告、横幅广告、电子邮件广告等形式为主要传播手段,而随着互联网技术、硬件的快速发展,富媒体互动广告的出现和发展逐渐成熟并得到了充分应用。如今即将进入移动互联网时代，移动网络互动广告将越来越重要，成为网络广告中的新秀和未来。

网络广告具有的特点有：传播范围广，无时空限制；受众定向与分类明确；灵活的互动性和选择性；精确有效的效果评估；内容丰富、形象生动；易于实时修改，即时发布；成本低廉，更具竞争力。

从广告业整体来看，目前我国网络广告市场所占比例还是非常小的，然而，广告媒体在历经报纸（杂志）、电台广播、电视的不断演变后，网络广告已经逐渐为人们所接受。鉴于网络超高的信息传播效率和无与伦比的全球覆盖性，网络广告这一新型的推广渠道已经逐渐成为传媒行业的新宠。

我国网络广告的发展呈现出以下趋势：互动广告将逐渐成为主流；网络广告与传统广告的融合加快；定位技术将引领未来网络广告；关键词搜索成为网络广告新的增长点；网络广告市场监管将更加规范化。

习　　题

一、填空题

1. Web 1.0 到 Web 2.0 的转变，从模式上是_____向_____发展；由被动地接收互联网信息向主动创造互联网信息迈进。

2. 网络广告发轫于_____的美国。当年著名的 Wired 杂志推出了网络版的 Hotwired，其主页上开始有_____等 14 个客户的广告 Banner。这是广告史上里程碑式的一个标志。

3. 中国第一个商业性的网络广告则出现在_____，是 Intel 联合 IBM 在_____投下的，广告表现形式为 468 像素×60 像素的动画旗帜广告。

二、选择题

1. 网络广告的主要形式包括（　　）。

　A. 横幅广告　　　　　B. 文本链接广告　　　C. 电子邮件广告

　D. 互动富媒体广告　　E. 移动网络互动广告　F. 赞助式广告

　G. 插播式广告

2. 横幅广告的形式可以分为（　　）等类别。

　A. 静态　　　　　B. 动态　　　　　C. 点击式　　　　　D. 交互式

三、思考题

1. 网络广告的定义是什么？

2. 网络广告具备哪些特点？

3. 我国网络广告未来如何发展？

四、案例分析题

对比分析人民网和搜狐网网络广告的广告主题和广告特点。

第14章 国际广告

国际广告代理制是衡量一个国家或地区广告行业发展成熟与否的标志。我国于1993年试行广告代理制,经历20余年的发展,广告行业的发展进入了良性轨道。各大国际广告集团和公司纷纷在我国设立分公司或办事处,我国广告的设计和制作水平均有了显著的提高,逐步与国际接轨,在国际性的广告节和广告奖上屡有斩获。

教学目标

1. 掌握国际广告代理制的概念和发展。
2. 了解我国广告代理制的发展现状。
3. 了解各大国际广告公司和广告组织。
4. 熟悉各大国际广告节和广告奖的设置及其评选方式。

教学要求

知识要点	能力要求	相关知识
国际广告代理制	(1) 了解国际广告代理制的产生和发展 (2) 掌握两种广告代理制的类型 (3) 掌握国际广告代理机构的选择条件	国际广告代理制度
国际广告公司	(1) 了解各大国际广告公司的历史 (2) 了解各大国际广告公司的特点	世界广告史
国际广告节和广告奖	(1) 了解各大国际广告节 (2) 了解国际广告奖项的设置和评选标准	广告学

推荐阅读资料

1. 陈培爱. 中外广告史新编[M]. 北京：高等教育出版社，2009.
2. [美]威廉·威尔斯，桑德拉·莫里亚提，约翰·伯奈特. 广告学原理与实务[M]. 桂世河，王长征，译. 北京：中国人民大学出版社，2009.
3. 陈培爱. 广告学概论[M]. 北京：高等教育出版社，2010.
4. [美]阿伦斯. 当代广告学[M]. 8版. 丁俊杰，程坪，钟静，康瑾，译. 北京：人民邮电出版社，2006.

 基本概念

广告代理制，简单地说就是广告主委托广告公司实施广告宣传计划，广告媒体通过广告公司承揽广告发布业务，广告公司居于中间为广告主和广告媒体实现双向、全面代理业务的制度安排。广告代理制要求媒体不直接向企业承揽广告业务，而是通过广告代理公司这个桥梁来联系广告主和媒体，代理公司为广告主提供广告创意、制作、策划、购买等服务，并赚取佣金。

 引例

智慧地球一直是 IBM 的口号，而如何让城市更加智能呢？这是一则由巴黎奥美为 IBM 推出的户外创意 SMARTER CITIES，奥美把广告载体转化为一种有用的、智能的解决方案，不仅起到了广告的作用，而且大大方便了民众。这个创意斩获了 2013 年戛纳国际广告节的户外类别全场大奖，如图 14.1 所示。

图 14.1　2013 年戛纳国际广告节户外类全场大奖

14.1　国际广告代理制

14.1.1　国际广告代理制的产生和发展

早在商品交换的初期，广告就已经出现，历经上千年的历史，然而广告代理业的出现则要晚得多，它是近代商品经济发展到一定程度的产物。一方面，由于生产力的提高，交通日益发达，物流日趋成熟，企业的销售市场范围逐步扩大；另一方面，传媒事业的发展也使得企业对营销和广告更加重视。社会分工逐渐细化，促使专门从事广告招徕和服务的广告经营者渐渐从商品流通环节中分离出来，逐步形成了一个相对独立的行业，也就是广告代理业。广告代理业进行演变逐步形成了目前的广告代理制。国际上比较流行的广告代理制，可分为两大类型：西方模式，以美国为代表，实行"商品细分"的广告代理制；东方模式，以日本为代表，实行"媒体细分"的广告代理制。[①]日本的媒介细分广告代理制度是借鉴和吸收美国广告代理制并结合本国的具体国情而逐渐产生、发展、成熟起来的。

1. *广告代理制的产生背景*

19 世纪中后期，欧美的英、法、德、美等主要资本主义国家在经历了工业革命后，生产力迅速发展，工厂源源不断地生产出大量的商品，社会经济空前的繁荣。与此同时，随着经济的腾飞，为推销商品服务的广告业也日趋发达。19 世纪中叶到 20 世纪初期报纸一直是广告最主要的载体，报纸、杂志数量不断增加。报纸的经营人为了增加利润，不断扩充广告版面，但由于广告相对较少，媒介收入略显不足。同时由于信用制度不健全，广告媒介无法判断哪一家申请广告版面的企业有能力支付广告费。逐一向企业广告主追缴广告费对媒介来说又很不经济。再加上当时广告尺寸、排版、字体都不统一，也没有统一的价格标准和折扣标准，这些都成为企业广告主与媒介沟通的障碍。媒介和广告主之间需要可信的沟通"桥梁"。广告主和媒介的共同需要为广告业的发展提供了空间。报纸业的发达，促进了广告业的繁荣。广告业的繁荣又进一步推动了报纸业经济的发展。二者交互影响，互为因果。在此过程中，世界上最早的广告代理商应运而生。

2. *广告代理制的发展阶段*

广告代理制是随着近代报纸、期刊杂志的广告经营活动的需要，而产生并逐步发展起来的。广告业的产生是广告代理制度产生的前提条件。欧美模式广告代理制的发展主要经历了以下六个阶段。

1）媒介直接贩卖报纸版面的阶段

最初的广告代理业与报刊业共生并存。早在公元 1141 年，法国卜莱州出现了一个由 12 人组成的叫卖组织。可谓世界上最早出现的广告组织。但这种广告形式只是特定条件下的产物，从严格意义上讲，与后来从事广告经营活动的组织机构没有太大的联系。这个时候，大众媒介只有报纸一种，办报者都是文人，缺少经营观念。按当时的观念，办报是宣传，就是若干热心国家大事及社会公务事件的文人，借助报纸提出批评与看法，以引起公众的注意，认为办报是不应该赚钱的。到了公元 17 世纪以后，随着工业革命的兴起，近代报纸迅速在欧洲和美洲大陆发展起来，报纸广告经营才被提到议事日程上。由于报纸能够通过广告经营获得可观的收入，读者通过阅读广告栏的内容能够获取日常生活的消费信息，而商人则能够通过报纸广告把有关的销售信息在更大空间范围扩散开来，这种相互依存的利益促使报纸广告业务日益兴旺发达，需要有从事报纸广告业务的代理机构，于是就产生了以经营报纸版面为生计的"报纸掮客"，这就是早期的广告代理业。

最早的广告代理店，据说是由英国的詹姆斯一世授命两个骑士在 1610 年建立的。1612 年，法国巴黎出现了名为"科可·多伦"公司的广告代理机构。当时这些广告代理业务的主要特征是为报刊招揽广告，并无业务成功的记载。1786 年，英国人威廉·泰勒（William Tayler）为《梅德斯通》杂志（Maidstone Jounral）揽到一则广告而被视为英国广

[①] 李宝元，广告学教程[M].北京：人民邮电出版社，2004.

告代理商第一人。1800年，詹姆斯·怀特(James White)建立了第一个广告公司。1812年，现为欧洲十大广告公司集团之一的查尔斯巴克公司的前身，劳森及巴克广告公司(Lawosn & Barker)成立。1841年，被认为是美国第一位的广告经纪人沃尔尼·帕尔默(Volney Palmer)在美国费城出现。他建立代办处，自称是"全国的报纸代理商"，即为报纸推销版面，也充当广告客户的代理人，吸引他们购买报纸的版面，然后从报社抽取25%的佣金，之后降到15%。这种收取代理费的做法为后来所沿袭。这些"报纸掮客"一般与报社有着密切的联系。有些代理业机构甚至就是报社的下属组织。这些机构和人员大部分除了倒卖版面，不提供其他业务和服务，处于"掮客"的经营水平上。

2) 单纯媒介代理阶段

随着广告市场的扩大和业务量的增加，广告代理业逐渐从大众媒体中分离出来。1841年，美国帕尔默在费城为各家报纸兜售广告版面，自称是"报纸广告代理人"。至此，宣布广告代理业诞生，这个广告代理业是从报社分离出来的一个独立的实体。它的经营方式就是从媒介廉价批发购买一定数量的广告版面，然后再零售给广告主，并取得一定的利益。1865年，美国出现了由乔治·P·罗威尔(George P Rowell)创建的"广告批发代理"。他预先买下100家报纸的广告版面，然后再将广告版面以略高的价格分售给不同的广告主，从中赚取差价。实际上，也就是从罗威尔开始，广告代理业出现转化，成为名副其实的大众媒体和广告主之间的"中间批发商"。罗威尔的这种经营方式，逐渐成为广告代理经营共同遵守的一项原则。罗威尔还创办了广告专业杂志《印刷者墨汁》(Printres Ink)和《美国报纸导读》。这份导读开列了美国5000多份报纸的名称，尽量评估出这些报纸发行量的确切数字和版面的公平价位，促进了报纸的正当经营，加大了对广告客户的服务。

许多历史学家认为广告代理业之所以产生，是大众媒体对于广告宣传真正的经济上的需要，同时帮助企业找到了一种廉价而有效地推销商品的方法。长年累月地赔钱办报，造成许多报纸不能维持。在这个阶段，少数商人发挥了报纸的传播功能，利用报纸刊登启示，告知消费者有关商品销售的简单消息。起初，有些报纸拒绝接受，经过说服后，它们试着接受广告稿，并逐渐发现刊登这类告白，可以使报纸增加收入，有益于持久出版，于是开始主动争取广告。

3) 广告的技术服务阶段

1869年，美国艾耶父子(N·W·Ayer & Son)广告公司在费城创立。这家广告公司不仅扮演"掮客"的角色，而且还为客户设计、撰写文案，建议和安排适当的广告媒体，并制作广告。所有这些业务活动，标志着现代广告公司的出现。1880年具有雏形的广告代理业，不仅能为广告主提供广告媒介版面，而且还能为广告主代办广告设计和广告作品的制作等业务。广告代理的业务范围扩大了，开始向为广告主提供技术服务阶段迈进。

4) 近代广告代理时代

19世纪末，美国经济正处于高速成长时期，特别是内燃机的发明，有力地推动了美国的工业革命。当时企业所关心的已不再是"生产"问题，而是"销售"问题。企业的经营观念发生了重大的变革，许多有远见的企业家把目标集中在市场和消费者的研究。最初的广告代理业几乎是单纯的广告代理，广告公司不提供有关服务，但却得到了大众媒体和广告主的充分信任。当时的信用调查机构以广告业的信用度为题进行的调查显示，在全美32家广告代理公司中10家信用度是优，14家是良。1890年以后，希望做广告宣传商品、服务的企业达到了4000家。这一时期，广告公司提出"广告代理公司不是为媒介，而是为客户服务"的全新定位，并开始为广告主提供广告文案写作和品牌服务。1891年波士顿的某广告代理店明确提出："为广告主提供忠实服务不仅是制订广告计划、制作广告，还应根据广告主的具体要求提供服务。"广告代理业为了适应这些新形势的发展，开始强化市场调查机构，帮助企业开展市场调查，广泛搜集市场资料，为广告主制订广告计划和广告实施方案，开展有目的、统一的广告活动。广告代理业开始从单纯的媒介代理向全职能的、能向客户提供全面服务的近代广告代理业过渡。

5）广告代理营销阶段

20世纪，特别是20到30年代，被称为美国的新工业革命时代。汽车开始普及，收音机、电冰箱、洗衣机等家用电器开始出现。尤其是1922年美国第一家商业广播电台和1941年第一家电视台的创立，是广告发展史上的一次新的飞跃，突破了印刷媒体一统天下的格局。20世纪可谓广告神速发展的年代。在新的历史条件下，广告代理又有了新的发展，不仅能为广告主制订实施广告计划，而且能为企业提高销售效果，协助广告主策划和实施市场运营计划。广告业进入了营销服务时代。

6）广告代理整合营销阶段

到20世纪90年代初，广告公司一方面由专业性服务向为企业提供市场营销战略进行综合性服务扩展转变，不仅仅制作广告，而且参加制订企业产品开发、销售和流通战略，帮助筹划大型文化活动以及公共关系活动等；另一方面拓展服务范围，用广告传播的手段和方法，为公共部门、政府机关等机构的（如政策宣传、选举）活动提供服务。广告代理业的强化信息传递和诱导影响受众态度改变的功能，更加受到重视。

1990年，美国的罗伯特·E·劳特朋在《广告时代》上发表文章，提出以消费者为中心的新的市场营销观念，即4Cs。菲利普·科特勒在《市场营销管理》1994年版中予以引用，而被广泛流传和应用，广告活动由此进入信息传播代理业时期。如美国不少大型广告公司面对新的竞争压力，更加重视和发挥广告信息沟通的作用，并与其他信息传播手段进行整合。日本电通公司近些年来提出综合信息服务的经营理念，为广告主进行全方位的信息交流服务。这些都预示着广告代理业一个新的时代的到来。

14.1.2 两种广告代理制的特点

1. 欧美模式的广告代理制——商品细分广告代理制

广告代理制是随着广告业的发展而逐渐形成的一种广告经营体制，是广告业经过长期的发展和激烈的竞争逐步形成的，被普遍认为是广告市场规范化和正规化的标志。"美国广告代理制的实行是世界广告代理业的开始。"欧美模式的广告代理制是目前世界上比较流行的一种广告代理制形式，同时也是许多国家借鉴学习的标准。

欧美模式的商品细分广告代理制，是指在广告活动中，广告客户、广告公司和广告媒介之间明确分工，广告客户委托广告公司实施广告宣传计划，广告媒介通过广告公司承揽广告业务。广告公司处于中间地位，为广告客户和广告媒介双向提供服务，起着主导作用。①这种广告代理制的运行规则是：

广告主←→广告公司←→媒介

它最大的优点就是广告主、广告公司、广告媒介三者的分工十分明确，三者的专业性都很强。商品细分广告代理制度的主要特点是：它强调的是广告公司保持绝对的中立性，广告公司不能代理同行业的多个竞争品牌，同时对客户所委托的商品全权负责。如果某一家公司生产十几种产品，那么为该公司提供服务的广告代理商就有好多家。每一个广告代理商以同自己原有的客户不冲突的商品去接受不同的广告代理。同时，对自己负责的代理商品提供广告制作和宣传，也要参与商品规划、计划、流通、促销、市场调查等全面的广告服务，这也就是所谓的"一对一"（one company one agency system）原则。

2. 日本模式广告代理制的特点

"由于历史和文化的原因，日本的广告代理制不同于欧美，是一种媒介代理的模式。"日本媒介细分广告代理制度是借鉴和吸收美国广告代理制并结合日本的具体国情而逐渐产生的。20世纪50年代日本的广告业并不发达，广告公司多依托于媒体提供广告服务，而且，日本的很多广告公司同媒体有较深的渊源。比如电通最早脱胎于通信社，以信息服务换取报纸的广告版面。因此在日本大型的广告公司一般都与特定的媒体存在非常稳定而密切的关系。结合日本的社会文化特色，日本的广告业并没有抛弃媒介代理，而是进一步强化媒介代理，促使广告公司与媒介更紧密地结合在一起。在此基础上，为客户提供方面的服务。由于依托媒体，日本的广告公司可以对某一行业的多个企业进行广告业务受理，不同部门进行不同品牌的广告活动，具有极强的兼容性而彼此并不受到行业竞争的制约，这些广告公司主要依靠收取媒介代理费，对于客户要求的创意等服务，不再专门收费。这种媒介代理模式，由于符合日本的政治经济文化特色，极大地促进了日本媒介和广告业的繁荣。同时，通过专业化的服务，为日本企业创造了一批具有全球影响的世界级的品牌。

日本模式广告代理制的主要特点是，多数广告公司是媒介代理公司。也就是说，大型的综合广告公司一般都与媒体有着非常密切和稳定的联系。比如，媒体和广告公司互相渗透着股份等等。由于这样的特点，使用媒体刊登广告只能通过广告公司这个中介。

3. 两种广告代理制比较分析

商品细分广告代理制，系指广告代理公司在同一种竞争性商品中只接受一个客户，对客户所委托的商品广告营销传播业务全权负责。这样，某一家公司生产几十种产品，为该公司提供服务的广告代理商就有好几家；每家广告代理商以同自己原有的客户不冲突的商品去接受广告代理，而且对所负责的商品不仅提供广告制作与宣传，还要参与商品销售计划、流通促销渠道设计和市场信息调查等全盘性的营销传播服务。"媒体细分"广告代理制，是因为日本的广告代理商传统上与媒体相互拥有股权，因此其以承揽与推销媒体为主，通常数家广告代理商对同一客户提供的服务是以媒体细分来分担。例如，

---

① 丁俊杰. 现代广告通论——对广告运作原理的重新审视[M]. 北京：中国物价出版社，1997.

按报纸类别分,《朝日新闻》《读卖新闻》属于甲代理商,《每日新闻》《产经新闻》属于乙代理商;以电视台分,X 电视台系列属丙代理商,Y 电视台系列属于丁代理商。这样,以媒体为中心,某一客户或某商品有好几家广告代理商分别为其提供不同媒体广告服务;广告代理商最关心的是属于自己掌握的媒体如何才能被广告客户大量地采用,而对于全盘性的市场营销服务自然不大关心。

与日本媒体细分制比较,商品细分广告代理制的最大优势是广告客户、广告代理商、媒体三者共存共荣。

(1) 广告代理商不能同时接受两家相互竞争商品的客户,这样有利于保守商业秘密;广告代理商所拥有的客户相互之间不冲突,因此可借用彼此经验对客户提供全过程的一致性服务,将最好的创意提供给唯一的商品客户。

(2) 广告代理商在确定广告市场营销策略时,会与广告客户站在同一立场上考虑问题;如果广告代理商的服务不能令客户满意,广告客户可解除契约,寻找新的广告代理商;广告代理商为了不被解除契约,会全力以赴为广告产品开展各项广告促销活动,从而可以提高广告效果和效益。

(3) 广告代理商与广告客户的关系依契约而存在,从而在广告代理商之间,因相互竞争的激励机制而提高广告服务质量;广告代理商因自己负责的商品销售增加而获得更多的利益,广告客户也会因其服务良好而扩大其商品代理的范围。

两者的根本不同点是服务本质上的差别。美国强调的是对其所负责的商品实行市场营销及有关的全盘性服务,而日本则以如何为客户争取更多良好媒介为主。商品细分代理制度是较为有效、合理与合乎国际惯例的做法,逐渐成为主流,其优点在于使得广告客户、广告代理商与媒介三者共存共荣。可见,商品细分广告代理制是较为有效、合理与合乎国际惯例的做法。中国的广告业所希望遵循的是欧美模式的广告代理制,基本上沿用了商品细分广告代理制体系,定位于客户的全面代理制。

14.1.3 国际广告代理制度

1. 国际广告管理体制

几乎所有从事国际营销的大公司都委托广告代理商办理广告事务,但无论是否利用广告代理商,介绍一下公司对广告业务的管理体制都是有必要的。管理体制一般有三种:一种是由总公司对公司系统的广告方针政策实行集中管理,在各地的广告活动亦由总公司统一实施;第二种是对广告方针政策实行集中管理,但广告业务的实施则由各国当地的机构承担;第三种是广告方针政策的管理和广告业务的实施全由当地公司直接负责。

国际广告公司对于上述几种基本管理体制的各种变型都进行了尝试。广告公司管理体制的实质是集中管理还是分散管理。赞成集中管理的主要理由是:集中管理可以发挥总公司高级人才的管理才能,通过集中管理开展的广告活动经济上节省,有助于加强总公司对各地广告业务的控制。这些理由都与管理的效力有关。但是在广告活动中发挥这种效力就可能妨碍市场的开发,影响市场开发的效果。集中管理的这些缺陷也就是主张分散管理的主要依据。主张分散管理的主要理由是认为各地的文化多种多样,需要对各地的情况有专门的了解,还要对语言文字的翻译、各个市场对广告媒介限制条件及可利用性进行专门研究。

2. 国际广告代理机构

国际广告代理商,主要有两大类型:一是本国的广告代理商,一是国外当地的广告代理商。他们又各自具有不同的形式。

(1) 本国广告代理商兼营国际广告业务。
(2) 本国专业国际广告代理商。
(3) 国外当地广告代理商。
(4) 合作式广告代理商。

3. 国际广告代理机构的选择

如上所述,国际广告代理商有多种。实施国际广告委托代理业务时,应就如何选择代理商慎重考虑下列诸因素。

(1) 知名度和权威性。有名望、知名度高、权威性强的国际广告代理公司代理出口产品广告,能使广告更具吸引力、说服力和权威性,易为消费者所接受与信赖。具体可考察其社会口碑、广告经营历史、成功策划过的广告活动以及是否为同行所敬重等。

(2) 经营作风与信誉。应选择为客户着想、对客户负责的广告公司。具体可考察其是否能为客户保守商业机密、是否有过泄密历史;是否从不延误广告客户的委托要求;不随意加价;公平对待一切客户;其长期服务的客户是否都是一些实力雄厚、信誉良好的企业等等。

(3) 广告业务代理能力。应选择经营活动能力较强的公司,主要从管理水平是否有条理,是否拥有各类高素质人才,是否熟悉客户的业务,是否具有制作方面的优势,广告公司的广告活动区域是否与客户要求一致,是否与媒介之间保持着良好的关系等方面进行考察。

(4) 财务状况。了解告公司的财务状况是否稳定和有无外汇支付能力,了解有否将客户的预付专款挪作它用而延误广告活动的事例,或在财务问题上是否有欺骗或拖累客户的现象发生。

(5) 国际广告的经验。尤其是在组织大规模的跨国广告活动的时候,广告公司是否具有作业经验,是否与其他国家的广告公司保持着联系,这是关系到广告活动成败的关键。

总之,广告代理制的导入必须根据不同国家地区的特色进行创新。只有符合自己国情的模式,才是先进的和专业的。而且,日本和韩国的模式给我们带来的启示是,在后发展国家,引入广告代理制必须坚持保护和发展兼顾的原则。由于对广告代理制进行了符合国情和新的历史环境的创新,所以日本出现了电通,韩国出现了第一企划这样有世界影响力的广告公司。在一个有保护的环境中通过自身不断地积累和提升,这些国家的广告业对民族品牌的成长作出了巨大的贡献,而媒介也在一个良性的结构中健康发展。

14.1.4 我国广告代理制的现状

1979 年后,我国经济体制调整,进口贸易开始繁荣起来,在恢复全国范围内广告业的大前提下，外贸广告管理工作被提上议事日程。20世纪80年代中期，国内的北京广告公司、广东省广告公司开始尝试实行代理制。1987年年底，中国《广告管理条例》出台，并于1988年1月开始施行《广告管理条例实施细则》。根据《细则》第十五条的规定，承办国内广告业务的代理费为广告费的10%；承办外商来华广告付给外商的代理费为广告费的15%，该条例首次明确提出了广告代理费的概念。同样是1987年，中国国内的广告市场开始向外国广告公司开放，国外广告代理公司相继通过各种途径进入中国市场，并在中国执行15%的代理费。

1993年7月，国家工商总局发布《关于在部分城市进行广告代理制和广告发布前审查试点工作的意见》，决定从1993年下半年起在全国开展广告代理制试点。1994年广告代理制逐步在全国范围内推广，使广告客户、广告媒介与广告公司之间的关系得到调整，并逐步向国际惯例靠拢。

1997年3月，中国颁布《广告服务收费管理暂行办法》，规定广告代理费为广告费的15%。国际通行的广告代理制以条文形式被正式确立下来。这种代理制实际上是直接搬用美国的模式，即鼓励和推动广告公司作为中立的专业服务机构实行第三方独家代理。[1]

纵观我国广告行业的发展历程，广告代理制在某种程度上可以说是空降兵，它是我国政府借鉴西方广告运营的经验而采取的政策，目的是适应日益增长和复杂化的国内广告市场。我国广告市场在采用广告代理制的初期，三大广告主体即广告主、广告代理公司和广告媒体之间的互动较为规范和良好，曾经一度认真实行了15%广告代理费用的规范，然而随着市场经济的发展和改革的深入，国内广告业的情况变得复杂起来，尤其在代理制度的执行和效果上出现了混乱。目前中国广告行业市场存在着众多失范行为，例如媒体折扣、客户回扣、明增暗减、零代理、偷工减料等。虽然我国引起广告代理制的初衷是积极的，但就目前的发展状况来看，距离国际现代的广告代理制仍然有较大的距离。综合分析，其原因主要有以下几点。

1. 生搬硬套，超前发展

广告代理制是一个不断发展的过程，在不同的阶段对应有不同的代理制模式。欧美的广告代理制也是从早期的媒介代理模式逐渐过渡到广告业成熟阶段的第三方独立代理的阶段。我国广告业在尚不成熟的时期，直接套用欧美成熟阶段的模式，其后果有可能是揠苗助长。

研究亚洲一些广告代理制发展较为成功的国家和地区的经验可以发现，这些国家和地区在引进广告代理制时都结合了具体的国情，并根据当时国内外传播环境和市场环境的特点，从未来发展战略的层面考量，对广告代理制进行了创新和发展，逐渐形成具有自己特色的广告代理制模式。比如日本和韩国，他们并没有直接照搬美国的第三方代理的模式，而是分别形成了以媒介代理为主的模式和以客户代理为主的模式。

反观中国的广告代理制目前出现的种种问题，根本原因在于广告代理制引进的过程中，始终缺乏一个真正进行深入研究评估并根据我国的国情对广告代理制模式进行修改、完善和发展的过程。也就是说，直接搬用当时认为世界上最先进的模式，而没有进行创新和发展，所以导致了广告代理制模式与我国国情的不适应。

---

[1] 陈刚. 我国广告代理制目前存在的问题及原因[J]. 广告大观(理论版). 2006.01

2. 能力有限，夹缝生存

中国的四级办台模式造成媒体多得不计其数，但是可供选择的大型广告媒体仅限于几家，也就是说媒介资源仍然属于稀缺资源，媒体通过控制有限的资源而形成了卖方市场。在卖方市场中，媒介拥有定价的权利。这一方面导致广告代理公司的议价能力有限，无法拿到理想的折扣；另一方面由于中国法律对于媒体自建广告部的态度一直含糊其辞，也为媒体绕开广告代理商而直接与广告主进行联系创造了机会。

广告代理制度是一种双向代理，也就是说它必须具备将广告主和广告媒介利益最大化的能力，同时也要兼顾自己的利益。但是，较低的议价能力无法为广告主提供满意的服务，媒体掌握了稀缺的资源，便轻视广告代理商对其利益的贡献，在这种恶性循环中，广告代理公司的运营步履维艰。

3. 法规缺失，保障不力

对发展中国家而言，由于经济发展不均衡，政府往往会在社会经济各个产业的发展中扮演着至关重要的作用。广告代理制的贯彻实施，必须有一个逐渐健全和完善的政策法规体系来保障。而这一工作，通常只能依靠政府部门来引导和完成。广告代理制在我国的种种尴尬与困境，与不健全的政策法规环境直接相关，检视二十余年来中国关于代理制的法律法规，可以发现如下几点。①

(1) 除试点之外，始终没有明文确定以广告代理制作为行业内主要的广告收费制度。简而言之，我国官方并未做出强制性推行代理制的要求，反而在《广告法》《广告服务明码标价规定》等相关法律法规中肯定了多种收费方式同时并存的合法性，使广告代理制的推行没有巩固的法律基础。

(2) 缺乏对广告代理制的定义描述以及明确细致的可操作的规范。制度设置应当具有可操作性，然而纵观我国所有与广告有关的法律法规，除了一份文件性质的《关于加快广告业发展的规划纲要》（1993年）对代理制有过描述和分两步予以推进之外，没有更明确的关于代理制的定义与阐释，更没有具体应当如何实施的规范，即使在《关于在温州市试行广告代理制的通知》《关于在部分城市进行广告代理制和广告发布前审查试点工作的意见》也找不到系统的说明。

(3) 在关于代理制的规定中，针对广告公司的多，针对广告主、媒介单位的少，在多种主体参与的市场中，仅仅限制其中一方显然是不够的。这也许与部门分割有关，尤其是媒体单位，各有其主管部门，工商行政管理局对其约束力不够。

(4) 始终缺少真正意义上的行业自律。在其他国家和地区，广告代理制的实施主要依托行业协会和行业自律规范，而在我国广告业中，广告协会以及行业规范在广告代理制的推广中并没有发挥应有的作用。

广告行业的健康发展，必须有相应的游戏规则。目前在中国的广告业中这一规则还不成熟，这对未来广告业的发展是一个巨大的挑战。中国的广告业需要符合我国国情和适应当代传播与市场环境的广告代理制，但目前推广执行的广告代理制并不能满足这一要求。专家学者、政府部门和行业组织应该达成共识，借鉴海外经验，深入研究我国的特色，共同推动我国广告代理制的创新、完善和发展。

---

① 陈刚. 我国广告代理制目前存在的问题及原因[J]. 广告大观(理论版). 2006(1).

14.2 国际广告公司

14.2.1 Omnicom——全球最大的广告与传播集团

Omnicom(奥姆尼康集团)是全球广告、营销和公司传播领域的领导者,通过其全球网络和下属的众多专业公司在100多个国家为超过5000家客户提供广告、战略媒体规划和购买、直销、促销、公共关系和其他专业传播咨询服务,业务涉及广告、营销服务、专业传播、互动数字媒体与媒体采办服务等,旗下拥有天联广告(BBDO)、恒美广告(DDB)、李岱艾(TBWA)和浩腾媒体(OMD)等著名的广告业服务品牌。

1. BBDO

BBDO环球网络公司是世界排名第一的广告公司,在全球拥有323间分公司,遍布77个国家,雇员超过17 000人,年营业额高达149亿美元。在广告业内外,其在品牌建设方面的突出成就和创意获奖一样闻名遐迩。

BBDO是过去6年全球获奖最多的广告公司。BBDO在2007—2011年连续5年获得法国戛纳广告节(Cannes Festival)"年度最佳广告公司"称号。2006—2010年连续5年被The Gunn Report评选为"年度广告公司"。2006—2011年连续6年被Caples&Echos评选为"年度最佳广告代理",并分别在2008年、2009年及2010年赢走The Big Won Report评选中的"年度最佳广告公司"桂冠。

2. DDB

恒美DDB公司于1949年成立于美国纽约,是一家具有50多年历史的世界顶极4A广告公司。恒美DDB的全称为Doyle Dane Bernbach,在96个国家里,设有206个分公司和办事处。

北京新世纪恒美广告有限公司(DDB BJ)是由北京新世纪广告有限公司与美国恒信传媒集团2001年重组成立的合资广告公司,凭借对本土市场的深度理解以及国际化的运作经验,为国际国内众多客户提供全面的广告服务,在上海、广州均设有分公司和办事处。

3. TBWA

TBWA成立于1970年,由Tragos、Bonnange、Wiesendanger、Ajroldi这四位来自不同国家、背景,拥有不同经验范畴的广告人合力组成的欧洲广告组织,这在广告公司的创业史上是个特别的先例。TBWA是全球增长最快的跨国广告公司,在业内以创意成名,全球总营业额名列世界第九。

TBWA在我国TBWA的译名叫做"李岱艾",是因为进入中国内地的时候与香港特别行政区的一间公司合并,这一家公司叫做Lee Davis Ayre。基于中国市场的优厚潜力,今天,从上海、北京到广州等各分公司业务的精彩出色,令TBWA在国内的实力不言而喻。

4. DAS

DAS公司拥有众多的市场营销公司,业务涵盖客户关系管理、公共关系和专业传播服务。DAS旗下的160多家公司利用其网络和区域组织，在71个国家的700多所机构为全球和本地的客户服务。

在DAS的众多市场营销和传播公司中，有很多都是所在行业的佼佼者。例如，Rapp Collins是全球直销领域的领导者，Interbrand则是全球品牌战略、评估和命名咨询的领导品牌。

DAS还拥有全球七大公关公司中的3个，包括福莱公关、凯旋先驱和Porter Novelli，以及Brodeur Worldwide和Gavin Anderson等专门领域的公关公司。DAS拥有全球最有影响的健康传播业务，在亚洲以Targis公司为其代表。DAS还拥有从事招聘传播服务的Bernard Hodes集团，以及企业和金融广告公司Doremus。

14.2.2　WPP——英国最大的广告与传播集团

WPP集团(Wire & Plastic Products Group)总部设在伦敦，其营业范围包括广告、公共关系、游说、品牌形象与沟通。WPP旗下拥有一系列大型的广告传媒公司，包括奥美、智威汤逊、传立等。该公司的名字来源于"电线与塑料产品"，其前身为生产购物车的公司。WPP集团是世界顶级的品牌沟通服务集团之一。

目前WPP集团在全球已经拥有84 000名雇员，数千家国际和本地客户，同时拥有3个全球运作的全资代理商(扬·罗比凯、奥美、智威汤逊)、2个全球运作的媒体公司以及包括Kantar研究集团的几个调查公司、数个公关公司以及一些区域性、专业性公司。

1. 奥美环球

奥美环球于1948年由"现代广告之父"大卫·奥格威在纽约所创办。在中国、韩国和越南市场，奥美是第一家成立分支机构的外资广告代理商，并拥有亚太区最大的关系行销集团。

过去50年来，奥美帮助许多跨国企业建立了品牌，如美国运通、西尔斯、福特、壳牌、芭比、旁氏、多芬、麦斯威尔、IBM、联合利华和柯达等。

1991年，奥美与我国内地最大的国有广告公司上海广告公司合资成立了"上海奥美"。目前，"奥美中国"已在上海、北京、广州、香港、台湾等地开设办事处，员工达1500余名。"奥美中国"已成为全方位区域网络的组成部分，为客户提供广告、公共关系、顾客关系行销、互动行销、电话行销、视觉管理、市场调研、促销规划和美术设计等全方位传播服务，目前其在我国的客户包括IBM、宝马、壳牌、中美史克、柯达、肯德基、上海大众、联合利华和统一食品等。

2. 智威汤逊

JWT(J. Walter Thompson)是智威汤逊的英文缩写。智威汤逊创始于1864年，是全球第一家广告公司，也是全球第一家开展国际化作业的广告公司。

自成立以来，JWT一直以"不断自我创新，也不断创造广告事业"著称于世。JWT首开先例的顾客产品调查、第一本杂志指南、第一本农业指南、提供给国际投资人的第一本行销指南、制作第一个电台表演秀、制作第一个商业电视传播、第一个使用电脑策划及媒体购买。智威汤逊以品牌全行销规划，结合广告、直效行销、促销、赞助及公关活动，致力于协助客户达成短期业绩成长，并创造长期的品牌价值。

时至今日，JWT 风采依旧，昂首跻身于世界四大顶尖广告公司之列。JWT 的大家庭有 300 多个分公司、办事处的 10 000 多名成员，遍布在全球六大洲的主要城市，为客户提供全方位的品牌服务。

14.2.3　IPG——美国第二大广告与传播集团

IPG(Interpublic)是全球商业传播的领导者，与奥尼康姆、WPP、阳狮集团和电通为全球五大广告业巨头，是美国本土第二大、世界第四大广告与传播集团，业务范围包括广告、直效行销、市场研究、公关、Healthcare 健康咨询、会议与活动、媒体专业服务、体育行销、促销、企业形象策略等。该集团由原先全球排名第三的 Interpublic 在 2001 年 6 月 22 日收购原先排名第九的正北传播(True North)合并而成，在超过 20 个国家拥有 40 家代理商。

IPG 旗下拥有三个全球运作的广告公司(麦肯环球广告、灵狮环球广告、博达大桥广告)和优势麦肯、Initiative 媒介以及公关公司万博宣伟(Weber Shandwick)等。

1. 麦肯环球

麦肯环球(McCann-Erikson World Group)是在全球享有盛誉的著名广告企业，自 1902 年至今，已经走过百年的历程。在这一百多年中，麦肯一直扮演着全球广告先驱的角色，沿着明确的发展策略，发展成包括广告公司、媒体购买、公关营销、医疗保健营销、互动关系营销、品牌营销在内的从事整合传播的麦肯集团。麦肯世界集团是世界上最大最完善的广告服务网络系统之一，其投资建立的独资或合资广告公司遍布全球 131 个国家(地区)的 191 座城市，业务涉及整合营销传播的各个领域，包括广告、直效行销/网络广告、活动行销、公共关系、品牌管理、保健行销及媒介购买等。今天的麦肯环球集团是一个拥有 263 亿美元资产、全球员工人数达 24 000 名，保持着世界上最大最完善之一的广告服务网络系统的公司。

麦肯·光明广告有限公司是麦肯世界集团投资的第 116 个国家(地区)，目前在北京、上海、广州和香港有 4 所机构，员工人数超过 800 人，营业额在国内广告界始终名列前茅，成立于 1991 年，服务于埃索、可口可乐、雀巢等全球著名品牌。十几年中，麦肯·光明广告公司营业额不断提升，其创意策略和手法为广告业内人士高度赞赏，其作品也给我国消费者留下了深刻的印象。

2. 灵狮环球

灵狮环球(Lowe & Partners Worldwide)的前身是 Lintas，原为联合利华的广告部门。灵狮由 Frank Lowe 创立，以颠覆性创意闻名欧洲。2001 年，Lintas 与 Lowe 合并，新 Lowe 目前是全球第四大广告代理网络，在全球 81 个国家设有 191 家机构，在亚太区排名前五位。灵狮作为全球知名的 4A 广告公司，其突出的特色在于创意和策略的实用性。

3. 博达大桥

博达大桥广告(Foote Cone & Belding, FCB)由 Lord & Thomas 成立于 1873 年。1909 年，广告科学派的代表——霍普金斯加盟 L & T；1943 年，L & T 改名为 Foote

Cone & Belding(FCB)。1963 年，FCB 在纽约证券交易所上市，成为世界上第三个上市的广告公司。FCB 是世界上第二家最早的广告代理公司，现隶属美国 IPG 集团。如今，FCB 已经成长为一个强大的全球办公网络，在 110 个国家拥有超过 190 所机构。

14.2.4　阳狮——法国最大的广告与传播集团

阳狮集团(Publicis Group)是法国最大的广告与传播集团，创建于 1926 年，总部位于法国巴黎，创始人是 Marcel Bleustein Blanchet。

阳狮广告在 20 世纪 80 年代开始国际化和集团化运营，从单一的广告代理公司向多种市场营销服务和传播业发展，同时积极开拓法国以外的市场；到 1987 年，阳狮集团已经跻身世界前 20 位的传播业集团；1988 年，阳狮集团与 FCB 结成联盟关系，共同开拓国际广告市场；1996 年，阳狮集团结束了与 FCB 的合作，独立在国际广告市场扩张网络；到 1999 年，阳狮集团在 76 个国家和地区开展了业务，成为世界排名前 10 位的传播业集团。

阳狮拥有三个全球运作的代理商(Publicis、Saatchi & Saatchi 和 Leo Burnett)、两大媒体公司(实力媒体与星传媒体)。

14.2.5　电通——日本最大的广告与传播集团

1901 年 7 月，电通的前身——日本广告和电报服务公司(JATS)成立，提供新闻和广告代理服务；1936 年，新闻业务从公司剔除；1955 年，JATS 正式改名为电通(Dentsu)；1980 年，在亚洲与扬·罗比凯成立电扬广告，并在 1986 年成为首位进入中国内地的外资广告公司。

电通是亚洲为数不多的可以与欧美四大传播集团在同一个舞台上竞争的日本王牌级跨国企业，由于主要从事 B2B 领域的事业以及其本身所固有的行业性质，相对于直接服务消费者的家电、汽车制造业来说，电通在海外的知名度并不高。虽然电通已经控制了日本 30% 的广告市场和 40%~50% 的电视广告市场，但相比其他国际广告集团，其在国际市场的资本运作相对谨慎，并且收益甚微，集团 95% 的收入都来自于日本本土。

近年来电通致力于拓展海外市场空间，尤其是亚洲为主的区域是其重点投资对象。除此之外，还与法国阳狮集团互换股份，以及对海外企业实行 M&A，强化其在欧美市场的影响。

14.2.6　哈瓦斯——法国第二大广告与传播集团

哈瓦斯(Havas)是全球六大广告和传媒集团之一，总部位于法国巴黎，业务遍布全球 77 个国家，有 14 400 多名雇员。

目前，哈瓦斯旗下主要的广告公司包括灵智大洋(Euro RSCG Worldwide，总部位于纽约)、Arnold Worldwide(总部位于波士顿)、传媒企划集团(Media Planning Group，总部位于巴塞罗那)与市场服务机构"精实整合营销"(Field Force Integrated Marketing Group)等。2002 年，哈瓦斯以总收入 18 亿美元，排名全球第六大广告与传播集团。

哈瓦斯现在旗下全球运作的广告公司，有灵智(Euro RSCG Worldwide)、Arnold 和 MPG，并有与扬·罗比凯合作成立的媒介购买公司——Media Polis。

14.3 国际广告组织

14.3.1 国际广告组织

1. 国际广告协会

国际广告协会创立于1938年，当时称出口广告协会，1954年改为现名。总部设在美国纽约。国际广告协会是广告主、广告公司、媒体、学术机构以及营销传播界唯一的全球性广告组织，也是全世界唯一在96个国家和地区拥有会员、涉及品牌创建和营销传播领域的全球性行业协会。国际广告协会会员的分布情况是：亚太地区21%，欧洲40%，拉丁美洲12%，中东/非洲17%，美国/加拿大10%。中国于1987年5月12日，以"国际广告协会中国分会"的名义参加了国际广告协会。

国际广告协会职能包括宣传广告为推动经济健康发展和促进社会开放的重要作用和意义；保护和促进商业言论自由和消费者自由选择的权利；鼓励广告自律的广泛实施和认可；通过对未来广告营销传播行业从业人员的教育和培训，引领行业向高水准方向发展；组织论坛，探讨不断出现的广告营销传播业的专业问题以及这些问题在飞速变化的世界环境中所引发的结果。

国际广告协会的宗旨是将广告、公共关系、销售促进、广播、市场调查等有关的从业者及有兴趣的人们联合起来，交流经验和情报，探讨学术理论，共同提高世界广告和行销技术水平，组织国际会议和专题展览。①

2. 世界广告行销组织

世界广告行销组织是一个颇有影响力的世界性广告行业组织，它由世界各地著名的广告公司组成，总部设在英国伦敦。该组织对会员提供业务上的帮助，并协助其开拓国际市场，由世界各地著名的广告公司定期培训会员，举办各种讲习班，并定期为会员提供世界各地最新广告表现技术、广告媒体技术和经济动态信息。

3. 国际报刊量发行稽核局

国际报刊量发行稽核局英文为IFABC，简称为国际ABC组织，是指报纸杂志发行量国际性审核机构。目前，全世界有20多个国家加入国际ABC组织，负责各国有关国际ABC组织问题的协调和资料交换。国际ABC组织的宗旨是：保障广告主的利益，防止广告公司和媒介代理由于数据失实而造成的策划失误。

14.3.2 国际广告节与广告奖

1. 全球五大广告奖

1）戛纳广告奖

戛纳广告大奖源于戛纳电影节。1954年由电影广告媒体代理商发起组织了戛纳国际

---

① 国际广告协会. 百度百科[EB/OL]. http://baike.baidu.com/view/845957.htm

电影广告节,希望电影广告能像电影一样受到人们的瞩目。此后,戛纳同威尼斯轮流举办此项大赛,1977年戛纳正式成为永久举办地。1992年组委会增加了报刊、招贴与平面的竞赛项目,这使得戛纳广告奖成为真正意义上的综合性国际大奖。

戛纳广告节于每年6月下旬举行,每年有11 000多位代表,20 000多件作品逐鹿"戛纳"。评委会被分为独立的两组,一组负责评定电视广告,另一组负责平面广告。广告节决赛评审初期,允许参赛者目睹现场公布的每一阶段入围名单来增加现场气氛。各评委对本国作品采取回避投票的原则,评委的评审时间由自己掌握,以便仔细阅读文案,周全研究创意。在影视方面第一轮决出400件作品,第二轮筛选至200件,并再从中决出各项目的金、银、铜狮奖。与戛纳电影节同名的金棕榈奖,是戛纳广告奖专为影视广告制作公司设立的大奖。获奖标准是通过各公司作品在大赛上的表现来评定的,大奖得10分,金狮奖得7分,银狮奖得5分,铜狮奖得3分,入选作品得1分。

到2013年,戛纳国际创意广告节参赛作品共分为16个类别,分别是:品牌内容和娱乐类、创意效果类、互动类、设计类、直销类、影视广告制作类、影视类、平面类、媒体类、移动类、户外类、促销和活动类、公关类、广播类、整合类以及全新的创新类。

2013年,戛纳推出了新奖项创新狮子(The Innovation Lions),旨在嘉奖那些让梦想变成现实的、好创意背后的创新科技。2013年度媒体代理奖重新做了改动,将只有一个媒介代理公司或者广告公司内的一个媒体部门会有资格获奖。

戛纳广告大奖参赛作品的限定:①参赛对象可以包括全球有关广告和媒介的任何机构;②作品参赛必须事先征得广告主的同意;③直邮广告作品和促销活动材料不得参赛;④作品必须依照客户的付款合同而创意制作(除公益类),不得自行设计构想;⑤所有作品必须在上一年度3月至截稿日期间被公开发布过;⑥曾参加过该广告节的作品不得再次参赛;⑦凡有侵犯民族宗教信仰和公众品位的广告不得参赛。

案例

戛纳广告节获奖作品赏析

(1) 瑞士关于酒后驾车的公益广告,如图14.2所示。

图14.2 酒后驾车的公益广告

广告文案:"酒精可以创造现实"。

创意解析:没有血腥和惨烈的画面,仅仅通过超现实的道路扭曲,就简单明了地传达出广告的主题。

(2) VLCC瘦身啫喱膏广告,如图14.3所示。

广告文案:"十四天给您带来的变化"。

创意解析:通过月亮在十四天内从盈到亏的变化,展现啫喱的瘦身效果,十分形象生动。

(3) 雷达杀虫剂广告,如图14.4所示。

广告文案:无。

创意解析:The Flight Of The Bumbleble,是一篇乐章的名字"野蜂飞翔",雷达杀虫剂功效卓著,连野蜂的音符都不会放过。

图14.3　VLCC瘦身啫喱膏广告

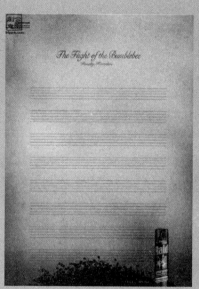

图14.4　雷达杀虫剂广告

2) 莫比广告奖

莫比广告奖创建于1971年,总部设在美国的芝加哥。莫比广告奖的奖杯设计十分奇特,是一个镶嵌在大理石底座上的象征着无限循环的类似"8"字的金色环,它就是著名的莫比斯环。莫比斯环源于数学上的拓扑现象。据说19世纪一位德国科学家发现一张纸条一端扭转一圈后再与另一端粘在一起,会产生只有一个面一条边的奇特圆环,如果用笔沿着一面画一条线,这条线在这个奇特的纸环上绕过纸条的两面,从而无始无终。莫比斯环正是借用了这样一个拓扑现象,象征着永远的创意,没有终结。

莫比广告奖具有多元化的独立评奖方式。大赛的评判在美国、加拿大等不同地点进行。评委独立评判,避免了人为的相互影响。评委代表来自不同文化背景及不同规模的公司,领导潮流的主题和国际化的创意表现常常更受青睐,在项目类别上必须对作品整体上进行评判;而创作技巧类则允许依据某一特殊创意因素来进行评估,如广告文案、艺术指导、摄制手法等。虽然每一个类别都设有莫比奖,但评审要求严格,所以许多项目的大奖会成为空缺。而同时其他类别中却可能有一个以上的获奖者。只要它们值得嘉奖，评委会并不限制其数目。莫比奖同时也重视参赛作品在文化潮流方面的代表性，这些入围决赛的作品将是反映国际经济和社会状况的晴雨表。每个年度的获奖作品将会被芝加哥文化博物馆展出，并悉数收藏。

我国广告公司历年来在莫比奖中表现不俗。早在1999年，第29届莫比广告节上，我国上海达彼思广告公司选送的《虎牌啤酒·老虎篇》首获饮料啤酒类平面作品金奖。2000年，在第30届莫比广告节上，我国上海麦肯·光明广告公司选送的广告《邦迪创可贴·朝韩峰会篇》、泓一/梅高广告公司选送的《九华痔疮栓·屁股篇》获医药类平面作品金奖，泓一广告选送的《曲美胶囊·数字篇、公车篇》获保健品类影视作品金奖，广州九易广告公司选送的《广东移动通信·牵手篇》获电信·网络类影视作品金奖，广东省广告公司选送的《水井坊包装》获包装设计金奖/总评奖。同时，《邦迪创可贴·暗恋篇、玩具篇、舞台篇》、《金霸王电池·插座篇》、《比朴杀虫水·最后晚餐篇》、《平安保险天鹅篇、老虎篇、凤凰篇》等作品获各类平面作品二等奖。2001年，在第31届莫比广告节上，广州谭晓刚工作室选送的《我国广西电视台·山、水、海篇》、广州九易广告公司选送的《我国移动通信·天涯如比邻篇》获影视作品金奖，盛世长城选送的《帮宝适·干手机篇》获户外广告作品金奖，上海荣祥包装制品公司选送的《大连面包厂·殷商月中秋礼盒包装》获包装设计作品金奖。另外，《中国联通·旅游篇》《美的洗碗机·洗碗篇、受伤篇》《大连面包厂·金秋遐想中秋礼盒包装》《大连面包厂·殷商月中秋礼盒包装》《碧浪洗衣粉·监狱柱子篇、中国手镣篇》《零点啤酒·拥抱、剧院、戏台篇》等作品分获各类二等奖。

3) 克里奥广告奖

在古希腊神话中，克里奥又被称为缪斯，掌管艺术与诗歌的女神。克里奥广告奖设立的目的就是为了纪念这位艺术女神，同时也寄托着广告人追求艺术的永恒愿望。

克里奥广告奖是世界上历史最悠久、规模最大的世界性广告大奖，汇集了来自全球各地的广告公司和专业制作工作室提交的一流创意作品。克里奥广告奖创立于1959年，至今已有40多年的历史，克里奥广告奖素有广告界的"奥斯卡"奖之称。克里奥广告奖总部设在美国纽约，每年5月颁布各类奖项。克里奥广告奖评委会是由在广告领域内的知名国际专家组成。评委们独立地评选出最佳获奖作品，不受广告奖组委会的左右。克里奥广告奖最大特点就在于它突出的艺术性倾向，看重原创作意图而非看意图的贯彻，艺术和创意是这个大奖最为关注的因素。

克里奥奖的获奖作品将由每个国家和地区的克里奥奖代表组织赴世界38个国家和地区作巡回展览。一年一度的"克里奥"广告奖的奖项共分为三部分：其一为"电视广播奖"；其二为"平面海报和包装设计奖"；其三是"互动广告奖"，每种奖项又都分为金、银、铜三个档次。有时，评委会还会给旷世杰作颁发"克里奥大奖"。

(1) 经典荣誉杯奖。参赛的作品首先必须是影视广告，其次是已经发布了5年以上，最后还要求已取得过一次国际性金奖。

(2) 单项影视文选奖。要求片长不得超出180秒，Betucam、U-matic、录像带，均可报名。

(3) 单项平面广告奖。其中包含报纸、印刷、招贴与户外等项，参赛时作品需经过装裱，并提供35mm菲林片及媒介发布使用的证明资料。

(4) 单项广播广告。录音带总长不超过180秒。

(5) 系列广告奖。为同一品牌广告、同一诉求点所做的系列作品,在影视、平面、广播任一媒介上发布 3 幅以上。

(6) 整合媒介运动奖。在两种以上的媒介发布了 3~6 种的系列作品。

(7) 包装设计。

(8) 全球互联网网址设计。这个项目作为一种高新科技媒体而受到鼓励。基于其概念、吸引力、冲击力等要素来评判其创意与影响力。

案例

克里奥广告节获奖作品赏析

广告产品:FLOLIC 宠物食品广告,如图 14.5 所示。

广告文案:她只因为他的饼干和他在一起。

图 14.5　FLOLIC 宠物食品

4) 纽约广告奖

纽约广告大奖始创于 1957 年,当时这个全球竞争性的奖项主要是为非广播电视媒介的广告佳作而设。在此后的 20 年间,这项大奖在全美的工业界与教育界取得了非凡的声誉。在 20 世纪 70 年代,新媒介资源的加入又使其增添了电视电影广告、电视节目和促销等诸多项目。国际广播广告、节目和促销竞赛项目开始于 1982 年;印刷广告、设计、摄影图片、图像项目开始于 1984 年;为了适应技术和科技的发展,全球互联网络奖项亦于 1992 年正式设立;对于健康关怀的全球奖项也于 1994 年加入大赛;1995 年又添设了广告市场效果奖,以奖励那些创意精良且市场销售突出的广告活动。

近年来每次大赛均有 60 个以上的国家携 15 000 件以上的作品参加纽约广告奖角逐,我国内地作品也曾进入决赛。每年的 6 月广告节开幕并举行颁奖盛会。赛事的每大项目均设有国际传媒大奖的金奖座,分门别类地决出金、银、铜奖,入围者颁给获奖证书。初审于 4 月举行,5 月寄出决赛通知书,各分类奖项将于 5 月选出,最大奖项将在 6 月的第一周最终揭晓。获奖者的作品将刊载在《广告时代》等权威杂志上,并在互联网上和全球的创意爱好者分享这些佳作。所有决赛作品将被制为当年广告年鉴出版发行。

自 2011 年开始，纽约国际广告奖增设了由 20 多家国际广告集团的全球创意总监们组成的纽约广告奖执行评审团，每年的 4 月 28—30 日在纽约对进入第二轮评选的作品进行终审（初审由来自全球 60 个国家，400 多位各国最当红的创意总监们组成的国际评审团组成在网络评出），评选出全场大奖、金奖、银奖、铜奖及入围奖。5 月 1—2 日在纽约举办全球颁奖典礼及创意峰会。

为了嘉奖"未来的广告创意大师"而设立的纽约广告节国际学生奖设立于 2007 年，自 2013 年起，所有学生奖的参赛作品将直接由 20 多家国际广告集团的全球创意总监们组成的纽约广告奖执行评审团在纽约评出金、银、铜及入围奖。①

案例

纽约广告奖获奖作品欣赏

（1）天气预报广告，如图 14.6 所示。

广告文案：99% accurate，99%准确度。

创意解析：天气预报最重要的是什么？当然是准确。饼图、柱状图、报表什么的都缺乏吸引力，CNN 这系列平面直接用画面表现百分比，意思是说，在我们"预报之外"的天气只可能占 1%而已。

图 14.6 天气预报广告

（2）Nutri-balance 狗粮广告，如图 14.7 所示。

广告文案：Bad food，bad dog. 有什么样的狗粮，就有什么样的狗。

创意解析：不给它吃好的，就别怪它在关键时刻把你卖了或者把你往沟里带。不过是一个狗粮广告，却怎么有点威胁的意味？害怕了吗？那就赶紧给你的狗狗升级伙食吧。

图 14.7 Nutri-balance 狗粮广告

---

① 纽约广告奖. 百度百科[EB/OL]. http://baike.baidu.com/view/197858.htm

5）伦敦国际广告奖

伦敦国际广告奖每年的 11 月在英国伦敦开幕并颁奖。这项国际大奖自 1985 年正式创立以来，每年有近百个国家和地区参加，近年来报名作品均在万件以上，所有的获奖者将得到一座铜像，铜像为一个展翅欲飞、企图飞跃自我的超现实主义的人类外形。

伦敦国际广告奖号称最漫长的评奖，虽然颁奖安排在每年的 11 月，但所有参赛作品在 6 月即被要求送达组委会，再由组委会送往每一个评委手中独立评审。评委往往来自世界各地，不同的文化，不同的背景(包括创意大师、电视/电视导演、录音编导及制作专家等)，但创意始终作为共同且唯一的评奖标准。该比赛同时也为每一媒介的作品设立了一项大奖，从获奖者中推选出的评奖主席将一票认定最终大奖的归宿。

伦敦广告奖的分类最具特色，不仅在三大媒介(平面、影视、广播)项目上分类细致，而且在设计包装、技术制作上也划分详尽，充分体现该项评奖在创意概念、设计手法、技术制作等几方面并重的特色。电视/电视类别产品类别涵盖 28 项，包括电影预告片均被列入技巧评选项目。

电视/电视类别产品类别涵盖最佳动感的 CEL、最佳电脑特技、最佳"动感——停止"镜头、最佳电影摄制、最佳方案、最佳化妆设计、最佳指导——对白、最佳指导——视觉效果、最佳剪辑、最佳幽默、最佳广告歌、最佳原创乐、最佳表演——女性、最佳表演——男性、最佳布置设计、特别音乐改编、特殊效果。

系列类每一系列最多含 4 种广告，公益服务系列，每一作品要求两个相同的胶片(幻灯片)。平面类别涵盖 38 项，包括日历设计也被列入。文案(需英文)企业 CIS(定位、标识等)系列类别每一系列最多包括 4 个广告，(要求译成英文)。广播类别涵盖 20 项，包括有政治色彩的公共服务均被列入。技巧评选项目艺术表现、电台制作和构想、文案、幽默、有歌词的原创音乐、无歌词的原创音乐(不要求用英语)、特效音乐(流行、经典和演唱会)、音响使用(不要求用英语)。

2. 其他著名广告节和广告奖

1）The One Show

The One Show——"金铅笔"，是美国 One Club 赋予全球顶级广告创意人员的最高奖项，至今已有 80 年历史。内容包括一年一度的 One Show 奖和 One Show 互动奖、青年创意竞赛和学生作品展，以及一系列长达 7 天的国际顶级广告人互动活动，"金铅笔"早已是全球广告人火热的梦想。

1920 年，两个相对独立的广告组织在美国纽约成立：纽约艺术指导俱乐部与文案俱乐部，每个组织都各自主办了有所偏重的广告奖项。到 1974 年，两个俱乐部把各自的广告奖结合，联合设立 One Show 奖。One Show 名称的意义，源于柯南道尔领导的创意革命中提出的艺术指导与文案一体化的概念。3 年后 One Club 正式成立，独立主办 One Show 大奖。所以追根溯源，One Show 广告奖发展到现在已经有 80 年的历史。

在 One Show 奖项设立前，广告奖项一般都把重点放在视觉与文案上，但 One Club 向广告界宣称，将把创意作为一个作品是否有机会赢取 One Show 的主要标准。这种新颖的主张使 One Show 迅速从纽约最佳广告奖一跃成为全美乃至全球最佳广告奖项。

随着 One Show 声誉日盛，One Show 涉及领域也日益扩大。1994 年 One Show 创立了其教育部门并设立年度最佳学生作品展，体现了 One Show 着眼于未来的做法，也使 One Show 成为世界权威级广告大奖中唯一注重学院风格的奖项。也正是基于这种远见，各种互动类作品早在 1996 年就出现在 One Show 中，这些门类的作品迅速受到重视并成为独立的广告奖项。1998 年，One Show 互动奖被《广告时代》命名为世界最佳互动广告奖。

The One Show 广告奖作为一个世界性的广告奖项，除了在美国举办每年一度的广告节外，更注重与世界其他国家和地区的交流。在南美的巴西、阿根廷，非洲的南非，亚洲的新加坡等地和欧洲的许多国家，One Show 获奖作品展每年都如期举行。不仅如此，The One Club 还邀请广告界顶级讲师跟随广告展一起远赴各国举办免费讲座，为促进各国广告业的交流，推动这些国家和地区广告业更进一步的发展，作出了巨大的贡献。

随着世界其他广告大奖陆续进入中国，The One Show 一直有同中国内地的广告界进行相互了解沟通的愿望，而中国年轻的广告业也正需要这些滋养来成长自己。为此，由美国 The One Club 和厦门大学联合举办首届 One Show 中国广告峰会，为中国广告人了解 The One Show，促进我国与世界广告的交流开拓了一个全面沟通的渠道。"One Show 中国"从此诞生，它将成为 The One Show 世界广告交流的一个长期驿站。

案例

One Show 获奖作品欣赏

（1）One Show 银铅笔作品。

广告产品：苏泊尔不粘锅广告，如图 14.8 所示。

创意赏析：使用一个巨型的锅子，打扮成虾、猪肉、鸡蛋、胡萝卜和鱼的轮滑运动员，在中国上海的购物商场外举行精彩的路演活动。让轮滑运动员在锅内的滑槽表演，上下滑行，很好展示炒菜不粘的锅面。

（2）One Show 金铅笔作品。

广告产品：大众甲壳虫广告，如图 14.9～图 14.11 所示。

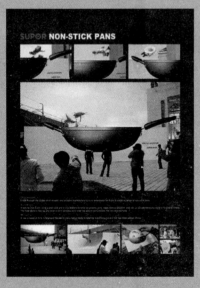

图 14.8　苏泊尔不粘锅广告

图 14.9　大众甲壳虫广告（一）

创意赏析：《甲壳虫的视野》画面中未出现任何汽车，仅仅通过不同的角度展现驾驶敞篷甲壳虫的乐趣。

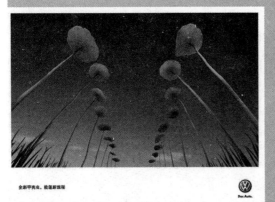

图 14.10　大众甲壳虫广告（二）

图 14.11　大众甲壳虫广告（三）

2）龙玺广告奖

1999 年 2 月，四位华人创意人创办了龙玺全球华文广告奖，一个完全由华裔创意人做当家的国际性奖项，一个跨越中国、东南和北美各地华文广告市场的创意奖。

龙玺广告奖号称一个属于方块字的奥林匹克，一个唯一被两大世界性广告排名榜 The Gunn Report 和 The Big Won 同时认同的华文广告奖。

经过 16 年的发展，龙玺旗下衍生出龙玺创意奖、龙玺杰青以及龙玺育人奖三大赛事。

龙玺创意奖为一年一度举行赛事，所设奖项丰富多彩。有分别展现常规广告魅力的"龙玺平面大奖""龙玺影视大奖""龙玺户外大奖""龙玺设计大奖"；树立新媒体创意标杆的"龙玺拢合大奖"；表彰公益类优秀创意作品的"龙玺公益大奖"；更新增了演绎龙文化的"龙玺百变中华大奖"，旨在嘉奖和鼓励传统中华元素在广告创意中的杰出运用。

龙玺杰青每年有大中华六大赛区分赛以及年度巅峰对决。采用现场发布命题、24 小时准备、当场提案的模式。龙玺杰青致力于关注业内年轻人优秀创意观念的交汇互动，目的是为了鼓励和培育优秀的青年一代创意人。

龙玺树人奖为了纪念龙玺的四大发起人之一孙大伟先生而设立。

龙玺创意奖自创办以来，已成功举办了 15 年，到目前为止获奖作品已经逾 5000 件。在这 15 年中，怀着提高华文广告水准的使命的龙玺，自身也在不断进步。为了让影响力辐射到更多的地方，并且让更多创意人共襄盛举，2002 年，大奖由一年一度改为一年两场，平面和直销广告为一场，户外、影视及广播广告为一场。每一场竞技评审中，来自全球的华人顶级创意人除了对参赛华文作品进行评审，他们还与当地广告公司、创意人进行珍贵的互动和交流。①

案例

龙玺广告奖获奖作品欣赏

(1) 南山倍慧奶粉广告。

广告产品：南山倍慧婴幼儿奶粉广告，如图14.12所示。

创意解析：在我国，年轻的母亲有个错误的认识，认为脑部发育就是指智力发育，很少有人知道脑部其实主要有两个部分——大脑负责智力，而通常被忽视的小脑，则负责身体协调力。南山倍慧推出一款配方奶粉，其特殊的营养配比有助于大小脑同步发育。

(2) OSIM SONA枕头广告。

广告产品：OSIM SONA枕头广告，如图14.13所示。

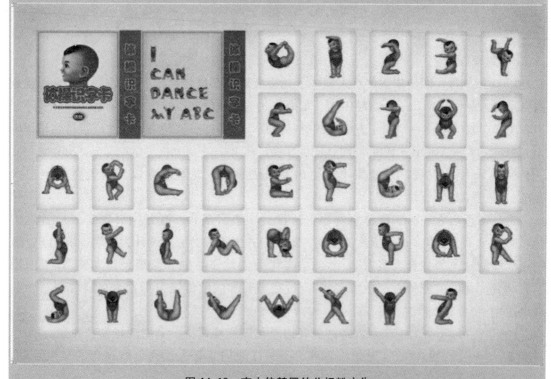

图14.12 南山倍慧婴幼儿奶粉广告

创意解析：当所有枕头广告都强调让人睡得舒服，OSIM枕头如何脱颖而出？

---

① 龙玺. 龙玺官方网站[EB/OL]. http://www.longxiawards.org.cn/index.php? menu=1&submenu=1&lang=cn

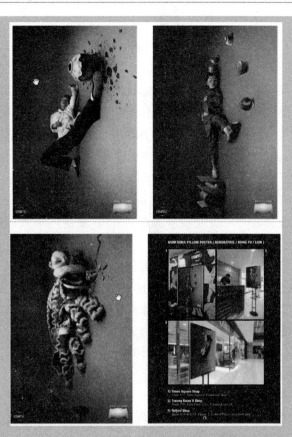

图 14.13　OSIM SONA 枕头广告

(3) 壮骨关节丸广告。

广告产品：壮骨关节丸广告，如图 14.14 所示。

图 14.14　壮骨关节丸广告

创意解析：怎样生动展现三九壮骨关节丸舒筋活络，理气止痛的功效？这套平面作品以耳目一新的角度给出答案，当壮骨关节丸发挥药效，一些通常让你腰脊酸痛、关节肿痛的麻烦事，也能一反常规让你倍感轻松，活动自如。

本 章 小 结

在本章,我们学习了国际广告代理制的发展,我国广告代理制的现状,国际各大广告公司和广告组织以及极具代表性的国际广告节和广告奖项。

国际广告代理制从国际广告管理体制、国际广告代理机构和国际广告代理机构的选择三个方面讲述。实施国际广告委托代理业务时,应慎重考虑的代理商知名度和权威性、经营作风与信誉、广告业务代理能力、财务状况和国际广告的经验。

目前著名的国际广告公司主要有奥姆尼康,全球最大的广告与传播集团,旗下拥有天联广告、恒美广告等著名的广告业服务品牌;WPP 是英国最大的广告与传播集团,在全球拥有 84 000 名雇员,数千家国际和本地客户,同时拥有三个全球运作的全资代理商(扬·罗比凯、奥美、智威汤逊)、两个全球运作的媒体公司以及包括 Kantar 研究集团的几个调查公司、数个公关公司以及一些区域性、专业性公司;IPG 是美国第二大广告与传播集团,旗下拥有麦肯环球广告、灵狮环球广告、博达大桥广告和优势麦肯、Initiative 媒介以及公关公司万博宣伟等;阳狮是法国最大的广告与传播集团,拥有 Publicis、Saatchi & Saatchi 和 Leo Burnett、实力媒体与星传媒体;电通是日本最大的广告与传播集团,在 1986 年成为首位进入我国大陆的外资广告公司;哈瓦斯是法国第二大广告与传播集团,旗下有灵智、Arnold 和 MPG 和 Media Polis。

国际广告组织有国际广告协会、世界广告行销组织以及国际报刊量发行稽核局。全球七大广告奖分别为戛纳广告奖、莫比克广告奖、克里奥广告奖、纽约广告奖、伦敦广告奖、The One Show 以及龙玺广告奖。

习 题

一、填空题

1. _____ 是广告主、广告公司、媒体、学术机构以及营销传播界唯一的全球性广告组织,也是全世界唯一在 _____ 拥有会员、涉及品牌创建和营销传播领域的全球性行业协会。

2. The One Show 是美国 _____ 赋予全球顶级广告创意人员的最高奖项,至今已有 _____ 历史。

3. 1997 年 3 月,我国颁布 _____,规定广告代理费为广告费的 _____。国际通行的广告代理制以条文形式被正式确立下来。

二、选择题

1. 奥姆尼康集团旗下拥有( )等著名的广告业服务品牌。
   A. 天联广告(BBDO)　　　　　　　　B. 恒美广告(DDB Worldwide)
   C. 李岱艾(TBWA)　　　　　　　　　D. 浩腾媒体(OMD)

2. 广告代理业的产生与发展,以美国最为典型,可划分为( )等几个阶段。
   A. 版面推销　　B. 版面批发　　C. 创作服务　　D. 全面服务

三、思考题

1. 我国现代广告代理业是在曲折坎坷的道路上向前发展的,大致可分为哪几个时期?分别具备哪些特点?
2. 我国目前对代理广告业务有哪些规定?
3. 我国广告代理制的运行主要存在哪些问题及其原因是什么?

四、案例分析题

1. 分析国际广告集团利用哪些形式影响中国广告市场。
2. 分析麦当劳广告在不同国家的表现方式。

参 考 文 献

[1] 张翔,罗洪程.广告策划——基于营销的广告思维架构[M].长沙:中南大学出版社,2003.
[2] 张金海.20世纪广告传播理论研究[M].武汉:武汉大学出版社,2002.
[3] 饶德江.广告策划与创意[M].武汉:武汉大学出版社,2002.
[4] 丁俊杰.现代广告通论[M].北京:中国物价出版社,1997.
[5] 何辉.当代广告学教程[M].北京:中国传媒大学出版社,2004.
[6] 何辉.从分析作品开始学做广告[M].2版.北京:中国传媒大学出版社,2000.
[7] 刘英华.广播广告理论与实务教程[M].北京:中国传媒大学出版社,2006.